普通高等教育公共基础课系列教材

大学生职业生涯发展与就业指导

牟德刚　孙广福　廖传景　主编

科学出版社

北　京

内 容 简 介

本书分为三篇,分别是上篇"大学生职业生涯发展指导",中篇"大学生就业指导",下篇"大学生创业指导"。

上篇主要介绍大学生职业生涯规划的基本要素,帮助大学生职业生涯规划意识的觉醒和职业生涯实践能力的提高,从而认识自我、探索环境,最终制定适合自己的职业发展规划,内容由职业生涯规划概述、自我探索、职业社会探索、生涯决策、生涯规划设计等构成,设置 5 章。中篇主要介绍大学生求职与就业相关知识,帮助大学生提高就业能力,掌握就业技巧,增强就业竞争力,以更好地适应职业世界,内容由就业指导概述、就业能力塑造、就业实务训练、求职心理调适、职业适应与发展等构成,设置 5 章。下篇介绍大学生创业的基本知识,由创业准备和创业实践构成,设置 2 章。

本书以教学实践为基础,设计大量课堂活动,每章有丰富案例,可以作为大学生职业生涯发展与就业指导课程的教材,也可供毕业生在求职过程中参考。

图书在版编目(CIP)数据

大学生职业生涯发展与就业指导/牟德刚,孙广福,廖传景主编.—北京:科学出版社,2011.2
 (普通高等教育公共基础课系列教材)
 ISBN 978-7-03-030129-1

Ⅰ.①大… Ⅱ.①牟…②孙…③廖… Ⅲ.①大学生－职业选择－高等学校－教材 Ⅳ.①G647.38

中国版本图书馆 CIP 数据核字(2011)第 014517 号

责任编辑:冯 涛 刘东杰 / 责任校对:柏连海
责任印制:吕春珉 / 封面设计:东方人华平面设计部

科 学 出 版 社 出版
北京东黄城根北街 16 号
邮政编码:100717
http://www.sciencep.com

三河市骏杰印刷有限公司印刷
科学出版社发行 各地新华书店经销

*

2011 年 2 月第 一 版 开本:787×1092 1/16
2022 年 8 月第十六次印刷 印张:21 1/2
字数:507 000
定价:65.00 元
(如有印装质量问题,我社负责调换〈骏杰〉)
销售部电话 010-62134988 编辑部电话 010-62138978-8208

编委会名单

主　　编：牟德刚　孙广福　廖传景

编委名单（以姓氏笔画为序）：

朱丽莉　牟德刚　孙广福　杨立淮

应　中　张　敏　陈　雅　陈坤党

周　冀　施永川　姜海燕　舒晓楠

廖传景

前　　言

为应对新形势对大学生就业工作的挑战，各高校纷纷开设"职业发展与就业指导"类课程。教育部办公厅于 2007 年 12 月发布了《关于印发〈大学生职业发展与就业指导课程教学要求〉的通知》（以下简称《通知》），对高校开展大学生职业发展与就业指导课程教学提出了具体要求。关于本课程的"教学内容与方法"，《通知》提出"要在遵循课程体系和课堂教学规律的前提下，引入多种教学方法，有效激发学生学习的主动性和参与性，提高教学效果"，各高校积极响应，认真探索本课程的教学改革。

温州大学自 2009 年开始在本校的"职业发展与就业指导"课中探索教学改革，尝试将团体辅导的方法运用到课堂教学过程中。与传统的理论讲授式教学方法不同，团体辅导是一种"活动型""体验式"教学形式，教师在班级团体内营造互动、合作的氛围，组织学生积极参与"游戏"、"角色扮演"或"练习"等活动，学生在与班组其他成员的相互交流、真诚分享过程中彼此启发、自我感悟，最终实现对课堂学习主题的感悟和认知。我们尝试进行这种教学改革，希望既能传授给大学生关于职业发展与就业方面的知识，又能让他们在活动中深刻体验，有所感悟，最后实现自我成长，以提升职业发展与就业指导课程的教学效果。本书注重对"团体活动"的编排，希望通过一系列的体验活动，培养大学生自我探索职业生涯发展的能力，为教师组织团体辅导教学及学生参与团体学习过程提供指导。本书还着力于梳理和介绍基本的关于大学生职业发展与就业、创业方面的理论知识，一方面为教学提供理论支撑，另一方面方便学生自主学习。

成稿过程中，编写者得益于 9 年来所积累的教学实践经验，并参考了国内外多种不同版本的职业生涯规划教材，又集中了各位教师的智慧。本书共三篇 12 章，牟德刚提出全书的编写体例和篇章架构，孙广福、廖传景负责全书的统稿工作。全书编写分工是：第 1 章廖传景、孙广福，第 2 章朱丽莉、周冀，第 3 章朱丽莉，第 4 章姜海燕，第 5 章应中、廖传景，第 6 章孙广福、朱丽莉，第 7 章张敏、应中，第 8 章陈坤党，第 9 章陈雅、廖传景，第 10 章杨立淮，第 11 章施永川，第 12 章舒晓楠。感谢丽水学院院长周湘浙教授，他为本书的编写提出了大量宝贵意见。

由于时间仓促，限于编写者的水平，书中难免会有疏漏和不足，愿诚恳地接受读者的批评指正。让我们共同努力，将大学生职业发展和就业指导工作做得更好。

目　　录

下篇 大学生创业指导

上篇　大学生职业生涯发展指导

第一章　职业生涯规划概述

近几年来，职业规划、生涯规划已经成为相当时髦的词语，成为各行各业的常用语。对于大学生来说，职业生涯还未拉开庄重的序幕，大家还没有正式进入职业领域，但是在职业生涯发展的道路上不能打无准备之仗，职业生涯的每一次发展都是以学习新知识、建立新观念为前提条件的，每一次新的尝试都会带来新的机会……

在市场经济中，社会竞争日趋激烈，凡事"预则立，不预则废"，职业生涯规划对我们在竞争中胜出显得十分重要。职业生涯规划对所有处于工作年龄的人来说都很重要。对于刚刚步入社会的年轻人，职业生涯规划将对其一生的成就产生重大影响。

本章的主要内容：

1）激发生涯规划的意识。

2）认识生涯规划。

第一节　激发生涯规划的意识

一、案例导入

陈××，当过人民教师，在报社做过记者、编辑，从事多年的党建工作，现任某镇党委书记。

陈××在当老师期间与学生建立了相当深厚的感情，直到现在还和学生保持着联系，也常常有学生邀请他参加自己的婚礼。回忆起当年的教师生涯，陈××的脸上不由得浮起一丝笑意。他刚踏上讲台就当上了班主任，学生们有的与他年龄相仿，有的年龄甚至超过了他。但是他与学生打成一片，等到毕业时学生们都依依不舍，当骊歌奏响，同学们不由得留下了伤感的泪水。他虽然也有不舍，但是更为他们取得的成绩感到高兴。8年的教师生涯，让他感到满足与快乐。因为热爱才做得这么优秀。

在任教期间，他尝试过各种挑战，比如为了与外界多接触当过家教，参加过研究生考试，向领导提出过参军申请。他不满足于现在的生活，希望改变自己的生活。我们也应该要有这种愿望，为自己更加美好的生活而努力，而不只是原地踏步。不要好高骛远，也不应该没有进取心。

在任教期间，有一次他听了曾参加对越自卫反击战的校友的报告后，产生了强烈的参军愿望。于是他果断向上级打报告，表示要参军，但是得到的答复都以否定而告终。他就这样与第一个愿望还没有邂逅就注定成了永别。但是他并没有放弃这个梦想，军人的保家卫国事迹给了他极大的鼓舞，他又向组织上申请到新疆去学习，去尝试新鲜的生活，去广阔的天地里锻炼自己。但由于当时师资力量匮乏，他这样的愿望根本得不到实现。他说现在不同了，时代在飞速地发展，信息也极为多元化，年轻人有各种各样的机会去锻炼自己，而且有的是精力和时间。

二、学习导语

以活动激励大学生自己去探索什么是职业生涯规划，并通过对职业生涯规划相关知识的介绍，激发大学生进行职业生涯规划的意识，引导大学生自主进入职业生涯规划的世界。小组合作学习是本课程设计的一大特色，即在教师引导下，学生组合成一定的团队，各个成员在团体内通过体验式的活动自主学习，彼此分享和交流，在感悟中成长。所以第一次课程，知识的学习未必是重点，引导学生认识到职业生涯规划的必要，树立起自主的探索意识是重点，还要营造良好的团体氛围。

三、学习目标

1）学会和小组伙伴一起探讨职业生涯课题，学习和同学一起分享；
2）明白该为自己的大学和未来做一份规划；
3）了解什么是职业生涯规划。

四、学习活动

（一）"理想"知多少

1. 活动目标

明晰自己对"理想"的看法，开启职业生涯规划意识。

2. 活动要求

1）活动场地：室内。
2）参加者：班级同学。
3）活动准备：纸、笔。
4）时间：活动时间约为 8 分钟，讨论与分享时间约为 10 分钟。

3. 活动过程

认真将本节"成长手册"第一部分关于"理想"知多少的问题回答完整，然后和你的同学分享。

4. 讨论与分享

每个人首先完成自己的回答，然后在小组内分享个人关于理想的观点和看法，可以参考以下几个问题展开交流。
1）有人说，理想都是大人们为了教育我们编织出来的，你怎么看？
2）有人说，理想就是目标，你怎么看？
3）在大学道路的起点，你预备树立怎样的目标？
4）谈谈你的生活中，理想对你成长的帮助。

5）说说让你最引以为豪的实现理想的经历。

（二）有缘千里来相会——职业生涯规划探索之团队建设

1. 活动目标

小组同学进一步相互认识、了解，建立学习团体，形成团结、活泼、认真、竞争的团体气氛，为后期的学习奠定心理基础。

2. 活动要求

1）活动场地：室内。
2）参加者：班级同学。
3）活动准备：制作海报的彩笔和海报纸（最好是1开的皮纹纸，颜色各异）。
4）时间：活动时间约为60分钟，讨论与分享时间约为30分钟。

3. 活动过程

（1）热身活动

这个热身活动叫"电波传递"，意在"破冰"，营造一种轻松欢快的氛围。热身活动在班级范围内进行，教师与全班同学一起手拉手，围成一圈，教师告知学生活动规则："我会向我身边的同学随机传递一个信号，你的一只手接收到信号后，迅速通过另一只手传递下去，依次传递，我们看这个信号在全班同学中传递需要多长时间。注意不要传错，也不要让信号消失。"教师安排一位学生计时，然后带领学生预演一次，学生体验一回之后，进行正式活动。

教师所传递的信号既可以是"握一下右边学生的手"，也可以是"挠一下左边学生的手掌心"，还可以是"用脚碰一下左边学生的脚后跟"。根据活动进展，先是全体同学面向圆心，大家熟悉规则后，背向圆心，教师可以将信号复杂化，也可以两边同时发出信号。

在活动进行中，从最初的超越时间，到后来的信息关注，活动进行4~5轮之后，学生已经笑得前仰后合了，大家一定会对这个活动所包含的意义有所感悟和体会。教师选取几个学生做典型发言，总结"和同学们在一起，共同完成一项任务，要讲究团队配合，要用心交流。沟通从心开始"。

（2）有缘相聚

教师继续以热身活动所形成的圈为基础，让学生从左到右或从右到左，依次报数，如1~6，或1~8。学生所报数字相同者组成小组，围桌而坐，小组同学初步交流。

① 小组成员面向圆心，手掌相叠，异口同声说："我愿意与你们在一个团队里，共同学习，共同进步！"

② 小组成员"滚雪球式"自我介绍，如第一位学生自我介绍"我是毕业自温州第二中学的、喜欢打篮球的、希望将来做教师的王小帅"，第二位同学自我介绍"我是坐在毕业自温州第二中学的、喜欢打篮球的、希望将来做教师的王小帅右边的，毕业自慈

溪中学的、喜欢看电影的、希望将来做导演的李秀秀"，依此类推，最后一位同学重复小组内所有同学的信息，再加上自己的信息。如果活动过程中有所遗忘，同学之间可做适当提醒。活动结束之后，教师可安排 3～5 位学生分享在这次活动中的心得、体会、收获、感受等。

③ 每个人谈谈自己的职业困惑和梦想的大学生活。

（3）团队建设

教师以小组为单位，布置团队建设任务，任务的内容包括：

① 选拔队长：选拔一名愿意带领团队成员共同探索生涯发展问题的团队领导者。

② 团队的名称：为你们的团队取个名称，要求简洁明了，意义深刻，与职业生涯规划有关联，如"扬帆启航"。

③ 团队标志：画一个代表团队思想、精神的标志（logo），并画上代表每个团队成员形象的图形（如手形）。

④ 团队口号：设计一句凝聚和浓缩团队精神的口号，要求朗朗上口，内涵深刻。

⑤ 团队契约：团体成员共同拟定团队成员共同遵守的心理契约，如真诚、倾听、保守秘密等（在海报纸的一角写下团队契约，每个成员郑重签字）。

（4）团队风采展示

每组派代表或全体成员共同在全班范围内进行团队建设的风采展示，内容包括介绍队员、队名、标志及其意义、口号、契约等。鼓励个性化的展示。

（5）强化团体凝聚力

在以上诸环节结束之后，教师引导各个小组学生，手指相握组成同心圆，教师引导学生高声跟念："亲爱的伙伴，很高兴能和你们相聚在同一个团队里！我感谢这冥冥之中的缘分，你们每个人都是最优秀的，你们每个人都是我学习的好榜样。在这里我向你们郑重承诺：我一定做到尊重每个成员，遵守团队契约，真诚交流、认真分享、用心倾听、感悟成长，让我们齐心协力，做最优秀的团队！"

最后，各小组高喊各自的团队口号。

4. 讨论与分享

1）在团队建设中你们遇到怎样的困难？是如何克服的？

2）你是如何看待"团队"一词的？

五、理论拓展

你需要做职业生涯规划吗？

1. 职业生涯规划和你有关吗

"如果不做职业生涯规划，你离挨饿只有三天。"中国职业生涯规划大师、人生设计专家徐小平如是说。

大学生职业生涯规划，对大学生而言，就是在自己兴趣、爱好的前提下，以及认真分析个人性格特征的基础上，结合自己专业特长和知识结构，对将来从事的工作所做的方向性方案。大学生在走向社会前，将现实环境和长远规划相结合，给自己的职业生涯做一个清晰的定位，是求职就业乃至将来职业升级的关键一环。

实际上，每个学生在高考之前就应当制定符合自身实际情况的职业生涯规划，选择满足社会发展需要和自己有兴趣的专业，上大学以后还要重新认识自我，调整自己的职业生涯规划，并积极做好知识、技能、思想、心理方面的准备，努力实施生涯规划。理论上虽如此，但实际上，许多大学生在进入大学前，在填报自己的志愿时，并没有考虑过所选的专业是否符合自己的兴趣，或者压根不知道自己所选专业将来的就业方向。到了学校之后，将就着学习，由于不是自己所喜欢的课程内容，学习起来十分吃力，有些内容听不懂后，不想努力解决，而是积累问题，而后越发听不懂，干脆上课的时间就趴在桌子上睡觉，浪费了时间，虚耗了青春。

大学生需要进行自我评估，借助于职业兴趣与性格测验，判断自己的职业发展取向，确定自己的职业选择、未来的发展目标，进行正确的职业生涯设计，然后制定出恰当的行动计划，认真执行，并且不断做出评估与反馈。在校期间进行不间断的完善和补充，使自己与社会发展、所学知识与专业进步、自身潜力与将来职业发展能够同频共振。

 【生涯案例】

他的问题出在哪里？

也许大家觉得职业生涯规划和就业率之间没有关系，而更多的是和正确地选择职业有关系，是否是这样呢？我们先来看一个案例。

李平是一名即将毕业的计算机专业学生。开始他想做一个软件工程师，因为这和他的专业更贴近。但是他从报纸上看到，软件工程师是一个青春职业，和年龄有很大关系，35岁以后就面临着被淘汰的可能性，工作不太稳定。于是他想去卖包子，他认为他家楼下卖包子的生意很稳定。从想做一个软件工程师到想卖包子，这给我们的震动也非常大。后来因为家里的反对，李平放弃了这个想法，决定去公司应聘。他首先想到的是去做销售，因为他看到很多公司高层领导都是从销售开始做的。但是求职销售没有成功，他又回到IT业，想做IT培训老师，但是还是没有成功。整个过程下来以后，他找了很多工作，做了很多选择，但都没有成功，变得非常失望、焦虑，他觉得自己的能力不被社会接受。人焦虑的时候会去排解这种情绪，于是他去上网、玩游戏，这样可以暂时降低焦虑的情绪。为了逃避毕业后就业的压力，他决定考研，成为高校中的考研一族。这也是高校中的一个普遍现象，每年打算考研的人数可能比找工作的人数还要多。

请问，李平的问题出在哪里呢？

我们来分析一下，影响就业率的因素是什么？很简单，每个学生能顺利就业，就业率就会高了。学生就业的影响因素在哪里呢？第一，是他选择的方向正确。选择了适合自己的方向，求职的成功率就会极大提高。第二，他的行动要积极。能力再强的人，如果行动不积极，那也不会很快找到工作。从刚才我们分析的案例也能看出，一方面，他的求职方向变动很大，不太清楚自己适合的工作；另一方面，他的行动最后变得很消极，不是很主动。

从学校走向社会，大学生将会面对一个全新的世界，在这个世界里，能使大学生立足的是其所选的职业，它不仅是生活的基础，更是个人价值的体现。

2. 大学生职业生涯规划的误区

当前，许多大学生还没有树立起主动的生涯规划意识和观念，这在很大程度上和对职业生涯规划的认识存在一定的误区有关。总结起来，大学生职业生涯规划有以下常见的误区：

（1）忽视职业生涯规划

在校大学生缺乏职业生涯规划意识的情况比较普遍，了解职业生涯规划的大学生为数不多。除个别学生有明确的就业打算之外，相当一部分同学觉得目前就业十分困难的情况下，工作应"随行入市"，认为职业生涯规划不现实。

（2）把职业生涯规划等同于职业选择

职业生涯规划是一个周而复始的连续过程，包括自我评估、环境评估、职业选择、职业生涯路线选择、确定目标、制定行动计划、反馈等步骤，而职业选择只是其中的一个环节而已。

（3）职业生涯规划急功近利

由于就业压力变大，有的同学一进入大学就准备考研，很少考虑工作，社会活动也不想参加，怕影响学习；有的同学为增加求职砝码，盲目考证或参加培训；还有的同学以高收入作为判断职业好坏的唯一标准，职业生涯规划过于功利。

（4）认为大学生职业生涯规划为时尚早

部分大学生认为还没有工作，没有必要进行职业生涯规划。他们不了解大学阶段的学习成长对职业能力的形成起到至关重要的作用，不了解大学阶段是职业价值观形成、职业素质与能力准备、职业习惯养成等"内职业生涯"形成的关键时期。

（5）职业生涯无须规划

大学生处于职业生涯探索与确立阶段，有较强的可塑性，部分大学生认为计划赶不上变化，无须规划或规划不起作用。殊不知，在职业生涯探索、确立阶段，职业探索和职业目标确立是一个动态的过程，只有通过这个过程才可能清晰自己的职业发展愿景，做出科学的就业选择。

3. 为什么要做职业生涯规划

说到职业生涯规划，我国的大中专院校并不陌生，现在几乎所有学校都会在学生进入社会前的一年里安排适当的课程来讲述求职之类的问题。大家或许会问，大学生为什么要进行职业生涯规划？

对于现代企业的每一位员工来说，无论是老员工，还是刚毕业的学生；无论是拥有高等学历，还是仅仅初中毕业，人人都期望事业成功。俗话说"上进之心，人皆有之"，这是人的本性。然而，事业的成功，并非人人都能如愿。问题何在呢？如何做才能使事业获得成功呢？职业生涯规划为我们提供了一条走向成功的路径。

在大学里，我们会经常听到这样的话：

"我学的是计算机专业，希望能从事平面设计一类的工作。但很多时候，我又总举棋不定，觉得再多看几家，会有更好的选择。"

"我花了九牛二虎之力终于应聘成功了，可试用了几个月后发现，每天做的工作我实在打不起精神。"

"学了几年的工商管理专业，感觉自己好像是什么都能做，又像是什么都不能做。真不知道该往哪个方向发展啊！"

以上的这些话反映出这样一个现实：现在的大学校园里，相当一部分大学生对于自己将来的职业没有一个明确的定位，不知道自己将来要做什么。他们从学校走向社会，许多人一开始根本没有考虑到事业发展会怎么样，在找工作时首先是看哪个单位的名气大，其次是哪个单位能出国，再次是哪家单位待遇好，而没有考虑到自身的发展问题。因此，进行职业规划，针对个人特点，确立未来发展方向，对一个人的一生来说，显得格外重要。

但职业的发展是要讲究科学的，这个科学实际上就是职业生涯设计的过程或者方法。大学生要根据职业生涯规划理论与原则以及职业成功的标准，掌握正确的职业生涯设计方法，准确进行自我定位，合理规划职业人生，列出具体措施和日程，通过具有前瞻性的职业生涯设计，减少人生路上的徘徊犹豫，避免浪费时光，为主动迎接未来职业发展的挑战做好充分准备。

大学生制定职业生涯规划，有利于自我定位、认识自我、了解自我，明确自己的方向，明确自己的人生目标。我们在进行规划的时候，都会问："我想干什么？我能干什么？现在准备什么？就业环境如何？"这样，就有助于在校生的个性化发展和创新人才的培养。在校生可以自己找点事情做，如自己对写作感兴趣并有一定的能力，可以试着写一本书。找出自己的特长，并发挥这种特长。

因此，大学生及早制定属于自己的职业生涯规划是十分必要的，而制定职业生涯规划也需要遵循一定的原则，对自己的认识和定位也是很重要的。在全球化的竞争之下，每个人都要发挥出自己的特长。从事热爱的工作，这样的人才是最幸福和最快乐的，他们最容易在事业上取得成功。"知己"十分重要，"知彼"也是同等重要的。

 【小贴士】

美国哈佛大学的一项研究

美国哈佛大学有一个非常著名的关于目标对人生影响的跟踪调查，对象是一群智力、学历、环境等条件差不多的年轻人。调查结果发现，没有目标的人有27%，目标模糊的人有60%，短期目标清晰的人有10%，长期目标清晰的人只有3%。30年后的追踪调查结果表明：第一类人几乎都生活在社会的最底层，长期在失败的阴影里挣扎；第二类人基本生活在社会的中下层，整日为生活而疲于奔命；第三类人大多进入了白领阶层；第四类人多数成了百万富翁、行业领袖或精英人物。

外在条件差不多的年轻人，若干年后的命运却有如此大的差别，其中一个重要的原因就是个人确立职业目标的不同，而确立职业目标正是职业生涯规划的基本内容。事实清楚地说明了职业生涯规划在个体成功中所起的巨大作用。

4. 大学生职业生涯规划的意义

职业生涯规划与我们每个人都密切相关，每个大学生都要做好职业生涯规划。那么，具体来说，做好职业生涯规划有哪些意义呢？可以从以下几个方面得到印证。

（1）帮助当代中国大学生进行职业定位

由于中国社会的发展，现在的生活条件远远比我们的父辈和祖辈要好很多很多，这样的现状是，虽然生活条件好了很多，但也使一些人滋生了惰性。某些市场调查显示，大学生虽然对现在的求职困境有所感受，但很多人并没有因此下定决心要在完成大学生涯后，完全靠自己的能力来求职，而是抱着一种没钱了可以找家里要的态度来求职，其紧迫感远没有社会求职者那么强烈，根本就不会好好去考虑一下职业定位。虽然早在1909年帕森斯就发表了《职业选择》，到1955年左右，职业规划已成为一门学科被列入大学教育范畴，并产生了大量的专著，而且国外很多的大学在学生一进学校后，就有专门的职业指导课程，为学生做好职业规划，但在中国，现在的大学生长期接受的是以高考为指挥棒的应试教育，家长满心希望孩子考上好的大学，全社会都在营造教育为考试服务的氛围，在这种背景下，学生们是"两耳不闻窗外事，一心只读圣贤书"，无论在小学、中学还是大学学习阶段，都缺少对自己未来的系统规划和全盘筹备。因此，对广大大学生来讲，进入大学，首要的任务是树立对未来的规划意识。

（2）职业生涯规划可加速大学生的求职时间

职业规划做得好的学生，非常清楚自己的职业方向，因此在求职的道路上会有选择地去把握与自己职业定位相关的企业单位的相关职位，而且这些职位都是求职者根据自己的职业规划设计好的。因此，在求职时的应聘考核上，自然会做到应对自如，能够给应试官一个良好的印象。这样自然就会缩短求职的时间，提高求职的准确性和成功率。

（3）帮助大学生降低求职的成本

刚走出校门的当代大学生在经历过几次求职的失败之后，就会深深感受到现实的残酷与无情，其求职成本自然就会远远高出想象，无形中给他们增加了精神压力。但如果有良好的职业规划后，就会有目的地去选择相关职位，而且也会对于自己的职业道路有一个前瞻性的心理准备，这样就会大大缩短他们的求职时间，减少这种无形的精神压力。既然求职时间大大缩短了，那么求职成本就要比没有做职业规划的学生降低了很多。

（4）帮助大学生提升个人职业竞争力

有良好职业规划的学生，自然就会有一个良好的求职目的，而且也会有一个良好的心态去面对考官，对于做过职业规划的学生来说，这些都是意料之中的事情，因此，面对职业考官时，他们自然而然会流露出良好的心态，会以自信的态度去感染职业考官，在谈吐及形象方面也会符合相应的职业规范，而这些东西都是面试时最需要的，因此在职业竞争上，他们自然会比没有做过职业规划的人拥有更好的职业竞争力。

（5）激发个人潜能，为未来发展奠定坚实的基础

职业规划并不仅仅只针对一个人的求职，还能够提高工作的满意度。因为职业规划的每一件工作，都会考虑到至少以下三点因素：①个人自身的因素；②所在组织提供的发展条件因素；③社会环境所给予的支持和制约因素。同时都是针对个人的兴趣、个人的长处、个人的需求及个人的利益而设计的，那么，一般人都会对于自己的工作非常热爱，而且积极主动。没有制定职业生涯规划的人，很容易消极散漫。消极散漫，就很难全神贯注地工作，也很难充分发挥自己的才干。职业生涯规划能够帮助同学们集中时间和精力，为实现自己的职业发展目标而尽可能发挥自己的潜能。人的潜能是无限的，需要我们充分地去挖掘。并不是任何人在某些方面都有得天独厚的天赋，唯有善于挖掘自己的潜能，才能实现能力的提高，形成自己的核心竞争力。

综合以上五个方面，人生有职业规划与没有职业规划就会有一个明显的不同。有职业规划的人，会有目的地按照规划去完成一件件早就规划好的事情，并能在职场中得到好的发展，同时也会获得好的回报，人生也会越过越精彩。没有职业规划的人，却要盲目地生活，无休止地地毯式投送求职简历，而面试的机会却越来越少，心里的压力会越来越大，社会的不公平感也会越来越强烈，久而久之人生没有了方向，就算能找到一份工作，也会因为没有规划而感觉并不是自己愿意做的，只是为了生存而去上班，多年后还会原地踏步地做着同样的工作。

 【小故事】

五条毛毛虫的故事

1. 第一条毛毛虫

话说第一条毛毛虫，有一天爬呀爬呀翻山过河，终于来到一棵苹果树下。它并不知道这是一棵苹果树，也不知道树上长满了红红的苹果。当看到同伴们往上爬时，不知所以的它就跟着往上爬，没有目的，不知终点。

它的最后结局呢？也许找到了一个大苹果，幸福地过了一生；也可能在树叶中迷了路，颠沛流离，糊涂一生。不过可以确定的是，大部分的毛毛虫都是这样活着的，也不去烦恼什么是生命的意义，倒也轻松许多。

2. 第二条毛毛虫

有一天，第二条毛毛虫也爬到了苹果树下。它知道这是一棵苹果树，也确定它的"目标"就是找到一个大苹果。问题是……它并不知道大苹果会长在什么地方。它猜想：大苹果应该长在大枝叶上吧！于是它就慢慢地往上爬，遇到分枝的时候，就选择较粗的树枝继续爬。

当然，在这个毛毛虫社会中，也存在"考试"制度，如果有许多毛毛虫同时选择同一个分枝，要通过"考试"来决定谁有资格爬上大树枝。幸运的是，这条毛毛虫一路过关斩将，每次都能选上最好的树枝，最后它从一根名为"大学"的树枝上找到了一个大苹果。不过它发现这个大苹果并不是树上最大的，顶多只能称是局部最大。因为它的上面还有一个更大的苹果，号称"领导"，是由另一条毛毛虫爬过一根名为"创业"的树枝才找到的。

令它泄气的是，这个创业分枝是它当年不屑于爬的一根细小的树枝。

3. 第三条毛毛虫

接着，第三条毛毛虫也来到了树下。这条毛毛虫相当难得，小小年纪，却自己研制了一副望远镜。在还未开始爬时，就先利用望远镜搜寻一番，找到了一个超大苹果。同时，它发觉当从下往上找路时，会遇到很多分枝，有各种不同的爬法；但从上往下找路时，却只有一种爬法。

它很细心地从苹果的位置，由上往下反推至目前所处的位置，记下这条确定的路径。于是，它开始往上爬，当遇到分枝时，它一点也不慌张，因为它知道该往哪条路爬，不必跟着一大群毛毛虫去挤破头。譬如说，如果它的目标是一个名叫"教授"的苹果，那应该爬"升学"这条路；如果目标是"领导"，那应该爬"创业"这个分枝……

最后，这条毛毛虫应该会有一个很好的结局，因为它已具备了先觉的条件了。但也许会有一些意外的结局出现，因为毛毛虫的爬行相当缓慢，从锁定苹果到抵达目标，需要一段时间。当它抵达时，也许苹果已被别的毛毛虫捷足先登，也许苹果已因熟透而烂掉了。

4. 第四条毛毛虫

第四条毛毛虫可不是一条普通的虫子，同时具有先知和先觉的能力。它不仅知道自己要何种苹果，更知道未来的苹果将如何成长。因此当它带着那"先觉"的望远镜时，其目标并不是一个大苹果，而是一朵含苞待放的苹果花。它计算着自己的时间，并估计当它抵达时，这朵花正好长成一个成熟的大苹果，而且它将是第一个钻入苹果内大快朵颐的毛毛虫。

果不其然，它获得了所应得的，从此过上了幸福快乐的日子。

5. 第五条毛毛虫

毛毛虫的故事本来应该到此结束了，因为所有故事的结局都应该是正面且富有教育意义的。但仍有不少读者好奇：第五条毛毛虫到底怎么了？

其实它什么也没做，就在树下躺着纳凉，而一个个大苹果从天而降。因为树上某一大片树枝早就被它的家族占领了。它的爷爷、爸爸、哥哥们盘踞在某些树干上，禁止其他毛毛虫进入。然后苹果成熟时，就一个个地丢给树下的子孙们捡食。

奉劝诸位，如果你不是含着金汤匙出生的，可不要妄想捡到大苹果，反而可能会被砸到的。

【生涯案例】

<h2 style="text-align:center">大学生适应性不如农民工?</h2>

1. 8000 元月薪没留住博士

"今年大学生就业形势格外严峻,他们找起工作来,未必比农民工好找。"某企业家说。大学生就业难既有外部客观环境等因素,也有自身原因。大多数企业在用人时,都比较看重人才的技能,"一些大学生做事还不如农民工活络,适应性也不如农民工,在吃苦耐劳方面就更差了。"他甚至举了自己公司的例子,他曾经以 8000 元月薪招聘了一位博士当助理,没想到仅仅干了 3 个月就离职了,原因竟然是偶尔让他"抹了一下桌子"……"大学生通常都自视较高。"该企业家说,如果一不能吃苦、二不能吃亏,当然找不到好的工作。在适应社会方面大学生要向农民工学习。

他建议,一方面大学生自己要改变就业观念,另一方面政府部门及学校也应在政策和教育模式上逐步改革。"除了应该对大学生的基本食宿费用、培训费用等予以补贴,还应该对他们进行有针对性的技能培训,"该企业家说,"尤其应该找企业家给大学生做培训,既要找成功的企业家,更要找失败的企业家,培训大学生的各种技能,毕业后向企业输送!"

2. 小保姆工资比大学生高

某大学教授则举了另外一个例子:一个拿着很高退休工资的高校教授,托人从苏北找来一个初中毕业的小保姆,刚来时她连高压锅、煤气灶都不太会使用,可是教授却给她开 2000 元/月 的工资,而一些上了十几年学的大学生也不一定能拿到这么多钱,这种反差说明了什么?

该教授同样提出了技能培训的问题:必须反思现在的教育,大学生太多了!应该从高中就开始分流,去学习一些实用的技能,"比如一个中专生,对其进行家政培训,出来后到一些有着较高要求的家庭中去当保姆,工资要求高些,也挺好的!"现在对于厨师、机械操作工等实用技能型人才的需求还是很大的,为什么大家都要来挤高考这个"独木桥"呢?该教授认为,这是中国人的传统思维,而政府要加以引导,大力发展职业教育,让人才都能"人尽其用",不要出现大批学生从高校出来找不到工作的现象。

3. 大学生早就不是"天之骄子"了

某研究所所长则希望大学生改变就业观念。"大学生早就不是'天之骄子'了!"该所长说,目前大学生的技能培训确实不如以前,在校期间除了学习外,要么尽情放松,要么就是考研,真的到了大四找工作了,一片茫然,想做的工作眼高手低,用人单位不想要,"在国外就不是这样,大学生毕业了照样做'蓝领',很少有人非要当'白领'。"其实,现在并不是完全没有岗位,而是很多岗位大学生看不上。

看了以上案例,不知大学生朋友们怎样看待来自社会的评价?对你完成你的大学求学生涯有何启发?

六、成长手册

（一）"理想"知多少

我的理想：

1. 小学三年级时＿＿＿＿＿＿＿＿＿＿＿＿＿＿＿＿＿＿＿＿＿＿

2. 初中时＿＿＿＿＿＿＿＿＿＿＿＿＿＿＿＿＿＿＿＿＿＿＿＿＿

3. 高中时＿＿＿＿＿＿＿＿＿＿＿＿＿＿＿＿＿＿＿＿＿＿＿＿＿

4. 现在＿＿＿＿＿＿＿＿＿＿＿＿＿＿＿＿＿＿＿＿＿＿＿＿＿＿

比较之后，我发现＿＿＿＿＿＿＿＿＿＿＿＿＿＿＿＿＿＿＿＿＿

我的专业：

1. 我的大学专业是怎样选择的？＿＿＿＿＿＿＿＿＿＿＿＿＿＿

2. 我最喜欢的专业是＿＿＿＿＿＿＿＿＿＿＿＿＿＿＿＿＿＿＿

3. 如果有重新选择的机会，我会选择＿＿＿＿＿＿＿＿＿＿＿＿

为什么？＿＿＿＿＿＿＿＿＿＿＿＿＿＿＿＿＿＿＿＿＿＿＿＿＿

以上练习给我的启发是＿＿＿＿＿＿＿＿＿＿＿＿＿＿＿＿＿＿＿

（二）有缘千里来相会——职业生涯规划探索之团队建设

我 的 团 队

团队名称：＿＿＿＿＿＿＿＿＿＿＿＿＿＿＿＿＿＿＿＿＿＿＿＿

团队领导：＿＿＿＿＿＿＿＿＿＿＿＿＿＿＿＿＿＿＿＿＿＿＿＿

团队口号：＿＿＿＿＿＿＿＿＿＿＿＿＿＿＿＿＿＿＿＿＿＿＿＿

团队标志：＿＿＿＿＿＿＿＿＿＿＿＿＿＿＿＿＿＿＿＿＿＿＿＿

团队契约：＿＿＿＿＿＿＿＿＿＿＿＿＿＿＿＿＿＿＿＿＿＿＿＿

成员签名：＿＿＿＿＿＿＿＿＿＿＿＿＿＿＿＿＿＿＿＿＿＿＿＿

第二节　认识生涯规划

一、案例导入

在报社的记者、编辑工作是陈××的一段丰富的经历。由于文笔较为突出，被组织委派到某报社工作，在短短的两年时间内，他从零开始，自学了新闻媒体领域相关的一些专业知识，并发表了多篇文章。

他表示，工作经验不是天生就有的，都是从零开始慢慢积累的。无论在什么行业，干的是什么工作，只要热爱就会体现在理念和行动上，也只有热爱了才能在平凡的岗位上走得稳、走得远。他不认为想当将军的士兵就一定是好士兵，相反他更看重自己在岗位上的完成情况。只有在自己的岗位上勤勤恳恳的人，才能够得到大家的认可，得到领导的赏识，如果只是一味地想着当高官而利用各种手段偷懒，耍小聪明，表面上工作做得圆滑，但是总有暴露的一天。领导的眼睛是雪亮的，责任心是核心，创新是关键。

我们要在大学里学会学习，培养自己的学习能力，这样将来就算踏上了与自己专业不对口的岗位也不会手忙脚乱。我们要做的是打好基础，在大学就好好地利用这样的机会，不要就这样荒废了。

面对当前的社会大背景，陈××表示，充满活力的大学生不应该就这样平淡被动地接受命运的安排，他们要敢于挑战自己，不要给自己的将来留下遗憾。大学生积极深入到各地的基层组织，体验当"村官"的生活，是一次很好的锻炼自己的机会。此时的大学生"上山下乡"已经不是政治运动，而是为了满足新农村建设的需要，是人才市场的必然选择，也是解决目前大学毕业生就业问题的一个很好的途径。

不求拥有轰轰烈烈的人生，但是我们也不能平庸地活着。工作不应该只是维持生活的工具，而是我们实现自己人生价值的方式。不要因为暂时没有得到自己所希望的就抱怨现在的生活，更重要的是在自己的岗位上努力地工作，只要一直在前进、一直在努力，终有一天会过上自己向往的生活。

二、学习导语

有句话"你有什么样的选择，就有什么样的人生"，同学们刚刚步入大学之门，还站在同一起跑线上，而差距会在大学四年期间慢慢拉开，如何度过这短暂的大学四年？我们一定要做好职业生涯规划。本节通过案例展示、游戏活动、理论梳理等多个环节，为同学们提供一次整体认识和把握职业生涯规划重要概念的机会，厘清自己的梦想目标。从现在就开始为未来发展准备吧！

三、学习目标

1）了解职业生涯规划的基本概念。

2）懂得如何设计自己的职业生涯道路。

四、学习活动

（一）生涯的联想

1. 活动目标

了解生涯、生涯规划、生涯发展的概念。

2. 活动要求

1) 活动场地：室内。

2) 参加者：班级同学。

3) 活动准备：生涯想象图。

4) 时间：活动时间约为 8 分钟，讨论与分享时间约为 10 分钟。

5) 具体要求：在你的心目中，什么是"生涯"？什么是"生涯发展"？什么是"生涯规划"？请分别写下你对"生涯"、"生涯发展"和"生涯规划"的联想，然后与你的同伴分享你的看法。

3. 活动过程

认真地将本节"成长手册"第一部分关于"生涯联想"的问题回答完整，然后和你的同学分享。

4. 讨论与分享

每个人首先完成自己的回答，然后在小组内分享个人关于理想的观点和看法，可以参考以下罗列的几个问题展开交流。

1) 以前，你考虑过以上三个问题吗？如果没有，今天回答了之后，你的感受是什么？

2) 回答了这三个问题，对你来讲有哪些方面的帮助或提高？

3) 有人说，生涯发展杂乱无章，生涯规划不可能实现，你怎么看待呢？

4) 结合你的成长经历，请思考你的大学生涯将怎样度过。

5) 以上练习，给你的启发是什么？

(二) 我的大学生涯鱼骨图

1. 活动目标

描绘大学发展蓝图，明白重要事件的影响作用。

2. 活动要求

1) 活动场地：室内。

2) 参加者：班级同学。

3) 活动准备：准备一张白纸和两支笔（一支鲜艳，一支暗淡），把纸横放，在纸的中部从左到右长长地画一条横线，然后给线加上箭头，让它成为有方向的线，如图 1.1 所示。

图 1.1　有方向的线

然后，在线的左侧写上"0"，在右侧写上"8"，然后将线段八等分，分别记上 1~7 的数字，如图 1.2 所示。

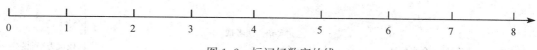

图 1.2　标记好数字的线

4）时间：活动时间约为 8 分钟，讨论与分享时间约为 10 分钟。

3. 活动过程

此时，在你的这条线的最上方写下"×××的大学生涯线"，"×××"是你的名字，如"王晓冬的大学生涯线"。

一张洁白的纸，写上了"×××的大学生涯线"，其下有一条有方向的线条，代表了你的大学里程，它有起点，也有终点，因为大学有具体的时限。

请一寸一寸地仔细审视这条线。它就是你在大学里脚步的蓝图，无论你在大学里怎么过，都走不出它的坐标系。请你找到目前自己所在的那个点，画个标记，请在你画的标记的左边，即代表你大学过去时光的那部分，把对你有重大影响的事件，用笔标记出来。

例如，刚入学，在学生会招新应聘中脱颖而出，被选入了学生会，找到刚开学的位置，填写这件事。如果你觉得是件快乐的事，就用鲜艳的笔来写，并写在生涯线的上方；如果你觉得快乐非凡，就把这件事的位置写得更高一些。再如，第一学期末，你有一门课程不及格（或迷失了大学的目标），你认为对你的大学生涯造成了影响或伤害，你就写在生涯线的下端。

以不同颜色的笔和不同位置的高低，记录你自己在今天之前的大学历程。

大学时光过去的部分已经完成，你要看一看、数一数，在影响你的重大事件中，位于横线上方的内容多，还是位于横线之下的内容多，上升和下落的幅度怎样？最重要的是看你个人对这些事件的感受，而不在于世俗的评判。

完成了过去时，我们进入大学的将来时。

在你的坐标线上，把你想在大学里做的事，都标出来。如果有可能尽量把时间注明。视它们给你带来的快乐和期待的程度，标在线的上方，如果它是你的至爱，就请用鲜艳的笔，高高地填在你的大学生涯线的最上方。

当然，在将来的大学生涯中，还会有挫折和困难，如择业失败、失恋等各种意外事件的发生，不妨用黑色的笔将它们在生涯线的下方大致勾勒出来（图 1.3），这样我们的大学生涯线才算得上完整。

4. 讨论与分享

1）看看你亲手写下的这些事件，是位于线上部分的多，还是位于线下部分的多？也就是说，是快乐的时候多，还是痛苦的时候多？

2）世界上没有什么事情是一定指向倒退或前进的，对于过去发生的事情，你是怎么看待的？回顾过去，你的感悟是什么？

3）面对未来的大学时光，你决定怎样做？

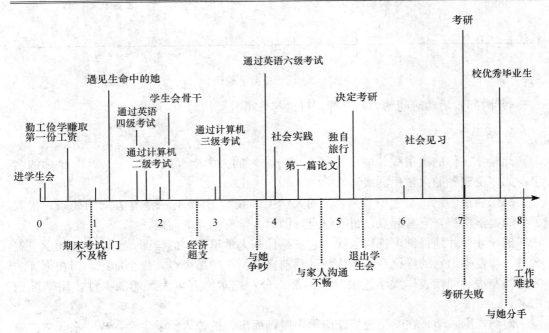

图 1.3　×××的大学生涯鱼骨图

4）通过这个游戏，你有什么收获？

（三）遥想未来的我

1. 活动目标

未来发展具体化，进一步细化发展期望。

2. 活动要求

1）活动场地：室内。

2）参加者：班级同学。

3）活动准备：在一张白纸上端写下"×××的未来"，×××是你的名字。

4）时间：活动时间约为 8 分钟，讨论与分享时间约为 10 分钟。

5）具体要求：现在，请想象一下 10 年后的你会是什么样子。

分别写下 10 年后的你在以下诸方面的预期：年龄、体重、相貌、学历、学位、职业、配偶、家庭、收入、爱好、住宅、理想……

3. 活动过程

做完上述练习之后，重复同样的步骤，完成"20 年后的我"。

4. 讨论与分享

人生如白驹过隙，转回头去看看时，已匆匆数年，人生难得再次寻觅青春的年华，让我们一起来思考以下问题：

1）你觉得未来 10 年、20 年里你的最大差异（发展、变化）在哪里？

2）哪些要素在未来最被你看重？

3）对于设计的这些未来，你将如何实现它们？

4）它们与你现在的大学有什么联系？

五、理论拓展

（一）职业生涯规划的含义

1. 什么是职业生涯规划

要谈职业生涯规划，首先得理解职业、工作以及生涯、职业生涯、职业生涯规划等一些基本内容。

职业，是指参与社会分工，利用专门的知识和技能创造物质财富、精神财富，获得报酬，满足物质生活、精神生活的活动。职业是工作的类的称呼，是从时间和空间两个维度去认识工作，即存在于不同时期、不同组织中的同一类工作，如教师职业、医生职业、职业规划师职业等。工作是指相似的职位所组成的一个特定的专业领域，如高校教师从事教育工作、汽车修理工从事汽车维修工作等。工作可以是有偿的，也可以是无偿的。其中职位是分配给个人的一系列具体任务相关的地位，一个人一个职位。

美国职业生涯管理专家 Super D. E. 认为，生涯是个人终其一生所扮演角色的整个过程，生涯的发展是以人为中心的，通常指的是职业生涯，即一个人在就业领域所经历的一系列岗位、工作或职业，以及相关的态度、价值观、愿望等的连续的过程。从广义上讲，职业生涯是人们在某一特定领域的发展轨迹，如艺术生涯等。

那么什么是职业生涯规划呢？职业生涯规划，简称职业规划或职业生涯设计，是指个人和组织相结合，在对个人职业生涯的主客观条件进行测定、分析、总结研究的基础上，对自己的兴趣、爱好、能力、特长、经历及不足等各方面进行综合分析与权衡，结合时代特点，根据自己的职业倾向，确定其最佳的职业奋斗目标，并为实现这一目标做出行之有效的安排。借此，可以把个人利益与组织利益有机结合起来。最新意义上的职业生涯规划，实际上已经包括人生规划的概念，即包括工作、学习、休闲、爱和家庭四大部分。

2. 不同职业发展阶段对职业选择的影响

每个人的职业都要经过几个阶段，因此，你必须了解职业周期的重要性。职业周期之所以重要，是因为你所处的职业阶段将会影响你的知识水平以及你对于各种职业的偏好程度。一个人可能经历的主要职业阶段大体可概括如下。

（1）成长阶段

成长阶段大体上可以界定在从一个人出生到 14 岁这一年龄段上。

在这一阶段，个人通过对家庭成员、朋友及老师的认同以及与他们之间的相互作用，逐渐建立起自我的概念。在这一阶段的一开始，角色扮演是极为重要的，在这一时期，儿童将尝试各种不同的行为方式，这使得他们形成了人们该如何对不同的行为做出反应的印象，并且帮助他们形成一个独特的自我或个性。到这一阶段结束的时候，进入青春期的青少年（这些人在这个时候已经形成了对他们的兴趣和能力的某些基本看法）就开始对各种可选择的职业进行带有某种现实性的思考了。

（2）探索阶段

探索阶段大约发生于一个人的 15～24 岁这一年龄段上。

在这一时期中，个人将认真地探索各种可能的职业选择。他们试图将自己的职业选择与他们对职业的了解以及通过学校教育、休闲活动和工作等途径获得的个人兴趣和能力匹配起来。在这一阶段的开始时期，他们往往做出一些带有试验性质的较为宽泛的职业选择。然而，随着个人对所选择职业以及对自我的进一步了解，他们的这种最初选择往往会被重新界定。到了这一阶段结束的时候，一个看上去比较恰当的职业已经被选定，他们也已经做好了开始工作的准备。

人们在这一阶段上以及以后的职业阶段上需要完成的最重要任务就是对自己的能力和天资形成一种现实性的评价。类似地，处于这一阶段的人还必须根据来自各种职业选择的可靠信息做出相应的教育决策。

（3）确立阶段

确立阶段大约发生在一个人的 25～44 岁这一年龄段上。

确立阶段是大多数人工作生命周期中的核心部分。有些时候，个人在这期间（通常是希望在这一阶段的早期）能够找到合适的职业并随之全力以赴地投入有助于自己在此职业中取得永久发展的各种活动之中。人们通常愿意（尤其是在专业领域）早早地就将自己锁定在某一已经选定的职业上。然而，大多数情况下，这一阶段人们仍然在不断地尝试培养与自己最初的职业选择不同的各种能力和理想。

确立阶段本身又由三个子阶段构成。

① 尝试阶段：大约发生于一个人的 25～30 岁这一年龄段中。在这一阶段，个人确定当前所选择的职业是否适合自己，如果不适合，他或她就会准备进行一些改变。比方说，王芳可能已经下决心将自己的职业选定在零售行业，但是在以某商店新雇用的助理采购员身份进行了几个月的连续出差之后，她可能会发现，像市场营销调研这种出差时间更少的职业可能更适合她。到了 30～40 岁这一年龄段上的时候，人们通常就进入了稳定阶段。

② 稳定阶段。在这一阶段，人们往往已经定下了较为坚定的职业目标，并制定较为明确的职业计划来确定自己晋升的潜力、工作调换的必要性，以及为实现这些目标需要开展哪些教育活动等。最后，在 30 多岁和 40 多岁之间的某个时段上，人们可能会进入一个职业中期危机阶段。

③ 中期危机阶段。在这一阶段，人们往往会根据自己最初的理想和目标对自己的职业进步情况做一次重要的重新评价。他们有可能会发现，自己并没有朝着梦想的目标（比如成为公司总裁）靠近，或者在已经完成了预定的任务之后才发现，过去的梦想并不是自己所想要的全部东西。在这一时期，人们还有可能会思考，工作和职业在自己的全部生活中到底占有多大的重要性。通常情况下，在这一阶段人们不得不第一次面对一

个艰难的抉择，即判定自己到底需要什么，什么目标是可以达到的，以及为了达到这一目标自己需要做出多大的牺牲。

（4）维持阶段

到了 45～65 岁这一年龄段上，许多人就很简单地进入了维持阶段。在这一职业的后期阶段，人们一般都已经在自己的工作领域中获得了一席之地，因而他们的大多数精力主要就放在保有这一位置上了。

（5）下降阶段

当退休临近的时候，人们就不得不面临职业生涯中的下降阶段。在这一阶段上，许多人都不得不面临这样一种前景：接受权力和责任减少的现实，学会接受一种新角色，学会成为年轻人的良师益友。再接下去，就是几乎每个人都不可避免地要面对退休，这时，人们所面临的选择就是如何去打发原来用在工作上的时间。

（二）职业生涯规划的分类

职业生涯规划按照时间的长短来分类，可分为人生规划、长期职业规划、中期职业规划与短期职业规划四种类型，具体如表 1.1 所示。

表 1.1　职业生涯规划的类型

类型	时间	内容/举例
人生规划	整个职业生涯的规划	包括从求学阶段的学业规划到退休之后的生活规划，设定整个人生的发展目标，如规划成为一个有数亿元资产的公司董事
长期职业规划	5～10 年的规划	主要设定较长远的目标，如规划 30 岁时成为一家中型公司的部门经理，规划 40 岁时成为一家大型公司的副总经理，等等
中期职业规划	一般为 2～5 年内的目标与任务	如规划到不同业务部门做经理，规划从大型公司部门经理到小公司做总经理，等等
短期职业规划	2 年以内的规划	主要是确定近期目标，规划近期完成的任务，如对专业知识的学习，2 年内掌握哪些业务知识，等等

（三）职业生涯规划的基本步骤

每个人都渴望成功，但并非都能如愿。了解自己、有坚定的奋斗目标，并按照情况的变化及时调整自己的计划，才有可能实现成功的愿望。这就需要进行职业生涯的自我规划。职业生涯规划的步骤如下。

1. 确立志向

俗话说："志不立，天下无可成之事。"纵观古今中外，各行各业的佼佼者都有一个共同的特点，就是具有远大的志向。立志是人生的起跑点，反映着一个人的理想、胸怀、情趣和价值观，影响着一个人的奋斗目标及成就。所以，确立志向是进行生涯设计的关键，也是生涯设计最重要的一点。

2. 自我评估

自我评估就是对自己做全面分析，通过自我分析，认识自己、了解自己。因为只有认识了自己，才能对自己的职业作出正确的选择，才能选定适合自己发展的生涯路线，才能对自己的生涯目标作出最佳抉择。因此，自我评估是生涯设计的重要步骤之一。通常，自我评估的内容包括自己的兴趣、特长、性格、学识、技能、智商、情商以及管理、协调、活动能力等。

3. 生涯机会的评估

生涯机会的评估，主要是分析内外环境因素对自己生涯发展的影响，每一个人都处在一定的环境之中，离开了这个环境，便无法生存与成长。所以，在制定个人的职业生涯规划时，要分析环境条件的特点、环境的发展变化情况、自己与环境的关系、自己在这个环境中的地位、环境对自己提出的要求及环境中对自己有利与不利的条件等。只有充分了解这些环境因素，才能做到在复杂的环境中趋利避害，使生涯规划具有实际意义。环境因素评估主要包括组织环境、政治环境、社会环境、经济环境。

4. 职业的选择

通过自我评估、生涯机会评估，认识自己、分析环境后，可在此基础上对自己的职业做出选择。也就是在进行职业选择时，要充分考虑到自身的特点，即自己的性格、兴趣和特长；要充分考虑到环境因素对自己的影响。分析自我、了解自我、分析环境、了解职业世界，使自己的性格、兴趣、特长与职业相吻合，这一点对将来步入社会初选职业的大学生非常重要。

5. 确定职业生涯路线

做出职业选择后，还须考虑向哪一路线发展，即是走行政管理路线，向行政方面发展，还是走专业技术路线，向业务方面发展，等等。发展路线不同，对其要求也不同，这一点不能忽视。因为，即使同一职业，也有不同的岗位，有的人适合搞行政，可在管理方面大显身手，成为一名卓越的管理人才；有的人适合搞研究，可在某一领域有所突破，成为一名著名的专家学者；有的人适合搞经营，可在商海大战屡建功勋，成为一名经营人才。如果一个人不具有管理才能，却选择了行政管理路线，这个人就很难取得事业成功。

6. 设定职业生涯目标

职业生涯目标的设定，是以自己的最佳才能、最优性格、最大兴趣、最有利的环境等条件为依据的，通常分为短期目标、中期目标、长期目标和人生目标。短期目标又分为日目标、周目标、月目标、年目标，中期目标一般为 2～5 年，长期目标一般为 5～10 年，人生目标一般为终生。

7. 制定行动计划

确定了生涯目标后，行动便成了关键环节。没有行动，就不能达到目标，也就谈不上事业的成功。这里所指的行动，是指落实目标的具体措施，主要包括工作、训练、教育、轮岗等。例如，为达成目标，在工作方面，你计划采取什么措施来提高工作效率；

在业务素质方面，你计划如何提高自己的业务能力；在潜能开发方面，你计划采取什么措施开发自己的潜能，等等。这些都要有具体的计划与明确的措施，并且这些计划要特别具体，以便于定时检查。

8. 评估与回馈

俗话说："计划赶不上变化。"影响生涯设计的因素很多，有的因素是可以预测的，而有的因素难以预测。此种状况下，要使生涯规划行之有效，就必须不断对生涯规划进行评估与修订。修订的内容包括职业的重新选择、生涯路线的选择、人生目标的修正、实施措施与计划的变更等。

成功的职业生涯设计需要时时审视内外环境的变化，并且调整自己的前进步伐。目标的存在只是为你的前进指明一个方向，而你是它的创造者，你可以在不同时间、不同环境下做出调整，让它符合你的理想。在今天，我们的工作方式不断推陈出新，除了学习新的技能知识外，还得时时审视自己的生涯资本并意识到其不足的地方，不断修正自己的目标，只有这样才能立于不败之地。

 【生涯案例】

某女生的职业生涯规划

某高校女生，计算机专业，在临近毕业时常常对自己的职业方向难以抉择。就现在来说，计算机专业属于热门，找一份差不多的工作并不难，但由于她是女生，在就业时肯定不如同班的男生，同时她自己对教师的职业比较喜欢。在这种存在多重矛盾的情况下，我们不妨和她一起进行一次有关职业规划方面的认真思考，并通过对其职业前途的规划来确定其就业方向：

你是谁？（Who are you?）

某重点高校计算机专业毕业生；

优秀学生干部，学生成绩优秀，英语通过国家六级；

辅修过心理学、管理学；

参加过高校演讲比赛，拿过名次；

家庭状况一般，既不属于有钱之类，也不属于拮据那种，父母工作稳定，身体健康，暂时还不需要有人特别照顾；

自己身体健康；

性格上不属内向，但也不是特别活泼，喜欢安静。

你想做什么？（What do you want?）

很想成为一名老师，这不仅是儿时的梦想，也是比较喜欢的职业；

其次，可以成为公司的一名技术人员；

如果出国读管理方面的硕士，回国成为一名企业管理人员也是可以接受的。

你能做什么？（What can you do?）

做过家教，虽然不是自己的专业，但与孩子交流有天生的优势，当学生成绩进步时很有成就感；

当过学生干部，与手下人相处比较好，组织过几次有影响的大型活动；

实习时在公司做过一些开发，虽然没有大的成就，但感觉还行。

环境支持或允许你做什么？（What can support you?）

家里亲戚推荐去一家公司做技术开发；

GRE 考得还可以，已经申请了国外几所高校，但能不能有奖学金还很难说，况且现在签证比较困难；

去年曾有几家学校来系里招聘教师，但不是当老师，而是要去学校做技术维护，今年不知会不会有学校再来招聘教师；

有同学开了一家公司，希望自己能够加盟，但自己不了解这个公司的具体业务，也不知道它有多大的发展前途。

最后你将成为什么？（What can you be in the end?）

最后的选择可能有 4 种，分别如下：

1）到一所学校当老师，自己有这方面的兴趣和理想，在知识和能力方面并不欠缺，并且自己有信心成为学生心中理想的好老师。不足之处就是缺乏作为一名教师的基本训练以及一些技巧，但这可以逐步提高。

2）到公司做技术人员，收入上会好一些，但通过这几年的发展看，这种行业起伏较大，同时由于技术发展较快，需随时对自己进行知识更新，压力较大，信心不足，兴趣也不是很大。

3）去同学的公司，丢掉专业，从底层做起，风险较大，这与自己求稳的心理性格不符，同时家庭也会有阻力。

4）如愿以偿获得奖学金，能够出国读书，回国后还是去做一名企业管理人员。不确定因素较多，且自己可把握的较少，自己始终处于被动状态。

单纯从职业发展上看，这 4 种选择都有其合理性，但如果从个体而言，第一种选择显然更符合她本人的职业取向。从心理学上看，选择第一种能够使她得到最大的满足，在工作中也最容易投入，做出一定的成绩后会有很大的成就感。从职业前途看，教师这个职业也日益受到社会的尊重，社会地位呈上升趋势。从性格上看，这种职业也比较符合她的职业取向。主要困难是非师范毕业生进入这个职业的门槛比较高，如果她能够确定自己的最终目标后努力去弥补与师范生在职业技巧方面的差距，那么，她实现自己的职业理想将为时不远。

六、延伸阅读

（一）职业生涯设计五大前提

1. 正确的职业理想，明确的职业目标

职业理想在人们职业生涯设计过程中起着调节和指南作用。一个人选择什么样的职业，以及为什么选择某种职业，通常都是以其职业理想为出发点的。任何人的职业理想都必然要受到社会环境、社会现实的制约。社会发展的需要是职业理想的客观依据，凡是符合社会发展需要和人民利益的职业理想都是高尚的、正确的，并具有现实的可行性。大学生的职业理想更应把个人志向与国家利益和社会需要有机地结合起来。

2. 正确进行自我分析和职业分析

首先，要通过科学认知的方法和手段，对自己的职业兴趣、气质、性格、能力等进行全面认识，清楚自己的优势与特长、劣势与不足。避免设计中的盲目性，达到设计高度适宜。其次，现代职业具有自身的区域性、行业性、岗位性等特点，要对该职业所在的行业现状和发展前景有比较深入的了解，比如人才供给情况、平均工资状况、行业的非正式团体规范等。最后，还要了解职业所需要的特殊能力。

3. 构建合理的知识结构

知识的积累是成才的基础和必要条件，但单纯的知识数量并不足以表明一个人真正的知识水平，人不仅要具有相当数量的知识，还必须形成合理的知识结构，没有合理的知识结构，就不能发挥其创造的功能。合理的知识结构一般指宝塔型和网络型两种。

4. 培养职业需要的实践能力

综合能力和知识面是用人单位选择人才的依据。一般来说，进入岗位的新人，应重点培养满足社会需要的决策能力、创造能力、社交能力、实际操作能力、组织管理能力、终身学习能力、心理调适能力、随机应变能力等。

5. 参加有益的职业训练

职业训练包括职业技能的培训、对自我职业的适应性考核、职业意向的科学测定等。可以通过"三下乡"活动、大学生"青年志愿者"活动、毕业实习、校园创业及从事社会兼职、模拟性职业实践、职业意向测评等进行职业训练。

（二）不同年龄阶段的职业生涯设计

职业生涯是一个漫长的过程，将其划分为不同的阶段，明确每个阶段的目标，事先做好规划，对更好地从事自己的工作、实现自己的人生目标将是很有好处的。

1. 30岁之前：做好起步

这一阶段刚从学校走上工作岗位，是人生事业发展的起点。它的主要目标，第一就是选择职业与坚持学习，即在充分做好自我分析和内外环境分析的基础上，选择适合自己的职业，设定人生目标，制定人生计划；第二就是要树立自己良好的形象。年轻人步入职业世界，表现如何，对未来的发展影响极大。有些年轻人，特别是刚毕业的大学生，总认为自己有知识，有文化，到单位工作后不屑于做零星小事，不能给同事们留下良好的印象，这对一个年轻人的发展而言，可以说是一个危机。人一生工作所需的知识，90%是工作后学习的。这个数据足以说明参加工作后学习的重要性。

2.40 岁之前：修订目标

这个时期是人充分展现自己才能、获得晋升、事业得到迅速发展之时。此时，除发奋努力，展示才能，拓展事业以外，对很多人来说，还有一个调整职业、修订目标的任务。人到 30 多岁，应当对自己、对环境有了更清楚的了解。看一看自己所选择的职业、生涯路线以及所确定的人生目标是否符合现实，如有出入，应尽快调整。

3.50 岁之前：学会充电

这一阶段，是人生的收获季节，也是事业上获得成功的人大显身手的时期。到了这个年龄仍一无所得、事业无成的人应深刻反省一下原因何在。重点在自身上找原因，对环境因素也要做客观分析，切勿将一切原因都归咎于外界因素、他人之过。只有正确认识自己，找出主观原因，才能解决人生发展的困阻，把握今后的努力方向。很多人在此阶段都会遇到知识更新问题，特别是近年来科学技术高速发展，知识更新的周期日趋缩短，如不及时充电，将难以满足工作需要，甚至影响事业的发展。

4.60 岁之前：晚年生涯规划

此阶段是人生的转折期，无论是在事业上继续发展，还是准备退休，都面临转折问题。由于医学的进步、生活水平的提高，很多人此时乃至以后的十几年，都能身体健康，照样工作。

七、成长手册

（一）生涯联想

生涯就像……

生涯发展是……

生涯规划是……

（二）我的大学生涯鱼骨图

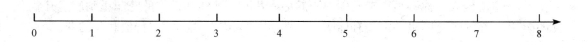

图 1.4　我的大学生涯鱼骨图

（三）遥想未来的我

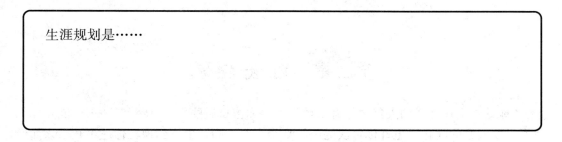

_____的未来
——10 年以后的我

年龄：_____

身高：_____

体重：_____

相貌：_____

学历：_____

学位：_____

职称：_____

职业：_____

配偶：_____

家庭：_____

收入：_____

爱好：_____

住宅：_____

健康：_____

……：_____

第二章 自我探索

"你是一个什么样的人?""你喜欢什么?""你擅长做些什么事情?"……可能是你无数次需要回答的问题。也许你每次的回答都会有些不同,也许到现在你还不知道该如何回答这些问题。是的,我们每个人都是多元的,每个人都有属于自己的不同颜色和形状。也许你身材高大,体格健壮,但却喜欢舞文弄墨;也许你娇小玲珑,但却古道热肠,乐于帮助他人。你必须得走向你内心的秘密花园,才能知道你的花园里到底盛开着哪些花朵。在这个花园里一定会有标明为"性格""兴趣""能力""价值观"的花。

自我探索可以说是职业生涯探索的起点。在实施自我探索的过程中,一是要专注,排除外界干扰,深入自己的内心世界;二是要客观,不能自己欺骗自己。只有这样,才能充分地了解自己,真正知道自己适合做什么、不能做什么,什么能使自己快乐,什么只是在勉强自己。否则等到暮年回首时,才意识到自己做了一生的工作都只是别人的想法、别人的意愿而不是自己的选择,那可真要抱憾终生了。

本章主要内容:

1) 了解我的职业性格。
2) 探索我的职业兴趣。
3) 发现我的职业能力。
4) 辨识我的职业价值观。

第一节 了解我的职业性格

一、案例导入

某位事业成功者提出了一个"成功4+1"的理论——4代表智慧、机遇、勤奋、激情,1代表性格。或许他的经验对你有帮助。

经常有同学对我说:到了大二、大三却发现自己仍不知道未来的前途,会突然迷茫,也经常考虑怎么能让自己变得成功,怎样超越自我。

我曾提出一个"成功4+1"理论,实际也是大学生走向社会需要具备的素质。

第一个是"智慧"。光有知识就是智慧吗?不是。具备运用知识的能力才叫智慧,所以大学不只是简单地把书本读会。读什么专业固然重要,但是比这更重要的是培养自己学习的能力。很少有学生看到复杂的方程式会眼睛发光、会兴奋的。那还该不该学?要学!也许不是你的兴趣,但你必须强迫自己培养毅力和学习的能力。大家踏进社会后至少有一半工作不是你喜欢的。不喜欢就可以不做吗?社会可没那么简单,不是你想象的那样,想做就做,不想做就不做。一个刚走出校门的学生,你还没有核心竞争力。社会竞争很激烈,你应该先在不喜欢的岗位上把工作做好,把你变得有核心竞争力,有了竞争力以后，再来改变。

第二个是"机遇"，"机遇"也很重要。很多人把自己的不成功归结为机遇的不公平。其实在大学时每个人都差不多，而十年以后，为什么有那么大的差别？我们再来反思一下，难道每一个机遇都公平吗？机遇肯定是不公平的，机遇肯定只给那些有准备的人。

第三个是"勤奋"，"勤奋"也很重要。我没有其他本事，只有勤奋、一直勤奋！我没有其他秘密，只有靠勤奋。一点点聪明，加上十倍的努力，就足够了。领导不会讨厌勤奋的人，勤奋在一个人的职业生涯中比什么都重要。在座的大学生，今晚一定要把两个字带回去——勤奋。勤奋会影响你的整个命运。

第四个是"激情"。据我的观察，很多大学生光有冲动没有激情。激情等于冲动吗？不是。激情是发自内心、从血液里流出来的东西。做任何一件事情，一旦拥有激情，成功的概率就会大得多。因为激情会使你持续地关注它、投资它、享受它，当你享受到成就的快感时，你就会延续你的激情，从而形成一种良性的激情循环。现实生活不会如想象中那么华丽，即使做到总裁的位置，工作也是枯燥的。但激情可以让负循环变成正循环，只要投入就可以找到乐趣。在培养你的激情时，千万要注意你所确定的方向和高度。理想不能定得太高，尽量制定一个相对短期的目标，当你实现这个短期目标后，你会觉得付出的激情有回报。人生要和自己比，哪怕只进步一点点，但要让今天的你比昨天的你更有激情。

同时，大学时期你要尝试改变性格。大学是什么？大学是个"小社会"。跨进校门时就进入改变性格的阶段。如果你连性格弱点都改不了，你就距离成功很远了。什么是好的性格？没有固定含义。其实好的性格就是那些公认的性格：热情、关爱、正直、坦诚……如果这些都在你身上体现出来，别人会不喜欢你吗？为什么性格决定成功？因为机会和性格联系在一起。

机会有三种：第一种是别人给的；第二种是争取的；第三种是运作出来的。当机会出现时，靠什么把这个机会变成你的？靠的就是你的性格。我们需要培养一个好的性格，让周围的人都认同你。你要用真心来对待每一个人，用正直向上、关爱的心态来对待周围的每一件事。

二、学习导语

我们经常听到有人形容自己是外向的或者内向的，"外向""内向"是我们描述性格特征的一个方面，但是外向或内向的性格是不是绝对的呢？性格还有哪些其他的特征呢？研究结果表明，在实际的工作中，不同性格类型的人在领导风格、解决问题的方式、时间管理、压力管理等方面都存在着很大区别。心理学认为，根据性格选择职业，能使自己与职业、工作相吻合，更好地发挥自己的聪明才智和一技之长，从而得心应手地驾驭本职工作。性格与职业的匹配能够使个体工作达到最优效果。本节以 MBTI（Myers - Briggs type indicator，迈尔斯 - 布里格斯人格类型指标）理论的学习为载体，通过探索小活动及测评等方法对自我性格做出初步判断。

三、学习目标

1）了解不同的性格特征适合于不同的职业；

2）学会运用测评等方法了解自己的职业性格特征，并思考性格特征对职业选择的影响。

四、学习活动

（一）设计你的"寻人启事"

1. 活动目标

通过撰写自己的"寻人启事"，激发学生对自我进行初步整体认知的觉悟，思考的过程即自我认知的过程。

2. 活动要求

1）活动场地：室内。

2）参加者：班级同学。

3）活动准备：每人拿出一张白纸。

4）时间：活动时间约为 5 分钟，讨论与分享时间约为 10 分钟。

3. 活动过程

1）阐明活动的目的、内容及要求，时间为 15 分钟左右。

假如你在某一天失踪了，请你为自己设计一份富有个性的"寻人启事"，让同学看完后能猜出是你。

要求至少包括以下内容来展现你的特点：

你的外在形象有什么特征？

你的性格有何特点？

你的行为风格有何与众不同？

你有何爱好、才艺？

你的优点是什么？

你最欣赏自己什么特质？

注意：启事内容中不能提及自己的姓名，结尾署上自己的名字。

2）请学生把所写的"寻人启事"交上来，可以请某一学生作为主持人，抽取某一"寻人启事"请同学猜出这个同学是谁，每个猜 3～5 次，并说明猜测理由。被猜出同学（如果没有猜中，请抽中同学现身）说出自己的感想。如"寻人启事"未被猜出，则说明同学还不了解我，或我眼中的自我和同学眼中的我有所不同等。

4. 讨论与分享

1）为什么我的"寻人启事"同学们会猜不到？

2）为什么有的同学的"寻人启事"有那么多内容，而我的却写不出？

（二）左右手签名

1. 活动目标

了解自己在性格上也会存在"左右手"，职业与性格的最佳匹配会得到最理想的效果。

2. 活动要求

1）活动场地：室内。
2）参加者：班级同学。
3）活动准备：每人一张白纸。
4）时间：活动时间约为 3 分钟，讨论与分享时间约为 5 分钟。

3. 活动过程

1）请学生在本节"成长手册"第二部分"左手签名"框内签上自己的名字。
2）请换一只手，在"右手签名"框内签上自己的名字。

4. 讨论与分享

两次签名有什么不同的感受？请用几个词来形容一下。

总结：当我们用习惯的那只手来签名时，往往会感到自然，写得又快又好，但是用自己不常用的手来签名时，虽然也可以写，但是会感到非常吃力、别扭，写得也不如习惯的手好。我们做其他事情也是如此，天生有自己擅长的一面，也有自己不擅长的一面（如自己的左右手），它们没有好坏之分或对错之分。如果知晓自己性格上的"左右手"，并了解与之相适应的环境和职业，就能帮助我们做出合乎自己情况的职业选择。这样的最佳匹配，会使我们容易成为有效的工作者。

五、理论拓展

（一）性格概述

性格是指表现在人对现实的态度和相应的行为方式中的比较稳定的、具有核心意义的个性心理特征，是一种与社会关系最密切的人格特征，其中包含有许多社会道德含义。为什么不同的人遇到相同的事情会做出截然不同的决定？性格表现了人们对现实和周围世界的态度，并表现在他的行为举止中。性格主要体现在对自己、对别人、对事物的态度和所采取的言行上。比如，你是内向的还是外向的？

知道你的性格可以帮助你：
① 选择与你人格类型匹配的生涯。
② 了解他人。
③ 了解个人风格。
④ 与他人交流。

⑤ 在工作中更好地与他人合作。

⑥ 在工作中更好地管理团队。

⑦ 欣赏每个人的不同点。

可以根据 MBTI 来测量你的人格类型，也可以利用自我评估量表和其他免费的在线资源帮助你认识你的性格类型。

（二）性格探索工具——MBTI

1. MBTI 的摘要

MBTI 是一种迫选型、自我报告式的性格评估测试，用以衡量和描述人们在获取信息、作出决策、对待生活等方面的心理活动规律和性格类型，由美国的心理学家 Katherine Cook Briggs（凯瑟琳·库克·布里格斯）和她的心理学家女儿 Isabel Briggs Myers（伊莎贝尔·布里格斯·梅耶）根据瑞士著名的精神分析学家荣格（Carl G. Jung）的心理类型理论和她们对于人类性格差异的长期观察和研究编制而成。荣格的理论指出：如果知道一个人所喜欢的思考方式，就可以预见他的行为。荣格认为，我们每个人的天生倾向是不同的。

经过了长达 50 多年的研究和发展，MBTI 已经成为当今全球最为著名和权威的性格测试指标，主要应用于职业发展、职业咨询、团队建议、婚姻教育等方面，是目前国际上应用较广的人才甄别工具。

人的性格倾向，就像分别使用自己的两只手写字一样，都可以写出来，但惯用的那只写出的会比另一只更好。每个人都会沿着自己所属的类型发展出个人行为、技巧和态度，而每一种也都存在着自己的潜能和潜在的盲点。本节主要探讨各种性格类型与相关职业的匹配程度。

2. MBTI 中的四个维度

MBTI 衡量的是个人的类型偏好（preference），或称作倾向。MBTI 用四维度偏好二分法来评估一个人的类型偏好，每个维度偏好二分法均由两级组成，具体如下：

√ 对世界的倾向　　　外向型——他人激励型　　内向型——自我或记忆激励型

√ 信息感知　　　　　感觉型——运用五官感觉　直觉型——依靠本能

√ 做决定　　　　　　思考型——逻辑，问题解决　情感型——考虑他人，同情

√ 获取信息或做决定　知觉型——获得信息　　　判断型——组织信息思想情感
　　　　　　　　　　　　　　　　　　　　　　　　　　　　　　做决定

如何来判断自己是哪种类型呢？下面几个小活动可能会帮助到你。

【小练习】

互 问 互 答

请同学以小组形式，进行提问回答，并分享自己是偏内向还是偏外向，并说出为什么这么判断。通过对讨论过程的观察，你觉得哪些同学可能是外向的？

哪些可能是内向的？为什么？

分析：外向的人通常会善于表达，喜欢自由地表达情绪和想法，他们是听、说、想同时进行的；朋友圈大，能够主动参与到活动中去，偏于思考的广度。

内向的人通常保留自己的想法，情绪和想法不轻易流露，他们是先听，后想，再说；通常有固定的朋友，喜欢静静反思，偏于思考的深度。

对世界的倾向

外向型（E）

倾向于外部世界的人和事，乐意与人交往，积极行动，善于与人交流，在讨论交流的过程中提出建议，兴趣广泛。

内向型（I）

倾向于思想、记忆、情感和自省，喜欢以书写的形式与人交流；善于独自学习，喜欢在安静的环境中工作；可以长期地从事一项工作；被认为是沉思的、安静的、神秘的、难懂的。

你认为其中哪个描述对你来说更准确？在本节"成长手册"中的"我的MBTI类型"横线上填写相应的字母。

【小练习】

1. 请对"海洋"这一概念下一定义。

2. 请观察右图并描述它给你留下的印象。

分析：如果你对"海洋"的定义为"由很多水和大量生物组成的……"；对右图的描述，倾向于对画面本身进行描绘，比如"在河边有两棵大树，一排人字形大雁……"这种基于事实、经验的描述，属于感觉型。喜欢明确、可测量的事物，关注事物的细节，尊重现实，对事物的理解是基于看到、听到以及闻到的，注重享受现在。

如果你对"海洋"的定义为"宽广、深远……"；对右图的描述倾向于画面

的意境，比如"秋天到了或一种萧瑟的感觉……"这种基于想象、灵感的描述，属于直觉型，关注事物的风格、方向，对事物的理解尊重自己的第六感，喜欢任意的、变化的，关注将来。

信息选择的倾向（感知）

感觉型（S）

倾向于当前发生的事。喜欢真实、具体和切实的信息，关注细节、详细说明的事实，喜欢工作有序、格式化。在工作中喜欢凭感觉；工作按部就班，有毅力；被认为是实际稳定和有序的人。

直觉型（N）

倾向于未来可能的和潜在的事。留意图片联系和式样；记得某一样式的特别之处；富有想象力和创造力；讨厌常规的和连续的工作；善于解决问题和发展新技能，具有爆发力但没有毅力。

你认为其中哪个描述对你来说更准确？在本节"成长手册"中的"我的MBTI类型"横线上填写相应的字母。

【小练习】

哈佛大学图书馆失火

19世纪中叶（1864年）的一天，美国哈佛大学图书馆突发火灾，数百本哈佛牧师捐赠的重要图书被焚毁一空，只有一本书幸免于难——前一天晚上，它被一名学生违章带回了宿舍（哈佛大学有一项校规就是学生在图书馆借阅学校的珍贵图书只能留在图书馆阅览）。

思考1：如果你是这名学生，你会怎么做？（答案没有统一标准，学生可以自由表达自己的想法。）

故事继续。次日，这名学生把书交还给学校，而这本书也成为哈佛牧师捐赠图书的孤本。在处理这一事件时，哈佛大学召开校会来讨论。

思考2：如果你是校长，你该如何处理这件事情？（学生可以各抒己见，教师不做价值评判。）

校长对该学生提出了表彰，对他保留了学校最珍贵的图书表示最高的谢意，然后当众宣布开除这名学生。

不开除这名学生，行吗？他毕竟已将功补过，甚至功大于过——这可能是我们的行事态度。但哈佛校长没有这么做。他感谢那名同学，是因为那名同学诚实；开除他，是因为校规不可违。

分析：如果你的回答倾向于情有可原但法不容恕，主张把学生开除，通常为思考型，讲究客观、公正；批评，不感情用事；对事件的理解是基于分析的，关注事情和联系；理智、冷酷，注重原则和规范。

如果你的回答倾向于法不容恕但情有可原，主张把学生继续留在学校，或者采用某种变通的方式原谅这名学生，属于情感型，讲究主观、仁慈；赏识，也喜欢被表扬，对事件的理解是基于体验的，关注人和关系；善良、善解人意，注重价值与人情。

决策的倾向（判断）

思考型（T）

检验决定的逻辑结果；客观地评价过程和结果；根据逻辑分析做决定；在问题解决和批判中激发潜能；喜欢运用一致的标准原则处事；寻找数据之间的原因和结果；给予事实判断。

情感型（F）

以自己的主观价值观做判断，欣赏支持他人，与他人合作，积极地赞美他人；重视创造和谐的周围环境；尊重每个人的独立个性；重视决策对他人的影响；奖励与合作激发工作热情。

你认为其中哪个描述对你来说更准确？在本节"成长手册"中的"我的MBTI类型"横线上填写相应的字母。

【小练习】

一份生涯故事作业

布置一份生涯故事作业，设置完成任务的时间，请想想你会是什么时间点完成作业的呢？

分析：如果你经常是有计划、按部就班地、很早就完成作业，属于判断型，喜欢随时控制时间和事情的进度，具有明确规则和结构，做事有计划、有条理。能够快速判断、决定，喜欢确定的目标，避免"燃眉之急"的压力。

如果你是到了最后要交作业的前一天甚至前一天晚上才开始动手做这份作业的，那么你通常为知觉型，喜欢随遇而安，享受不断体验的过程，能够确定基本的方向，做事是灵活的、即兴的，喜欢开放的环境，容易从最后关头的压力中得到动力。

搜集信息或做决定的偏爱

判断型（J）

喜欢根据信息来判断；决策迅速；喜欢事情有个结果或有个了结；善于计划和安排他人的世界，自己的角色和期望清晰；优先计划避免最后一刻的压力。

知觉型（P）

喜欢以自己的理解和信息做决策；保留事情有可能的余地；寻求不固定体验和生活方式；易于做新的选择和最后一刻的改变；喜欢开始某一项目但往往不能善始善终；容易适应，较灵活；对最后一刻的压力有活力（喜欢将事情留到最后做）。

你认为其中哪个描述对你来说更准确？在本节"成长手册"中的"我的MBTI类型"横线上填写相应的字母。

（三）MBTI 16 种类型

各种参数的独立组合共有 16 种类型，四个字母表述一个类型，如可将外向（extraverted）、感觉（sensing）、思考（thinking）、判断（judging）称为 ESTJ。每一类型都有其优点和缺点，没有好坏之分。人们可以利用这一评价工具测量自身的人格参数并且了解各种参数交互而成的 16 种人格类型。同学们可以登录相关网站对自己的 MBTI 职业性格进行在线测试，了解自己的职业性格属于哪种类型。

性格类型没有对错，在工作或人际关系上，也没有更好或更坏的组合。每一种性格类型和每一个人都具有独特的优点。哪一种性格类型最符合你，是由你自己来做最后判断的。你的性格结果是根据你在回答问题时的选择而得出的，只有你自己才知道你真正的性格类型。你可以用性格类型去理解和原谅自己，但不能以它作为你做或不做任何事情的借口。不要让性格类型左右你对事业、活动或人际关系的选择。要留意自己对类型的偏见，借此避免负面地把别人定型。

六、成长手册

（一）设计你的"寻人启事"

寻 人 启 事

（二）左右手签名

<table>
<tr><td></td><td></td></tr>
</table>

左手签名　　　　　　　　　　右手签名

（三）我的 MBTI 类型

我的 MBTI 类型

对世界的倾向：＿＿＿＿＿＿＿＿＿＿＿＿＿＿＿＿＿

信息选择的倾向：＿＿＿＿＿＿＿＿＿＿＿＿＿＿＿＿

决策的倾向：＿＿＿＿＿＿＿＿＿＿＿＿＿＿＿＿＿＿

搜集信息或做决定的偏爱：＿＿＿＿＿＿＿＿＿＿＿＿

第二节　探索我的职业兴趣

一、案例导入

李开复11岁留学美国之后，一直在美国成长。之后，他进入了美国哥伦比亚大学学习"政治科学"专业。然而两年的学习让他知道自己的兴趣并非在政治方面。学习的枯燥经常让他在课堂上昏昏欲睡，学习成绩也不尽如人意。但是，他发现他在选修的计算机课上，有着惊人的天赋，往往是别人还在苦思冥想如何写出程序时，他早就把程序写完而无所事事。后来，他发现他像发疯一样爱上了这门学科。因此，在大学二年级时，他自己做出了一个惊人的决定——"转系"。这意味着他将从一个全美排名第三的专的业转到一个毫无名气可言的专业。但是，他听从了内心的选择，还是选择了计算机专业。

这其实是李开复在成长的路途中寻找并勇敢追逐职业兴趣的过程。"想要爱你做的事，先去做你爱的事。"有兴趣才有激情，有激情才能带来持久的动力，才能释放自己的全部潜能并从中享受到成功与快乐。李开复当时就是这样的，正是在计算机上的兴趣给了他更多的激情，使他从学习计算机中获得了成就感和快乐，这是学习政治科学不能相比的，而这个决定，改写了他一生的轨迹。

二、学习导语

职业生涯辅导的基本方向在于协调个人生活和职业世界之间的动态关系。这种协调所需要的基本前提是对自我的认知，发现自己的职业兴趣则是其中最重要的内容之一。

大量研究表明，职业兴趣与工作满意度、职业稳定性和职业成就感之间存在着明显的关联，了解职业兴趣应为发现职业起点的一个重要因素。

本节基于霍兰德（Holland）的人格—职业匹配理论设计了一种新的探索活动："活动卡片安置记——我安、我安、我安安安"。这也是本节课设计的一个创新之处——统整职业兴趣与能力，发现两者之间的结合点，鼓励学生找到自己的职业起点。

本节根据霍兰德理论的六种职业人格类型：现实型、研究型、艺术型、社会型、企业型和事务型，设计出每种类型相对应的活动卡片，通过学生自己选择如何安放这些卡片，启发他们掌握探索职业兴趣的方法，学会自我认知。

三、学习目标

1）认识到职业兴趣是进行生涯选择的重要因素；
2）掌握探索职业兴趣的方法和途径，有效进行尝试。

四、学习活动

（一）兴趣探索小练习

1. 活动目标

能够通过职业兴趣探索活动，发现自己的职业起点。

2. 活动要求

1）活动场地：室内。
2）参加者：班级同学。
3）时间：活动时间约为 10 分钟，讨论与分享时间约为 5 分钟。

3. 活动过程

请具体详细地回答下列问题，回答时特别注意问题的第二部分，即为什么感兴趣的部分。如有可能，请与一位同伴互相讲述自己对问题的思考和回答。同伴可以提问，帮助讲述者发掘细节和原因。这个练习的目的是帮助你回忆并梳理日常生活中有关个人兴趣的一些代表性事件，增进自我觉察，因此仔细思考和讲述的过程非常重要。

1）请列举出三种你非常感兴趣的职业（摒除所有现实的考虑）。这些工作中的哪些特征吸引着你？
2）请回忆三个从事某件事情时令你感到快乐的经历。请详细地描述这三个画面，是什么令你感到如此快乐？
3）从小到大你担任过哪些职务？你喜欢的是哪些职务？不喜欢的是哪些职务？请具体说说为什么。
4）你最崇拜的人是谁？他的哪些方面最让你感到崇拜？
5）休闲的时候，如果只是出于兴趣，你最想做什么或学什么？这里面又是什么吸引着你？

6）你最喜欢的科目是什么？为什么喜欢它？

4. 讨论与分享

1）你的答案有什么共同点吗？是否可以归纳为某一主题或者关键词？

2）这些主题或关键词可能和霍兰德的哪些类型相对应？如何能让这样的主题在今后的生活中得到发展？

（二）活动卡片安放记

1. 活动目标

1）认识到职业兴趣是进行生涯选择的重要因素。
2）掌握探索职业兴趣的方法和途径，有效进行尝试。

2. 活动要求

1）活动场地：室内。
2）参加者：班级同学。
3）活动准备：活动卡片。
4）时间：活动时间约为 10 分钟，讨论与分享时间约为 10 分钟。

3. 活动过程

1）根据霍兰德理论的六种职业人格类型：现实型、研究型、艺术型、社会型、企业型和事务型，设计出每种类型相对应的活动卡片（6×8 张＝48 张），见表 2.1。

表 2.1 活动卡片汇总

现实型	研究型	艺术型	社会型	企业型	事务型
汽车修理	阅读自然科学的图书和杂志	绘画	与朋友通信	管理工作人员	保持房间、书桌干净
木工	实验室工作	阅读剧本和听歌剧	参加社交活动	售货	进行记账的四则运算
驾驶汽车	自然科学的研究工作	设计家具或住房	帮助别人解决困难	讨论政治	收款记账
使用金属工具（如钳子）	化学实验	弹奏乐器	照料儿童	以个人的意志影响别人的活动	整理文件档案
电器维修	做数学难题	听音乐会	教育宣传活动	参加会谈	校对材料
摆弄收音机、自行车等	学习物理课	阅读通俗小说、诗歌	出席各种活动	会见重要人物	统计材料
操纵机器	学习几何课	写作	结交朋友	找人谈话	收发文件
学习机械制图	学习生物课	学习美术课程	参加体育比赛	管理产品	练习打字

2）卡片打乱，请一名同学把卡片按照自己的实际情况安放在表 2.2 中（如果时间允许，可以让 2～3 名同学尝试，如果不允许，以这名同学作为示例）。

表 2.2　活动卡片安置图

活动	很喜欢	较喜欢	一般	不太喜欢	很不喜欢
很擅长	值得重视			培养兴趣	
较擅长					
一般					
不太擅长	锻炼能力			可以忽略	
很不擅长					

3）指导学生分析其探索结果：对于既有兴趣又有能力的事，可重点发展；当兴趣强烈但还不具备相应的能力时，可通过学习相关知识、在实践活动中摸索总结等方法培养、提高能力。在某一领域已经熟练掌握某种技能，形成特殊能力后，可以通过从多角度分析自己掌握能力的领域，从中挖掘能够满足自己需要的部分，调整心态，培养兴趣。对于既缺乏兴趣又不具备能力的领域，应该适时放弃。另外，能力和兴趣的培养都要经历一个由浅入深的过程，此时，个人的态度、毅力、耐心等品质会影响到能力和兴趣的形成。

4）指导教师统计出学生职业兴趣倾向个数，引导其发现值得重视的职业兴趣，鼓励其进行相应的职业探索。

4.讨论与分享

1）我的几种兴趣类型得分差不多说明什么？
2）一致性低是否代表兴趣有冲突？

五、理论拓展

（一）兴趣与职业兴趣

兴趣，是指一个人对某些事、人、物表现出的一种特别偏爱、关心，愿意去钻研、探索的态度，在从事此类活动时往往会有一种愉快、兴奋的感受，或者在活动目标实现后，会有一种强烈的满足感、成就感。

职业兴趣是个体追求某种职业或从事某种职业的过程中表现出来的个性取向。根据美国心理学家霍兰德的研究，职业兴趣是一种人格类型的体现。每个人的人格类型不同，表现出的性格特点也不同，喜欢的工作内容和环境也不同。

【生涯案例】

兴趣≠职业兴趣？

某重点大学计算机专业的小 A，在高中时就对计算机很感兴趣。小 A 第一次接触电脑后，就对父母百般央求，并如愿以偿地有了自己的电脑。开始时，小 A 只是按照一些计算机书上的指导，尝试着安装程序、琢磨着常见软件的使用方法，慢慢地他开始摸索着自己组装电脑、维修故障了。经常出入电脑市场的他，熟知各种硬件的性能、常见故障。同学中谁想买电脑了，往往都会叫上小 A 做参谋。计算机课上，小 A 更是个活跃分子，经常扮演助教的角色，如何用 Word 排版，怎样用 Flash 制作动画，等等，每逢遇到这些问题，小 A 就眉飞色舞地讲开了。当然，校级、市级、省级的计算机比赛自然少不了他。就这样，高考填报志愿时，小 A 毫不犹豫地报了计算机专业。亲朋好友也都认为小 A 学计算机一定错不了。

可是，令人大失所望的是，小 A 竟然在第一学期开始就有专业课挂科了。到了大二，尽管小 A 努力挣扎，但亮红灯的科目还是更多了。连连受挫的小 A 对自己的专业已经没什么兴趣了。按理说，凭着小 A 对计算机的兴趣和聪明才智，再加上他的努力，不应有此结果啊。怀着种种疑问小 A 找到了学校的职业指导老师进行咨询。指导老师为他安排了一次职业兴趣测评后，又对小 A 的学习情况进行了详细的了解。原来，小 A 喜欢亲自动手操作，空间判断能力强，愿意完成具体明确的任务，而对那些需要高度逻辑思维能力、以抽象的数学为基础的程序编写等软件类课程则没有什么兴趣。因此，小 A 适合的是与计算机硬件维护有关的职业。

分析：其实生活中的兴趣并不能完全等价于职业兴趣。比如热衷于打网络游戏，并不意味着能成为开发、设计游戏的高手。只有当个人的性格特点、喜好等可以在外部职业世界中找到能够相互融通的领域时，兴趣才能发展为职业兴趣。

（二）霍兰德的兴趣理论类型

1. 兴趣类型

著名生涯辅导理论家霍兰德自 20 世纪 70 年代以来，提出一系列的研究假设。他认为职业选择是人格的一种表现，某一类型的职业通常会吸引具有相同人格特质的人，而具有相同人格特质的人对许多生活事件的反应模式也是相似的。他们创造了具有某一特色的生活环境，包括工作环境。这种人格特质反映在职业上就是职业兴趣。

霍兰德将人的职业兴趣区分为六种类型，分别为现实型（R）、研究型（I）、艺术型（A）、社会型（S）、企业型（E）和事务型（C）。

① 现实型的人喜欢从事能够亲自动手操作的工作。他们往往喜欢用实际行动而不是言语来证明自己。对于操作机器、制造工具、维修仪器等实践性较强、需要体力、常与物打交道的活动表现出浓厚的兴趣，一般不愿从事与人接触的工作。现实型的人通常具有诚实、谦虚、节俭、踏实肯干、不善言辞的特点。典型职业如：司机、厨师、家电维修工、运动员等。

② 研究型的人喜欢通过观察、分析、推理等活动研究一些与符号、概念、文字等有关的抽象问题。这一类型的人通常喜欢独立工作，善于从研究事物的规律中抽象出理论，擅长逻辑推理，聪明、理性、好奇心强、富有批判精神，喜欢从事理化、生物、程序设计、社会学等方面的研究工作，而不喜欢充满竞争的工作环境或领导别人。典型职

业如：工程设计师、化学家、数学家、社会学家等。

③ 艺术型的人喜欢自由自在，能够进行创造性的工作。他们不喜欢受人约束，往往不愿接触模式化的工作，而更愿意通过写作、美术、音乐、舞蹈和戏剧等艺术形式表达自己的情感。艺术型的人通常善于表达、热情而独立，富于想象力和创造力，有直觉力，审美能力强。典型职业如：作家、诗人、美术家、演员、作曲家等。

④ 社会型的人喜欢从事与人接触的工作。他们喜欢与人合作，不爱竞争，愿意主动帮助别人解决困难，关心他人，善于倾听。个性随和、友善、仁慈、善解人意。他们喜欢的工作环境往往是那些需要建立人际关系、通过团队合作、谈话等方式来解决问题的工作环境。典型职业如：教师、心理咨询师、社会工作者等。

⑤ 企业型的人喜欢竞争，愿意冒险。他们往往精力充沛，愿意通过影响他人的方式达到组织或个人的目标。他们的社交能力强，做事积极主动，目的性强，通常充满野心、乐观、自信、善于表达，有较强的成就动机，希望拥有权力，渴望成为受人关注的领导者，喜欢销售、管理、政治等方面的活动。典型职业如：销售员、律师、企业管理人员等。

⑥ 事务型的人往往表现为保守谨慎、缺乏弹性、顺从、注意细节。他们不喜欢经常变化、需要创造性的工作，而是喜欢规律性强、有条理的工作。工作中，他们会按部就班、高效认真地完成任务，同时，乐于服从领导，能配合别人一起工作，对分内工作尽职尽责。典型职业如：会计、秘书、行政助理、图书馆管理人员等。

个人的职业兴趣往往是多方面的，很少集中在某一种类型上。大家可能或多或少地具备所有六种兴趣，只是偏好程度不同。因此，为了比较全面地描绘个人的职业兴趣，通常用最强的三种兴趣的字母代码来表示一个人的兴趣，这个代码就称为"霍兰德代码（Holland code）"。这三个字母间的顺序代表了兴趣强弱程度的不同。比如 SIA 和 AIS 的人具有相似的兴趣，但他们对同一类型事物的兴趣强弱程度是不同的。

2. 职业环境类型

霍兰德认为，同一种职业群体内的人有相似的人格特质，因此对情境和问题会有类似的反应，从而产生特定的职业氛围即职业环境，并具有特定的价值观念、态度倾向和行为模式。因此，工作环境也可以分为六种类型，其名称及性质与兴趣类型的分类一致，如表 2.3 所示。

表 2.3   霍兰德职业类型表

职业类型	现实型（R）	研究型（I）	艺术型（A）	社会型（S）	企业型（E）	事务型（C）
喜欢参与的活动以及职业	使用机器、工具及物件	探索及理解事物或物体	阅读、音乐、写作、艺术活动	帮助、教导、辅导或服务他人	游说或指挥别人	依照已有规定办事，符合清楚的标准
看重的价值观	看重看得见的成就、金钱和奖励	看重知识、学习、成就、独立	看重创意、自我表达、审美	看重社会公益、服务和理解	看重财富、在社会上的成功、冒险精神和责任感	行政管理准确、高效、节俭，看重在商务或社会事务上的权利

续表

职业类型	现实型（R）	研究型（I）	艺术型（A）	社会型（S）	企业型（E）	事务型（C）
常常将自己看作	重视实践的、保守的、动手操作能力优于社交技巧的人	善于分析、有智慧、有怀疑精神的、学术技巧优于社交技巧的人	开放的、富于想象力的、高智能的、创作技巧优于文书或办公室工作技巧的人	富有同情心的、有耐心的、社会交际技巧优于动手操作技巧的人	信心十足的、喜欢交际的、销售及游说能力优于科研能力的人	尽职的、踏实的、在商业和生产方面的技能优于艺术创作技能的人
在别人眼中的形象	谦虚、坦诚、独立、坚定的人	有智慧，内向的、独立的学者型人物	不平常的、不重视常规的、具有创作才能的敏感的人	乐于助人的、令人愉快的、喜欢与人相处的、富有耐心的人	有动力的、精明的、外向的、有野心的人	谨慎的、循规蹈矩的、有效率、有秩序的人
避免	与他人的互动	游说他人，或向他人推销商品	例行公事及清规戒律	机械操作及技术性的活动	科研的、学术的、或复杂的课题	缺乏清晰指导的工作

3. 霍兰德六角形模型

霍兰德用六角形模型（如图 2.1 所示）来解释六种职业类型之间的关系。在六角形模型中，六种类型被表示为以下三种关系：相邻关系，如企业型与社会型的关系；相隔关系，如研究型、事务型与社会型的关系；相对关系，如现实型和社会型的关系。任何两种类型之间的距离越近，其职业环境与人格特质的相似程度就越高。例如，企业型和社会型在六角形模型中是相邻的类型，它们的相似性也最高，这两种类型的人都

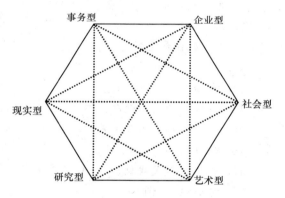

图 2.1　霍兰德六角形模型

比其他类型的人更喜欢与人打交道，只是他们打交道的方式不同而已；而现实型与社会型处于相对的位置，这就意味着其相似性最低。研究型和社会型则具有中等程度的相似性。六角形模型也可以表明六种人格特质类型之间的一致性。

六角形模型可以帮助我们对人格特质类型与职业环境类型之间的适配性进行评估。例如，一个社会型人格特质占主导地位的人在一个社会型职业环境中工作会感到更加舒畅，但如果让他去一个现实型的工作环境中工作，他可能就会感到不舒服，因为这两种类型具有不同的特点。因此在现实生活中，人们要尽量选择与自我兴趣类型匹配的职业环境，这样可以最大地发挥个人的潜能。

其实，每个人的职业兴趣都是这六种类型的组合，只是在六种兴趣的强度上存在差别。也就是说，职业兴趣具有分化性的特点：分化性越高，表明在这六种兴趣类型中，有的兴趣类型越突出；分化性越低，表明这六种兴趣类型分布较均衡，差别不大。

职业兴趣的形成会受到个人生理因素的影响，但主要还是受到后天的教育、社会文

化环境、个人成长经历等因素的影响。生理缺陷会使个人在参与或完成某些活动时受限制，在一定程度上阻碍了个人探索某种类型的职业兴趣的机会。个人成长过程中成功或失败的经历、个人经历的广度和深度、社会文化中赞同或排斥的价值观，也会影响一个人每种职业兴趣类型的强弱程度。

【生涯小测试】

霍兰德职业人格测试

第一部分　您愿意从事下列活动吗？（是计 1 分，否计 0 分）

1. 装配修理电器或玩具。
2. 修理自行车。
3. 用木头做东西。
4. 开汽车或摩托车。
5. 用机器做东西。
6. 参加木工技术学习班。
7. 参加制图描图学习班。
8. 驾驶卡车或拖拉机。
9. 参加机械和电气学习。
10. 装配修理电器。
11. 素描/制图或绘画。
12. 参加话剧戏曲表演。
13. 设计家具、布置室内。
14. 练习乐器/参加乐队。
15. 欣赏音乐或戏剧。
16. 看小说/读剧本。
17. 从事摄影创作。
18. 写诗或吟诗。
19. 进艺术（美/音）培训班。
20. 练习书法。
21. 读科技图书和杂志。
22. 在实验室工作。
23. 改良品种，培育新水果。
24. 分析土和金属等的成分。
25. 研究自己选择的问题。
26. 解算式或数学游戏。
27. 学物理课。
28. 学化学课。
29. 学几何课。
30. 学生物课。
31. 参加学校或单位的正式活动。
32. 参加社会团体或俱乐部。
33. 帮助别人解决困难。
34. 照顾儿童。
35. 参加晚会、联欢会、茶话会。
36. 和大家一起出去郊游。
37. 获得心理方面的知识。
38. 参加讲座或辩论会。
39. 观看或参加体育比赛。
40. 结交新朋友。
41. 说服鼓动他人。
42. 卖东西。
43. 谈论政治。
44. 制定计划、参加会议。
45. 影响别人的行为。
46. 在社会团体中任职。
47. 检查、评价别人的工作。
48. 结识名流。
49. 指导项目小组。
50. 参与政治活动。
51. 整理好桌面和房间。
52. 抄写文件和信件。
53. 为领导写报告或公函。
54. 查收个人收支情况。
55. 参加打字培训班。
56. 参加算盘、文秘等培训。
57. 参加商业会计培训班。
58. 参加情报处理培训班。

59. 整理信件、报告、记录等。

60. 写商业贸易信。

第二部分　您具有擅长或胜任下列活动的能力吗？（是计 1 分，否计 0 分）

61. 能使用电锯、电钻和锉刀等木工工具。

62. 知道万用表的使用方法。

63. 能够修理自行车或其他机械。

64. 能够使用电钻床、磨床或缝纫机。

65. 能给家具和木制品刷漆。

66. 能看建筑等设计图。

67. 能够修理简单的电器用品。

68. 能够修理家具。

69. 能修收录机。

70. 能简单地修理水管。

71. 能演奏乐器。

72. 能参加二部或四部合唱。

73. 能够独唱或独奏。

74. 能够扮演剧中角色。

75. 能创作简单的乐曲。

76. 会跳舞。

77. 含绘画、素描或书法。

78. 含雕刻、剪纸或泥塑。

79. 能设计海报、服装或家具。

80. 写得一手好文章。

81. 懂得真空管或晶体管的作用。

82. 能够列举三种含蛋白质多的食品。

83. 理解铀的裂变。

84. 能用计算尺、计算器、对数表。

85. 会使用显微镜。

86. 能找到三个星座。

87. 能独立进行调查研究。

88. 能解释简单的化学式。

89. 理解人造卫星为什么不落地。

90. 经常参加学术会议。

91. 有向各种人说明解释的能力。

92. 常参加社会福利活动。

93. 能和大家一起友好地相处、工作。

94. 善于与年长者相处。

95. 会邀请人、招待人。

96. 能简单易懂地教育儿童。

97. 能安排会议等活动顺序。

98. 善于体察人心和帮助他人。

99. 能帮助护理病人或伤员。

100. 安排社团组织的各种事务。

101. 担任过学生干部并且干得不错。

102. 工作上能指导和监督他人。

103. 做事充满活力和热情。

104. 能有效地用自身的做法调动他人。

105. 销售能力强。

106. 曾作为俱乐部或社团的负责人。

107. 向领导提出建议或反映意见。

108. 有开创事业的能力。

109. 知道怎样成为一个优秀的领导者。

110. 健谈善辩。

111. 会熟练地打印中文。

112. 会用外文打字机或复印机。

113. 能快速记笔记和抄写文章。

114. 善于整理、保管文件和资料。

115. 善于从事事务性的工作。

116. 会用算盘。

117. 能在短时间内分类和处理大量文件。

118. 能使用计算机。

119. 能搜集数据。

120. 善于为自己或集体作财务预算表。

第三部分　将得分汇总填入表 2.4。

表 2.4　人格测试评分表

职业人格类型	对应题目	总分
现实型（与物打交道）	1~10；61~70	
艺术型（创造性地表达思想和情感）	11~20；71~80	
研究型（思考和解决问题，以得出结论或概念）	21~30；81~90	
社会型（理解他人需要并提供帮助）	31~40；91~100	
企业型（影响和控制他人）	41~50；101~110	
事务型（与信息、规则打交道）	51~60；111~120	

六、成长手册

（一）兴趣探索小练习

1）请列举出三种你非常感兴趣的职业（摒除所有现实的考虑）。这些工作中的哪些特征吸引着你？

2）请回忆三个从事某件事情时令你感到快乐的经历。请详细地描述这三个画面，是什么令你感到如此快乐？

3）从小到大你担任过哪些职务？你喜欢的是哪些职务？不喜欢的是哪些职务？请具体说说为什么。

4）你最崇拜的人是谁？他的哪些方面最让你感到崇拜？

5）休闲的时候，如果只是出于兴趣，你最想做什么或学什么？这里面又是什么吸引着你？

6）你最喜欢的科目是什么？为什么喜欢它？

（二）活动卡片安放记

请将你的卡片安放至表 2.5 中。

表 2.5　职业兴趣倾向个数统计表

个数	现实型	研究型	艺术型	社会型	企业型	事务型
重视						
培养兴趣						
培养能力						

第三节　发现我的职业能力

一、案例导入

刘丹静，女，1982 年就读于温州大学（当时的温州师范学院）物理系，1985 年毕业。2011 年时任森马集团常务副总裁。

没有选择自己喜欢的专业，而是随着当时"学好数理化，走遍天下都不怕"的潮流选择了相对而言成绩较好的物理系。学生时代也曾有过不良的逃课记录。又由于成绩的影响没有参加学生工作，但是这一切并没有阻碍她前进的步伐。她积极地参加学校各种比赛，广播站里也常常可以听见她的声音……渐渐地，她的潜能得以开发，能力不断提升。正如她所说的那样，"能力不是天生就有的，要在后天自己慢慢地培养，还有的能力是你在偶然的机会里发现的。所以一定要把握好每一个展现的机会，你会有意想不到的收获。"她用自己的实践验证了真理。十年教育生涯，十年从政经历，接下来又是五年的商界神话。这样的人生不得不说是一部别样的传奇。

二、学习导语

"不能让小鸭子去唱歌、兔子去游泳"，要成功，小兔子就应跑步，小鸭子就该游泳，小松鼠就得爬树。成功心理学的理论告诉我们，判断一个人是否成功，最主要看他是否最大限度地发挥了自己的能力优势。最大限度地发挥自身优势，是一个人职业成功的重要依据。本节基于能力的基本分类，通过一系列的探索活动使学生了解自己所具备的技能，启发学生开始有意识地培养锻炼自己的各种技能，提升自身能力，树立积极心态。

三、学习目标

1）能够通过以往的个人经历辨识自己所擅长的技能；
2）掌握培养能力的途径和方法，增强自我效能感。

四、学习活动

夸夸我自己

1. 活动目标

帮助学生了解自己的能力，更多地发现自己的优势。

2. 活动要求

1）活动场地：室内。
2）参加者：班级同学。
3）时间：活动时间约为 5 分钟，讨论与分享时间约为 10 分钟。
4）具体要求：说出值得自己骄傲的闪光点；要通过具体的事情来说明你值得夸一夸。

3. 活动过程

请学生按照下面格式说出自己的长处或闪光点，让更多的人认识或了解你。
造句：我的优点是……，因为……
例如：我的优点是善于发现问题，因为我的思想很有深度。
我的优点是做事认真仔细，因为整个暑假我都在帮助老师做档案整理工作，得到老师的肯定。

4. 讨论与分享

1）每个人的闪光点都一样吗？有什么不同？为什么？
2）这些能力在选专业或者找工作时有什么帮助呢？

五、理论拓展

（一）能力概述

能力是指完成某种活动的本领。能力不仅涉及动脑动手的过程、智力和非智力因素、先天和后天的素质、目的和手段、反思和操作，还涉及生理机能、心理、道德、法律、精神等诸领域——总之是涉及人的生活与活动的所有要因。能力表现在具体从事的活动中，并且在活动中得到发展。因此，能力是动态的、发展的、可操作的。

遗传因素会影响能力的形成。每个人的生理条件都存在差异，识别出先天的优势并充分利用，扬长避短，则易取得成就。当然，必须承认的是每个人身上也会存在一些先天不足。承认不足，并不意味着不能战胜缺陷。强烈的成就动机可以让人找到弥补缺陷，甚至是改变缺陷的办法。

后天成长的环境，社会文化，家庭、学校的教育，工作中承担的责任，组织中的氛围，个人的态度等都会影响一个人能力的形成和发挥。比如一个有绘画才能的人生活在一个没有机会接触到绘画的环境中，或成长的社会环境却告诉他绘画只不过是不值得一提的雕虫小技，那么这个人就很难形成绘画的能力。当个人的价值观与社会的价值观相冲突，或受到社会价值观的影响形成错误的判断时，往往就会阻碍某种能力的挖掘。

能力与兴趣是两个截然不同、相互独立的概念，兴趣表明喜欢某事，表达了某种偏好，而能力表明是否能做某事、是否可以胜任。比如你或许很喜欢周杰伦的音乐，但是这并不意味着你能跟他一样弹奏演唱、填词谱曲。

在上一节——"探索我的职业兴趣"所做的"活动卡片安放记"活动中，你还记得你的活动卡片是如何安放的吗？让兴趣与能力相辅相成，自然是协调兴趣与能力的最佳方式，但是，实际上对于大多数人来讲往往会遭遇两种情况：有兴趣少能力，或有能力无兴趣。这时应该如何处理呢？每个人的兴趣、能力都有宽窄、强弱之分，处理这两者之间关系的原则可以参见图 2.2。

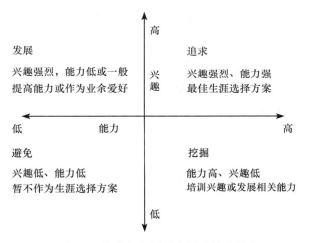

图 2.2　能力与兴趣对生涯选择的影响

（二）能力的分类

能力按照其获得的方式（先天具有与后天培养），可以分为能力倾向/天赋（aptitude，gift）和技能（skill）两大类。

1. 能力倾向

能力倾向指的是一个人的潜在能力，每个人都有上天赋予的特殊才能（潜能），它是与生俱来的，不过也有可能因为未被开发而荒废。人的能力是有限的，但可挖掘的潜力却是无限的。联合国教科文组织国际教育发展委员会在《学会生存——教育世界的今天和明天》一书中指出："人的大脑中还有很大一部分潜能未能加以开发和利用，而且根据某些权威多少带点武断的估计，这种未开发利用的大脑潜能竟高达 90% 以上。"

2. 技能

技能指的是经过学习和练习而培养形成的能力，如表达能力、阅读能力、人际交往能力等。辛迪·梵和理查德·鲍尔斯（Sidney Fine & Richard Bolles）将技能分为三种类型：知识技能、自我管理技能、可迁移技能（通用技能）。人们往往容易想到自己所具有的知识技能，但实际上后两种技能更为重要。后两种技能使人有可能在更广阔的范围内选择职业而不是被所学的专业局限。它们对于每个人在竞争中胜出具有关键性的作用，并能够在工作中得以更长久地发展。雇主们对它们的重视程度，也往往超过了对单纯知识技能的重视。

（三）能力倾向分类：加德纳的多元智能理论

加德纳的多元智能理论认为：我们每个人身上都同时拥有相对独立存在着的、与特定的认知领域和知识领域相联系的八种智能，但每个人身上的八种相对独立的智能在现实生活中并不是绝对孤立、毫不相干的，而是以不同方式、不同程度有机地组合在一起。正是这八种智能在每个人身上以不同方式、不同程度组合，使得每一个人的智能各具特点。

1. 言语—语言智能（verbal-linguistic intelligence）

言语—语言智能指听、说、读和写的能力，表现为个人能够顺利而高效地利用语言描述事件、表达思想并与人交流的能力。

2. 音乐—节奏智能（musical-rhythmic intelligence）

音乐—节奏智能指感受、辨别、记忆、改变和表达音乐的能力，表现为个人对音乐包括节奏、音调、音色和旋律的敏感以及通过作曲、演奏和歌唱等表达音乐的能力。

3. 逻辑—数理智能（logical-mathematical intelligence）

逻辑—数理智能指运算和推理的能力，表现为对事物间各种关系如类比、对比、因果和逻辑等关系的敏感以及通过数理运算和逻辑推理等进行思维的能力。

4. 视觉—空间智能（visual-spatial intelligence）

视觉—空间智能指感受、辨别、记忆和改变物体的空间关系并借此表达思想和感情的能力，表现为对线条、形状、结构、色彩和空间关系的敏感以及通过平面图形和立体造型将它们表现出来的能力。

5. 身体—动觉智能（bodily-kinesthetic intelligence）

身体—动觉智能指运用四肢和躯干的能力，表现为能够较好地控制自己的身体、对事件能够做出恰当的身体反应以及善于利用身体语言来表达自己的思想和情感的能力。

6. 自知—自省智能（intrapersonal intelligence）

自知—自省智能指认识、洞察和反省自身的能力，表现为能够正确地意识和评价自身的情绪、动机、欲望、个性、意志，并在正确的自我意识和自我评价的基础上形成自尊、自律和自制的能力。

7. 交往—交流智能（interpersonal intelligence）

交往—交流智能指与人相处和交往的能力，表现为觉察、体验他人情绪、情感和意图并据此做出适宜反应的能力。

8. 自然观察智能（naturalist intelligence）

自然观察智能指个体辨别环境（不仅是自然环境，还包括人造环境）的特征并加以分类和利用的能力。

上述八种智能在个人的智力结构中都占有重要的位置，处于同等重要的地位。每个人都同时拥有相对独立的这八种智能，而这八种智能在每个人的身上以不同方式、不同程度的组合使得每个人的智力各具特点。

（四）技能分类

辛迪·梵和理查德·鲍尔斯将技能分为三种类型：知识技能、自我管理技能、可迁移技能。

1. 知识技能

知识技能常常与我们的专业学习或工作内容直接相关，一般用名词来表示，在句子中充当宾语。比如（教授）心理学、（设计）市场调查问卷、（学习）计算机网络知识等。知识技能不能够迁移，需要经过有意识的、专门的培训，它的重要性常常被夸大。

【小练习】

我具备哪些知识技能？

请同学们对下面列举的经历进行分析，尽可能全面地列出所掌握的知识技能，再从中分别挑出自己感觉比较精通的和在工作中使用或希望使用的知识技能。

1）在学校期间学习到的书本知识：比如英语、大学语文等。
2）在学生工作中学习到的：比如海报制作、场地申请等。
3）在兼职或社会实践中学习到的：比如文字编辑、经费预算等。
4）从兴趣爱好中学习到的：比如游泳、摄像等。
5）通过看电视、听广播、上网阅读等方式学到的：比如照片处理等。
……

总结：刚才的练习是你现在对自我知识技能掌握情况进行的评估，以上的回答代表了你目前的知识技能掌握情况，如果你认为还不足以应对未来的发展，那从现在开始行动吧，刚才的那些练习也是我们培养知识技能的途径：

途径一：学校期间学到的书本知识。

途径二：通过学生工作学习。

途径三：通过社会实践学习。

途径四：通过培养兴趣爱好学习。

途径五：通过网络等新闻媒体学习。

……

2. 自我管理技能

自我管理技能经常被看作个性品质，被用来描述或说明人具有的某些特征，以形容词和副词的形式出现，如幽默的、机敏的、主动地等（表 2.6）。自我管理技能可以从非工作领域转换到工作领域，但需要练习。在工作中，自我管理技能对于取得成就和处理人际关系是不可缺少的。"它们是成功所需要的品质，是个人最优价值的资产。"

表 2.6　自我管理技能词汇表

学术性强的——勤学的，博学的	机敏的——警戒的，警惕的，警觉的
精确的——准确的，正确的	野心勃勃的——有抱负的，毅然决然的
活跃的——活泼的，精力充沛的，	好分析的——逻辑的，批判的
适合的——灵活的，适应的	感谢的——感激的，感恩的
精通的——娴熟的，内行的，熟练的	能说会道的——善于表达的，擅长辞令的
胆大的——勇敢的，冒险的	艺术的——美学的，优美的
攻击性强的——强有力的，好斗的	随和的——放松的，随意的
坚持己见的——强调的，坚持的	有效的——多产的，有说服力的
健壮的——强壮的，肌肉发达的	有效率的——省力的，省时的
留心（细节）的——观察敏锐的	雄辩的——鼓舞人心的，精神饱满的
吸引人的——漂亮的，英俊的	有感情的——感动的，多愁善感的
平衡的——公平的，公正的，无私的	同情的——理解的，关心的
心胸开阔的——宽容的，开明的	着重的——强调的，有力的，有把握的
有条理的——有效率的，勤勉的	精力充沛的——活泼的，活跃的，有生气的
平静的——沉着的，不动摇的，镇定的	进取的——冒险的，努力的
正直的——直率的，坦率的，真诚的	热情的——热切的，热烈的，兴奋的
有能力的——有竞争力的，内行的，技艺精湛的	博学的——消息灵通的，有文化修养的
仔细的——谨慎的，小心的	慷慨的——乐善好施的，仁慈的
喜悦的——高兴的，快乐的，欢快的	讲道德的——体面的，有德行的，道德的
清楚的——明白的，明确的，确切的	富于表现力的——生动的，有力的
聪明的——伶俐的，敏锐的，敏捷的	公平的——无私的，无偏见的
有能力的——熟练的，高效的	有远见的——明智的，有预见的
竞争的——好斗的，努力奋争的	流行的——时髦的，走俏的，现行的

续表

坚定的——不动摇的，稳定的，不屈不挠的	有信心的——自信的，有把握的
志趣相投的——愉快的，融洽的	灵活的——适应性强的，易调教的
认真的——可靠的，负责的	有力的——强大的，强壮的
考虑周到的——体贴的，亲切的	合礼仪的——适当的，有礼貌的，冷静的
前后一致的——稳定的，有规律的，恒定不变的	朴素的——节俭的，节省的，节约的
常规的——传统的，认可的	大方的——慷慨的，无私的，乐善好施的
合作的——同意的，一致的	亲切的——真诚的，友好的，和蔼的
有勇气的——勇敢的，无畏的，英勇的	温和的——好心的，温柔的，有同情心的
周到的——有礼貌的，彬彬有礼的，尊敬的	乐群的——爱交际的，友好的
有创造性的——新颖的，有创意的	吃苦耐劳的——坚强的，坚韧不拔的
好奇的——好问的，爱探究的	健康的——精力充沛的，强壮的，健壮的
果断的——坚决的，坚定的，明确的	有帮助的——建设性的，有用的
慎重的——小心的，审慎的	诚实的——真诚的，坦率的
微妙的——机智的，敏感的	有希望的——乐观的，鼓舞人心的
民主的——平等的，公平的，平衡的	幽默的——诙谐的，滑稽的，可笑的
感情外露的——富于表情的，易动感情的	富有想象力的——有创造性的，有创意的
可靠的——令人信任的，可信赖的	独立的——自立的，自由的
坚决的——坚定的，果敢的	勤奋的——努力的，忙碌的
灵巧的——灵活的，敏捷的，机敏的	有知识的——学者气质的，大脑的
婉转得体的——机智的，文雅的，精明的	智慧的——聪明的，见多识广的，敏锐的
谨慎的——小心的，精明的	特意的——有目的的，故意的
独特的——唯一的，个性化的	明智的——聪明的，有判断力的，冷静的
占统治地位的——发号施令的，权威的	善良的——好心的，仁慈的
有文化的——博学的，诗意的，好学的	逻辑性强的——理智的，有条理的
拘谨的——矜持的，客气的	忠诚的——真诚的，忠实的，坚定的
负责的——充分考虑的，成熟的，可靠的	有条理的——系统的，整洁的，精确的
反应灵敏的——活泼的，能接纳的	小心翼翼的——精确的，完美主义的
自发的——首创的，足智多谋的	谦虚的——谦逊的，简朴的，朴素的
敏感的——易受影响的，敏锐的	有益于成长的——有帮助的，支持的
严肃的——冷静的，认真的，坚决的	观察敏锐的——专注的，留心的，警觉的
精明的——机敏的，爱算计的，机警的	头脑开放的——接纳的，客观的
真诚的——诚恳的，可信的，诚挚的	有秩序的——整洁的，训练有素的，整齐的
好交际的——随和的，亲切的	独创的——创造性的，罕有的
自发的——冲动的，本能的	随和的——友好的，好交际的，温暖的
稳定的——坚固的，稳固的，可靠的	充满热情的——狂喜的，强烈的，热心的
高大结实的——强有力的，强健的，肌肉发达的	成功的——有成就的，证据确凿的

耐心的——坚定不移的，毫无怨言的	同情的——仁慈的，温暖的，善良的
平和的——宁静的，平静的，安静的	有策略的——考虑周详的，慎重的
敏锐的——有洞察力的，有辨识力的	顽强的——坚持的，坚定的
坚持的——持久的，持续的	理论性强的——抽象的，学术的
有说服力的——令人信服的，有影响力的	完全的——彻底的，全部的
爱玩耍的——有趣的，快乐的	深思熟虑的——沉思的，慎重的
泰然自若的——自制的，镇静的	宽容的——仁慈的，宽大的
礼貌的——尊敬的，文明的，恰当的	坚强的——不动摇的，坚定的
积极的——有远见的，坚定的	值得信赖的——可靠的，可信赖的
实用的——有用的，实际的	真诚的——诚实的，实际的，精确的
精确的——详细的，明确的，准确的	善解人意的——了解的，理解的
多产的——硕果累累的，丰富的	保护的——警戒的，防御的
文雅的——文明的，有修养的	智慧的——明智的，仔细的，聪明的
爱说话的——爱发表意见的，善于表达的	准时的——守时的，稳定的，及时的
有目的的——下定决心的，有意的	多才多艺的——多技能的，手巧的
快速的——敏捷的，迅速的，灵活的，轻快的	精力旺盛的——生机盎然的，充满活力的
安静的——无声的，沉默的，宁静的	有德行的——好的，道德的，模范的
活泼的——活跃的，快活的	可靠的——可信赖的，值得信赖的
理性的——健全的，合理的，符合逻辑	志愿的——自由的，非强迫的
现实的——自然的，真实的	温暖的——充满爱意的，慈爱的，友善的
合理的——合逻辑的，有根据的	迷人的——有魅力的，令人愉快的
沉思的——爱思考的，深思熟虑的	热心的——热情的，热切的，热烈的

你可以从上表中圈出认为符合自己特征的词语，每个词语后面都有几个同义词，如果某个同义词更适合你，也请把它圈出来看看自己都具备哪些自我管理技能。

3. 可迁移技能

可迁移技能（transferable skills）就是你所能做的事，也被称为通用技能，常用行为动词来表达，比如协调、倾听、维修等。可迁移技能可以从生活中方方面面特别是工作之外得到发展，却可以迁移应用于不同的工作之中，是个人最能持续运用和最能够转移的技能。

【小练习】

典型成就事件分析

请写下你生活中感到最有成就感/满足感的具体事件并详细阐述事件的细节，包括明确的时间地点，事情的经过，遇到的困难，你觉得哪部分让你最有成就感？为什么？描述越详细越好，看看其中都使用了哪些可迁移技能。

我的成就事件是……

我所喜爱并擅长的技能是……

将可迁移技能、知识技能和自我管理技能结合在一起，就能对个人技能提供具体的证明。例如：

生动、有趣地（自我管理技能）

＋

讲解（可迁移技能）

＋

职业生涯规划课程（知识技能）

（五）知识点：自我效能感

1. 自我效能感概述

自我效能感的概念最早是由班杜拉（Bandura）提出的，是个体在开始着手某一任务之前对自己能够在何种水平上完成该任务所具有的信念、判断或自我感受。自我效能感直接影响着个体执行活动时动力心理过程的功能发挥，在自我调节系统中起着重要的作用。班杜拉认为，由于不同任务对个体的能力水平要求不同，因此，个体在不同的活动中自我效能感的高低存在差异。所以，自我效能感总是与具体任务领域相联系。

2. 职业自我效能感

职业自我效能感是班杜拉的自我效能感在职业问题领域的应用。职业自我效能感主要包括两方面内容：一是与职业内容有关的自我效能，即个体对自身完成某一职业所规定的有关内容（如该职业所需教育，某种具体职业任务等）能力的信念；另一方面是有关职业行为过程的自我效能，即个体对自身完成有关职业行为过程（如职业决策、职业找寻等）、实现行为目标能力的信念。职业自我效能感会影响到个人的工作绩效、工作时的态度和行为选择。具有较高的职业自我效能感的人往往不会在面临多种选择时表现得犹豫不定。McDonald（麦克唐纳）等人考察了技术人员的职业自我效能感和工作态度、行为、工作绩效之间的关系，结果表明职业自我效能感与工作满意度、承诺水平等存在着显著的正相关，与工作懒散、倦怠等呈显著的负相关。因此，提高职业自我效能感有助于成功地进行职业选择，提高工作满意度和绩效，有助于促进职业生涯的发展。

3. 职业自我效能感形成的影响因素

1）职业活动中成功或失败的经历。成功的经历会提高职业自我效能感，而失败的经历尤其是连续失败的经历则会大大降低职业自我效能感。在接连的失败经历中即使偶尔出现过一两次的成功经历，对提高职业自我效能感的帮助也不大。当然，在具体情境中，任务的难易程度与个人能力高低间的关系也会影响职业自我效能感的高低。如果让一个数学家去做一道因式分解的题目，尽管可以成功地解决问题，但是他的职业自我效能感却不会提高。

2）他人的替代性经验。与自己相似的人在完成职业活动时的成功或失败的经验，也会影响自己的职业自我效能感。如果发现与自己相似的人在费了九牛二虎之力后，仍然未能完成某项任务或实现某个目标，则会降低自己的职业自我效能感。

3) 言语规劝。即通过具有说服性的他人劝导或自我劝导的方式改变职业自我效能感。但是这种方式如果缺乏专业性、脱离事实基础，效果会大打折扣。

4) 情绪唤醒状态。个体在压力较大或感到不安全的情况下，情绪易于被唤醒，如产生焦虑不安、异常亢奋等情绪，这通常会影响到个人的行为表现，从而降低职业自我效能感。

4. 提高职业自我效能感的途径

1) 学会积极的归因方式。有些女生数学考试没考好，可能会将原因归结为自己不够聪明；而同样的结果，男生可能将原因归结为座椅不舒服等外部原因。根据 Weiner（韦纳）的理论，通常对行为结果的归因可从内部/外部、可控/不可控、稳定/不稳定三个维度来衡量，归结为能力、努力、运气和任务的难度四个有代表性的原因。因此，归因时应综合考虑这四方面的影响，既不要在成功时过分夸大自己的能力或努力等内部可控因素，也没必要将失败的原因都归结为运气不好、任务太难等外部因素，避免产生这种自我服务偏见。当然，失败时也不必过分夸大自身能力的缺陷。

2) 合理设定目标。如果目标设置得过高，远远超出个体能力水平所能达到的极限，则易导致失败的结果，产生挫败感，降低职业自我效能感。将目标的高度设定为自己跳一跳能够得着的程度，同时又清晰、具体、可操作，则既能提高个体的能力，又能增加成功的体验，有助于提高职业自我效能感。比如，对于一个初学驾驶的人，让他在一天之内学会倒车入库是不切实际的目标，但是在一天之内学会正确地挂挡、换挡则是可行的。

3) 寻找可以模仿的成功榜样。具有相似特征的榜样可以增强示范作用。因此，在某一职业领域内，发现自己与成功人士所具有的相似特征，有助于促使自己突破实际水平的限制，增强对成功的渴望，从而提高职业自我效能感。

4) 学会积极地自我劝导和有效的情绪管理。积极地自我说服、自我激励和积极的情绪有助于提高职业自我效能感。

六、成长手册

（一）夸夸我自己

_____

_____

_____

_____

（二）我具备哪些知识技能

1) 在学校期间学习到的书本知识：比如英语、大学语文等。

2) 在学生工作中学习到的：比如海报制作、场地申请等。

3) 在兼职或社会实践中学习到的：比如文字编辑、经费预算等。

4) 从兴趣爱好中学习到的：比如游泳、摄像等。

5) 通过看电视、听广播、上网阅读等方式学到的：比如照片处理等。

（三）典型成就事件分析

我的成就事件是_____

我所喜爱并擅长的技能是_____

第四节 辨识我的职业价值观

一、案例导入

蒋义造，男，温州大学 2000 届毕业生。1997 年进入原温州大学管理系学习财务会计专业。曾任班长、温州大学校学生会主席和管理系学生会主席等职，在校期间，积极组织和参与各项校园文化活动，多次荣获温州大学优秀学生奖学金、校优秀学生干部、三好学生等荣誉，被评为温州大学优秀毕业生。曾任温州市红蜻蜓集团总裁秘书、大虎打火机厂办公室主任、正泰集团公关接待处处长等职，后在上海自主创业，任恒元建设集团上海公司总经理。该公司主营建筑施工、装饰装修、机电设备安装、市政公用工程、房地产开发经营、国际招标等业务。2009 年，公司营业额达 9.8 亿元。

关于这位蒋校友的职场之路，背后还有许多故事。在他之前，几乎温州大学的校学生会主席不是在政府机关担任公务员，就是在事业单位享受安稳职业。但是蒋义造非常清楚自己的价值追求是什么，他清楚地了解自己不是一个喜欢坐办公室的人，他追求的是满世界地打拼，追求的是在经济浪潮中创造自己多样性的人生，喜欢迎接各种挑战，喜欢从事经济与管理类的职业，喜欢财务经营与市场氛围。在求学期间，他就给自己确定了到上海这样一个国际性的大都市寻求更宽广的发展空间的目标，在通往自己人生目标的道路上，他选准了自己的方向，厘清了自己的价值追求，对自己的能力、兴趣等都进行了准确的剖析和定位，最终逐步走向辉煌。

二、学习导语

不同的人对待工作的态度、看法也是不一样的，有的人对待工作积极热情，有的人对待工作消极怠工，那到底是什么使得人们有不同的看法呢？你在工作中到底追求什么？判断工作好坏的标准是什么？这些问题就体现了一个人的价值观和职业价值观。因此我们在做职业生涯规划和决策时，要明晰自己的职业价值观，树立正确的职业价值观，追求有意义的人生。本节将通过一系列探索活动与理论来阐述职业价值观，使同学们能够真正倾听到内心的回答。

三、学习目标

1）明白职业价值观取向对职业选择的影响；
2）了解自己的职业价值观意向，树立正确的职业价值观。

四、学习活动

（一）价值观市场

1. 活动目标

初步了解自己的价值观取向。

2. 活动要求

1）活动场地：室内。
2）参加者：班级同学。
3）活动准备：重要价值观列表。
4）时间：活动时间约为 5 分钟，讨论与分享时间约为 5 分钟。

3. 活动过程

1）参照以下价值观列表，挑选出其中 5 条对你来说最重要的价值观，分别写在本

节 "成长手册" 相应的位置上。

> 重要价值观列表:
>   人际关系/归属感、团队合作,物质保障/高收入,稳定,安全,创造性,多样性和变化性、新鲜感,乐趣,自由独立(时间,工作任务),平等,被认可,受尊重,能帮助他人,能发挥自己的才能,成就感,成功,名誉,地位,有意义,自主独立,有学习/发展/成长的机会,权力(领导/影响他人),有益于社会,挑战性,冒险性,竞争,符合自己的道德观,工作环境、工作地点,工作与生活的平衡,健康,家庭,朋友,亲情,亲密关系,爱,信仰,自由,幸福,为社会服务,和谐,平等……

2)在每项价值观后面的横线上给每一条对你来说很重要的价值观下定义,即要达到什么样的水平你才能满意。

3)现在,如果你不得不放弃其中的一条,你会放弃哪一条?将你准备放弃的这一条与其他人交换。

4)现在,如果你不得不继续放弃剩下四条中的一条,你会放弃哪一条?再次与其他人交换。(保留刚才别人给你的,放在一边。)

5)继续下去,直到最后一条。这是否是你无论如何也不愿放弃的?

4. 讨论与分享

1)通过这个活动,你对于自己的价值观有些什么样的了解?
2)你的价值观会对你的职业选择和人生产生什么样的影响?
3)其他人的价值观会对你的生活造成什么样的影响?

(二)价值观拍卖会

1. 活动目标

进一步澄清自己的职业价值观取向,让学生明白自己对职业的真正看重点。

2. 活动要求

1)活动场地:室内。
2)参加者:班级同学。
3)活动准备:价值观拍卖项目,拍卖槌。
4)时间:活动时间约为 10 分钟,讨论与分享时间约为 10 分钟。

3. 活动过程

(1)设计出 14 个职业价值观拍卖项目
职业价值观拍卖项目的具体内容见表 2.7。

表 2.7　职业价值观拍卖项目

价值观拍卖项目	竞拍价	买受人
1）一段刻骨铭心的爱情		
2）得到一位知心的好友		
3）挥洒自如的大款		
4）有健康的身体		
5）技艺高明的技术能手		
6）学富五车的智慧		
7）事业有成		
8）独揽大权		
9）成为体面的大都市居民		
10）成为自由自在的休闲者		
11）成为造福他人的助人者		
12）拥有敢为人先的创造力		
13）一生平安		
14）挑战自我的高峰体验		

（2）讲解游戏规则

1）每个小组组长为拍卖师，其他学生则为参加者。在活动中，学生进入了一个虚拟世界，他们的梦想都可以用钱买回来。学生必须从拍卖清单中选出他们想要的梦想，并在紧张刺激的拍卖过程中尽量争取他们希望买到的项目。

2）每位学生可有 2000 元作为竞标资金，不一定要全数用清。每个项目的底价是 100 元，每次叫价亦以 100 元为单位。

3）学生首先在拍卖表上选出希望得到的项目，并定下投标价。总投标预算不可多于 2000 元。拍卖开始后，可视情况用低于或高于所定下的价钱竞投，但总开支一定不可以多于 2000 元。

4）在拍卖的过程中，学生需记录自己及其他人的竞拍价，以便讨论时用。

5）拍卖师在进行拍卖时，无须依拍卖项目的次序出售项目，最好是把拍卖项目随意拿出来拍卖，使学生不能预计各项目会何时出现。

6）若时间允许，可于每个项目卖出后，给学生数秒时间，让他们重新分配投标资金。

7）学生虽未能购入所有他们想得到的梦想，但其最初设定的选择是反映他们价值观的一个重要指标。

8）整个拍卖活动完结后，老师与学生分享讨论。

4．讨论与分享

1）先请买到商品的同学说说：他买到的是什么商品？他为什么一定要买到它？可能符合其买到的愿望的工作有哪些？

2）再请没买到商品的同学说说：以上的商品中，他最想买的三样东西是什么？为什么？可能和他的工作价值观相符的工作有哪些？

五、理论拓展

（一）价值观

价值观是一种内心尺度，它支配着人的行为、态度、观察方式、信念、理解等，支配着人认识世界、明白事物的意义和自我了解、自我定向、自我设计等，也为人自认为正当的行为提供充足的理由。价值观具有下列特性：

1）价值观是因人而异的。由于每个人的先天条件和后天环境不同，人生经历也不尽相同，其价值观的形成会受到不同的影响，因此，每个人都有自己的价值观和价值观体系。在同样的客观条件下，具有不同价值观和价值观体系的人，其动机模式不同，产生的行为也不同。

2）价值观是相对稳定的。价值观是人们思想认识的深层基础，它形成了人们的世界观和人生观。它是随着人们认知能力的发展，在环境、教育的影响下，逐步培养而成的。人们的价值观一旦形成，便是相对稳定的，具有持久性。

3）价值观在特定的环境下又是可以改变的。随着环境的改变、经验的积累、知识的增长，人们的价值观有可能发生变化。

（二）职业价值观

职业价值观也叫工作价值观，是价值观在所从事的职业上的体现，是人们对待职业的一种信念和态度，或者在职业生涯中表现出来的一种价值取向。职业价值观是个人对某项职业的价值判断和希望从事某项职业的态度倾向，即个人对某项职业的希望、愿望和向往。职业价值观表明了一个人通过工作所要追求的理想是什么，是为了财富，还是为了地位或其他因素。由于个人的身心条件、年龄阅历、教育状况、家庭和环境影响以及兴趣爱好的不同，人们对各种职业的主观评价也不同。不同的人由于价值观不同，对具体职业和岗位的选择也就不同。如有人喜欢同人打交道的职业，有人喜欢同物打交道的职业，有人喜欢充满挑战的职业，有人喜欢安全平稳的职业，等等。不同的人喜欢不同的职业，正是职业价值观的体现。因此，认真分析和了解个人的职业价值观，对正确开展职业生涯规划有重要的意义。

职业生涯发展理论的代表人物 Super（萨柏）在 1962 年就比较完整地阐述了职业价值观的结构理论，将职业价值观划分为三大类：一是内在价值，指与工作本身有关的一些因素；二是外在价值，指与工作本身无关的一些因素；三是外在报酬。他根据自己的理论构建了"工作价值观问卷（work values inventory，WVI）"，提出了十五种职业价值尺度，也称 15 因子，它们是利他助人、美的追求、创造性、智性激发、独立性、成就感、声望地位、管理权力、经济报酬、安全感、工作环境、上司关系、同事关系、变异性、生活方式等。

① 利他助人：工作的价值在于提供机会让个人为社会大众的福利尽一份心力。
② 美的追求：致力于使这个世界更美好，增加艺术的气氛。

③ 创造性：能让个人发明新事物、设计新产品或发展新观念。

④ 智性激发：提供了独立思考、学习与分析事理的机会。

⑤ 独立性：能允许个人以自己的方式或步调来进行。

⑥ 成就感：能看到自己工作具体成果并因此获得精神上的满足。

⑦ 声望地位：能提高个人身份或名望，但此声望是来自于他人的敬佩，而非来自权力与地位。

⑧ 管理权力：能赋予个人权力来策划并分配工作给其他人。

⑨ 经济报酬：获得优厚的报酬，有能力购置他所梦想的东西。

⑩ 安全感：能提供安定生活的保障，即使经济不景气时也不受影响。

⑪ 工作环境：工作能在不冷、不热、不脏的宜人环境下进行。

⑫ 上司关系：能与主管平等且融洽地相处。

⑬ 同事关系：能与志同道合的伙伴愉快工作。

⑭ 变异性：工作之价值在于富于变化，能让人尝试不同内容的事情。

⑮ 生活方式：工作的目的或价值在于能让人选择自己的生活方式，并实现自己的理想。

（三）职业价值观澄清的步骤

要了解自己的职业价值观，你就需要在做出职业选择的过程中，仔细觉察自己选择时所依据的内心价值观。可分为三个阶段，共七个步骤。

1. 选择阶段

1）完全自由地选择，不存在任何人强迫你这样做，进而思考："我是从什么时候第一次产生这种想法的?"

2）在尽可能广泛的范围内自由选择。具体做法：①辨别与问题有关的价值观；②辨别其他可能有关的价值观；③整理上述每一种价值观及其可能对选择产生的后果。如思考"在产生这一想法之前，我经常考虑什么事情"。如果给你一个机会扮演好莱坞电影中的主角，或是向你提供哈佛大学工商管理学院的全额奖学金，你会选择哪一个? 选前者突显某些如创造性、声望、荣耀、金钱和冒风险的价值，选后者显示你更看重声望、金钱、教育、智力的刺激和财务上的稳定性。

3）对各种途径产生的后果三思后进行选择。我们一般都会在做出重大决定前考虑到后果，如当你得到一份工作邀请，但公司距你生活的城市很远。你的第一感觉是什么? 从你的选择中反映出哪些价值观? 这些选择会引起什么样的后果?

2. 赞赏阶段

1）重视和喜爱做出的选择并感到满足；只有我们所珍惜重视的价值观，才有可能成为我们价值观真正的一部分。请考虑："我为这一选择感到高兴吗?"

2）乐于向公众公布自己的选择。请回答："我会把我的选择告诉同学吗?"

3. 行动阶段

1）按做出的选择行事。如提问："我现在准备做些什么呢?"再次强调：你的职业价值观，是通过你如何使用你的时间和你如何工作反映出来的，这绝不仅仅是空想或理想化浪漫地想象你的职业生涯将如何度过。

2）重复一贯的职业行动和确定的模式。如果个人的某种观念上升为他的价值观，那么，他就会在各种不同的时间和场合一而再、再而三地表现在职业行为上，并反映在他的生涯规划上。

（四）Schein（沙因）的职业锚理论

职业生涯理论家 Schein 通过他的长期研究，得到了关于个体职业锚的理论成果。本节成长手册部分就是关于职业锚的测验，同学们可以根据指导语自己尝试做，也可选择一段时间在老师指导下一起做。对于测验结果，老师可根据以下内容给予相应的解释。

1）自主/独立。这个锚主要指的是为了追求专业或技术上的/功能性的能力而希望摆脱组织的限制，不受组织的约束。组织的生活一旦干涉个人的生活，就会使个人的生活因受到限制而没有了秩序或者说受到了打扰。职业锚对准自主/独立的这类人，需要能依据自身的情况，设定自己的速度、时间表、生活方式和工作习惯，很少会因为错失晋升的机会而心里感到不平衡，也很少会因为自己的工作情绪不高涨而有负罪感或者是挫败感。

2）安全/稳定。职业锚对准安全/稳定的这类人，多按照雇主的要求行事，以此来维持稳定的工作，以及一份不错的稳定收入和一个福利好、有周全的退休安排的稳定将来。比其他人而言，这类人更容易接受组织上对其工作上的安排，并更容易相信组织对他们的安排是正确的。

3）生活方式。这类人希望也需要将个人因素和家庭因素纳入其择业的考虑范围内。他们寻求工作、休闲与社会生活之间的平衡。职业锚是生活方式的这类人同样很看重自主性，在很多情况下也很重视独立性。

4）技术/专业。这一区域中，主要关心的是工作中真正的技术性或功能性的部分。属于这一群体的人，他们的自我形象与其专业领域的能力情况紧密相关。因此，他们对管理工作本身不感兴趣，虽然他们也会在自己的专业技术领域接受管理职责，但工作本身才是吸引他们的地方，对他们来说，职业发展仅仅指的是在工作领域内的进一步提升。

5）管理能力。这一锚是三种能力的综合。

① 分析能力：在信息不足、充满不确定性因素的情况之下，识别、分析和解决问题的能力。

② 人际交往能力：在组织的所有管理层面，影响、监督和领导他人，以取得更好的组织绩效的能力。

③ 情商（处理情感的能力）：有将情感危机和人际危机向积极方向转化，而不是被其困扰挫败的能力，能自如地承受高强度的职责压力，自如地运用自己的权力。

6）创业。这一锚的特点是有建造或是创造完全属于自己的产品的需要。职业锚指向这点的人无法在其他各种锚中找到与他们的动机和价值观完全匹配的锚，但又在不同程度上有与这些锚交叉的地方，例如自主、管理能力、运用专才的自由以及为生活的稳定积累财富的需求。

7）服务/助人。这个群体里面的人不仅需要有不错的收入，还需要能在较大范围内做出有意义的事情。他们积极以服务他人为导向，对能提供问题解决方式的工作非常感兴趣，比如生产安全、人口过剩、贫富差距、环境污染等问题。

8）挑战。这类人把攻克不可能解决的障碍、解决难以解决的难题、超过竞争对手作为其事业成功的标准。

【生涯小测试】

职业锚量表

这一量表（如表 2.8 所示）旨在引发你澄清自己的需求和价值观。慎重起见，我们不能仅凭问卷分析就轻率地断定你的职业锚究竟是什么，但问卷仍能促进你对该问题的思考，并给咨询人员提供参考。

表 2.8　职业锚量表

自我陈述	打分
1. 我希望我能做好自己的工作，以便保持自己的专业地位	
2. 当我能统筹、掌控他人的工作时，我感到很满足	
3. 我很希望我的职业能允许我自定步调、按自己的方式来工作	
4. 比起自由度和自主性，工作是否稳定而有保障对我来说更为重要	
5. 我一直在寻求新的想法，以开创自己的事业	
6. 只有当我的确造福于他人与社会时，我才会感到事业成功	
7. 我希望在工作中能不断解决新问题，尤其是挑战性的问题	
8. 我宁愿离开公司，也不愿牺牲个人与家人利益，而屈就于不适合我的工作	
9. 只有我的专业地位和能力提高到相当的水平时，我才会有成就感	
10. 我希望能领导一个大型的组织，做出影响广泛的决策	
11. 只有我能自由地决定自己的工作内容、时间和进度时，我才感到最满足	
12. 我宁愿离开公司，也不愿意接受一份没有保障的工作	
13. 比起在别人的公司获取一个高层管理职位，我更倾向于经营自己的事业	
14. 只有运用自己的才干帮助他人时，我才感到最满足	
15. 只有不断克服难题或挑战，我才有成就感	
16. 我一直在寻找一种能协调个人兴趣、家庭生活的职业	
17. 我更倾向于做一个专家型的高级业务经理，而不是一位总经理	
18. 只有成为总经理或组织的最高领导人时，我才觉得自己成功了	
19. 对我来说，只有获得完全的自主和自由，才算事业成功	
20. 我向往的是就业与收入长期稳定的就业机构	
21. 当我能够完全依靠自己独到的思想和辛劳创造一些新东西，我感到最满足	

续表

自我陈述	打分
22. 更能吸引我的不是高层管理职位，而是我的努力为他人造就的幸福	
23. 我最满足的时候往往是自己解决了极具挑战的难题或屡经周折后的成功	
24. 我认为个人、家庭和事业三者之间达到了一种平衡才是一种真正的成功	
25. 我宁愿离开公司，也不愿意转到一份与我的专业不相干的岗位上去	
26. 比起任何一种专业性的高级业务经理，总经理的职位对我更具吸引力	
27. 哪怕冒着风险，我也宁愿以自己的方式、不受组织约束地工作	
28. 当我的经济收入和工作状况都很稳定而有保障时，我才感到成功	
29. 靠自己的思想和努力成功地创造出自己的产品时，我感到最满足	
30. 我一直在关注着如何最有效地帮助别人、造福社会	
31. 我一直在寻找能够解决难题、迎接挑战的机会	
32. 我宁愿放弃管理层职位，也不愿意因应付工作而牺牲个人业余生活时间	
33. 当我能在工作中发挥自己的业务专长时，我的满足感、成就感最大	
34. 哪怕失业在家，我也不愿接受一份跟管理不相干的职业	
35. 我宁愿没有工作，也不愿接受一份限制个人自主和自由的职业	
36. 我向往一份能带给我安全感、能维持长期稳定的工作	
37. 我渴望开创、发展自己的事业	
38. 我宁愿放弃工作，也不愿接受一份与助人无关的工作	
39. 对我来说，比起管理层职位，解决高难度问题的吸引力会更大	
40. 我一直在试图消解工作与个人爱好、家庭生活之间的冲突	

答卷说明：

1. 请你按个人的情况快速如实作答。

2. 量表共有 40 条陈述，每一条陈述均有 6 个评分选项，依照层次高低排列。请按照你的实际情况，选择适当的评分选项（图 2.3）。

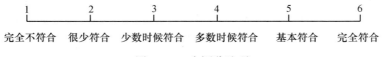

图 2.3　6 个评分选项

评分指导：

1. 浏览你的全部答案，记录所有打 6 分的题目；

2. 从打 6 分的题目中，挑选出三项最切实的，每一项目分别都另加 4 分；

3. 按照表 2.9，把每题的得分分别记录在题号对应的方格中，并记录每一职业锚的合计得分。

4. 找出得分最高的三种职业锚，然后结合自己的生活感受，确定自己最典型的职业锚是哪一种，它可能就代表你最看重的职业价值。

表 2.9 记分表

职业锚	自主/独立	安全/稳定	生活方式	技术/专业	管理能力	创业	服务/助人	挑战
	3	4	8	1	2	5	6	7
	11	12	16	9	10	13	14	15
题号	19	20	24	17	18	21	22	23
	27	28	32	25	26	29	30	31
	35	36	40	33	34	37	38	39
合计								

六、成长手册

价值观市场

对我来说最重要的 5 项价值观

1. _____

2. _____

3. _____

4. _____

5. _____

第三章　职业社会探索

社会学概念中的"社会化"很适合用来说明社会环境对个体行为发展的影响。社会化的基本看法是，个体在社会中所表现的行为并不能只凭一己喜好任性而行，应该遵守社会的规范并且符合社会的期待。广义而言，所有影响个人学习社会规范与期待的过程（亦即社会化过程）中可能相关的因素，我们都可以视之为个体的社会环境内涵。此环境可以大到整个社会运作的结构系统，甚至社会与社会之间，整个世界体系的网络关联，也就是所谓的"大环境"。若是指影响个体行为发展的特定环境，如家庭环境、教育环境等，就是较为狭义的环境。

本章主要内容：

1）外部环境分析。
2）职业世界探索。
3）职业资格认证及专业发展。

第一节　外部环境分析

一、案例导入

陈茜茜，女，温州大学 2010 届毕业生。外国语学院商业英语专业毕业后为浙江省东方医学眼镜公司职工，曾多次被评为校三好学生，连续多次获得奖学金，多次获温州大学外国语学院优秀学生干部称号，温州大学优秀共青团干部，温州大学大学生暑期社会实践方案设计大赛三等奖，温州大学暑期社会实践优秀先进个人、暑期社会实践优秀论文三等奖。

华兹华斯曾经说过："父亲！对上帝，我们无法找到一个比这更神圣的称呼了。"从我们呱呱坠地起，父亲那只温柔又宽广的大手就托住了我们的身躯，为我们前进的道路指引方向，对我们人生观、价值观、世界观的形成有潜移默化的影响，是我们人生的导师。

陈茜茜来自一个和睦、充满爱的家庭，"父亲从小很少给我什么压力，他的教育理念是：你作为一个女生，一定要独立，自己要有承担能力。自己要了解自己的长处短处、失败或成功的缘由。失败并不可怕，只要你能勇敢面对，就一定可以战胜它。"

谈起自己的父亲，她一脸自豪，言谈之中满是一个女儿对爸爸的信任与敬爱。"我的爸爸文化程度不高，小学都没有毕业，但他绝对是我人生中的导师，是给我影响最大的人。"

因为文化程度不高，她的爸爸也更加期盼自己的女儿在学业上有所成就，从小对陈茜茜在学习上的要求就很高。也许是因为女儿争气，不仅学习上，工作上也很出色；也许是因为爸爸的轻压鼓励政策；也许是因为……总之，在温州大学的青葱岁月，她留下了美丽的一笔。

关于父亲，她似乎有很多故事印象深刻。高中时候有一次数学得了 58 分，第一次不及格让她开始对自己的能力产生了怀疑，也大大打击了她的自信心。害怕面对家人责骂的她想过隐瞒这件事，但经过了内心的挣扎，她还是决定打电话给爸爸，向他告知了这件事。嗓音里有灰心，有丧气，还有小小的担心。但是爸爸笑了，"这没什么，"他说，"也许是这次题目太难呢，不要太给自己压力，只要尽力就好。"

她释然了，是爸爸的理解、爸爸的劝导、爸爸的深爱让她重拾了信心。

"虽然爸爸很少给我压力，但是他的要求其实也很高，他要求我一定要给自己定目标，要有进步，有收获。不一定要做到完美，但是要给自己一个交代，对自己的人生做到问心无愧。他为人处世的态度对我影响非常大。"

二、学习导语

要进行有效的职业生涯规划，就必须在规划过程中对外部环境因素加以系统的探索与分析，以初步确立自己今后的职业发展方向。

瞬息万变是今日世界的基本特征，这使得我们探索、把握外部环境变得更加困难。因此，在了解外部环境时一定要运用统整的视角，根据各种因素的变化，对各种影响因素进行衡量、评估，并作出反应，从而更好地进行职业生涯规划。

狭义的社会环境，对个体而言，都是特定的，也是个体社会化过程中的主要执行单位，包括家庭环境、同辈团体、学校、大众传播以及工作或职业的组织环境等。这些环境因素为个体的生涯发展奠定基础，是个体认知、兴趣与能力的培养场，也是落实个体生涯抉择的场域。本书主要介绍家庭环境、教育环境与组织（工作）环境与个体生涯发展的关联。

三、学习目标

1）了解认识外部环境对于个体生涯规划发展的意义。

2）认识外部环境涵盖的领域，以及不同的环境对于个体社会化与生涯塑造的影响力。

四、学习活动

家族职业树

1. 活动目标

学生通过对其家族职业树的探索，认清自己对职业的期望以及对未来发展的憧憬，从而开始了解职业世界。

2. 活动要求

1）活动场地：室内。
2）参加者：班级同学。

3）活动准备：教师准备家族职业树（图 3.1）请学生将家族成员的职业填写在圆内空白处。

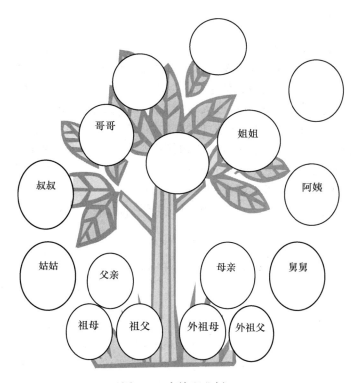

图 3.1　家族职业树

注：请在圆内空白处填入你的家族成员的职业。

4）时间：活动时间约为 8 分钟，讨论与分享时间约为 10 分钟。

3. 活动过程

1）学生填写家族职业树。
2）小组交流。

4. 讨论与分享

1）按组介绍自己家族职业树的特色。（我发现我的家族里，从事最多的工作是什么？）

2）分享对自己家族职业的感想。（家族成员的工作哪个好、哪个不好？家族中对各种职业的评价是什么？比如最满意和最羡慕的职业是什么？觉得不满意的职业是什么？）

3）谈谈家庭对自我生涯期望及职业的选择有什么影响？（家族中什么亲戚期望我能从事什么样的职业？为什么？）

五、理论拓展

(一) 家庭环境

对大多数的人而言，社会化最主要的执行单位是家庭。特别是在早期的儿童社会化过程里，家庭有着巨大的影响力，它是个体内化社会规范或价值观、吸收文化信息的主要根源。一般而言，家庭环境可能对个体生涯造成影响力的因素有父母的社会经济地位等。

社会学家相信父母的管教方式或人口特质对孩子的人格塑造具有决定性的影响。甚至父母的人口特质与子女未来取得地位的模式也有关系。布劳（Blau）与邓肯（Duncan）是最早研究父母的教育程度与职业如何影响子女教育及工作的学者，并建构了著名的"地位取得模式"（status attainment model）。该模式指出家庭背景的主要影响是："父亲的职业与受教育程度影响子女的受教育程度与第一项工作的取得；子女的受教育程度及工作经验又共同决定其现在的职业取得。"（图 3.2）

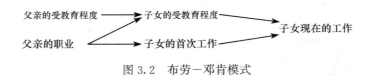

图 3.2　布劳－邓肯模式

20 世纪 70 年代，Sewell（休厄尔）等人强调社会心理因素对承袭地位（inherited status）的冲击，尤其是期望（aspiration）的程度与重要他人（significant other）的影响。这些因素又构成个体获得职业教育程度的中介变数。该模式（图 3.3）还彰显了个别差异的变项——"智力"（mental ability），其与社会经济的地位之间亦有所关联。

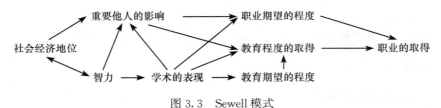

图 3.3　Sewell 模式

除了受教育程度、职业出路之外，家庭环境赋予个体的条件大多由承袭而得，如性别、外貌、种族、智力等。这些先赋条件对于个体未来生涯发展的影响力备受专家学者的研究肯定。

(二) 教育环境

1. 学校因素

虽然与大众消费品市场上的品牌概念相比，人才市场上的品牌概念也许相对而言要弱一些，尽管众多用人单位在招聘人才时也一直强调"英雄不问出身，唯人才是举"，但是近年来不同学校毕业生相去甚远的就业率，表明用人单位在选择人才时，毕业学校仍然是一个重要的参考因素。

　　用人单位在选择人才时，考虑人才毕业学校，主要有两个原因：一是精力有限，不可能在所有高校进行校园招聘，于是将目光锁定在少数几所高校，而且他们认为，仅仅通过在这少数高校里进行校园招聘，就可以招募到公司所需要的人才；二是基于人才的使用评价，用人单位认为某些高校的毕业生普遍具有更高的能力和素质。

　　从我国高校的层次布局来看，目前高校可以分为四类，一是"985工程"学校，一期共34所，二期共4所。二是"211工程"学校，这类学校目前有90余所。这两类高校可以说是中国高等教育的重要力量，它们中的绝大部分属于重点大学。三是本科院校（包括独立学院）。四是专科院校（职业技术学院）。从近年来的就业状况看，大学毕业生供需比、就业率，与学校所处层次、学校的社会影响有着很大的关系，我们可把这称为"学校效应"。与此同时，在同一层次学校中，也因办学特色、办学历史、人才培养等因素，而产生品牌的差异。举例来说，某些行业性特色鲜明的学校，在就业形势十分紧张的情况下，也能保持90%以上的就业率，因为其专业设置符合社会要求，而且办学极具特色。

　　2. 专业因素

　　专业需求的冷热不均，在就业市场上已经被众人熟知。同一学校不同专业毕业的学生，由于社会行业发展的不平衡，用人单位需求会有所不同。社会对某些专业毕业的学生需求较小，毕业生供大于求；另外一些专业，由于行业发展对人才构成较大的需求，在就业形势比较严峻的情况下，培养的毕业生仍然保持着"旺销势头"。举例来说，目前北京地区电子信息类、师范类、建筑类专业比较热，北京每年还要从外地引进很多毕业生。但部分专业毕业生需求相对不旺，主要是纯文纯理的专业。这是由于行业发展不均衡造成的，某些行业发展较慢，需要吸收人才较少，因此造成总体需求量少。或者某些行业受到某些社会因素的冲击，当年的发展受到限制，于是压缩对人才的需求。比如2003年"非典"肆虐，航空业、旅游业等服务性行业受到很大冲击，相应地，这些行业就减少了对大学毕业生的需求，造成相关专业毕业生就业形势更趋紧张。

　　衡量某高校某一专业的需求情况，应采取以下公式：

$$某专业当年供需比＝\frac{当年该专业毕业学生数}{各用人单位对该专业毕业学生的实际需求数}$$

　　很显然，要做到完全准确统计各用人单位对某专业毕业学生的实际需求数，是十分困难的。需求比的绝对数没有太大意义，而相对数具有一定的参考价值。

　　3. 教育环境变迁的趋势

　　大体而言，我国教育的结构与环境有朝向普及、开放、多元化、自主化转变的趋势，为个体提供了一个适应发展的教育机会与教育空间，无疑将奠定其生涯发展的基础。

　　事实上，教育环境也会跟着大环境的改变而改变，多半受到国家政策发展的影响并且应社会需要而调整。所以我们对自己的教育环境变化当有充分的认识，以免错失再学习或进修的机会或资源。现在，通过表3.1，省察一下自己目前的教育环境变迁的趋势，以及应对措施。

表 3.1　我的教育环境

根据书本或大众传媒的信息，说出目前与自己有关的教育环境可能的变化（至少三项）。

1. ＿＿＿＿＿＿＿＿＿＿＿＿＿＿＿＿＿＿＿＿＿＿＿＿＿＿＿＿＿＿＿＿＿
2. ＿＿＿＿＿＿＿＿＿＿＿＿＿＿＿＿＿＿＿＿＿＿＿＿＿＿＿＿＿＿＿＿＿
3. ＿＿＿＿＿＿＿＿＿＿＿＿＿＿＿＿＿＿＿＿＿＿＿＿＿＿＿＿＿＿＿＿＿

这些变化对自己的影响：

＿＿＿＿＿＿＿＿＿＿＿＿＿＿＿＿＿＿＿＿＿＿＿＿＿＿＿＿＿＿＿＿＿＿＿
＿＿＿＿＿＿＿＿＿＿＿＿＿＿＿＿＿＿＿＿＿＿＿＿＿＿＿＿＿＿＿＿＿＿＿

自己可能的应对措施：

＿＿＿＿＿＿＿＿＿＿＿＿＿＿＿＿＿＿＿＿＿＿＿＿＿＿＿＿＿＿＿＿＿＿＿
＿＿＿＿＿＿＿＿＿＿＿＿＿＿＿＿＿＿＿＿＿＿＿＿＿＿＿＿＿＿＿＿＿＿＿

（三）组织（工作）环境

个体的生涯发展历程在完成正规教育离开学校之后就进入就业市场。就业市场呈现多元化的面貌，有些人独自或三五好友组成工作室；有些人成为企业或组织中的成员，以团队合作的方式展现其才能；也有些人选择非就业市场，以其他的劳动服务方式服务大众，如义工、家庭主妇等。

但是，随着工业化、都市化的大环境发展趋势，各行各业逐渐以组织的方式吸收人力资源以拓展业务，因此大部分的人亦顺应市场需求而踏入组织形态的工作环境。现代人以工作或职业来展现能力或实现自我，于是工作或组织的环境成为个体生涯选择最主要的场所。因此，以下介绍工作环境中的组织结构的特征，以及个体在组织中可能发展的生涯模式。

1. 认识组织的结构特征

在社会科学的知识领域中，组织的研究广为社会学、经济学、政治学、管理学等学科重视。社会学家韦伯（Weber）于19世纪末初见人类社会工业化带来的工厂林立，人们离开传统的工作场所（家庭）到工厂工作，即预言组织化社会的来临。在他看来，"科层组织"就是人类社会向工业化、现代化或理性化过渡的产物，未来的社会将普遍存在这种相当理性而正式的组织形态。

科层组织的理性与正式表现为下列几个特征：

1）分工（或分科）：组织通过不同部门或职位的划分做功能或任务的分派。个体或团体被安插在部门或职位以完成其被指定的工作，将他们努力的成果结合在一起，产生产品或服务以达成组织的目标。

在社会现代化的变迁下，分工因专业化的发展有日趋精细的现象。以医院为例，传统的综合医院大致分成内、外两科，现代医院则又包括了儿科、产科，甚至四大科再细分，如内科包括心脏内科、呼吸内科、消化内科等。

2）权威层级：科层组织的结构有由上下级串联的命令锁链，上层（或高层）管理人员掌握部门的活动及发展政策，下层（或低层）行政管理人员负责政策的执行。科层组织的权威系于其职位，人们凭其专业知识获取职位，有明确的责任与固定的工作和权力。换言之，"不在其位，不谋其政"，权威的建构来自组织的正式规则及程序的合法性。

3）规则管理：科层组织设计良好的程序，并由画面记录呈现，使组织成员的互动模式有明确的规则可循。规则管理的功能在于：①降低工作之不确定性；②减少组织成员决策之必要，使行为得以预测；③使惩罚合法化；④提供冲突处理的标准。

4）非私人性：科层组织的"非私人性"（impersonality）即是一种"公开、公平、公正"的结构特性。这是因为组织有规则管理，不会因特殊关系或情况对特殊之人用特殊办法对待。

5）技术专门化：组织的成员被录用或任命工作，是基于专长，尤其是技术性专门知识。因此，在非私人性与规则管理的科层组织中，职位所需之技术使人们可以凭一技之长被聘用或升迁。

6）组织中生涯发展：组织的结构清楚明确，成员可以掌握自己在组织中发展的机会，接受在职训练或充实能力以升迁，亦可配合组织的变迁发展来规划自己的生涯。

但是，科层组织的理性与正式有得亦有失，韦伯尤其重视组织的理性与个人的感性之间的矛盾冲突。组织中充满了理性正式的规则，其利是行事依据有来源，使组织可以"公事公办"。但是，一旦制定规则，长久之后，组织的运作流程可能陷入固定、僵化的程序；且组织由人组成，人的感性层面必定在理性的运作过程中逐渐压抑，使人犹如身在"铁的牢笼"之中，丧失人性中原本自由、平等、博爱的尊严。

2. 个体在组织中可能发展生涯的模式

当一个人刚进入正式组织中工作，会遇到何种情况？工作一段时间之后，个体与组织之间的互动可能发生什么变化？又在何种情况下个体与组织会完全退出工作场所？

霍尔（Hall）提出了个体在组织中的生涯阶段分为早期、中期与晚期的观点，并分别指出了三个阶段的特征与生涯任务，如表3.2所示。霍尔强调这些阶段对组织中的每个人而言，都是个别的、特殊的经验，每个人在不同阶段反映出来的行为、态度会有差异。譬如，给一个六十岁的成员增加责任挑战，所获得的正面反应可能比给二十五岁的成员增加角色责任要少。年龄、性别、教育程度甚或种族等因素都可能在各生涯阶段中形成影响。所以，一个人的生涯成就不仅取决于组织与工作的环境，更取决于个体与这些环境特质的互动过程与结果。

表 3.2 霍尔之组织中的个体生涯阶段

组织中的生涯阶段	特征	生涯任务
早期	个人在组织中社会化的过程，包括： 1. 自我状况（适应与调整） 2. 建立上下级的工作关系 3. 晋升的机会 4. 同事间的感情互动	1. 发展行动技巧 2. 发展一定专长 3. 发展创造、发明 4. 3～5 年后轮到新领域 5. 建立组织认同感 6. 适应组织生活的复杂性

续表

组织中的生涯阶段	特征	生涯任务
中期	个人在组织中求发展的阶段，包括： 1. 技术整合 2. 察觉生涯路径 3. 对组织产生新认同 4. 形成长期的生涯概念	1. 在培训他人（新成员）中发展技巧 2. 学习新潮流或整合的技术 3. 对工作和组织有更广的看法 4. 换到需要新技术的新工作
晚期	个人在组织中逐渐退缩，在组织外活动增加，包括： 1. 转变角色为顾问指导或咨询者 2. 工作负担较轻	

现在，让我们通过表 3.3 审察自己目前的生涯阶段与工作（或组织）环境的特质，并进一步尝试界定此阶段的生涯任务。

表 3.3　我的组织环境与生涯任务

根据本章表 3.2，你认为自己目前是在_____期生涯阶段。对你而言，此阶段的组织环境表现的特质是（至少三项）：

1. _____
2. _____
3. _____

面对这种特质的组织环境，我可以发展的生涯任务是：

1. _____
2. _____
3. _____
4. _____
5. _____

六、成长手册

追本溯源——家族职业树学习单

1）我发现我的家族中从事最多的职业是：

_____

_____

_____

_____

2）家族中对于各种职业的评价，是否都表示强烈的好恶？（例如："做什么都好，就是不要去画画""做公务员最好，工作有保障"……）

他们认为从事_____最好；最好不要从事_____。

3）家族对彼此的职业，感到最满意的或羡慕的是什么？（例如："要不是开出租车谋生，哪有那么多自由的时间""姨父就是有个医生女婿，才能生活得那么富裕""叔叔婶婶都做老师，怪不得教出一对优秀的子女来"……）

_____

_____

_____

_____

4）亲属期望我以后从事什么工作？理由是什么？

_____

_____

_____

_____

第二节　职业世界探索

一、案例导入

厉俊，温州大学1999年装潢设计专业毕业，现从事报纸版面设计编辑工作，任职于温州都市报，从进入报业至今参与并组织了多次报纸改版工作，并发表有个人见解的有关版面方面的学术文章若干。

厉俊并非一开始就选择去报社，而是选择了跟自己的专业更吻合的室内装潢工作。刚毕业的他怀着冲动和激情，却未能一心一意于当时的工作，总觉得还没找到真正能让自己施展才能的位置。偏向于平面设计的他为这样的机遇而蛰伏着，眼光睿智的他，经过自己的一番斟酌，毅然选择进入报社。当时并不敢断言他的选择是否明智，因为以新闻内容见长的报业在当时看来并不需要特别的设计或者凸显自己的风格，整个版面并不是一个很好的结合体，有时候甚至出现主次错位的现象，这无疑是报业的一大弊端。但这也是一个契机，成了他进入报社的理由。他喜欢设计时的天马行空，他知道只有自己才最了解自己需要什么，今天看来，他的选择是正确的，他选择的是一条需要开拓的路，也是一条自己愿意去走的路，一条真正能展现自我的路。

二、学习导语

"职业指导之父"帕森斯（Parsons）指出，要做好职业规划，除了要了解自我外，还要了解职业，然后进行以上两方面的综合考虑。那么如何更好地了解外部职业世界，做到知己知彼？本节对职业世界的现状与变化及如何进行职业世界的探索进行了介绍，以便学生更好地规划自己的未来职业生涯。

三、学习目标

1）了解职业世界相关信息；
2）掌握探索职业世界信息的途径和方法。

四、学习活动

头脑风暴：职业类型知多少

1. 活动目标

初步了解职业，扩大对专业相关职业认知的范围。

2. 活动要求

1）活动场地：室内。
2）参加者：班级同学，分成 6~8 人的小组若干，围桌而坐。
3）活动准备：活动纸和笔。
4）时间：活动时间约为 5 分钟，讨论与分享时间约为 10 分钟。
5）具体要求：请学生用头脑风暴法尽可能列举出与本专业相关的职业，并将所有联想到的职业都记录到"成长手册""头脑风暴：职业类型知多少"中。

3. 活动过程

学生分组完成"成长手册"头脑风暴表格，教师引导进行小组间竞争。

4. 讨论与分享

1）你从这个活动中得到了什么启发？
2）你还有其他途径来获得更多的职业类型吗？

五、理论拓展

（一）职业世界相关信息

职业是人的生活的最重要组成部分，约占生命的一半时间，影响着个人的整体事业发展和家庭幸福程度。

有人曾问三个砌砖工人："你们在做什么？"

第一个工人说："我正在砌砖。"

第二个工人说："我正在挣工资。"

第三个工人却说："我正在建造世界上最富于特色的房子。"

据说后来，前两个工人一生都是普普通通的砌砖工人，而第三个工人成了有名的建筑师。

三个工人不同的简单回答，呈现出三种不同的工作态度：第一个工人是为了工作而工作；第二个工人是为了赚钱而工作；第三个工人是为创造生活而工作。这个小故事可能很多人都听过，我们从中可以领悟出什么呢？可以说对于工作认知的不同直接决定了个人职业发展的高度（图 3.4）。因为对工作本身是否出于自身的热爱，决定了我们努力的程度。现代社会是高速发展的社会，新的职业不断产生，旧的职业不断消失，为了个人能得到更好的发展，我们对于职业的认识绝对来不得马虎，正所谓："知彼知己，百战不殆。"

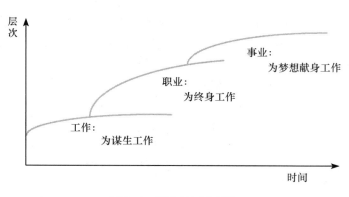

图 3.4　职业的三个层次

1. 职位、工作、职业、职业生涯的区别

有关"职位"（position）、"工作"（job）、"职业"（occupation）和"职业生涯"（career）这几个词的含义在理论上仍然存在着一定程度的争议，不过我们可以大致将它们定义如下：

职位：是和分配给个人的一系列具体任务直接相关的。因此，职位和参与工作的个人相对应，有多少参与工作的个人，就有多少个职位。例如，小张是某俱乐部足球队的前锋。

工作：是由一系列相似的职位所组成的一个特定的专业领域，如前锋。

职业：是在不同的专业领域中一系列相似的服务。例如，运动员是一种职业。

职业生涯的含义曾随着时间的推移发生过很多变化。在 20 世纪 70 年代，职业生涯专指个人生活中和工作相关的各个方面。随后，又有很多新的意义被纳入"职业生涯"的概念中，其中甚至包含了生活中关于个人、集体以及经济生活的方方面面。

从经济的观点来看，职业是指人们在社会生活中所从事的以获得物质报酬作为自己主要生活来源并能满足自己精神需求的、在社会分工中具有专门技能的工作。职业生涯是个人在人生中所经历的一系列职位和角色，它们和个人的职业发展过程相联系，是个人接受培训教育以及职业发展所形成的结果。

2. 工作形式知多少

工作的形式有很多种，最常见的就是全职工作，即连续为同一雇主工作，每周工作 40 小时或 40 小时以上。学生在求职时大多希望能够找到一份全职工作，因为其具有相对的保障和稳定性。很多人认为组织有责任照顾他们，不过，他们把自己的将来交到别人手上的做法也会增加其自身的风险。

兼职工作是近些年增长很快的工作形式之一。兼职工作者每周为同一雇主工作的时间不足 40 小时，他们通常没有将工作报酬作为生活费的主要来源，不是为了赚取额外的收入而考虑工作。兼职工作虽然收入不一定高，也不够稳定，但对学生尤其是那些希望继续读书但又受限于经济条件的学生来说，是很好的增长社会经验的途径。

　　另一种和兼职工作有些类似的工作形式是多重工作，是指一个人同时兼有 2 个或 2 个以上独立的工作角色。有时，他们也被称作"兼职者"，因为他们经常除了做"有规律的"全职工作外，还有一份兼职的工作。多重工作者的角色包括：为 2 个或 2 个以上雇主工作；为一个雇主工作的同时自己也经营企业；经营两家独立的企业。他们喜欢在具有多样性、灵活性和变化性的环境中工作，愿意不断地更新技能，从而为自己提供"保障"。

　　自由职业，或称 SOHO（small office house office），是目前社会中比较受追捧的一种自雇的工作形式，是一个人的经营模式。随着信息技术的发展，这种工作形式已经越来越成为可能。因为这种工作形式具有自由、开放的性质，所以近年来越来越多的人加入了这个行列。自由职业的风险性相对较大，因此选择此种工作形式的人通常具有良好的心理安全感、自我管理能力和自信心。

　　自我创业，做一个企业家，也是一种工作形式，其风险最高。企业家既是企业主也是运营官，它的特点是要雇用其他人经营企业，具有高风险、高回报的性质。企业家重视独立、刺激和成功。他们很能容忍不确定的状态，具有控制内在因素的特质。为了取得成功，他们的信仰必须与他们成功的目标保持一致。与之不同的是，企业家会把毕生的资产作为企业成功的抵押。

　　3. 职业的更新变化

　　目前工作世界中有超过 20000 种的职业，对于大多数人来说，都有数种职业适合他们。每天都有一些新的职业产生，同时也伴随着旧的职业消亡。

【小故事】

"偷菜钟点工"：虚拟农场催生新职业

　　"开心农场""QQ 农场"等"偷菜"网站越来越多，对该游戏着迷的人也越来越多。红火的"偷菜"游戏竟然催生了一种新职业——"偷菜钟点工"。据淘宝网店主介绍，"偷菜钟点工"既有兼职，也有专职的。店主们服务的收费标准也不相同：有 20 元/周，还有包月收费 30～100 元不等的。

　　"其实帮人'收菜'或者'偷菜'这个工作不是很累，就是麻烦。"某钟点工说，帮人"偷菜"没有什么技术含量，行业起点的门槛相对较低，只要熟悉整个游戏的操作模式，再舍得花时间和精力，按时在预定的时间帮别人收取，一般问题不大。他认为，想要做一个优秀的"偷菜钟点工"，要注重以下三个方面：一是人脉；二是信誉；三是既要保证客户的菜不被"偷"，还要最大限度"偷"别人的菜。所以要制定一个专门的"偷菜"时间表，帮他计算菜何时成熟，再调好闹钟准时操作。

　　提供"偷菜钟点工"服务的网店大多明码标价。虽然每家网店的报价有些许差别，但大多是农场代收代种 12 元包一周。钟点工除了帮用户采摘自己的果实外，还不定时到好友农场"偷菜"、除草、杀虫。如果是包月，则是 40～60 元一个月。用户还可以提出额外要求，如达到一定的经验值或"偷"到一定数量的金币等。据

　　了解，春节是钟点工们大赚一笔的好机会，因为届时很多人要回老家过年。那些不方便上网又心系农场游戏的人，就是"偷菜钟点工"的目标客户人群。

　　据有关部门统计，在20世纪，我国消失的旧职业达3000个。这不仅包括新中国成立前那些天桥卖艺的把式、坐在墙角替人代写书信的落拓秀才，也包括我们儿时还经常看到的淘粪工、补锅匠、江湖艺人、"赤脚医生"，还包括几十年前曾经风行一时的粮油票证管理员、物资供应员等。职业的剧烈变迁反映着时代的进步、社会的发展、人民生活水平的提高和生活方式的改变。据专家预测，今后每10年将发生一次全面性的"职业大革命"，其中，重大变化每两年就会有一次。另有未来学家预计，人类职业将面临每15年更换20%的严峻局面。选择一份不会失业的工作，对于21世纪的我们来说，至关重要。

　　由于新职业都是适应社会经济的发展和市场需求而产生的，因此基本上也都是目前职场上的热门职业、走俏职业、能够获得高薪的职业。

　　服装设计专业毕业的何薇薇租下了广州市闹市区的一间七八平方米的铺面，在并不起眼的门前挂上了一个令人耳目一新的招牌——"色彩工作室"。她所从事的是一种我们绝大多数人以前闻所未闻的新兴职业——"色彩搭配师"，专门为客人提供服饰的颜色搭配服务。

　　张锐则是一家网站的专职短信写手，月收入五六千元。据他介绍，他们这个行当，还可细分为文字写手、图片写手、铃声写手等具体的职业类型。

　　武汉一家知名服务企业推出了一个称为"服装督导"的职位。这一职位主要负责企业专卖店的CI形象设计，包括专卖店的装潢、色彩识别、商品摆放、人员着装等方面的设计及施工……

　　四十多年前，即使再有想象力的人恐怕也写不出理想是当一名芳香治疗师，或者"空翻"、"网管"、拍卖师、咨询师、软件测评师等。在当时许多人的心目中，只有营业员、驾驶员、采购员、铸工、锻工、教师等职业的概念。现在，随着科技的飞速发展、生活的不断变化，许多旧的职业被无情地淘汰了，许多闻所未闻的新职业则在我们身边如雨后春笋般地冒了出来。

　　有的人以展示自己的一双"纤纤玉手"为职业——这便是收入不菲的"手模特"。有的人靠替喝醉酒的人把车开回家赚钱——这便是颇有市场的"代驾员"。

　　有的人根据顾客的职业特点、职业身份，为其合理搭配服装，进行整体形象设计——这便是前景灿烂的"职业配装师"。

　　很多人都梦想拥有一份能给自己带来财富、名誉、地位的好工作，但这样的好工作到哪里去找呢？有人认为带有垄断性质的职业是好职业，有人认为含有权力因素的工作是好工作，但事实上，这些都是不可靠的，尤其是在当前日益成熟与完善的市场经济体制下，垄断和权力都受到了越来越多的限制。在此情况下，我们如何寻找一份理想的工作呢？也许你已经意识到了，也许你已经开始行动了，但大多数人却还没有觉悟。

　　一般来说，个人择业时选择新兴的产业，不仅可以获得丰厚收入，还能够给我们带来许多有发展机遇的职业。

　　1998年邮电分营时，许多老邮政人并不看好刚刚兴起的电信业，纷纷选择传统的邮政工作，结果，仅仅两三年的时间，电信业一跃成为中国最走红的行业，电信职工的收入，跃居全国各职业之首。相比之下，传统的邮政业，大多数处于步履维艰的境地。

当 IT 行业刚刚出现时，许多人对此极为漠然，人们依然满腔热情地追逐文秘、会计之类的传统职业。结果，几年之内，IT 行业便成为中国第一高薪行业。

精算师对于中国人来说也是一个极为陌生的职业，到目前为止，国内有国际精算师资格的只有几十人，其中拿到北美国际精算师资格的只有十来个人，如果按英国的标准来要求，中国只有两个精算师，而我国近几年急需至少 5000 名精算人才。因此，目前在我国，精算师像熊猫一样稀缺，年薪几十万也难以找到合适的人选。

新职业的涌现是经济发展的结果，也为我们提供了巨大的就业市场。十年前，人们对 CEO（首席执行官）这样的词语还闻所未闻，但现在，它已经是新经济中炙手可热的高级职位了。在中国，新的职业正以惊人的速度产生着。首席信息主管（CIO）、执业药师、注册会计师、保险精算师、健身教练、心理医生、猎头、模特经纪人、形象设计师、证券分析师、商务策划师、职业指导师、"闪客"、出国顾问、网站 CEO，仅仅三四年时间，冒出来的新职业就数以千计，被国家正式承认及正在着手编制职业标准的就有一百多种，包括安全生产监督师、物业管理顾问、职业指导师、电子商务师、企业人力资源管理员、心理咨询师、企业信息管理人员、营销师、项目管理师、企业行政管理师、执业药师、保险精算师、专利代理人等。

市场经济给我们带来的好处之一，就是职业选择的自由度大大增加了。也许你错过了精算师、股票分析师、软件工程师等职业的选择，但现在你绝对不要错过目前蜂拥而至的新职业。一项正确的职业选择，有可能改变你一生的命运。

（二）知识点：探索职业世界的方法与途径

1. 形成自己预期的职业库

很多大学生不知道如何进行工作世界的探索，其中一个很重要的原因就是工作世界的信息浩如烟海，根本搞不清应该从哪儿入手，更谈不上如何进行了。如果有一个探索范围，则会容易很多。前面的自我探索活动可以帮助个人初步形成一个探索的范围。自我探索中的兴趣、性格探索，每一部分最后有相应适合的职业出现。

此外，每个人还有自己心目中理想的职业，可以通过头脑风暴的形式把它们列出来。这样就可以获得一个职业清单，看看这些职业有什么共同点，就可能启发你想到更多值得探索的职业。结合你的能力和价值观再次从职业清单中进行筛选，最终就得到你预期的职业库。简单举例说，学生小 A 期待做商业方面的工作，但是具体选择什么工作因其对社会还不太了解，就难以决定。性格探索的结果是他适合做人力资源管理者、咨询顾问、教师等，兴趣探索的结果是他应该做社工、教师、培训人员等，能力探索的结果是他可以做教育、销售、客户服务等工作，价值观探索的结果是他期待做服务、自由职业、护理等工作。从小 A 职业探索得出的各种选择中，我们可以看到，教师职业、教育工作出现的频次最高；社工、客户服务、服务、护理等虽然名称不同，但都明显体现了帮助他人的特点。所以最适合小 A 的职业首先具有与人打交道、帮助他人的特点，其次还有沟通性、商业性等特点，由此他可以列出或搜索一些符合这些特点的职业，比如培训、咨询顾问、客户服务等，进行详细调查。

　　研究表明：在做决策时，太多的信息容易让人迷失，反而拿不定主意；而过少的信息又起不到让当事人了解客观事实的作用。所以，在形成预期职业库的时候，库的大小根据自己的情况要有适当的平衡，通常 5～10 个职业的调查是比较适中的。在信息探索过程中，抛开自己固有的想法，保持开放的心态，就容易获得客观的信息。

　　2. 用职业分类的方法帮助探索工作世界

　　在繁杂的工作世界中挑出相关、有用的信息，是项艰巨的工作。学生即使形成了自己的职业库，但到底哪些工作可能和职业库得出的职业特点相符，也是一个问题。如果能按照一定的规则将职业分类，学生就可以轻松地找到和这些特点相关的工作了。下面介绍一些比较经典的职业分类方法。

　　(1) 霍兰德职业环境类型

　　霍兰德职业环境在第二章第二节"探索我的职业兴趣"中有详细的描述，这里不再赘述。

　　(2) 工作世界地图

　　普里蒂奇在霍兰德六边形模型的基础上做了一些调整，增加了人－事物、资料－概念两个维度（图 3.5）。人－事物维度分别表示与人相关的工作，例如为人们提供服务、

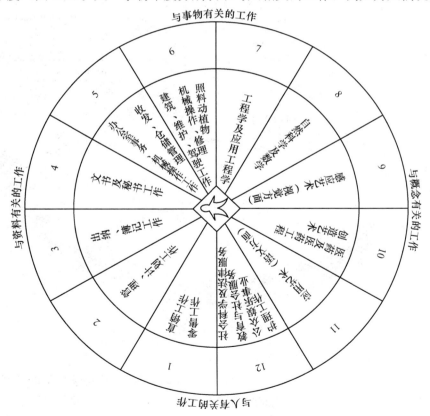

图 3.5　国外职业分类图

帮助他人以及与具体物体相关的工作，如机械、生物、材料等。资料-概念维度分别表示与具体事实、数字、计算等打交道的工作和用理论、文字、音乐等新方式表达或运作的工作。

美国大学考试中心把普里蒂奇的研究进一步推向深入，他们在兴趣的两维基础上，将职业群体的具体位置标定在坐标图上，从而得到工作世界图（图 3.6）。该图共分 12 个区域，有 20 个职业群被标定其中。学生可根据自己兴趣类型在该图中的位置，通过与不同职业群的远近位置比较，进一步扩展与自己职业兴趣相关的工作搜寻范围。

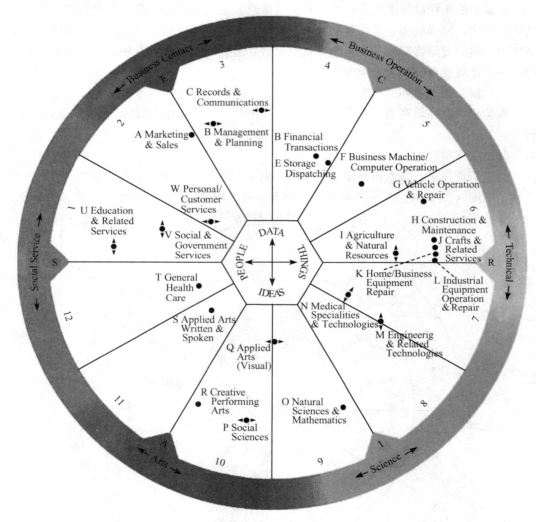

图 3.6　工作世界图

（3）《中华人民共和国职业分类大典》

《中华人民共和国职业分类大典》是我国第一部对职业进行科学分类的权威性文献，由原劳动和社会保障部、国家质量监督检验检疫总局、国家统计局联合编制。该书将中国的社会职业分为 1838 个（1999 年）。这 1838 个职业分归 8 个大类、66 个中类、413

个小类，并具体确定了各个职业名称。其中 8 个大类具体为：

1）国家机关、党群组织、企业、事业单位负责人；

2）专业技术人员；

3）办事人员和有关人员；

4）商业、服务业人员；

5）农、林、牧、渔水利业生产人员；

6）生产运输设备操作人员及有关人员；

7）军人；

8）不便分类的其他从业人员。

（4）JobSoSo 职业分类

JobSoSo 由国内职业测评公司北京北森公司于 2005 年 3 月 16 日正式发布，它以全球领先的职业分类信息技术——美国 O＊NET 系统为基础，并经过适度的本土化，可以进行独立的职业信息搜索。这一系统包含 1000 余种职业，可分为以下 22 个大类：

1）管理。

2）传媒、艺术、文体娱乐。

3）销售及相关职业。

4）商业及金融。

5）医疗专业技术。

6）行政及行政支持。

7）计算机和数学分析。

8）医疗卫生辅助服务。

9）农、林、畜牧业。

10）建筑、工程技术。

11）安全保卫、消防。

12）建筑及冶炼类。

13）科学研究。

14）食品加工和餐饮服务。

15）设备安装、维修和保养。

16）社区及社会服务工作。

17）建筑物、地面清洁及维护。

18）企业生产。

19）法律工作。

20）个人护理及服务性职业。

21）物流。

22）教育、培训及图书管理。

它对某个具体职业从职业名称、直属上级、直属下级、合作部门、职业描述、工作内容、教育背景、核心课程、工作经验、培训认证、工作环境、职业前景、知名公司、薪酬待遇、相关职业、榜样人物、该职业对人的核心要求等角度进行了比较全面的描述。

（5）其他常见分类方法

社会上还有一些通俗的分类方法，比如最热门的职业、最受人尊敬的职业、最赚钱的职业、需求量最大的职业、发展前景最好的职业，等等。这些分类也可以帮助学生对更多的职业有所了解，但是应当牢记：最重要的是你选择的职业要适合你。

3. 其他探索工作世界的方法

（1）求职广告大搜索

翻开每天报纸的求才、求职广告栏，各式各样的大小广告简直令人眼花缭乱，不知该如何搜寻真正适合自己的职业。假设你目前服务于民间的职业介绍所，你会如何帮求职的人找寻工作呢？

请试着从一叠报纸的求职广告中，帮小明、晓红和你自己找个好工作吧！

小明的简历摘要表

年龄：26 岁　学历：大学毕业　性别：男

工作经验：3 年　地点：浙江省　专长：电脑程序设计

目标：主管或经理　希望待遇：5000～8000 元

可考虑的工作是：＿＿＿＿＿＿＿＿＿＿＿＿＿＿＿＿＿＿＿

晓红的简历摘要表

年龄：22 岁　学历：大专毕业　性别：女

工作经验：无　地点：浙江省　专业：文秘

目标：收入稳定　希望待遇：2000 元

可考虑的工作是：＿＿＿＿＿＿＿＿＿＿＿＿＿＿＿＿＿＿＿

你的简历摘要表

年龄：＿＿＿＿＿学历：＿＿＿＿＿性别：＿＿＿＿＿

工作经验：＿＿＿＿＿地点：＿＿＿＿＿专长：＿＿＿＿＿

目标：＿＿＿＿＿希望待遇：＿＿＿＿＿

可考虑的工作是：＿＿＿＿＿＿＿＿＿＿＿＿＿＿＿＿＿＿＿

（2）网络资源

电脑科技高度发达，各类信息在网络社会中的交流相当频繁而密切。因此，通过网络搜索相关资源，你也许会有意想不到的收获。

请通过网络的搜索引擎，搜索与某一项吸引你的职业（如"人力资源工作者"）相关的网站，以及未来可能雇用该类工作者的相关机构或单位，了解其工作内容或任务及其他可用于评估职业的相关职业资讯。

（3）生涯人物访谈

请通过朋友介绍或毛遂自荐，寻找一位从事你所感兴趣职业的资深工作者，很礼貌地告诉他，由于你对该项职业很感兴趣，希望能更进一步了解该职业的相关资讯，以及他从事该职业的心得和经验。请他安排半小时至一小时的空闲时间，让你到他工作场所拜访他。

请将你的人物访谈经过、搜集到的资料和心得，整理撰写成"生涯人物专访报告"，并和你的朋友或同学一起分享你们各自的收获和心得。（参见本节的"成长手册"）

（4）实际接触

阅读有关某一职业的简介说明及向从事该职业的资深工作者请教，是搜集生涯相关资讯的两个重要途径。但是，如果你想要更明确地了解某项职业的实际工作情况，那么，为自己安排一些实地参访、实习或打工的工作经历，是投入该职业的基本预备动作。

1）参访机构：　　　　　　　　　日期：

参访项目：

参访心得：

2）实习机构：　　　　　　　　　日期：

实习项目：

实习心得：

3）打工机构：　　　　　　　　　日期：

打工项目：

打工心得：

【小贴士】

生涯人物访谈报告

班级：　　　　姓名：　　　　日期：　　　　组别：

一、访问前准备工作

1. 小组共同讨论，决定访问的职业类型。

2. 决定访问的人选，联系访问时间和地点。

3. 访问时请携带纸、笔、照相机等，以方便记录及搜集数据。

4. 前往访问时，请注意安全及礼节。

5. 集合全小组前往，并做好事先的联络与确认工作。

二、访问内容提示

1. 职业人的个人资料：年龄、性别、职业名称。

2. 职业人的工作经历。

3. 该职业的工作资料：工作地点、内容、时间、薪资、福利。

4. 该职业的工作条件：学历、技能、特殊条件限制。

5. 该职业的就业管道：获得此职业的信息与机会。

6. 对该职业的感受和未来展望。

7. 对我们同学的建议。

（以上仅供参考，可提供更有创意的问题。）

三、小组报告方式

1. 由小组推荐一人口头报告。

2. 如果能配合海报、照片或其他数据会更好。

3. 报告时间以 5 分钟为限。

4. 口头报告完后，请整理成一份五百字左右的书面报告交上来。

四、注意事项

1. 各小组访问的职业类型避免重复，教师最好能够提前确定好各小组预访问候选人，进行汇总，整合协调。

2. 访问时请各小组集体行动，勿使组员落单。

3. 书面报告最末页请附上本小组分工情形。

附参考问题：

1. 在这个工作岗位上，每天都做些什么？

2. 你是如何找到这份工作的？

3. 你是如何看待该领域工作将来的变化趋势的？

4. 你的工作是如何为实现组织的总体目标或使命贡献力量的？

5. 你所在领域有"职业生涯道路"吗？

6. 本职业需要什么样的人？

7. 到本领域工作所需的基本前提是什么？

8. 就你的工作而言，你最喜欢什么？最不喜欢什么？

9. 什么样的初级工作最有益于学到尽可能多的知识？

10. 本领域初级职位和略高级别职位的薪水是多少？

11. 工作中采取行动和解决问题的自由度如何？

12. 本领域有发展机会吗？

13. 本工作的哪部分让你最满意？哪部分最有挑战性？

14. 什么样的个人品质或能力对本工作的成功来讲是重要的？

15. 你认为将来本工作领域潜在的不利因素是什么？

16. 依你所见，你在本领域工作遇到了什么样的问题？

17. 对于一个即将进入该工作领域的人，你愿意提出特别建议吗？

18. 本工作需要特别的知识、技能和经验吗？

19. 这种工作需要什么样的教育或培训背景？

20. 公司对刚进入该工作领域的员工提供哪些培训？

21. 还有哪些方法能帮助我深入了解该工作领域？

22. 你的熟人中有谁能作为我下次采访的对象吗？当我打电话给他（她）的时候，可以提及你的名字吗？

23. 根据你对我的教育背景、技能和工作经验的了解，你认为我在作出最终决定之前还应在哪个领域、什么样的工作上进行深入的调查研究呢？

（三）评估职业的方法

面对五花八门的工作世界、包罗万象的职业类别，你还需要依据一些方法来评估职业的各个层面或工作性质是否符合你的需要，或是你的各方面特质条件是否符合该职业的需要。

PLACE 通常可以用来作为评估职业的指标。

P：指职位或职务（position），包括该职位的经常性任务、所需担负的责任、工作层次等。

L：指工作地点（location），包括地理位置、环境状况、室内或户外、都市或乡村、工作地点的变化、安全性等。

A：指升迁状况（advancement），包括工作的升迁管道、升迁速度、工作稳定性、工作保障等。

C：指雇佣条件（condition of employment），包括薪水、福利、进修机会、工作时间、休假情形及特殊雇佣规定等。

E：指准入资格（entry requirements），包括所需的教育程度、证照、训练、经验、能力、人格特质等条件。

以某一项吸引你的职业（如"人力资源工作者"）为例，试着评估该项职业的各个层面。如果你并不十分清楚职业的这些层面，显然你需要投入更多心力，从多元管道去探索。

职业名称：＿＿＿＿＿＿＿＿　　升迁状况：＿＿＿＿＿＿＿＿

工作职务：＿＿＿＿＿＿＿＿　　雇佣情形：＿＿＿＿＿＿＿＿

工作地点：＿＿＿＿＿＿＿＿　　雇佣条件：＿＿＿＿＿＿＿＿

六、成长手册

头脑风暴：职业类型知多少

我所知道的职业类型有以下这些（表3.4）……

表 3.4　我所知道的职业类型

1		11		21	
2		12		22	
3		13		23	
4		14		24	
5		15		25	
6		16		26	
7		17		27	
8		18		28	
9		19		29	
10		20		30	

续表

31		46		61	
32		47		62	
33		48		63	
34		49		64	
35		50		65	
36		51		66	
37		52		67	
38		53		68	
39		54		69	
40		55		70	
41		56		71	
42		57		72	
43		58		73	
44		59		74	
45		60		75	

第三节　职业资格认证及专业发展

一、案例导入

蔡挺，2004 年毕业于温州大学广告与广告管理专业，现工作于温州都市报民生新闻部。

在这个光怪陆离的社会，他守着一支笔，安然自得；不羡慕青云直上，专心打造自己精致的世界；不期待普利策大奖，只是在自己的岗位上做好那一份工作——给温州的市民们报道最新鲜、最实用的新闻。他就是 04 级毕业生蔡挺，在竞争激烈的新闻界，他像旁观者一样清醒智慧地经营着自己的职业道路。

从事自己专业之外的职业，他到底经过怎样的抉择呢？他说，当初自己大学毕业后选择记者这个职业，是有多方面原因的，不过最重要的是因为自己喜欢这一职业。喜欢倾听别人的故事，对发掘新鲜事物很感兴趣，喜欢把自己所知道的新奇事物第一时间与人分享的那种感觉。作为记者能让他体味这种感觉。还有一点就是，他喜欢观察生活中的细节，有一双锐利的眼睛发现别人未知的新鲜事。他说，因为自己不是新闻专业出身，工作后有很多东西要向前辈们学习，不断地积累经验。他就是这样，不断地学习，慢慢地在工作中形成自己的一条新闻写作路线。

有人说，这个世界上不缺乏优秀的人，缺的是有个性的人，他就是这样锻炼自己，在新闻界走出一条属于自己的风格路线。

不过，毕竟不是科班出身，做起事情并不是只要有浓厚的兴趣就可以的，还需要大量的专业知识，譬如如何剪辑、整理和传送新闻稿件，采访时自己的最佳采访位置在哪儿，等等。这些无疑是他所不熟悉的工作，做起来还是很吃力的。但自己已经走上了记者这条道路，就应该做好这份工作，于是他下定决心要熟练业务：向老前辈们请教自己不懂的地方，买了很多关于专业方面的书籍自己研究，不断在镜子面前演练自己的稿件，端正面部表情，等等。经过一段时间的努力，他便逐渐适应并熟悉了业务，并最终成为一名专业记者。

二、学习导语

学校里流行的"考证热"，让很多同学盲目从众，纷纷去报考很多证书，使得自己力不从心。如何在繁杂的证书里选择符合自己需求的呢？本节详细介绍了我国职业资格证书制度及证书种类，并举例说明报考某一证书等级所需条件，以便给学生考证提供一定借鉴。同时，本节也通过活动探索、理论分享对大学毕业生进入职场的职业发展轨道做了相应介绍，希望能够给学生以启发。

三、学习目标

1）了解职业资格认证相关知识；
2）了解从新手到专家的职业发展路径以及如何在专业上有所发展。

四、学习活动

"进化论"

1. 活动目标

了解从新手到专家的"进化"是一个过程，体会"不进则退"的发展规则。

2. 活动要求

1）活动场地：室内。
2）参加者：班级同学。
3）活动准备：任意指定物品。
4）时间：活动时间约为8分钟，讨论与分享时间约为10分钟。
5）规则：相同物种才能竞争，不进则退。
变化：
可以增加变化的级数，如鸡蛋以下可以增加阿米巴原虫等；
可思考不同的进化名称和动作。

3. 活动过程

导入：英国有个著名的生物学家是谁？他最著名的学说是什么？所有的物种都是从

什么开始进化的？从蛋开始的。蛋变成鸡，鸡进化成猴子，猴子进化成人（示范各种动作）。

1）鸡蛋：蹲下来，双手抱膝。
2）小鸡：半蹲下来，双手叉腰。
3）猴子：站立起来，双手放在头上。
4）人：站立，双手叉腰。

操作：每个人都从蛋开始，蛋跟蛋竞争，赢的进化成鸡，输的变成蛋。鸡跟鸡竞争，赢的进化成猴子，输的变成蛋，不进则退。

4. 讨论与分享

1）参加完这个活动，你有什么收获？
2）从新手到专家，成功的方法有哪些？

五、理论拓展

（一）职业资格认证

1. 国家职业资格证书制度及证书种类介绍

（1）什么是国家职业资格证书制度

国家职业资格证书制度是按照国家制定的职业技能标准或任职资格条件，通过政府认定的考核鉴定机构，对劳动者所从事职业或准备从事职业的专业知识和技能水平进行客观公正、科学规范的评价和鉴定，对合格者授予相应的国家职业资格证书的一项国家制度。

（2）职业资格证书的作用

由人力资源和社会保障部颁发的中华人民共和国职业资格证书是表明劳动者具有从事某种职业所必备的学识和技能的证明；是劳动者求职、任职、开业的资格凭证；是用人单位招聘、录用人员的主要依据；是境外就业、对外劳务合作人员办理技术水平公证的有效证件；是国家实行就业准入制度的"通行证"，与个人工资、保险和福利待遇挂钩，在全国范围通用。

（3）与国家职业资格证书相关的法规和政策

《中华人民共和国劳动法》第六十九条规定："国家确定职业分类，对规定的职业制定职业技能标准，实行职业资格证书制度，由经过政府批准的考核鉴定机构负责对劳动者实施职业技能考核鉴定。"《职业教育法》第八条规定："实施职业教育应当根据实际需要，同国家制定的职业分类和职业等级标准相适应，实行学历文凭、培训证书和职业资格证书制度。"中共中央、国务院《关于深化教育改革全面推进素质教育的决定》（中发〔1999〕9号）再次重申："要在全社会实行学历证书和职业资格证书并重，职业资格证书与国家就业政策相衔接的制度。"劳动和社会保障部《关于健全技能人才评价体系推进职业技能鉴定工作和职业资格证书制度建设的意见》（劳社部发〔2004〕15号）又明确指出：要积极推进院校职业资格认证工作，各级劳动保障部门应帮助、支持和指导职业教育培训机构和普通高等院校的毕（结）业生参加社会化职业技能鉴定。要进一步将职业资格证书制度与就业制度紧密结合，认真贯彻实施"先培训后就业、先培训后上岗"的就业准入制度，用人单位在招录人员时，应从已取得职业资格证书的人员中择优录用。这些法规确定了国家推行职业资格证书制度和开展职业技能鉴定的法律依据和政策规定。

（4）国家推行职业资格证书制度的意义和运行体系

开展职业技能培训与鉴定工作，推行职业资格证书制度，是我国人力资源开发的一项战略措施，对提高劳动者职业能力、满足社会对高技能复合型人才的需求、促进就业和社会经济发展都具有重要的意义。整个体系的运行是以国家劳动和人事部门确定的职业分类与职业标准为前提、以各级各类职业教育与培训为基础、以职业技能鉴定与就业准入控制为手段的，最终实现国家对社会劳动力资源的调控，促进劳动者素质的提高和就业目的的实现。国家人力资源开发两大体系如图 3.7 所示。

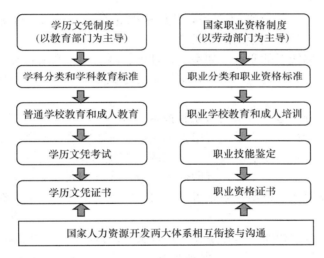

图 3.7　国家人力资源开发两大体系

（5）国家职业资格证书的等级

我国职业资格证书分为五个等级：初级（国家职业资格五级）、中级（国家职业资格四级）、高级（国家职业资格三级）、技师（国家职业资格二级）和高级技师（国家职业资格一级）。分别与国外的一、二、三、四、五级职业资格相对应。

（6）职业资格鉴定考试的属性和特征

职业资格鉴定考试是一项基于职业技能水平的考核活动，属于标准参照型考试。它是以社会劳动者的职业技能为对象，以规定的职业标准为参照系统，由政府考试鉴定机构对劳动者从事某种职业所应掌握的专业技术理论和实际操作能力作出客观的检测和评价，为劳动者持证上岗和用人单位实行就业准入提供资格认证而进行的综合性社会考试。

国家职业资格鉴定考试是由人力资源和社会保障部统一安排，由政府劳动保障部门认定的鉴定考试机构（职业技能鉴定指导中心和职业技能鉴定所）在严格执行国家职业标准的基础上，按照"统一鉴定所（站）条件、统一考评员资格、统一命题管理、统一考务管理和统一证书管理"的原则，具体组织实施的一项全国性鉴定考试工作。每项职业的考核分为理论知识和专业技能两部分，每部分满分为 100 分，60 分为合格。两部分成绩合格者由人力资源和社会保障部统一核发中华人民共和国职业资格证书，统一编号登记和网上查询，在全国范围内通用，享受国家规定的各项优惠政策和待遇。

（7）国家职业资格鉴定考试的方式及时间安排

1999 年《中华人民共和国职业分类大典》将我国社会职业划分为 8 个大类共 1838 个细类（职业）。"十一五"期间，劳动和社会保障部逐步部对一些专业性强的高端新兴职业采取全国统一鉴定考试，已经实施的统考职业有秘书、营销师（推销员）、公关员、理财规划师、电子商务师、心理咨询师、项目管理师、企业人力资源管理师、企业信息管理师和物流管理师等。考试按照"统一标准、统一教材、统一命题、统一考试时间和统一证书核发"的原则进行。

每年考试时间为 5 月份和 11 月份，考试采取卷面笔试和网上智能化考试相结合的方式进行，并将逐步过渡到全面网上机考模式。

还没有纳入全国统考的职业（如室内设计师、园艺师）则由各省（区、市）人力资源和社会保障部门直接负责组织命题并实施鉴定考试，具体考试时间根据实际情况另行确定。

（8）国家职业资格鉴定考试的对象和报名要求

按规定，大学专科毕业班学生可申报相应职业中级资格（四级）鉴定考试；大学本科毕业班学生可申报相应职业高级资格（三级）鉴定考试。报名时，需提交以下材料：①本人身份证、学历证（学生证）复印件各一份；②近期同底免冠 2 寸彩色登记照片 4 张；③填写《国家职业资格鉴定申报表》两份，并按物价和财政部门有关培训鉴定收费的标准缴纳费用。

为维护考生的合法权益，请考生在有正规资质的国家职业技能鉴定所报名，只有这样，才能得到正规的培训辅导，并保证鉴定考试及颁发证书的真实性、合法性和权威性。

 【小贴士】

企业人力资源管理师

人力资源管理人员是指从事人力资源规划、员工招聘选拔、绩效考核、薪酬福利管理、激励、培训与开发、劳动关系协调等工作的专业管理人员。该职业要求其从业人员具备较强的人际沟通能力，能够协调企业内各种关系，善于解决实际问题。

• 职业等级：分为人力资源管理员（国家职业资格四级）、助理人力资源管理师（国家职业资格三级）、人力资源管理师（国家职业资格二级）、高级人力资源管理师（国家职业资格一级）四个等级。

•报考条件：

1. 人力资源管理员（具备以下条件之一者）

1）具有大专学历，连续从事本职业工作1年以上，经本职业人力资源管理员正规培训达到规定标准学时数，并取得毕（结）业证书；

2）具有大专学历，连续从事本职业工作2年以上；

3）具有高中或中专学历，连续从事本职业工作4年以上，经本职业人力资源管理员正规培训达到规定标准学时数，并取得毕（结）业证书；

4）具有高中或中专学历，连续从事本职业工作5年以上。

2. 助理人力资源管理师（具备以下条件之一者）

1）取得本职业人力资源管理员职业资格证书后，连续从事本职业工作2年以上，经本职业助理人力资源管理师正规培训达到规定标准学时数，并取得毕（结）业证书；

2）具有大学本科学历，连续从事本职业工作1年以上，经本职业助理人力资源管理师正规培训达到规定标准学时数，并取得毕（结）业证书；

3）取得本专业或相关专业硕士学位，经本职业助理人力资源管理师正规培训达到规定标准学时数，并取得毕（结）业证书；

4）具有大专学历，连续从事本专业工作4年以上。

3. 人力资源管理师（具备以下条件之一者）

1）取得本职业助理人力资源管理师职业资格证书后，连续从事本职业工作3年以上，经本职业人力资源管理师正规培训达到规定标准学时数，并取得毕（结）业证书；

2）取得本专业或相关专业博士学位，经本职业人力资源管理师正规培训达到规定标准学时数，并取得毕（结）业证书者；

3）具有本专业或相关专业硕士学位，连续从事本职业3年以上；

4）具有本专业或相关专业学士学位，连续从事本职业工作6年以上。

4. 高级人力资源管理师（具备以下条件之一者）

1）取得本职业人力资源管理师职业资格证书后，连续从事本职业工作3年以上，经本职业高级人力资源管理师正规培训达到规定标准学时数，并取得毕（结）业证书者；

2）具有本专业或相关专业博士学位，连续从事本职业工作2年以上。

•培训教材：使用《企业人力资源管理人员国家职业资格培训教程》。

（二）从新手到专家

R. J. Sternberg（R. J. 斯腾伯格）把专长发展定义为在日常行为的某个或更多领域里，高层次技能的习得和巩固的过程。K. Anders Ericsson（K. 安德斯·埃里克森）和Neil Charness（尼尔·蔡内斯）将专家行为定义为在任何能够控制的领域内，对于一系列具体的、有代表性的任务所表现出来的持续不断的超凡行为。由此可见，专长的形成是一个长期学习和实践的过程。在这个过程中，从业者的职业素质发生了一系列变化：操作技能从生疏到熟练，渐渐变得游刃有余；对新的工作情境开始时不知所措，以后就熟悉适应了，最后则可以在各种特殊条件下机智地应变；工作经验由无到有，由少到多，并逐步结构化、层次化，形成众多的操作方式和工作策略，乃至上升到系统的理论。

【小故事】

何谓专家？

有一家公司机器产生了故障，请人来修。可是修了好久都没被修好，只好再请一位技师。这个技师收费比较高，大概要每小时 500 美金。这位技师来到公司，左看右看，上看下看，看了好久。最后他画了一条线，说只要在画线的地方拿锤子砸一下，机器就会好。人们将信将疑，但还是拿锤子砸了一下，这台机器果然正常运转了。公司就问他收费多少，他说：当然是一小时 500 美金。这家公司说那你列一个清单，我们想知道你是如何收费的。这个技师就列了一份清单：说出砸一锤子，价格 1 美金；找出在哪里砸这一锤子，价格 499 美金。

1. 从新手到专家的职业发展路径

从新手到专家的成长历程就是一个人的职业发展历程。这个历程是从一个人在出生后逐渐成长的学习、生活过程中经过一系列的观察、体验、思考后萌发的或清晰或模糊的职业意识开始，然后或主动或被迫地做出职业选择，进入某一职业领域进行探索，在探索的过程中会发现、明确自己的兴趣，接触、运用专业知识，积累、提高专业能力，直到找到可以满足自己的兴趣，能够发挥专长并能满足诸如声望、自由创造等其他个性化需求后固定在某一职业领域中，其后完成从胜任工作到创造出自己的一席之地，步入职业发展的巅峰阶段的过程。

美国心理学家 Super 将职业发展分为五个阶段：

1）成长阶段（出生至 14 岁）：这个阶段个体是通过在家庭、学校以及其他生活环境中的游戏、想象、模仿来发展自我概念，初步了解自己的兴趣和能力，认识社会的。

2）探索阶段（15 至 24 岁）：这一阶段会考虑自己的能力、兴趣、需求等，并通过学校生活、闲暇生活以及兼职工作中的角色探索认识不同的职业，并调整、改变自己对职业的期望。通过对自己的能力、就业机会等个体内外部因素的评估，找到一个似乎合适的领域，进入第一份工作。

3）建立阶段（25 至 44 岁）：这一阶段的任务是通过尝试以确定自己在探索阶段的选择是否正确，如果感到自己进入了合适的职业领域，就会努力经营，希望在此领域内有所建树，逐步建立自己的声誉，稳固自己的地位。

4）维持阶段（45 至 65 岁）：这一阶段个体往往已经在工作中取得了一定的地位，

主要任务是继续将工作做好，守住现有的工作、地位，并逐渐准备离开工作，走向退休。

5）衰退阶段（65 岁至死亡）：这一阶段已经退出工作，主要任务是适应退休后的生活，找到合适的方式安度晚年。

当然，每个人接受教育的方式、年限不同，成长的家庭不同、所处的社会经济、文化不同，因此，各阶段经历的时间长短各异，并不能完全按照 Super 划分的年龄阶段来考察。但是，对于每个人的职业生涯发展过程来讲，每一阶段的主要任务却是趋于一致的。也就是说，每个人都会经历以新手身份进入某一职业领域，然而，只有那些发现自己可以发展的职业兴趣，找到能够发挥自己特殊能力的领域，成功通过探索期考验，进入建立阶段，通过一系列的由不适应到适应，由面对新问题不知所措到游刃有余的学习、调整、适应、升华的过程后，个体才能在一定范围内成为某种意义上的专家，进入职业生涯发展的全盛时期。

Nicholson（尼科尔森）从个人与雇主之间的互动关系出发，提出了人们在经历工作变换时由四个阶段组成的一个过渡循环模型，每个阶段个人都经历了准备、面对、调整和稳定化的变化过程。与此相似，个人从以新手身份进入某一职业领域到成为职业专家的过程，就是个人与自己的工作内容或研究领域的互动过程，随着工作中新问题的出现以及研究的深入，个人也会经历准备、面对、调整和稳定化的变化过程。

1）准备。准备阶段发生在个体发现或知道自己即将面对新问题或新领域时。这一阶段个体可能会在好奇心的作用下对新问题进行各种猜测，也可能由于不确信自己是否能成功解决问题而产生恐惧感。此阶段个体往往会根据自己过去的经验以及通过观察、请教他人等方法对问题形成初步的主观判断。

2）面对。这一阶段是指个体正式进入问题解决的初始阶段。这一阶段个体的主要任务是理解问题是什么，收集可能对问题解决有帮助的各种信息，学习、理解、掌握有助于问题解决的知识和技能，对问题产生的原因、影响因素做出初步判断，并积极尝试各种可能的解决方案。这一阶段个体可能会因为判断失误，或无法找到有效的解决途径而感到失望，但克服困难，尽可能解决有一定难度的问题的成就需要会推动个体走出低谷。

3）调整。随着对问题的深入认识和有助于解决问题的零散的经验的积累，个体开始试图从整体上重新全面理解问题，寻求在复杂的任务情景中迅速诊断问题的方法，试图抽象出问题产生的规律以及各个影响因素之间的关系，形成个性化的问题解决策略或学科体系中的深化知识。

4）稳定化。这一阶段个体已经经历了一个长期、持续的经验积累、能力提升的过程，已经能够欣然接受某一领域中的不断变化的新问题，具备了丰富的经验，掌握了深入的理论知识，形成了快速的卓有成效的问题解决专长，成为专家。

专家的成长过程首先需要锁定实践领域。从准备阶段到稳定化阶段的变化过程往往是一个伴随着学习与实践反复交替，由低级到高级、由被动吸收到主动建构的螺旋上升过程。较高的成就动机能够促使专家在面对巨大的挑战或重大压力时不断努力。个体成功的经历以及来自外部的认可或榜样的成功示范作用都有助于专家适应每一阶段的任务，加速成长。

2. 术业有专攻——多样通不如一样精

接受了多年的教育和磨砺，可能有些人发现自己在很多方面已经具备了一定的能力，可能会弹钢琴，化学成绩突出，在文学写作方面也小有天赋，这时有些人就会期望自己能全面发展成为多面手了。尽管存在成为各方面都略知一二的多面手的可能性，但同时兼具钢琴演奏家、化学家和作家三种专家身份的可能性则微乎其微。每个人的时间都是有限的，若想成为化学方面的专家，往往需要长时间待在实验室中，与各种冰冷的实验仪器打交道，而文学关心的又是活生生的人，无论成为哪一方面的专家都需要经历一个长时间的专注过程。然而，生存在社会分工日益精细化的今天，个体若不具备某方面的专长，职业生涯则只能原地踏步或横向平移，而难以向上层移动。

 【小故事】

为别人做嫁衣，为自己积累资源

有一位大娘在当地过得比任何人都富有，究其原因，这位大娘这样讲述了自己获得相对富有的生活的经历：当年她作为一个小媳妇，除了做家务外不会任何谋生的本事，她想学一门手艺，以备养老之资。但由于性别歧视加上家境贫寒，求艺无门。后来她想到了学绣花，但家贫买不起针线和布料，同时也无师可拜。她凭着勇气、决心和一点针线活的底子，主动要求为邻居出嫁的姑娘绣花。当地的风俗是出嫁女孩必须有几件绣花物件（如门帘、床单、枕套等）作为陪嫁，许多姑娘或忙或不通此行，要花钱请人代工。这位大娘从此义务为他们绣花，她们为其提供绣花所需的图案和材料。10年的义务劳动，使她不仅练出了极好的绣花技艺而且创出了名声，积累了花式图样。第2个10年，她结束了义务劳动，开始了有偿服务，但价格略低于市价。第三个10年，她高于市场的收费仍然赢得了众多的顾客。

这个故事就是著名的绣花理论的原型。绣花理论指出，当一个人处于职业生涯的初始阶段或低谷期时，由于缺少可以立足、谋求发展的资源，必须通过借助"他人资源"，在为他人义务或以较低的报酬的服务过程中，获得有助于职业发展的三大积累：人力资本积累，如知识、技能、学历等；品牌积累，如认可度、知名度、创新性等；资源积累，如资金、经验、人脉、社会资源等。在职业发展的过程中，先用看似无私的奉献敲开某一领域的大门，然后通过对奉献过程中可以利用的资源的精细加工，经过摸索、反思、学习、提升这样一系列的过程培养出扎实的职业能力，为自己树立品牌，而品牌优势又可以赢取更广泛和更高层次的可利用资源，将职业发展向上推动。

六、成长手册

"进化论"

设计一份你从新手到专家的职业发展路径地图（图 3.8）。

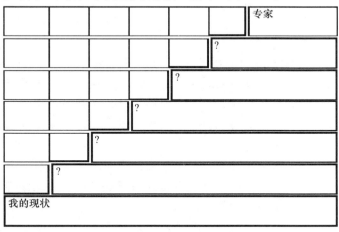

图 3.8　我的职业发展路径地图

第四章　生　涯　决　策

一、案例导入

　　女生小徐，2008 年考入温州大学英语专业学习，院学生会主要干部，在校期间成绩优秀。临近毕业，她变得情绪不安，主要原因是不知道是该坚持考研还是放弃考研直接就业；如果选择就业，她不知道该找什么样的工作；如果坚持考研，又害怕自己万一考不上而失去了求职的好时间和好机会。半个学期以来，她一直陷入痛苦的比较和迷茫中……

　　小徐来咨询的问题是很多毕业在即的大学生经常会遇到的困惑：面临选择时如何来决策？事实上来咨询的毕业班学生都会问到这样的问题——我该选择哪个方向？我将来做什么好一些？要回答这个问题是要因人而异的。因为每个人都是不一样的，能够决定这个问题的因素太多了，像一团乱麻一样让我们无从下手，而且每一个因素都可能决定我们未来的发展方向。职业规划的结构包括三个方面：自我了解—职业世界了解—决策、行动。"自我了解"是基本前提，对大学生来说越早规划越好，越早认识自己越好；职业世界的了解是辅助因素，了解职业信息，能帮助做出最终的决策。所以只要全方位进行自我分析，多方面去了解职业环境，决策问题就会迎刃而解。

二、学习导语

　　通过前面几章的学习，大家对职业生涯规划的概念和步骤有了一定的了解，对自己的职业兴趣、性格、能力和价值观进行了探索，也开始关注感兴趣的职场世界。这章开始，进入职业生涯的决策环节。在生活中，我们每天都会面临一些决策，或大或小：小到衣服到底是网上买还是到实体店买，我该不该放弃自己的计划答应同学的临时逛街邀请；大到高考如何填志愿，这个学期该读双专业还是选修或辅修课程，职业该如何选择。面对这些决策时，我们经常会左右为难。那又是哪些因素在影响着我们的决策行动呢？我们该如何做出正确的决策呢？决策有可供参考的方式类型吗？这章会介绍几种决策类型，教你如何在综合各种信息基础上进行科学有效的决策，制定自己的大学发展规划和职业生涯规划。

　　老子云："九层之台，起于累土；千里之行，始于足下。"作出决策后又该如何去实施和管理呢？从这章开始，我们要开始学习生涯发展规划的实施与管理了。这好比我们去完成一次旅行，确定了目的地之后，下一步要开始具体实施旅游计划和着手准备旅行的各类事项了。

三、学习目标

　　1）了解生涯决策影响因素。

2）了解生涯决策的类型并熟练掌握一种方法。

3）熟练掌握有效制定生涯规划的方法和步骤。

四、学习活动

（一）"数字传递"

1. 活动目标

感受人与人之间的信息交流与沟通，接触生活中常见的现象，体会信息传递的过程。

2. 活动要求

1）活动场地：室内。

2）参加者：班级同学，分成 6～8 人的若干组，每组选派一名组员出来担任监督员。

3）时间：活动时间约为 5 分钟，讨论与分享时间为 5～8 分钟。

3. 活动过程

1）所有参赛的组员纵队排好，队列的最后一人到讲台，教师向全体参赛学员和监督员宣布活动规则。

2）各队代表到主席台来，教师说："我将给你们看一个数字，你们必须把这个数字通过肢体语言让你全部的队员知道，并且让小组的第一个队员将这个数字写到讲台前的白纸上（写上组名），看哪个队伍速度最快，最准确。"

3）全过程不允许说话，后面一个队员只能够通过肢体语言向前一个队员进行表达，通过这样的方式层层传递，直到第一个队员将这个数字写在白纸上。

4）比赛进行三局（数字由教师临时设定，如 9、0.54、286 等），每局休息半分钟。第一局胜利积 5 分，第二局胜利积 8 分，第三局胜利积 10 分。

4. 讨论与分享

1）P（计划）—D（实施）—C（检查）—A（改善行动）循环在这个活动中是如何得到体现的？

2）循环中哪个步骤更为重要？

3）这个活动对生涯决策有何启示？

（二）为自己出征：设计 20 年后的名片

1. 活动目标

1）通过活动设想未来的自己，特别是职业、发展水平等，主动树立个人的发展目标和努力方向。

2）设计个人的未来时，尽量避免只考虑事业，还应该多多关注家庭、人际关系、业余生活等方面。

2. 活动要求

1）活动场地：室内。

2）参加者：班级同学，分成 6～8 人的若干组，每组选派一名组员出来担任监督员。

3）活动准备：空白的名片纸，每人 1～2 张。

4）时间：活动时间约为 15 分钟，讨论与分享时间约为 10 分钟。

3. 活动过程

1）给每位组员发一张空白名片纸，要求每一位组员静下心来认真想一想自己 20 年后与别人会面时，递给别人的名片是什么样。

2）自己设计下发的空白名片，设计内容包括正面、反面、颜色、图标及称呼和职务。

3）个人设计完毕，向团队其他成员介绍和展示自己的名片。

4）全班分享。

4. 讨论与分享

1）你为什么这样设计？

2）看到自己 20 年后的名片心情如何？

3）如果你想 20 年后的名片变成现实，要做哪些准备？

（三）寻找出征路："六步游戏"法

1. 活动目标

通过活动为自己设计未来发展的道路，明确个人的发展目标和努力方向，思考现在需要做什么。

2. 活动要求

1）活动场地：室内，安静舒适。

2）参加者：班级同学，分成 6～8 人的若干组，每组选派一名组员出来担任监督员。

3）活动准备：每人 4～5 张小纸片（名片纸大小）。

4）时间：活动时间约为 15 分钟，讨论与分享时间约为 10 分钟。

3. 活动过程

（1）寻找终生目标

拿出一张纸片，写下第一个问题："我的终生目标是什么？"然后用 2 分钟写下答案，要无拘无束，想的是什么就写下什么。再花 2 分钟进行必要的修改。

如果你不好直接确立你的人生目标，可以回想一下童年、少年时的梦想，或者那些最令你开心的事。以此作为启发，再写下你的答案。

实例扫描：事业成功、家庭幸福、快乐……

也许你写下的目标比较宽泛，那也没有关系，还有第二步呢。

（2）.思考如何度过今后三年

请在第二张纸片上，写下第二个问题："我该怎样度过今后三年?"用 2 分钟尽快写下答案，再用 2 分钟把忽视的项目补充进去。

在第二张纸片上，所写的东西要较第一张纸片具体。这里的具体是指所做的工作要具体，如第一张纸片上你若写了过幸福的生活，那么在这一张纸片上你就得将之分解为较为具体细致的目标。

实例扫描：拥有一份满意的工作，进入管理阶层；经济收入比刚工作时翻一倍；向女朋友求婚；将母亲接到自己身边；和好朋友经常保持联系……

（3）半年内最重要的事

请在第三张纸片上写下第三问："我在这半年内都应该做哪些事？哪些工作对我是最重要的、最迫切的?"这张纸片所罗列的内容，应该比第二张纸片更具体、细致、全面，是自己需要也是能够立刻做的。

实例扫描：申请学位，联系实习单位去实习；帮助女友补习功课；经常给母亲打电话；和朋友保持联系……

（4）浏览前三步

浏览一下前三步答案，你应该发现，第二步的答就是第一步答案的延伸，第三步的答案则是前两步答案的继续。如果你的三步答案不具备这种逻辑，就需要重新来做，务必使这些答案符合事物的发展逻辑。

（5）目标分类

请把三张纸片都拿起来，把上面的目标分别归类，如分为事业目标、爱好特长目标、能力目标、婚恋目标、社会交友目标、身心素质目标、读书目标等。

实例扫描：

事业目标：功成名就、进入管理层、联系实习单位。

婚姻目标：幸福、向女友求婚、帮女友补习功课……

（6）确立不同时期的目标

请按类别关系，将三张纸片上的目标按同类关系以及同性质的关系连成一条线，就成了你的短期、中期、长期目标了。

4. 讨论与分享

1）每一步是怎么设计的？

2）你对自己的未来持什么样的心态？

3）对每一步你是否有自己的应对方法？

4）这个活动给你什么样的启发？

（四）"回忆人生最重要的三个决策"

1. 活动目标

帮助学生了解什么是决策风格，并能运用决策风格分析自己的选择。

2. 活动要求

1）活动场地：室内。
2）参加者：班级同学。
3）活动准备：纸、笔。
4）时间：活动时间约为 5 分钟，讨论与分享时间约为 10 分钟。

3. 活动过程

请回想迄今为止人生中所做的三个重大决定，按以下几部分予以描述并在纸上记录。
1）目标或当时的情境。
2）所有的选择。
3）做出的选择。
4）决策方式。
5）对结果的评估。

4. 讨论与分享

1）分享你的决策与其他同学有什么不同。
2）如何看待你的决策风格？

五、理论拓展

我们经常会发现，有些学生似乎有很好的自我认识，对他们的各种选择也很了解，但却做出了很糟糕的决策。他们总是在不断地尝试"纠正错误"。还有一些学生，他们通过大量测验去了解自己的兴趣、价值观和技能，在计算机数据库和相关书籍上花费了大量时间，但依然不能做出决策。他们不能对各种信息进行加工从而做出一个选择。在以上情况中，尽管他们为了更了解自我和获得职业知识进行了大量努力，但都无济于事，因为他们缺乏制定决策的知识和技能。

（一）生涯决策的类型分析

1. 生涯决策

决策是为了达到一定目标，采用一定的科学方法和手段，从两个以上的方案中选择一个满意方案的分析判断过程。生涯决策是指在生涯发展过程中面临许多抉择的情境时，个人作出明智的决定，以达成最大价值的历程。良好的生涯决策能力对一个人来说至关重要，个人决策的质量是评估生活的有效性指标之一。对于大学生来说，学会自主决策、正确决策，也是承担自己人生责任的必经一步。

决策意味着与风险并存，但并不是说不决策就可以避免风险。生活中，只有敢于正确分析，善于冒险，才有机会享受更多的成功与喜悦。

2. 生涯决策的影响因素

人的一生，随着阅历和知识的变化，无论内环境还是外环境都会不断地发生改变，所以影响生涯决策的因素也是多方面的。著名的职业辅导理论家 Krumblotz（克朗伯兹）指出影响个人职业决策的主要因素有以下四类。

（1）遗传因素和特殊能力

遗传因素就是先天因素，包括各种生理特征，如身高、外形、体质等，这些因素都会拓展或限制个人的职业偏好和能力，为个性的发展和形成提供必要的前提和潜在的可能性。另外，心理学中认为，特殊能力是指完成某种专业活动所必须具备的能力，如数学计算、音乐绘画、形象思维、空间想象等能力。因而，若个体先天性具备某方面的天赋，会更加有潜力获得相关领域的成功机会。

（2）环境因素

生涯发展除了自身的条件外，客观的环境因素影响也很大。克朗伯兹认为，影响职业选择的因素中，有许多来自外部环境而非个人所能控制。这些环境状况和事件来源于人类活动，如社会、文化、政治或经济活动等，也可能由自然力量引起，如自然资源的分布或天然灾害等。克朗伯兹将这些环境因素归纳为社会因素、教育因素和职业因素。

社会因素：是指社会上各种事物，包括社会制度、社会群体、社会交往、道德规范、国家法律、社会舆论、风俗习惯等。它们的存在和作用是强有力的，影响着人们态度的形成和改变。例如，技术进步创造了新就业机会，很多企业和机构在人员需求上就会有所增加，对劳动力市场就会产生巨大影响；社会制度完善，就会影响人们择业领域的变化等。

教育因素：一个人受教育的程度不仅对自我的认知和分析程度有影响，还对个体的兴趣和能力的发展有影响。

职业因素：工作性质和工作条件会受到不断变化着的社会经济条件的制约，但其又影响着从业者的素质和需求结构。例如公务员职业，由于具有社会保障机制相对完善、社会地位高、薪酬待遇好等职业特点，其对报考者的综合素质考核日益提高，人们获得公务员职业可能性就日趋下降。

【小贴士】

"12个因素"

当一个人对自己眼下的学习或者工作不感兴趣的时候，千万不要急着认为他就是不喜欢或者不适合当前的专业或工作。职业发展中的影响因素非常多，不只是兴趣在起作用。综合地分析、深入地了解才能让我们看到更多事实的真相。

　　什么影响你的职业选择？心理学家罗伊认为有 12 个因素在决定着一个人的职业选择过程。这 12 个因素为：性别；一般经济状态；家庭背景和种族；机遇；朋友和同伴群体；婚姻状况；一般的学习和教育；后天习得的特殊技能；生理特征；认知或特殊天赋能力；气质和个性；兴趣和价值观。

（3）个人的习得经验

　　克朗伯兹认为，一个人的职业偏好是他先前吸收各种学习经验共同作用的结果，可能会因为个人学习经验的不同而不同。比如，教师或医师家庭出身的孩子由于受家庭职业氛围的影响而选择教师或医生职业的可能性就会增加；家庭困难的学生由于过早地承担家庭责任而选择尽早就业的可能性就增加等。这些个人的习得经验会影响个体职业选择的决策。

【小贴士】

职业信息的获取

　　职业信息的获取，是职业规划中相当重要的内容，也是进行正确合理的职业选择的基础。获取职业信息的方法大致可以分为间接资料获取方式和直接工作体验方式。

　　间接资料获取方式包含网络、出版物、视听资料、生涯人物访谈、行业展览会、人才交流会、专业俱乐部、专业协会等；直接工作体验方式包含企业参观、实习、兼职以及进行角色扮演等。

（4）工作取向的技能

　　个人工作取向的技能是综合的，包括解决问题的能力、工作习惯、工作的价值标准、情绪反应、知觉和认知的历程等。比如，面对同样的岗位决策情境，有些人会以多方面收集信息、参加实践、听取他人建议等方式帮助自己决策；而有些人则会怨天尤人、紧张不安，被动等待职业选择。当然，工作取向的技能应该是受前面三种因素的交互作用而产生的，但最终形成的方式方法则会很大程度影响个人生涯决策风格。

3. 生涯决策的风格类型

　　所谓决策风格，是指个体在长期的决策过程中形成的比较稳定的决策倾向，包括决策制定方式、对行动的迫切性、对待风险的态度与处理办法等综合特征。决策风格对决策效果具有重大的影响。

　　根据决策风格的形成方式及对问题的分析大体可归纳为以下 8 类决策模式类型。

　　1）冲动型：这种类型的行为特征是先做了再说，以后再来想结果，决策的过程基于冲动，决策者选择第一个遇上的行动方案，立即反应。这一类型不必花太多时间去找数据分析，但是在一些对人生有重大影响的决策上，可能会造成严重而持久的破坏作用。

2）宿命型：这种类型的行为特征是认为船到桥头自然直，天塌下来也有高个子顶着。决策者知道做决定的需要，但自己不愿意做出决定，而是把决定权交给境遇或所谓的命运。这一类型会减少冲突和不必自己负责，但是这种把应由自己做的决定交给"命运"来决定的方式充分反映了决策者内心的无力和无助感，往往会造成决策者事后的怨天尤人。

3）顺从型：这种类型的行为特征是当事者顺从别人的计划而不是独立地做出决定。比如，看到别人考证、考研自己也跟风，而没有从自身的实际情况考虑。这一类型的决策方式看似维持了表面的和谐，但盲目的顺从很可能会引起将来对所依赖之人的抱怨。

4）拖延型：这种类型的行为特征是对什么事都会保持这样的心态："急什么，明天再说吧。"当事人知道问题所在，但经常迟迟不做决定或最后一刻才做出决定，会不断延长做决定和行动的时间。拖延型决策模式的人，其拖延的真实原因可能来自对现实责任的逃避。

5）直觉型：这种类型的行为特征是当事人经常会说："嗯，感觉还不错，就这么决定吧！"当事人将自己的直觉作为决定的基础，只考虑自己想要的，而并不在乎外在的因素。这一类型决策时虽然简单省事，但往往会因决策者个人的认识偏差造成与事实的极大误差。

6）麻痹型：这种类型的行为特征是当事人害怕做决定的结果，也不愿意负责，选择麻痹自己来逃避做决定，经常会说："我知道该怎么办，可是我办不到。"虽然这类决策模式的当事人可能因为焦虑或压力过大而可以暂时不做决定，但于事情的解决上没有任何帮助。

7）犹豫型：这种类型的行为特征是选择的项目太多，无法从中作出取舍，经常处于挣扎的状态，下不了决心。"我决不能轻易决定，万一做错了那就惨了！"这种情境下，需要帮助当事人弄清楚决策时的障碍在哪里。

8）计划型：这种类型的行为特征是做决定时会倾听自己内在的声音，也考虑外在环境的要求，以做出适当且明智的决定，这是积极主动的决策类型，遇到问题时会审时度势分析问题并解决问题，其做出的决策往往具有可行性和满意度。

这8种决策类型，还可以进行综合，成为决策的四分类法，如表4.1所示。

表4.1　四分法

		自己	
		未知	已知
环境	未知	困惑和麻木型决策 拖延型、麻痹型、犹豫型	直觉型决策 冲动型、直觉型
	已知	依赖型决策 顺从型、宿命型	信息型决策 计划型

以上的决策类型模式，请你对照并看看哪些符合自己的情况。

【生涯小测试】

表 4.2 所列的各项陈述句，是一般人在处理日常事务及生涯决策时的态度、习惯及行为方式。请评价每一陈述句与你实际情形的符合程度。

表 4.2　生涯决策风格类型测试表

序号	情境陈述	符合	不符合	类型
1	我常仓促做草率的判断	☐	☐	★
2	我做事时不喜欢自己出主意	☐	☐	●
3	碰到难做决定的事情，我就把它摆在一边	☐	☐	▲
4	我会多方收集做决定所必需的一些个人及环境的资料	☐	☐	■
5	我常凭一时冲动行事	☐	☐	★
6	我做事时喜欢有人在旁边，以便随时商量	☐	☐	●
7	遇到需要做决定时，我就紧张不安	☐	☐	▲
8	我会将收集到的资料加以比较分析，列出选择的方案	☐	☐	■
9	我经常改变我所做的决定	☐	☐	★
10	发现别人的看法与我不同，我便不知该怎么办	☐	☐	●
11	我做事总是东想西想，下不了决心	☐	☐	▲
12	我会权衡各项可选择方案的利弊得失，判断出此时此地最好的选择	☐	☐	■
13	做决定之前，我从未做任何准备，也未分析可能的结果	☐	☐	★
14	我很容易受别人意见的影响	☐	☐	●
15	我觉得做决定是一件痛苦的事情	☐	☐	▲
16	我会参考其他人的意见，再斟酌自己的情况来做出最适合自己的决定	☐	☐	■
17	我常不经慎重思考就做决定	☐	☐	★
18	在父母、师长或亲友催促我做决定之前，我并不打算做任何决定	☐	☐	●
19	为了避免做决定的痛苦，我现在并不想做决定	☐	☐	▲
20	经过深思熟虑之后，我会明确决定一项最佳的方案	☐	☐	■
21	我喜欢凭直觉做事	☐	☐	★
22	我常让父母、师长或亲友来为我做决定	☐	☐	●
23	我处理事情经常犹豫不决	☐	☐	▲
24	当已经决定了所选择的方案，我会展开必要的准备行动并全力以赴做好它	☐	☐	■

记分方式：将同一类型的得分（"符合"得 1 分）记入测试结果表（表 4.3）中，哪种类型得分最高，可能你就属于哪种决策类型。

表 4.3　生涯决策风格类型测试结果

题号组	★ 1，5，9，13，17，21	● 2，6，10，14，18，22	▲ 3，7，11，15，19，23	■ 4，8，12，16，20，24
得分				
决策类型				

（二）有效的生涯决策方法——生涯决策平衡单分析法

进行职业生涯决策是一个复杂的任务，但提高我们的认知能力，澄清自己的兴趣、价值观、技能，了解职业知识，认识职业世界，掌握有效生涯决策的方法和策略，就能提高职业生涯的决策实效性并学会控制我们的职业生涯。

要调整职业生涯规划，意味着要重新进行生涯决策。如果每个选择都很诱人，这个时候怎么办呢？我们可以使用生涯决策平衡单来帮助自己决策。下面是生涯决策平衡单的相关知识。

1. "生涯决策平衡单"简介

平衡单（balance sheet）由 James 和 Mann 设计，主要是将重大事件的思考方向集中到四个主题上：

1）自我物质方面的得失。
2）他人物质方面的得失。
3）自我赞许与否（自我精神方面的得失）。
4）社会赞许与否（他人精神方面的得失）。

2. 生涯决策平衡单操作步骤

（1）列出所有的选项
一般情况下，我们鼓励你列出更多的选项，越明确越好（至少 10 项）。

（2）为每个选项填写平衡方格单（表 4.4）
为了使你所有可能的想法都具体地呈现出来，必须在使用平衡单之前，先填写平衡方格单。

表 4.4　平衡方格单

我的选择_____

	正面预期	反面预期
自我物质方面的得失	自己考虑的各项因素	
他人物质方面的得失		
自我精神方面的得失		
他人精神方面的得失		

（3）列出生涯细目表
在列您选择职业时关注的因素时尽量多问自己一句："还有吗？"我们在附录中给出了决策时会常常用到的因素，分为四类，你可以按照自己的实际情况选择，也可以添加附录中没有但自己觉得重要的因素（表 4.5）。

表 4.5　生涯细目

自我物质方面的得失	
1. 收入	
2. 工作的困难	
3. 升迁的机会	
4. 工作环境的安全	
5. 休闲时间	
6. 生活变化	

续表

自我物质方面的得失	
7. 对健康的影响	
8. 就业机会	
9. 其他	
他人物质方面的得失	
1. 家庭经济	
2. 家庭地位	
3. 与家人相处的时间	
4. 其他	
自我精神方面的得失	
1. 生活方式的改变	
2. 成就感	
3. 自我实现的程度	
4. 兴趣的满足	
5. 挑战性	
6. 社会声望	
7. 其他	
他人精神方面的得失	
1. 父母	
2. 师长	
3. 配偶	
4. 其他	

（4）将生涯细目表中的各项加权记分

按照你对这些因素的重视程度，给它们打分；最重要为 5 分，最不重要为 1 分；按照重要程度不同，分别赋予不同项目以加权分数。一开始的时候你可能会很难决定"最不重要的因素"。你可以先问自己，哪些因素是非要不可的？然后把这些因素先挑选出来；然后在剩余的因素里再重复这个操作，直到分出 5 个等级为止。现在，在"选择项目"填入自己已有的选项；在"考虑因素"中填入你刚刚选择的因素。考虑到空间原因我们在示例表中只写出了 4 个大因素和 3 个选项；事实上数量是没有限制的，你可以按照自己的实际情况来填写（可以对表 4.5 中的每个项目进行加权记分）（表 4.6）。

表 4.6　平衡单的加权记分

考虑因素	选择项目					
	职业选择 1		职业选择 2		职业选择 3	
	加权分数（＋）	加权分数（－）	加权分数（＋）	加权分数（－）	加权分数（＋）	加权分数（－）
自我物质方面的得失						
他人物质方面的得失						
个人精神方面的得失						
他人精神方面的得失						
总分						

（5）排定各种选择的等级

为了能综合地对平衡单的各种选择方案做最后的评估，可以再审查一下平衡单上面的项目。同样的，也可以对平衡单上的加权计分再作适当的修改。改完之后，再根据各选择的最后加权总分，将这些选择以分数高低排列。现在，对着已经评完分的选项，你对自己的选择更清晰了吗？问自己 3 个问题：

1）这个结果是不是明晰了我原先模糊的选择？

2）还有什么因素我没有考虑？从结果里面想到了吗？

3）这些因素的重要程度需要重新考虑吗？

可以再仔细思考，或者再调整自己的决策平衡单，直到你对这三个问题已经没有疑问。当然，利用生涯决策平衡单来帮助你作出调整生涯规划的决定并不是一个永久的决定，因为它是根据"目前"你力所能及的资料及你对自己了解的程度所做的决定。但是，当你再一次需要调整生涯时，还是可以采取同样的步骤完成生涯规划调整的。

（三）有效的生涯决策方法——"CASVE 循环分析法"

1．"CASVE 循环分析法"简介

职业生涯规划决策是一种问题解决活动。你对有关职业问题的解答，如同你对数学问题或科学问题的解答一样。你的职业生活质量是以你怎样进行职业决策和怎样解决职业问题为基础的。学习生涯决策技术中的 CASVE 循环分析法，可以帮助你提高这方面的能力。CASVE 循环分析法包括 5 个阶段：沟通、分析、综合、评估和执行，CASVE 就是这 5 个词所对应的英文单词的首字母，如图 4.1 所示。"CASVE 循环分析法"可以在整个职业生涯问题解决和决策制定过程中为你提供指导。

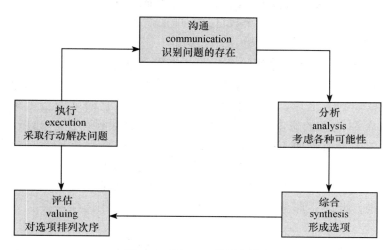

图 4.1　CASVE 循环分析法

2. "CASVE 循环分析法"的操作步骤

1）沟通（communication），是查找差距，意识到"我需要做出一个选择"的阶段。在这个阶段，我们收到了关于职业理想与现实之间存在差距的信息。这些信息可能通过内部或外部交流途径传达给我们。内部交流途径包括情绪信号，例如不满、厌烦、焦虑和失望等，还有身体信号，如昏昏欲睡、头痛、胃部疾病等。外部交流途径包括父母对你的职业规划的询问，同事、朋友对你的职业评价，或者是杂志上关于你的专业正在逐渐过时的文章。我们通过各种感官和思考充分接触这些信息，发现差距，开始探索它的成因，从而启动一个 CASVE 循环。

2）分析（analysis），是收集和准备大量信息，"了解我自己和我的各种选择"的阶段。在这个阶段，问题解决者需要花时间去思考、观察、研究，从而更充分了解差距，了解自己有效地做出反应的能力。好的生涯决策者在这个阶段要弄清楚这些问题："我需要了解自己的哪些方面""了解环境的哪些方面""需要做些什么才能解决问题""为什么我有这样的感受，家庭会怎样看待我的选择"，等等。在这一阶段，生涯问题解决者通常会改善自我认识，不断了解职业世界和家庭需要，把各种因素和相关知识联系起来。例如，把自我认识和职业选择联系起来，把家庭和个人生活的需要融入职业选择中。简单来说，在分析阶段，生涯决策者应尽可能了解造成第一阶段发现的差距的原因。

3）综合（synthesis），是开始"扩大并缩小我的选择清单"，综合细化的阶段。在这一阶段，主要是综合和加工上一阶段提供的信息，从而制定消除差距的行动方案，其核心任务是，确定我可以做什么来解决问题。这是一个扩大并缩小选择清单的过程。首先，尽可能多地找到消除差距的方法，发散地思考每一种办法，甚至采用"头脑风暴"进行创造思维。然后，缩小有效方法的数量，通常缩减到 3～5 个选项，因为我们头脑中最有效的记忆和工作容量就是这个数目。简单来说，综合阶段的工作是向那些和自己的知识一致的解决方法靠拢。

4）评估（valuing），是"选择一个职业、工作或学业"的阶段。在这一阶段，要找出最优选项并做出选择，即在研究了什么选择最适合自己、环境以及那些与自己的生活关系最密切的人之后，选择可能性最大的情况。它的第一步是评估每一种选择对生涯决策者和他人的影响。例如，如果选择了服兵役，这一选择将会给自己、伴侣、父母、孩子等重要他人带来什么影响？每一种选择都要从对自己和对他人的代价和益处两方面进行评价，并综合物质上和精神上的因素。第二步就是对综合阶段得出的选项进行排序，将能够最好地消除差距的选项排在第一位，次好的排在第二位，依此类推。此时，职业规划决策者会选出一个最佳选项，并且做出承诺去实施这一选择。

5）执行（execution），是"实施我的选择"的阶段，即设计一项计划来实施某一选择，这是把思考转换为行动的阶段。很多人都觉得在执行阶段制定行动计划是令人兴奋的和有价值的，因为他们终于可以开始采取积极行动去解决问题了，包括培训准备（如正规教育或培训经历）、实践检验（如兼职、志愿工作等）与求职。

CASVE 循环是一个不断重复的过程，在执行阶段之后，生涯决策者又回到沟通阶段，以确定已经选取的选择是不是最好的，是否能最有效地消除理想与现实间的差距。依据是否需要做出决策以及是否容易获得信息资源等，个体可决定是否重新重复这五个要素。

CASVE 决策技术，无论是对解决个人职业规划问题，还是解决团体问题都非常有用。用系统的方法思考这 5 个步骤，能够提供一个有用的工具，使你成为一个更有效率的人。

（四）有效的生涯决策方法——"SWOT 分析法"

1. SWOT 分析法简介

SWOT 分析法在是反馈评估中最常用的评估工具之一，又称为态势分析法，它是由旧金山大学的管理学教授韦里克于 20 世纪 80 年代初提出来的。SWOT 四个英文字母分别代表：优势（strength）、劣势（weakness）、机会（opportunity）、威胁（threat）。所谓 SWOT 分析，就是将与研究对象密切相关的各种主要内部优势、劣势、机会和威胁等，通过调查列举出来，并依照矩阵形式排列，然后用系统分析的思想，把各种因素相互匹配起来加以分析，从中得出一系列相应的结论，而结论通常带有一定的决策性。

从整体上看，SWOT 可以分为两部分：第一部分为 SW，主要用来分析内部条件；第二部分为 OT，主要用来分析外部条件。利用这种方法可以找出对自己有利的、值得发扬的因素，以及对自己不利的、需要避开的东西，发现存在的问题，找出解决办法，并明确以后的发展方向。根据这个分析，可以将问题按轻重缓急分类，明确哪些是目前急需解决的问题，哪些是可以稍微拖后一点儿的事情，哪些属于战略目标上的障碍，哪些属于战术上的问题。运用这个方法，可以对个体所处的情景进行全面、系统、准确的研究，从而根据研究结果制定相应的发展战略、计划以及对策等。

SWOT 分析是检查你的技能、能力、职业、喜好和职业机会的有用工具。如果你对自己做个细致的 SWOT 分析，那么，你会很清楚地知道自己的个人优点和弱点在哪里，并且你会仔细地评估出自己所感兴趣的不同职业道路的机会和威胁所在。

2. SWOT 分析的内容

（1）分析环境因素

运用各种调查研究方法，分析出个体职业生涯所处的各种环境因素，即内部环境因素和外部环境因素。内部环境因素包括优势因素和劣势因素，它们是个体职业生涯在其发展中自身存在的积极和消极因素，属主观因素；外部环境因素包括机会因素和威胁因素，它们是外部环境对个体职业生涯发展有直接影响的有利和不利因素，属于客观因素。在调查分析这些因素时，不仅要考虑到历史与现状，更要考虑未来发展问题。

（2）构造 SWOT 矩阵

将调查得出的各种因素根据轻重缓急或影响程度等排序方式，构造 SWOT 矩阵。在此过程中，将那些对职业生涯发展有直接的、重要的、大量的、迫切的、久远的影响的因素优先排列出来，而将那些间接的、次要的、少许的、不急的、短暂的影响因素排列在后面（表 4.7）。

表 4.7　SWOT 矩阵

内部环境因素	优势（S） 1 2 3 利用优势和机会的组合	机会（O） 1 2 3 改进劣势和机会的组合	外部环境因素
	劣势（W） 1 2 3 消除劣势和威胁的组合	威胁（T） 1 2 3 监视优势和威胁的组合	

（3）制定行动计划

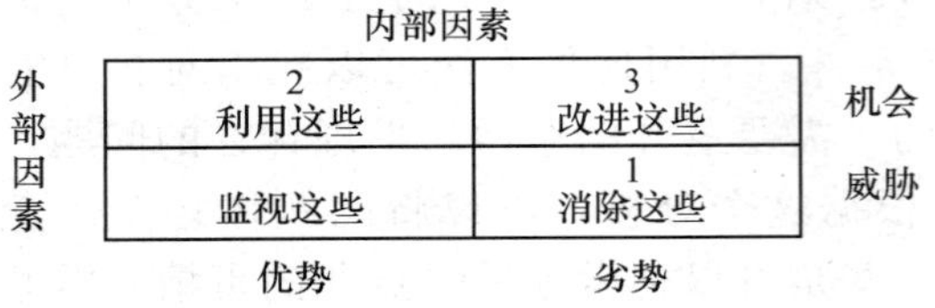

图 4.2　SWOT 分析图

制定行动计划的基本思路是把识别出的所有优势分成两组，分的时候以两个原则为基础：它们是与职业生涯中潜在的机会有关，还是与潜在的威胁有关。用同样的办法把所有的劣势分成两组，一组与机会有关，另一组与威胁有关，如图 4.2 所示。

3. SWOT 分析的步骤

制定行动计划的步骤一般来说，可以归纳为以下 4 个（以处于职业生涯建立期的大学生求职为例）。

（1）评估自己的优势和劣势

每个人都有自己独特的技能、天赋和能力。在分工日趋细化的市场经济条件下，一个人不可能样样精通。举个例子，有些人不喜欢整天坐在办公桌旁，而有些人则一想到不得不与陌生人打交道时，头皮就发麻，惴惴不安。请列出你自己喜欢做的事情和你的优势（如果你觉得界定自己的优势比较困难，可以找一些测试习题做一做，做完之后，你就可以发现你的优势）。同样，通过列表，你可以找出自己不是很喜欢做的事情和你的劣势。找出你的劣势与发现你的优势同等重要，因为你可以基于自己的优势和劣势做两种选择：一是努力去改正你常犯的错误，提高你的技能；二是放弃那些对你不擅长的技能要求很高的职业。列出你认为自己所具备的很重要的优势和对你的职业选择产生影响的劣势，然后再标出那些你认为对你很重要的优势和劣势。在分析之后请做个 SWOT 矩阵表，把相应的优势、劣势、机会和威胁填入。

（2）找出你的职业机会和威胁

我们知道，不同的行业（包括这些行业里不同的公司）面临不同的外部机会和威胁，所以，找出这些外界因素将助你成功地找到一份适合自己的工作，对你求职是非常重要的，因为这些机会和威胁会影响你的第一份工作和今后的职业发展。如果公司处于一个常受到外界不利因素影响的行业里，很自然，这个公司能提供的职业机会将是很少的，而且没有职业升迁的机会。相反的，充满了许多积极的外界因素的行业将为求职者提供广阔的职业前景。请列出你感兴趣的一两个行业（比如说保健、金融服务或者电信），然后认真地评估这些行业所面临的机会和威胁。

（3）提纲式地列出今后 5 年内你的职业目标

仔细地对自己做一个 SWOT 分析评估，列出你从学校毕业后 5 年内最想实现的四至五个职业目标。这些目标可以包括：你想从事哪一种职业，你将管理多少人，你希望自己拿到的薪水属哪一级别。请时刻记住：你必须竭尽所能地发挥出自己的优势，使之与行业提供的工作机会完美匹配。

（4）提纲式地列出一份今后 5 年的职业行动计划

这一步主要涉及一些具体的东西。请你拟出一份实现上述第三步列出的每一目标的行动计划，并且详细地说明为了实现每一目标，你要做的每一件事、何时完成这些事。如果你觉得你需要一些外界帮助，请说明你需要何种帮助和你如何获取这种帮助。如果你的个人 SWOT 分析可能表明，为了实现你理想中的职业目标，你需要进修更多的管理课程，那么，你的职业行动计划应说明你何时进修这些课程。你拟订的详尽的行动计划将帮助你做决策，就像公司事先制定的计划为职业经理们提供行动指南一样。

 【生涯案例】

1. 案例背景

徐某某，师范大学毕业，男，研究生，心理学专业，在校期间专业成绩优秀，曾多次获取奖学金，发表论文若干，且一直担任学生干部工作，成绩斐然。但是他性格急躁，容易冲动，而且没有直接的工作经历，唯一的工作经历是研究生二年级时在一家大型电子公司的人力资源部门实习了半年。现在他想谋取一份人力资源管理的工作。

2. SWOT 分析

下面我们以此个案为例来详细阐述如何在个人职业生涯决策中运用 SWOT 分析结果。根据 SWOT 分析法，我们首先可以对此个案进行自身优势、劣势分析，以及周围职业环境的机会、威胁分析（详见表 4.8），然后再在这些分析结果的基础上制订出各种相关策略，最终整合后确定该个案应该谋取一份大中型外资企业的人力资源管理部门的工作。

表 4.8　SWOT 矩阵

内部环境因素	优势（S） * 丰富的专业知识和技能 * 特定的可转移技巧（如沟通、团队合作、领导能力等） * 人格特质（如职业道德、自我约束、承受工作压力的能力、创造性、乐观等） * 广泛的个人关系网络 * 在专业组织中的影响力 劣势（W） * 缺乏工作经验 * 专业不对口 * 缺乏目标，且对自我的认识和对工作的认识都十分不足 * 缺乏专业知识 * 较差的领导能力、人际交往能力、沟通能力和团队合作能力 * 较差的寻找工作的能力	机会（O） * 就业机会增加 * 再教育的机会 * 专业领域急需人才 * 由提高自我认识、设置更多具体的工作目标带来的机遇 * 专业晋升的机会 * 专业发展带来的机会 * 职业道路选择带来的独特机会 * 地理位置的优势 * 强大的关系网络 威胁（T） * 就业机会减少 * 由同专业的大学毕业生带来的竞争 * 具有丰富技能、经验、知识的竞争者 * 拥有较好的寻找工作技巧的竞争者 * 名校毕业的竞争者 * 缺少培训、再学习造成的职业发展障碍 * 工作晋升机会十分有限或者竞争激烈 * 专业领域发展有限 * 公司不再招聘与你同等学历或专业的员工	外部环境因素

在明确自身的优势和劣势、外在威胁和机会以后，我们就可以根据这些信息确定个体的职业发展道路，详见表 4.9。

表 4.9　小徐职业决策过程中 SWOT 结果的运用

内部环境分析（SW）＼外部环境分析（OT）	机会（opportunity）	威胁（threat）
	（1）人力资源管理部门逐渐受到企业的重视 （2）入世后，外资企业的进入导致人力资源管理人才需求量的增大 （3）心理学在人力资源管理中的重要性逐渐凸显出来	（1）人力资源管理方向的毕业生 （2）MBA 的兴起 （3）人力资源管理在很多企业中仍处于刚起步阶段，其运作很不规范 （4）比起学历，我国许多企业更看重工作经验
优势（strength）： （1）研究生学历，成绩优秀 （2）丰富的学生干部管理经历 （3）大型公司半年实习的经历 （4）具有心理学的知识背景	优势机会策略（S.O.） （1）继续学习心理学知识，将心理学知识运用到人力资源管理中 （2）发挥担任学生干部的管理特长	优势威胁策略（S.T.） （1）强调自身心理学背景的优势 （2）强调大型公司半年的实习经验 （3）强调较强的学习能力和适应力
劣势（weakness）： （1）师范院校毕业 （2）没有丰富的工作阅历 （3）专业不对口 （4）性格急躁，容易冲动	劣势机会策略（W.O.） （1）利用较强的学习能力，自学人力资源管理课程，加强英语的学习 （2）继续加强自己在师范院校中所培养的口语交流、文字书写等优势	劣势威胁策略（W.T.） （1）训练克制自己的冲动个性 （2）结合两个不同的专业，培养宽阔的视野和创新能力 （3）积极寻找重视员工潜能的企业

分析后之整体结论：职业发展道路定位在大中型的外资企业人力资源管理部门。

（五）有效生涯决策的步骤

生涯问题解决和决策制定是持续的过程，不是事件。我们必须清楚地认识到，我们的关注点是过程而不是事件。美国学者 Tiedman（蒂德曼）在金斯伯格职业理论的基础上，提出了"职业决策阶段"的学说，他提出整个决策过程是由预期、实施与调整这两个阶段和 7 个步骤不断地进行而组合成的。蒂德曼认为，金斯伯格所说的职业选择作为一种过程，是一种"鉴别"和"综合"的决策过程。这种决策过程是人在一生的职业生涯中重复进行的一系列决策步骤。

1. 确立目标阶段

个人在进行职业决策时，首先需要确定职业目标。如何确定职业目标呢？可以按以下 4 个步骤进行：

第一步，探索，即考虑与自己的经验和能力有关的生涯发展目标。例如，可以根据自己所学的专业及个人的兴趣、爱好及职业理想，考虑不同选择方向及可能目标。

第二步，成形，在上述基础上准备进行具体的定向。例如，要列出自己对于所有可能目标来说存在的优点与不足，经过对各种选择方向或目标优缺点的斟酌，明确什么是自己最想要的，什么是阻碍自己目标实现的最大困难，这时要考虑个人确定职业生涯新方向的价值和目的。

第三步，选择，在生涯目标成形后作出决策，找到和确定自己所期望的具体职业。

第四步，澄清，进一步分析和考虑上述选择，消除可能产生的疑问。

2. 实施和调整阶段

将选择的方案付诸行动，落实于现实生活，然后评估其结果，并根据个人对结果的满意程度，对方案做调整或改变。具体的实施分为 3 个步骤：

第一步，就职（入职），将职业选择付诸实际行动，得到一个新职位。人们在这个时候开始对自己的职业生涯目标和走上的职业岗位寻求认可。

第二步，重新形成，人在开始从事工作后，对于所从事的职业及其环境有了一定的了解和把握，这时就出现职业的自我感。这时，个人与团体存在着互动，存在着相互影响。这也是职业生涯选择目标在现实化意义上再次形成，或者实现现实化的调整。

第三步，整合，个人达到了解自我，在职业岗位上也被他人看作是成功的，达到了平衡。这就是职业选择决策的完全实现。

（六）设计职业发展阶梯

人生重要的不是你现在所处的位置，而是你所选定的方向，即使你选定的目标离得很遥远。设置科学有效的职业发展规划，将每天的行动与目标之间建立起微妙的、紧密的连接，为自己建立起职业发展的阶梯。

阅读以下材料，体会目标的重要性。

材料一：新生活是从选定方向开始的。

比塞尔是西撒哈拉沙漠中的一个小村庄，它靠在一块 1.5 平方千米的绿洲旁，可是在肯·莱文 1926 年发现它之前，这儿的人没有一个走出过大沙漠。肯·莱文作为英国皇家学院的院士，当然不相信这种说法。他用手语向这儿的人询问原因，结果每个人的回答都是一样：从这儿无论向哪个方向走，最后都还是要转到这个地方来。为了证实这种说法的真伪，他做了一次实验，从比塞尔向北走，结果三天半就走了出来。

比塞尔人为什么走不出来呢？肯·莱文非常纳闷，最后他只得雇一个比塞尔人，让他带路，看看到底如何。他们带了半个月的水，牵上两匹骆驼，肯·莱文收起指南针等现代化设备，只挂一根木棍在后面。10 天过去了，他们走了数百英里的路程，第 11 天的早晨，一块绿洲出现在眼前。他们果然又回到了比塞尔。这一次肯·莱文终于明白了，比塞尔人之所以走不出沙漠，是因为他们根本不认识北斗星。

在一望无际的沙漠里，一个人如果凭着感觉往前走，他会走出许许多多、大小不一的圆圈，最后的足迹十有八九是一把卷尺的形状。比塞尔村处在浩瀚的沙漠中间，周围没有一点参照物，若不认识北斗星又没有指南针，想走出沙漠，确实是不可能的。

肯·莱文在离开比塞尔时，带了一位叫阿古特尔的青年，这个青年就是上次和他合作的人，他告诉这位小伙子，只要白天休息，夜晚朝北面那颗最亮的星走，就能走出沙漠。阿古特尔跟着肯·莱文，3 天之后果然来到了大漠的边缘。

现在比塞尔已是西撒哈拉沙漠中的一颗明珠，每年有数以万计的旅游者来到这儿，阿古特尔作为比塞尔的开拓者，他的铜像被竖在小城中央。铜像的底座上刻着一行字：新生活是从选定方向开始的。

材料二：如果没有目标，人生将会怎样？

我们的人生如果没有目标的话，会出现怎样的情况呢？有一个真实的例子，说明一个人若看不到自己的目标，就会有怎样的结果：

1952 年 7 月 4 日清晨，加利福尼亚海岸笼罩在浓雾中。在海岸以西 21 英里的卡塔林纳岛上，一个 34 岁的妇女涉水进入太平洋中，开始向加州海岸游去。要是成功了，她就是第一个游过这个海峡的妇女。这名妇女叫费罗伦丝·查德威克。在此之前，她是从英法两边海岸游过英吉利海峡的第一个妇女。

那天早晨，海水冻得她身体发麻，雾很大，她连护送她的船都几乎看不到。时间一个钟头一个钟头地过去，千千万万人在电视上注视着她。有几次，鲨鱼靠近了她，被人开枪吓跑了。她仍然在游。在以往这类渡海游泳中她的最大问题不是疲劳，而是刺骨的水温。

15 个钟头之后，她被冰冷的海水冻得浑身发麻。她知道自己不能再游了，就叫人拉她上船。她的母亲和教练在另一条船上。他们告诉她海岸很近了，叫她不要放弃。但她朝加州海岸望去，除了浓雾什么也看不到。几十分钟之后——从她出发算起 15 个钟头零 55 分钟之后——人们把她拉上了船。又过了几个钟头，她渐渐觉得暖和多了，这时却开始感到失败的打击。她不假思索地对记者说："说实在的，我不是为自己找借口。如果当时我看见陆地，也许我能坚持下来。"人们拉她上船的地点，离加州海岸只有半英里。

后来她说，真正令她半途而废的不是疲劳，也不是寒冷，而是因为在浓雾中看不到目标。查德威克一生中就只有这一次没有坚持到底。2 个月之后，她成功地游过了同一个海峡。她不但是第一位游过卡塔林纳海峡的女性，而且比男子的纪录还快了大约两个钟头。

查德威克虽然是个游泳好手，但也需要看见目标，才能鼓足干劲完成她有能力完成的任务。因此，当我们开始设计职业发展的阶梯时，千万别低估了制定可测目标的重要性。

有无目标是成功者与平庸者的分水岭。用简单的数学知识来说，两点之间，直线最短。假设以相同的速度行进，如果一个人看到明确的目标，他就会和故事中的肯·莱文一样，努力以直线前进，很快地到达他的目的地；而如果一个人没有看到目标，他就会像在浩瀚沙漠中完全凭着感觉在摸索的比塞尔人一样，漫无目的，曲折前行，而且最终可能发现，自己又回到了起点，或经过多年的辛勤努力后却两手空空，一无所获。一个人无论他多大年龄，他真正的人生之旅，是从设定目标那一天开始的，以前的日子，只不过是在绕圈子而已。

【小练习】

根据自己的实际情况填写下表，明确你的目标是什么，把你的目标进行排序。你在设定目标的时候要考虑 SMART 原则，同时说明如何才能实现你的目标。

目标	你的目标（SMART 标准）	排序	如何实现你的目标
目标的长短： ●长期目标 ●中期目标 ●短期目标			
目标的对象： ●家庭目标 ●健康目标 ●工作目标 ●财务目标 ●人际关系目标 ●学习成长目标 ●娱乐目标 ●公益目标			

1）你的第一目标是什么？
_____
_____
_____

2）你的目标彼此之间是否协调？ □是 □不是
3）向目标迈进时，是否有最高目标与特定的中期目标？ □是 □不是

4）这些目标中，哪些是你自己能够做的，哪些是你必须加强的？

_____

_____

5）请根据目标搜寻的 4 个阶段来设定你的目标。

_____

_____

六、成长手册

（一）为自己出征：设计二十年后的名片

（二）寻找出征路："六步游戏"法

我终生的目标是什么？

我该怎样度过今后三年？

我在这半年内都应该做哪些事？哪些工作对我是最重要的、最迫切的？

（事业目标、爱好特长目标、能力目标、婚恋目标、社会交友目标、身心素质目标、读书目标）

（三）我的三个重大决定

_____

_____

_____

_____

_____

_____

_____

_____

通过以上三件事总结描述自己的决策风格：

_____

_____

_____

_____

第五章　生涯规划设计

大学生生涯规划设计是在大学生做了全面的自我分析、环境条件分析、职业分析和生涯决策之后进行的，将个人的职业生涯规划具体化的过程。每个大学生都要将自己的未来职业生涯的设计具体化，而未来职业生涯目标的实现，又要借助于做好大学四年的学业规划。

本章主要内容：

1）大学生职业生涯规划设计。

2）大学学业规划。

第一节　大学生职业生涯规划

一、案例导入

蔡珍瑞，温州人，2010 年毕业于温州大学外国语学院英语师范专业，后任温州中学教师。曾两次获得一等奖学金，四次获得二等奖学金，并且连续多次被评为校优秀三好学生，荣获 2008～2009 学年度的校"学习标兵"荣誉称号。在校期间曾参加各类活动与竞赛，曾获温州大学英语主持人大赛专业组一等奖、"韦博杯"第五届温州市高校英语口语大赛（专业组）三等奖、"迈克·牛津杯"温州市第四届"英语之星"电视大奖赛青年组第三名、第四届全国高师学生英语教师职业技能竞赛第三名、温州大学第一届大学生英语演讲比赛专业组第一名、2009 年"希望之星"英语风采大赛温州赛区冠军以及最佳语音奖（浙江赛区三等奖）、2009 年全国大学生英语竞赛二等奖、温州大学外国语学院英语师范技能竞赛一等奖。

"做好我安排的事情，心里觉得踏实。"谈到她的大学生活时，她最后说了这样一句话。一向自律的蔡珍瑞在学习生活中坚持做完计划安排的事情才做其他的事情，相处久了的朋友都了解她的习惯，知道她有事情没完成，不会随便约她出去玩。坚持两个字，说起来容易，但真正实践却是一种煎熬。她明白，上帝给每一个人的时间都是一样的，一天二十四小时，一小时六十分钟，关键是看你能不能好好利用，做自己时间的主人。那些记录虽然繁多，但每一条都十分清晰明了。"这些空白的呢，就是没有安排，那时我就会去图书馆充电。这样一周下来，我就知道自己做了什么，在忙些什么，不会到了周末回想却不知道自己做过什么，觉得空虚。"谈到现在一些大学生感觉大学生活空虚、虚度年华的现象时，蔡珍瑞不以为然。"其实你不是空虚，也不用自责，只是忙了很久，你忘记自己做过了什么，忙也是为自己的未来在努力。在大学期间，踏实很重要，只要你把握好。"

没有人可以期望一开始就有一个绚丽的爆发，四年是一种积累、一种沉淀。其实梦想的实现很像花儿绽放的过程，从花蕾迎世到初吐芬芳，每一刻都是崭新的，每一刻都有值得为之拼搏的理由。让我们把祝福送给这位一心献身教育事业的学姐，希望她能够在那平凡的三尺讲台上培育出最美丽的未来之花。

二、学习导语

如果问当今大学生遇到的最大困扰是什么，很多同学可能会回答"对前途感到迷茫"，有人甚至把当今大学生称为"迷茫的一代"。确实，面对这变幻万千的世界，有着无穷的可能性在等待着我们，我们难免会觉得有些疑惑，有些迷茫。因为看不清未来，所以觉得把握不住现实，因为把握不住现在，也就更加看不清未来，这似乎是一个无法回避的问题。但幸运的是，我们仍可以利用一些有效的方法，来认识自己、认识自己要走的路、认识这变幻万千的世界，勾画一幅通向未来的蓝图。

生涯发展目标、行动方案和调整反馈都是一个人制定职业生涯规划必不可少的基本要素。目标具有指引追求和行动的价值，行动是生涯追求的具体落实，调整反馈是行动方案前进的保障。每个人在做职业生涯规划时，以上三者缺一不可。本节的学习重点在于引导大学生设定属于自己的职业生涯目标，制定切实可行的行动方案，并且学会不断调整自己的生涯脚步。

三、学习目标

1）明确自己未来的职业和发展目标。

2）能制订属于自己的职业发展路线，不仅思想上，而且行动上要把你的目标落实——有具体的行动计划。

3）学会自己根据实际情况调整你的规划和前进路线。

四、学习活动

（一）九分格——我的职业生活

1. 活动目标

对未来职业生活景象进行想象，促进职业生涯规划意识觉醒。

2. 活动要求

1）活动场地：室内。

2）参加者：班级同学。

3）活动准备：我的职业生活拼图。

4）时间：活动时间约为 8 分钟，讨论与分享时间约为 10 分钟。

3. 活动过程

每个人对自己未来的职业内容都有一份期待，你希望自己未来的职业生活充满什么样的内容？由哪些精彩构成？请完成后面成长手册中的九分格练习。

每个同学用彩色的笔，将你所期望的未来的职业生活的内容以画画的形式表达出来，然后与你的小组伙伴一起交流，向他们说说你所画内容的含义或目的，再用心聆听小组内其他同学对未来的职业生活有什么样的期望。仔细回味他们对未来职业生活的这些期望给了你什么样的感悟？

4. 讨论与分享

1）你为什么要画这些？你最看重的是什么？
2）在这些之中，你觉得最有可能实现的是什么？
3）这个练习给你最大的感受是什么？
4）其他同学的分享给了你什么样的启发？

（二）职业生涯规划单

1. 活动目标

通过自我分析和社会探索，能够对自己将来要从事的职业及其发展脉络有一个比较清晰的认识。

2. 活动要求

1）活动场地：室内。
2）参加者：班级同学。
3）活动准备：纸、笔。
4）时间：活动时间约为 8 分钟，讨论与分享时间约为 10 分钟。

3. 活动过程

完成本节成长手册第二部分"我的职业生涯设计"的问题，并与同组同学分享、交流。

4. 讨论与分享

1）与同伴分享你自己的职业生涯规划设计，并发现与同伴有什么不同。
2）你为什么做出这样的职业生涯规划设计？其中有什么是你不确定的吗？

（三）生涯规划再整理

1. 活动目标

学习生涯规划整理，将反馈与调整运用到自己的职业生涯设计中。

2. 活动要求

1) 活动场地：室内。
2) 参加者：班级同学（二人一组）。
3) 活动准备：任意指定物品。
4) 时间：活动时间约为 8 分钟，讨论与分享时间约为 10 分钟。
5) 具体要求：重新描绘生涯及人生图；找出生涯目标和行动方案；相互支持。

3. 活动过程

1) 你是否已经思考个人的生涯发展，而且更具体的形成暂定生涯发展目标，以及现在或短期必须完成的阶段性目标？

2) 接下来，我们就以这些暂定生涯发展目标和短期的阶段性目标来重新规划生涯计划，重新具体构思未来 10 年的人生图。先想一想，未来 10 年环境有哪些改变，可能发生哪些事情，在不同的角色上，我们想要完成的事情或阶段（短期）目标有哪些？请填写在本节"成长手册"第三部分上。

3) 接着以预定完成的事情或目标为纵轴、时间为横轴，将不同的角色所要完成的事情或目标逐项写下来，我们就可以绘出自己未来的人生图。

4. 讨论与分享

1) 如果你没有考虑过要制定 10 年的目标，但你已经制定过一年以下的短期目标，这与你在 10 年的规划表上所制定的短期目标有什么不同吗？

2) 有目标的生活是踏实的。千里之行，始于足下，对于实现生涯目标路途中的各个阶段目标，我们必须一步一个脚印地去完成。你准备好了吗？

3) 这是你要的人生吗？什么时候，我们可以再仔细回顾生涯计划，哪里达到了？哪些修正了？哪些是心中的梦？不妨写下现在的心得吧。

五、理论拓展

（一）设定职业生涯目标

职业生涯目标的设定，是职业生涯规划的核心。一个人失业的成败，很大程度上取决于有无正确、适当的目标。没有目标如同驶入大海的孤舟，四野茫茫，没有方向，不知道自己该走向何方。只有树立了目标，才能明确奋斗方向。目标犹如海洋中的灯塔，引导你避开暗礁险滩，走向成功。

如果你不知道自己未来的目标，你就永远到不了那里；如果你没有自己的目标，别人就会为你做主；如果你对自己的未来没有计划，你就会成为别人计划里的一枚棋子。这个世界永远是有希望的人带着没有希望的人飞奔，没目标的人为有目标的人服务。

　　能够确立适合自身发展的清晰目标并贯彻执行，本身就是个人综合素质的一个反映。确立职业目标对我们的帮助显而易见，会让你觉得充实，有干劲，感觉"有奔头"。

　　很多大学生上了大学之后，常会回顾自己高考前的日子，紧张、忙碌，但是充实、干劲十足，那都是因为大家有一个非常明确的、非常现实的目标——考入自己理想中的大学。但是这个目标毕竟是自然而然树立的，是家长或者说社会为他们树立的目标。但是不少同学进入大学之后，发现自己完全变了，变得不能适应了，成天无所事事，感觉在浪费时间、消耗青春。这是因为这些人考上大学之后，没有意识到要树立新的目标，不知道大学应该怎么过，所有认为读大学没意思的人肯定没有什么目标和追求。同理，那些说工作没意思的人也是因为没有自己的职业目标，而那些有自己职业目标的人正围绕着自己的目标一点点地添砖加瓦，每向自己的目标靠近一步就有一种内在的喜悦，就会觉得工作起来干劲十足。

 【小故事】

　　有一个简洁的寓言故事，很耐人寻味。

　　据传，在唐朝贞观年间，京城长安有一家磨坊。磨坊有一匹马和一头驴子，它们是好朋友。马在外面拉东西，驴子则在屋子里拉磨。贞观三年，这匹马被玄奘大师选中，经西域去印度取经。

　　17年后，马驮着佛经回到长安，应酬完毕，它重新回到磨坊会见驴子朋友。马谈起了去西域途中的经历：那高耸入云的山岭，浩瀚无边的沙漠，白雪皑皑的雪山，热浪滚滚的火焰山……神话般的境界，让驴子听了大为吃惊。它惊叹道："这么好的地方，走那么远的路，我想都不敢想呐。""实际上我们走的路一样多"，马对驴子说，"我去西天取经时，你也一步没停。不过，我跟着玄奘大师西行有一个目标，我们按照目标的方向经过了许许多多的地方，所以我们看到了一个广阔的世界。而你虽然也在不停地走，却被主人蒙住了眼睛，17年来一直围着磨盘打转，所以你永远走不出这个狭隘的天地。"

　　故事不长，但从中我们可以悟到生活的本质。自有人类以来，真正的白痴与天才都是极少数，人的智商都差不多。然而，人在走过漫长之路后，有的人名垂千古，有的人碌碌无为。也许，我们曾不满自己的现状；也许，我们曾抱怨过自己的无奈；但是，如果能为自己设下目标，并能持之以恒向目标前进，也许我们的生活会出现新的转机。杰出的人与平凡的人根本的差别并不完全在于机遇和天赋，而在于有无人生目标，在于有没有走出狭隘的天地。如果像那头驴子，永远重复自己，则永远一事无成。

　　为自己的生活设定一个目标吧，对于没有目标的人来说，岁月的流逝只是意味着年龄的增长。

（二）制定行动方案

心理学家给我们提供了一个个体行动阶段的模型，如图 5.1 所示。

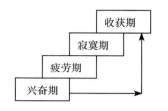

兴奋期：做事热情很高，态度积极，但方向性差，方法较随意，目标设定缺乏经验。

疲劳期：工作激情开始降低，遇到困难容易产生惰性，易转换目标或降低原来的目标标准，急需学习时间管理和情绪管理方面的知识。

图 5.1　个体行动阶段模型

寂寞期：大多数人思想动摇，开始怀疑自己的能力，或是怀疑自己目标的可行性。很多人会在这时放弃原来的行动。

收获期：只有少数人持之以恒地达到这个境界，获取阶段性成果。

了解、掌握了行动过程规律之后，就应该更加坚定信心，认准了目标就不要轻易放弃。

有了职业目标和职业定位，如何设计合理的"职业发展路线"，最终实现我们的职业目标呢？

首先，我们一起来看一个小故事：

1984 年，在东京国际马拉松邀请赛中，名不见经传的日本选手山田本一出人意料地夺得了世界冠军。当记者问他凭什么取得如此惊人的成绩时，他说了这么一句话：凭智慧战胜了对手。

当时很多人认为马拉松比赛是体力和耐力的运动，只要身体素质好，又有耐力就有望夺冠。爆发力和速度都还在其次，说用智慧取胜，确实有点勉强。

两年后，意大利国际马拉松邀请赛，山田本一又获得了世界冠军。记者又问他成功的经验，山田本一回答的仍是上次那句话：凭智慧战胜了对手。

他说的"智慧"到底是什么呢？他在自传中揭晓了答案："每次比赛之前，我都要乘车把比赛路线仔细看一遍，并把沿途比较醒目的标志都画下来，比如第一个标志是银行；第二个标志是一棵大树；第三个标志是一座红房子……这样一直画到赛程的终点。比赛开始后，我就以百米速度奋力向第一个目标冲过去，等到达第一个目标后，我又以同样的速度向第二个目标冲去。40 公里的赛程，就被我分解成这么几个小目标轻松地跑完了。起初，我不懂这样的道理，我把我的目标定在 40 多公里外终点线上的那面旗帜上，结果，我跑到十几公里时就疲惫不堪了，我被前面那段遥远的路程给吓倒了。"

这个故事告诉我们，在现实生活中，做事之所以会半途而废，往往不是因为难度较大，而是觉得成功离我们较远。确切地说，我们不是因为失败而放弃，而是因为倦怠而失败。在人生的旅途中，稍微具有山田本一的智慧，也许就会少许多懊悔和惋惜。同时，实现目标除了需要实力和运气外，方法是极其重要的。职业生涯规划时，把最终目标分解成一个个阶段性的清晰目标的方法，就是"职业发展路线图"。

（三）目标分解法

订立目标比较容易，难的是如何通过努力将其变成现实。在做职业生涯规划的时候就要想到，笼统而模糊的目标是难以捉摸的，需要将它们一步一步地予以分解，具体化为每一阶段的行动方案。

目标分解就是将目标清晰化、具体化的过程，是将目标量化成可操作的实施方案的有效手段。目标分解可以帮助我们在现实环境和美好愿望之间建立起可以拾级而上的通道，一直细分到每一天。在现实中，我们做事之所以会半途而废，往往不是因为目标难度较大，而是觉得成功离我们较远。所以，在制定目标的时候，应该把职业生涯的最终目标分解成一个个的阶段性的目标，这样的话，只要我们坚持下去，我们的职业生涯总目标也一定能够最终实现。

1. 按时间分解

生涯目标按照时间可以划分为长期、中期和短期目标，一般说来，短期目标服从于中期目标，中期目标服从于长期目标，长期目标又服从于人生目标。具体实施目标，通常是从具体的、短期的目标开始的。当然，在制定人生目标和长期目标时，要多考虑一些自身因素和社会因素，而制定中期目标和短期目标时，则要更多地考虑工作环境因素。通过制定个人的长期目标、中期目标和短期目标，就形成了完整的个人目标体系。

（1）长期目标

长期目标，主要是指时间为 5 年以上的目标，通常比较粗略、欠具体。有可能随着各种情况变化而变化，具有战略性、挑战性和动态性等特点。长期目标主要受自己人生目标的影响。常言道"人无远虑，必有近忧"，尽管如此，在生活中，人们最容易忽视的就是长期目标。人们总认为，5 年后的事情太远了，考虑这么多、这么远，没什么用。果真如此吗？当然不是了。设定长期目标一般要考虑以下方面：

1）非常符合自己的价值观。
2）对自己的目标感兴趣。
3）目标具有一定的挑战性。
4）目标是自己能够实现的。

（2）中期目标

中期目标一般为 3～5 年，在整个目标体系中起着承上启下的作用，也是职业生涯能否有效实施和实现的重点；对大学生来说，就是在大学学习期间应该达到什么目标。大学生的中期目标通常在长期目标的基础上确立，如毕业时找到一份满意的工作；或者考上理想的学校和专业的研究生；到自己所梦想的国家去留学，成为一名"海归"；先择业再创业，实现当领导的理想等。中期目标相对长期目标要具体一些，中期目标有如下特点：

1）通常与长期目标保持一致。
2）结合自己所学专业、能力、兴趣和掌握的社会资源来确定。
3）用明确的语言来定量说明。
4）对目标实现的可能性做出评估。
5）有比较明确的时间，且可做适当的调整。

（3）短期目标

短期目标通常是指每日、每周、每月、每季、每年的目标，是中期目标和长期目标的具体化、现实化和可操作化，是最清楚的目标。其主要特征有：

1）目标具备可操作性。

2）明确规定具体的完成时间。

3）对现实目标有把握。

4）服从于中期目标。

5）目标需要适应环境。

6）目标要切合实际。

短期目标，对大学生来说，是十分重要的。短期目标设定是否合理，决定着中期目标和长期目标是否可以实现。相对而言，短期目标的分类也更为复杂一些，分类的标准不一样，分类则不尽相同。

按照年级，可分为一年级目标、二年级目标、三年级目标、四年级目标。

按照学期，可分为上学期目标、下学期目标。

按照假期，可分为暑假目标、寒假目标。

按照内容，可分为学习目标、生活目标、社团实践目标、兼职目标、实习目标等。

按照毕业后的去向，可分为就业目标、考研目标、留学目标、创业目标、培训目标。

目标分解是将我们的目标具体化、清晰化的过程，是将目标量化成可操作的事实方案的有效手段。

职业目标确定后，向哪一条路线发展，此时要做出选择。比如，一个大学生希望从事管理工作，是直接走管理路线，还是向专业技术发展后转向管理路线？选择的路线不同，所制定的措施就有差异。因此，在职业生涯规划中，必须做出抉择，以便使自己的学习、工作以及各种行动措施沿着职业生涯路线或预定的方向前进。

通常职业生涯路线的选择必须考虑以下三个问题：

1）我想往哪一条路线发展？

2）我能往哪一条路线发展？

3）我应当往哪一条路线发展？

对以上三个问题，进行综合分析，以确定自己的最佳职业生涯路线。可以用生涯发展路径图来形象地说明生涯的发展与变化。图 5.2 是某中文本科女生的生涯发展路径图，其中概括了不同的生涯选择方案以及不同方案的生涯发展历程。当然，做生涯发展路径图最关键的一点在于要对自己、对自己想要从事的职业有充分的了解。否则，我们的生涯发展路径图就是痴人说梦、空中楼阁了。

2. 差距分析

具体目标的设置需要进行差距分析，就是将现实条件与达成职业生涯目标所需条件对照，找出其中的差距。这样设计的目标才具有针对性和可行性，是实现生涯目标的具体施工图。实现目标的过程，实际上就是缩小差距的过程。

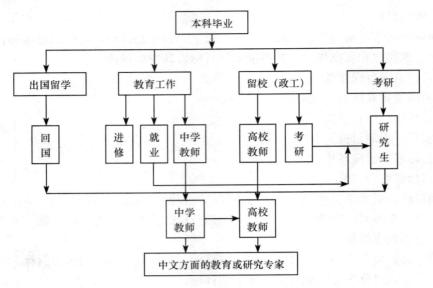

图 5.2　某中文本科女生生涯发展路径

第一步：找出差距，包括思想观念上的差距、知识上的差距、心理素质上的差距、能力上的差距等。

第二步：找出缩小差距的方法，如通过参加培训、与有经验的人讨论交流、实践锻炼、加强学习等。

第三步：寻找实现途径。将缩小差距的方法列入自己的目标计划内，越详细、越具体越好。

（四）制定职业发展计划

在确定了职业生涯目标后，行动就成了关键的环节。没有行动，目标就难以实现，也没有事业的成功。这里所指的行动，是指落实目标的具体措施，主要包括工作、训练、教育、轮岗等方面的措施。例如，为达成目标，在工作方面，你计划采取什么措施提高你的工作效率；在业务素质方面，你计划学习哪些知识、掌握哪些技能提高你的业务能力；在潜能开发方面，你计划采取什么措施开发你的潜能；等等。这些都要有具体的计划与明确的措施，以便定时检查。

凡事说来容易，做来难，同学们在制定了一系列的目标和计划后，千万不能做"思想的巨人，行动的矮子"，一定要拿出实际的行动来，努力实现自己的目标。制定一个计划方案是十分重要的，那么怎样制定行动的方案呢？

下面来看几个职业生涯规划行动方案示例：

【生涯案例】

直接就业的行动方案

这是一个就读行政管理专业、选择政府公务员作为自己第一职业目标的大二女生的职业生涯规划行动计划。

1. 职业生涯阶段概述

我将自己的职业生涯划分为六个阶段，下面是我对这六个阶段的职业生涯概述。

(1) 职业准备阶段 (2008～2012 年)

大学期间是就业前学习专业知识、职业技能的时期，也是人的综合素质形成的主要时期。

在这四年里，我将学习有关行政管理的专业知识，参加多种社会实践，提高各方面技能。在校期间，不仅要获得学士学位、大学生英语四六级、计算机一级等相关证书，重中之重是公务员考试。为了获得自己心仪的工作，为公务员考试奠定扎实的理论基础，除了拓宽知识面、提高理论水平之外，还应在平时的学习、工作中培养良好的举止仪表，不断提高自身综合素养，以保证最终通过公务员考试的笔试与面试。

(2) 职业选择时期 (2011～2013 年)

从学校走上工作岗位，是人生事业发展的起点。这一时期，人们要根据社会需要和自身的素质及愿望，作出职业选择，走上工作岗位。这是人生的关键一步，是职业生涯规划中重要的职业选择。如果选择失误，将导致职业生涯的不顺利，还可能顾此失彼丢掉其他的工作机会。

因此，我将审时度势，多多与师长们交流信息。从大三开始就密切关注市场信息，对有关单位进行详细了解。争取在毕业后一年内入职。

(3) 职业适应阶段 (2012～2014 年)

一般在就业后 1～2 年为职场适应阶段。这一时期是对走上工作岗位的人的素质检验。具备岗位要求素质的人能够顺利适应某一职业；素质较差或不能满足职业要求的人，则需要通过培训教育来达到与职业要求相适应。

我想无论之前做了多少准备工作，这个由学校人转变为社会人的过程都需要一段时间来适应，毕竟那是一个我们没有涉足过的全新领域。但有一点毋庸置疑：准备工作做得越充分，这个适应阶段就越短。也就是说，之前我们对该职业的工作内容、工作环境等了解得越详细，对该单位的制度、用人等信息了解得越多，那么我们就越能很快适应这一职业，很快融入这个单位中去。这个阶段不仅要做好手头工作，还要处理好与同事、领导的关系。

(4) 职业稳定阶段 (2014～2035 年)

这一时期是整个职业生涯的主体。一般在人的成年、壮年时期，且占据生命的绝大部分时间。这一阶段可能存在诸如发展稳定、遭遇"瓶颈"、面临中年危机、取得阶段成功等不同状况。对于大多数人来说，这一阶段应该致力于某一领域的深入发展，求得升迁和专精。

这时我已适应了职场的生活，也许会碰到困难，但是自己一定可以咬牙坚持下去。在不断学习中渐渐熟能生巧，在自己的工作领域变得游刃有余。被提拔、升迁的机会可能多次出现，自己一定要把握好这些机会好好表现，并稳固好已有地位。

(5) 职业素质衰退阶段 (2035～2040 年)

这一时期，人开始步入老年，由于生理条件的变化，能力缓慢减退，心理需求逐步降低而求稳妄维持现状。自己已接近退休的年龄，也许会更多参与公益事业，对工作的需求减少。

（6）职业结束阶段（2040～2050 年）

这是由于年老或其他原因结束职业生活的过渡时期。

2. 大学期间的行动计划

总目标：培养兴趣、提高技能，争取在毕业前考取公务员，毕业后一年内入职。

（1）学习期（2009.9～2010.8）：学习是一切进步的源泉！

主要任务：

掌握现代管理学、政治学原理、社会学、逻辑学、行政法学相关知识；通过大学英语六级考试；考取驾驶证；考取秘书资格证；成为预备党员。

具体措施：

大二进行分流，按照之前的计划我将选择行政管理专业。

这一年要适当增加学习时间，务必掌握行政管理专业相关课程知识，争取拿到二等奖学金。

这一年需要通过 CET6，考取驾驶证。英语的兴趣仍然要培养，平时多读、多听，提前买六级试卷来做，争取以 500 分通过大学生英语考试。驾驶证用两个假期在贵阳考，争取一次性通过。

积极参加团委组织的活动，学习跟上，在学院经常与老师们交流信息，争取成为预备党员。

大二了要学会取舍，在之前的多种职务中选择放弃一些。抓住一至两个最有发展前途、能够多方面提升自身素质的职务，并争取升至队长、部长或主任。这时候不再是重在参与，要选择性参加一些有竞争力的比赛与活动，为自己多争取一些荣誉。

在节假日可打短工。第一学期结束用心写策划，自己做队长带一支队伍完成暑期社会实践。辛苦一点，争取做大影响力，初定目标为校优队。

继续扩大自己的交际圈，稳固已有人际关系。生活处处皆学问，在每天的人际交往中尽力提升自我，努力建立自己的人脉。

（2）提升期（2010.9～2011.8）：心有多大，舞台就有多大！

主要任务：

掌握行政管理学、人力资源管理相关知识；考取人力资源管理等级证书；自主学习财务知识与心理学；成为中共党员；参加温州大学青年马克思主义者（学生骨干）培养学院并结业。

具体措施：

这是为最后的冲刺全力拼搏的一年，要巩固旧知识，完成新的学习任务。重点放在人力资源管理课程，争取拿到一等奖学金。开始研究公务员考试，买相关笔试题来做，并对各城市相关单位进行了解。提前准备，利用课余时间考取秘书资格证或者人力资源管理等级证书。

预备党员期间好好表现，一年考察期满，顺利转正成为中共党员。

担任的职务再精简，留下最有意义的一个职务，目标是做到主席一职。

抓住学校安排的实习机会以锻炼能力、积累经验。报名参加温州大学青年马克思主义者（学生骨干）培养学院，全方位提升自己，争取顺利结业。

继续完善人脉网，通过各种比赛项目获奖、担任工作职务，在学校扩大自己的知名度。

（3）成熟期（2011.9～2012.8）：倘若能飞，何不高飞？

主要任务：

完成毕业论文；准备个人求职简历；考取国家公务员或者地区公务员。

具体措施：

让梦想成为现实的一年。学术上获得阶段性成果，集思广益，认真完成毕业论文。此外，开始撰写个人简历，以备不久后面试所需。

确立先考公务员、找到工作后再考研究生的路线，所以这一年的目标便是通过公务员考试。先准备国家公务员考试，再回贵阳考地区性公务员考试。做套题、模拟面试、去单位实习等都要围绕这个中心展开。抓住一切机会锻炼管理能力，学习考试技巧、面试要领，以适应将来的工作。

认真备考，假如国家公务员考试笔试成功，那么务必积极准备面试，一定要把握好这个千载难逢的机会。一切顺利的话，我的职业生涯便从此进入一个新阶段，这时只需调整好心态，迎接职场新生活。

3. 职场适应的行动计划

经历一番辛苦的求职最终得到一份工作后，接下来面临的就是从校园人到社会人的角色转变。对于一个刚刚毕业的大学生来说，如何尽快实现角色转变，适应新的环境并有所作为是一个极为重要的问题。初入职场的一至两年，也许会碰到各种新问题，对于可能出现的问题，我提前在心态上拟定了以下适应计划。

（1）扎得住根，才会枝繁叶茂

俗话说，"良好的开端是成功的一半"要学会扎根基层，适应艰苦、紧张而又有节奏的基层生活，不要妄想用自己的习惯去改变环境，而是要学会入乡随俗，使自己适应新的环境。充分发挥自己的主观能动性和创造性。凡事要进行具体分析、具体对待，以脚踏实地的工作作风赢得同事和领导的支持和信任。坚持到底、绝不轻言放弃。不到万不得已，就不要放弃现有的工作。

（2）正确认识自己，调整就业心态

不要认为事事应该绝对公平，看到身边的同事与自己拿一样或更高的薪水，却做着比自己少的活时，千万不要心理不平衡。要想到，上级给我更多的任务、承担更多的责任，其实正是领导对我的重视。眼光看长远一些，要想到自己可以从繁重的工作中学到更多的东西，可以比别人更快地成熟，对于刚毕业的学生来说，积累经验是最重要的。

（3）丢掉幻想、面对现实

在踏上工作岗位后，要能够根据现实的环境调整自己的期望值和目标。初入职场，可适当降低期望值。不要自视清高，以为大材小用，或者几天没达到自己的目标，就开始怀疑是否选错了单位。领导之所以不放手让我单独做大事，是因为他还不能肯定我是否具备应有的实力。抛开急功近利的想法，不要盲目地为追求高薪或其他眼前利益而不停地跳槽。这其中有一个从量变转为质变的过程，万万不可操之过急。要学会吃苦耐劳，更要戒骄戒躁，并适时规划自己的未来。

（4）熟读办公室政治，妥善处理人际关系

办公室政治，是一门很难的学问，新到一个单位，首先要做的就是在最短的时间内融入这个集体，避免受到排挤和孤立。作为准白领的大学生，对搞好同事关系的"游戏规则"要有更多的了解，才能与他们和谐相处，并从中享受到融入集体所带来的好处和乐趣。诚恳地接受批评，懂得吃亏是福。概括起来便是：锐气藏于胸，和气浮于脸，才气见于事，义气施于人。为人处世上，对上司先尊重后磨合、对同事多理解慎支持、对朋友善交际勤联络、对下属多帮助细聆听、向竞争对手露齿一笑。

"金无足赤，人无完人"，再好的单位也不可能完美无缺。但是它能生存、它能发展自然有它的道理，不能仅盯着它不合理的一面而忽视了它合理的一面。如果遇到了"月球效应"，感到失落与彷徨，先问一问自己，是不是自己要求有点不切实际了？是不是自己的想法过于主观了？是不是太理想化了？找个时间，跟老员工谈谈心，找好朋友聊聊天，把"掉在地上的心"重新拾起来，踏踏实实走好初入职场的第一步！

4. 长期发展计划

"有了目标，内心的力量才会找到方向，茫无目标的飘荡终归会迷路。你内心那座无价的金矿，也终因不开采而与平凡的尘土一样。"由于目前还未涉足工作领域，对踏上工作后的详细发展计划无法制定，所以只能以确立目标的方式来大致规划。

工作1年后我要实现的目标：稳扎稳打，尽快熟悉自己的工作内容、工作环境，以最快的时间适应职场生活，融入单位集体。

工作5年后我要实现的目标：对处理日常工作游刃有余，熟悉业务。与单位同事关系融洽，得到领导的赏识与提拔。

工作10年后我要实现的目标：被提升为单位的中层管理人员。全心投入工作，也许后期会拥有一个幸福美满的家庭，工作精力有所减少，但在上班时间一定会认真、高效完成工作。

工作20年后我要实现的目标：成为工作单位的骨干或领导级的权威人士，在社会上具备一定知名度与影响力。

 【生涯案例】

一位大三同学的考研计划

职业目标：高校教师

1. 选择考研的理由

我学的是国际贸易专业，成为一名高校教师是我未来的职业目标，把考研作为实现这一目标的途径。本人性格特质比较适合从事教师这份职业，本人做事认真仔细，有恒心，擅长写作和研究，语言表达清楚。因为高校教师必须具有硕士以上学历，所以我选择了考研。另外，我选择考研时特别注意了以下问题：

1）我选择考研是因为自己想从事高校教师这个行业，而不是想逃避就业压力，因为研究生就业形势也不乐观。

2）不能盲目，选择学校时一定要量力而行，并且要尽力而为。

3）如果考上研究生，在读研期间，一方面拓展自己的眼界，在专业上要学有所长；另一方面是任何专业都不能忽视综合能力，如要培养自己良好的人际关系能力、解决问题的能力和沟通协作的能力等。

2. 行动计划

我从两个方面来制定自己的行动计划，一个是考研规划，一个是实现当老师的职业规划。

考研规划：

1）确定学校和专业。我现在还未完全确定自己要报考的学校和专业，但做决定时，我会结合自身的兴趣和未来专业的就业情况，还会结合自身的才能和所考学校的要求，我不会盲目攀比。

2）与导师取得联系。虽然考研要靠自己的实力说话，但了解导师，并与导师提前沟通能帮助自己把握好复习的方向。我要想办法去联系导师，和导师沟通要诚实，真诚希望得到导师对复习的建议，并做到彬彬有礼。

3）排除干扰，认真复习。复习要踏实，要有恒心，坚持到底，并注重方法。

4）考前心态调整与考场上的正常发挥。心态要平和，有自信，考场上全心投入即可。

实现当老师的职业规划：

略。

 【小故事】

法兰克与斯特福的故事——职场攻略：马上行动

有一个落魄的年轻人，每隔两天就要到教堂祈祷，他的祷告词每次几乎相同。

第一次到教堂时，他跪在圣殿内，虔诚低语："上帝啊，请念在我多年敬畏您的份上，让我中一次彩票吧！阿门。"

几天后，他垂头丧气地来到教堂，同样跪下祈祷："上帝啊，为何不让我中彩票？我愿意更谦卑地服从您。"

他就这样，每隔几天就到教堂来做着同样的祈祷，如此周而复始。

到了最后一次，他跪着："我的上帝，为何您不听我的祷告呢？让我中彩票吧，哪怕就一次，我愿意终身信奉您。"

这时，圣坛上空发出一阵庄严的声音："我一直在听你的祷告，可是——最起码，你也该先去买一张彩票吧！"

在现实生活中，我们往往是心动的时候多，行动的时候少，把希望放在今天，把行动留在明天，梦想着成功，却没有付诸行动。真正的成功者，则是把行动放在现在，把希望放在未来。

20世纪70年代，美国有一个叫法兰克的年轻人，由于家境贫困，他去了芝加哥寻求出路。在繁华的芝加哥转了几圈后，法兰克没有找到一个能够容身的处所，于是便买了把鞋刷给别人擦皮鞋。

半年后，他用微薄的积蓄租了一间小店，边卖雪糕边擦鞋。谁知道雪糕的生意越做越好，后来他干脆不擦皮鞋了，专门卖雪糕。

如今，法兰克的"天使冰王"雪糕已拥有全美70%以上的市场，在全球60多个国家有超过4000多家的专卖店。

巧的是，有一个叫斯特福的年轻人，与法兰克几乎同时到达芝加哥。斯特福的父亲是一位富有的农场主，斯特福上了大学，还读了研究生。就在法兰克给别人擦皮鞋的时候，斯特福住在芝加哥最豪华的酒店里进行市场调查，耗资数十万。经过一年的周密调查，斯特福得出的结论是：卖雪糕一定很有市场。当斯特福把结果告诉父亲时，遭到了强烈反对而没有付诸行动。后来，又经过一番精确调查后，自己还是觉得卖雪糕的生意好做。一年后，他终于说服了父亲，准备打造雪糕店。而此时，法兰克的雪糕店已经遍布全美，最终无功而返。

在职场这个大舞台上，想成就一番伟业的人多如过江之鲫，而结果往往是如愿者不足一二，平庸者十之八九。这里除了机遇、胆略、资金因素外，更重要的是大多数人一直处于思考、梦想、迟疑状态，从而习惯性地拖延行动，在犹豫中错过了良机，这样一晃，可能就是一生。只有少数人，不仅有思考的能力，而且还是积极行动的巨人。

行动孕育着成功，行动起来，也许不会成功，但不行动，永远不能成功。不管梦想是大是小，目标是高是低，从现在开始，积极行动起来，只有紧紧抓住行动这根弦，才能弹出职场美妙的音符。

（五）知识点：职业生涯规划行动方案的评估与反馈

在人生的发展阶段，由于社会环境的巨大变化和许多不确定因素的存在，原来制定的职业生涯规划与现实存在偏差。因此，需要对职业生涯规划进行评估和修正，并调整自己前进的步伐，以便更好地符合自身发展和社会发展的需要。这个过程就是职业评估。

1. 职业评估

职业评估是个人对自己的不断认识过程，也是对社会的不断认识过程，是使职业生涯规划更加有效的手段。个人只有正确地认识自己、客观地分析环境、科学地规划，才能使自己的事业不断取得成功！

（1）评估的目的

任何一种规划在一定程度上都是一种计划和假象，需要适时地进行评估与修正，才能保证它的科学性和可行性。许多事情不会像我们所喜欢的那样发生，如果事情有可能改变，我们就应该尽力去改变；如果不能，我们就需要坦然地接受现实，立足现在，重新规划。

面对新的环境有的人会感到恐慌，有的人却很镇定，恐慌的人大都因为缺少准备，在困难面前不知所措，丧失对生活控制感的同时，自信心也受到了挫败。因此，如果我们能够在事情发生之前预期更多的可能，提前做好评估修正，那么，很多问题对我们而言，都不再意外。

（2）评估的时间

一般情况下，一年进行一次评估调整。特殊情况下，需要时就立即评估修正。如果预见情况有变或情况已变，必须立刻进行评估修正，以便减小时间、人力或物力的损失。

（3）评估的要素

1）可行性：有效的职业生涯规划必须依据个人及组织环境的现实而进行，从而实现和落实计划方案，而不是没有依据或不着边际的幻想。

2）适时性：有效的职业生涯规划，其各项活动的实施与完成都应有时间和顺序上的安排，以便作为检查行动的依据。

3）灵活性：有效的职业生涯规划是关于未来的职业生涯目标与行动，涉及许多不确定因素，因此规划应有弹性。随着外界环境及自身条件的变化，应该及时调整自己的职业生涯规划方案，以增强其适应性。

4）持续性：职业生涯规划是人生追求的重要目标，它应该贯穿人生发展的每一个阶段。通过不断的调整与持续的职业活动安排，确保人生每个发展阶段都能持续连贯衔接，最终实现职业生涯目标。

5）一致性：有效的职业生涯规划应该始终保持与兴趣、能力及价值观的一致性、与职业需求的一致性、与组织需求的一致性、与环境需求的一致性等。

2. 反馈与修订计划

根据评估结果的反馈，可以判断需要调整和修订的内容，而修订的依据除了参考评估后反馈回来的信息，还需要综合发生变化的内部和外部环境因素，以确保修订的科学性和可行性。是否需要修订，何时需要修订，时机把握很关键。在修订时机的选择上，需要考虑以下几点：

1）定期检测预定目标的达成进度。

2）每一阶段目标达成之时，要依据实际效果修订未来阶段目标可采取的策略。

3）客观环境改变影响到计划的执行。

有效的职业规划还要不断地反省、修正生涯目标，而反省策略是否恰当，以是否能适应环境发展需要，是否符合市场规律等为参考的依据。

【生涯案例】

这是一个就读行政管理专业，选择政府公务员作为自己第一职业目标的大二女生的职业生涯规划行动计划反馈与调整的示例。

1. 实施策略评估

在大学期间，假如在预定时间内无法考取相关证书、从入党积极分子成长为中共党员，可适当推后，直到完成为止。

假如没有通过国家公务员考试，那么回贵阳参加地方性公务员考试。假如该考试通过了，便按照预期计划从事政府行政人员的工作。

假如地方性公务员考试失败了，那么便选择一家企业，从基层做起。在企业工作的时间，继续参加公务员考试。

假如无法找到与专业对口的工作，那么可以选择从事外语教师、舞蹈教师、演员、平面模特等。

2. 职业路径评估

① 考取公务员—进入相关政府部门—基层管理—中层管理—高层管理。

② 面试进入某企业—基层管理—中层管理—高层管理。

3. 职业目标评估

有可能重新选择职业目标，但是概率不大。

假如一直从事政府行政人员这个职业，我相信我一定可以做好，因为这是我自己中意并且擅长的职业。

假如不能从事政府行政人员这个职业，到企业做管理也是不错的选择。因为行政经理也是我很喜欢的一个职业。

假如工作进度无法跟上，我会加倍努力调整，在尽可能短的时间达到预定目标。

假如经过长时间（半年左右）仍然无法跟上进度，我会考虑重新选择职业目标，发展下一条职业路径。

4. 其他因素评估

我从小身体就不太好，如果有些职业太累，身体可能无法负荷。那时我便有可能更换职业，但这个概率不大，因为我目前所选择的职业目标，譬如政府行政人员、行政经理等都是朝九晚五的规律作息，工作强度应该不会太大。

另外，假如有一些家庭状况或者出现更好的发展机会，譬如在政府工作已无法再升迁，但同时在某家企业我可以做得更大，那我就极可能选择前途更光明的一个职业。

人的一生肯定还会出现许多意外因素，这只能在将来的路途中，具体情况具体分析了。

六、成长手册

（一）九分格——我的职业生活拼图

我的职业生活拼图

工作内容	职业前景	职场交往
工资报酬	工作地点	业余生活
自我成长	工作条件	社会服务

（二）我的职业生涯规划设计

我的职业生涯设计

1. 如果要描述我的个性或特质，我是_____的人。
2. 我所具备的能力或专长是_____。
3. 我最不擅长的是_____。
4. 我最重视的职业价值观是_____。
5. 我最理想的生活状态是_____。
6. 我最理想的工作是_____。
7. 我最希望的工作地点是_____。
8. 对找到我理想的职业，最有利的条件是_____。
9. 对找到我理想的职业，最大的困难会是_____。
10. 我的长期目标是_____。
11. 我的中期目标是_____。
12. 我的短期目标是_____。
13. 这些目标在我的处境中，机会如何？_____。
14. 我目前的决定是_____。
理由是_____。

（三）生涯规划再整理

未来预估表

预估未来十年，我的环境可能发生的事件：

我预估，自己将面对的问题：

在不同的角色上，我必须完成的阶段目标：

学生_____

工作者_____

家庭成员_____

社会成员_____

休闲者_____

其他_____

第二节　大学学业规划

一、案例导入

　　小杨，温州大学计算机与信息科学学院 2004 级学生，他刚进大学就听说大学生活挺轻松的，只要每门课不挂科就行，于是他经常泡在网吧打游戏、聊天或者看小说，日子确实像一些师兄说的，很轻松。可过了一段时间，他就觉得这样的日子很空虚、很无聊，感到漫无目的，无所事事。期末考试成绩一公布，他浑身凉透，原本优秀的他，第一次尝到了失败的滋味。他彷徨、迷惑，到底怎么啦？正在这时，学院在全院范围内展开学生学习生涯规划，从老师的指导到自己潜心学习、思考，他才发现大学时期并非人生的休闲驿站，而是人生新的起跑线，是青春全面燃烧的黄金时代。在全面规划、定好位的基础上，他迈上了人生快速发展的正确轨道。后来，他不但学习成绩名列前茅，而且在学院学生会也担任了副部长之职，经常说时间真不够用，还有很多事情等着去做。

　　小张，温州大学人文学院 2006 级学生。他一进大学就与其他新生不同，别人都趁刚进大学，好好歇一歇，他却一方面经常待在图书馆博览群书，充实自己，一方面发挥自己的组织管理能力强的优点，先后在院级协会、学生会担任主要学生干部，在学院与学生之间架起了一座沟通之桥，原本平常的他从学生中脱颖而出。他常说："我来自农村，父母培养我非常不易，而社会又竞争激烈，我自信有能力才能走天下。"大学四年，就是凭着这样的信念，他几乎牺牲了所有的节假日去努力学习与工作，毕业时，在市属重点中学的招聘活动中，他凭借扎实的专业功底、广博的知识与良好的语言表达能力、组织管理能力与担任学生干部的背景，在同众多"211"大学的毕业生一起的竞争中胜出。

二、学习导语

　　以大学里常见的学业发展成功与不成功案例为切入点，引起学生思考自身成长的点滴，通过回忆逐步了解成功或失败的原因，并针对影响自己的事件过程进行反思，从而真正理解职业生涯规划对人发展的重要性。通过相关活动的设计，以及构成因素的分析，使学生掌握相关技能，从而能够有条理地、科学地规划大学四年。

三、学习目标

1）学会对社会背景进行分析，理解自身所处环境状况。

2）明晰自己的目标，对"我为什么要读大学""读了大学后会怎样"等问题有解答。

3）懂得对自己所处的现状进行思考。

4）树立学业目标意识。

5）掌握一定学业规划技能。

四、学习活动

（一）我之所以上大学的十大理由

1. 活动目标

1）引导大学生认识上大学的目的。

2）通过活动，挖掘和寻找上大学的内在动机和愿望。

2. 活动要求

1）活动场地：室内。

2）参加者：班级同学，分成6～8人的小组若干，围桌而坐。

3）活动准备：纸和笔。

4）时间：活动时间约为10分钟，讨论与分享时间约为15分钟。

3. 活动过程

独立思考，结合自己的实际情况，认真回答本节"成长手册"第一部分的问题，然后和你的同学分享。

4. 讨论分享

请同学们以小组为单位，分享自己填写的"上大学的十大理由"，找出本组同学认为最重要的几个理由。然后各小组派代表在全班分享讨论的结果，再在全班评选出大家公认的最重要的十大理由。

（二）在大学里最想做的三件事情，最希望达成的三个目标，最不希望出现的三种结果

1. 活动目标

1）搞清自己在大学里的学业、生活与工作方面的追求。

2）能对自己追求的职业目标有一个较为清晰的认识。

3）为个人制定和寻找一个合适的发展方向。

2. 活动要求

1）活动场地：室内。

2）参加者：班级同学，分成 6～8 人的小组若干，围桌而坐。

3）活动准备：纸和笔。

4）时间：活动时间约为 10 分钟，讨论与分享时间约为 15 分钟。

3. 活动过程

1）学生各自根据自己的实际情况填写"最想做的三件事情，最希望达成的三个目标，最不希望出现的三种结果"。

2）小组分享：学生在小组内汇报自己的内容，分享自己的心得。

3）教师引导学生进行全班分享并总结。

4. 讨论与分享

1）你"最想做的三件事情，最希望达成的三个目标，最不希望出现的三种结果"分别是什么？

2）为什么这样选择？以前明确吗？现在呢？对你自己有了什么新的启发？

3）你在活动过程中最深刻的体会是什么？

4）你开始怎么看待大学学业的？活动结束之后有什么改变吗？

五、理论拓展

（一）什么是"大学学业规划"

1. 什么是学业规划

大学生学业规划，就是大学生根据自身情况，结合现有的条件和制约因素，为自己确立整个大学期间的学业目标，并为实现学业目标而确定行动方向、行动时间和行动方案。换言之，就是大学生通过解决学什么、怎么学、什么时候学等问题，以确保自身顺利完成学业，为成功实现就业或开辟事业打好基础。对于在校的大学生来说，只有及早设计自己的学业规划，明确自己的学业目标，提高素质优势，才有可能在将来激烈的竞争中把握住机会，获得成功。

学业规划过程就是"三定"的过程。首先是"定心"，刚刚步入大学校门的青年学生，要既来之则安之，不能心神不定、朝三暮四，这是做好并实现学业规划的前提；其次是"定向"，即根据自身爱好，确定专业发展方向，这是能否做好和实现学业规划的关键；最后是"定位"，根据自我评估和对外界环境评估的情况，确定自己要达到的发展水平。定位要准确适度，既不可悲观也不能高估，这是最终要实现的学业规划目标。

2. 为什么要进行学业规划

做好学业规划能增强自我约束力和自我管理能力。没有学业规划，我们的时间、精力容易处于荒废和散乱之中，生活漫不经心，心态消极怠慢，很容易进入跟学业无关的琐事中，虚度大学美好光阴、浪费青春。学业规划能让我们明白现在做的每一点都是实现未来目标的一部分，从而重视现在、把握现在，集中时间、精力和资源，选定学业。

做好学业规划能增强生活与学习的主动性。一份有效的学业规划，能够引导我们认识自身的个性特质、现有的和潜在的资源优势，对自己的综合优势与劣势进行对比分析，树立明确的学业发展目标与未来职业理想，评估个人目标与现状之间的距离，学会运用科学有效的方法，采取切实可行的步骤和措施，不断增强自己的学业竞争力，实现学业目标与职业理想。从大一开始，同学们就应该认清自己的学习发展方向，并在大学期间为自己的目标努力，而不是到大四快毕业了，才开始想自己到底想要干什么。改变以往的被动局面，由"要我学"变为"我要学"。

做好学业规划能促使大学生积极向上和自我完善。学业规划是我们努力的依据，也是对自我的鞭策。随着学业规划的每一个具体目标的实现，我们就会越来越有成就感，我们的思想方式及心态就会向着更积极向上的方向转变。好的学业规划为我们提供了完成学业的清晰图景，使自己对学业的实现过程有了清晰透彻的认识，进而更有信心、勇气，达到自我完善。

做好学业规划有助于自我定位。同学们要不断地了解自己、发掘自己的特点，进而不断地进行调整与修正，找出自己感兴趣的领域，确定自己能干的工作即优势所在，明确切入社会的起点。其中，最重要的是明确自我人生目标，即自我定位。学业规划确立的过程是一个有弹性的动态的规划过程，是一个认识自身优势与劣势、机会与挑战的过程，是一个自我定位、规划人生的过程，是一个明确"自己能干什么""社会可以提供给我什么机会""我选择干什么"等问题的过程，进而使理想具有可操作性，为进入社会提供明确方向。

（二）规划大学学业可选择的指导思想

1. 通识与个性发展相结合

通识教育可理解为一种大众化的教育，它是一种"非专业、非职业性的教育"，是一种大学理念，如同温州大学所提倡的"求学问是，敢为人先"的办学理念一样，它是一种教育范式下，共同追求的关注人的生活的、道德的、情感的和理智的和谐发展的教育。"通识教育作为大学的理念应该是造就具备远大眼光、通融识见、博雅精神和优美情感的人才的高层的文明教育和完备的人性教育。"

个性教育则是根据社会或未来发展趋势、被教育对象的潜质特征和自我价值倾向以及被教育对象的利益人的目标与要求，量身定制教育目标、教育计划、辅导方案和执行管理系统，并组织相关专业人员通过量身定制的教育培训方法、学习管理和知识管理技术以及整合有效的教育资源，从潜能开发、素养教育、学历教育、阅历教育、职业教育、创业教育多个方面，对被教育对象的心态、观念、信念、思维力、学习力、创新力、知识、技能、经验等展开咨询、策划、教育和培训。

两者体现在学业上则相当于必修课与选修课的关系一样，必修课是对学生培养的硬性要求，选修课则是根据学生意愿与兴趣自主进行。两者应是同时进行的，可以有所偏重，却不能厚此薄彼。通识教育能使人更快更好地融入性质相同的群体，而个性教育能让人从群体中脱颖而出。

2. 专业与就业相结合

专业学习影响以后的就业方向，在就业方向选择上，大部分人会有意或无意地偏向于自己的专业学习方向。例如，汉语言文学的学生偏向于语文教师、报社记者、办公文秘、文案策划等职业，工商管理的学生则偏向于会计、企业管理人员等职业。这是由于专业性质、功能同职业性质、功能的重叠所致。但这并不意味着专业学习就一定决定了就业方向，鲁迅读大学时专业是医学，可后来他成了文学家，这是因为他的志向发生了变化。因此专业与就业并没有必然关系，而只是有所联系，其纽带便是主体的志向与兴趣。

一方面要专业学习与就业学习相结合，也就是说，要使自己所选的专业尽量与自己的兴趣和志向相符合，从而提早为将来就业打基础；另一方面，要提早进行就业方面的学习，清楚自己在职业方面的取向，反过来加强专业方面的学习。

3. 理论学习与实践锻炼相结合

大学阶段的学习以理论学习为主，获得知识的主要渠道是书本和老师，缺乏一个将理论转化为经验的环节，而这个环节便是实践。在学校中，实践的途径不外乎参加学生社团、见习、实习、勤工助学、社会实践等活动。同学在见习、实习时会特别注重做好将来的就业准备，为将来就业打通渠道等。但在大学四年中，真正见习、实习的时间并不是很多，反而用于参加学生社团、勤工助学岗位、社会实践等活动占了更大的比例，若能有机会同自身专业、兴趣相结合，便是极好的实践锻炼机会。

捷点网络公司的建立便是一个很好的例子。它的前身本是一群计算机系、化学系等理工科的同学在课余时间创建的学校的思政网站，同学们自己动手进行网站的管理和维护，大学几年下来，他们一方面从课堂上不断充实理论知识，另一方面在网站的日常管理维护中获得了实战经验，毕业后创立了捷点公司。可见理论学习与实践学习结合的重要性。

（三）怎样进行学业规划

进行学业规划，一般有以下几个程序：一是环境分析，二是现状分析，三是确定目标，四是制订方案，五是实施计划，六是反馈与修正。

第一步：环境分析。我们每个人都处在一定的环境之中，包括家庭环境、组织环境以及社会环境。对环境进行分析，对环境的变化进行充分的把握，能让我们知道自己将获得环境哪些方面的支撑，受到环境哪些方面的约束。

第二步：现状分析。对环境的分析，一定要和自己的现实（个性、能力、素质等）结合起来，要分析环境对自己有哪些优势、哪些劣势，应当怎样在当前环境中发挥自己的优势，避免自己的劣势。

第三步：确定目标。基于环境分析和现状分析，即在分析环境允许我、支持我做什么，我能在这样的环境中做什么之后，制定适合自己发展的目标。

第四步：制订方案。在确定具体的发展目标之后，要围绕目标设计达到目标的具体方案，如果只有目标，而没有具体的方案来达到目标，那么这个目标就是虚幻的、空想的。

我们发现一些大学生，只有目标，却没有具体的实施方案。当然，达到目标的方案不止一个，我们要设计若干方案，根据自己的情况优先选出其中最适合自己的行动路径。

第五步：实施计划。在具体的方案确定之后，就是落实计划。没有行动，前述的所有步骤，都是无用功，都只能是纸上谈兵。

第六步：反馈与修正。计划实施得怎样，计划是不是靠近目标，都需要进行反馈，在得到反馈之后，要对目标进行修正，对具体的方案进行调整，使得整个规划更适合自己，并最终能得到实现。

进入学校后，学校会进行专门的学业规划辅导，帮助大家做好学业设计、职业规划，走向成功人生。

【小贴士】

大学生学业规划书模板

引言

本部分参考内容：介绍自己，并对过去一个学期进行总结，提出自己对大学的认识，以及大学学业的总目标……

一、目标定位分析

（1）自我分析

本部分参考内容：对自己进行全方位、多角度的详细分析。

1）性格。

2）爱好。

3）特长。

4）能力。

5）弱点。

自我分析小结：

我的优势能力	我的劣势能力

（2）环境分析

1）家庭环境分析。

如经济状况、家人期望、家族文化等对本人的影响。

2）学校环境分析。

如学校特色、专业学习等。

3）社会环境分析。

如社会对人才的需求、国家政策、行业发展趋势等。

环境分析小结：

（3）综合自身分析和环境分析内容得出目标定位的优劣势分析

内部环境因素	优势因素（S）	劣势因素（W）
外部环境因素	机会因素（O）	威胁因素（T）

二、目标定位

（1）总体目标

由优势、劣势分析，确定出我的大学目标是：

①考学；②就业；③出国；④创业……

（2）发展规划

发展规划	时间规划	大学四年的时间规划、每学年、每学期的时间安排、每天的工作计划等
	知识规划	为了达到目标所需要的知识体系，以及如何实现对所需知识的掌握
	技能规划	为了达到目标所需具备的技能，以及如何掌握这些技能
	自我约束和交流	为了确保达到目的，需要何种约束力，以及通过何种方式保障约束力的生效
	其他需要说明的方面	视个人情况，分析其他需要说明的方面

三、目标分阶段执行计划

（1）目标分阶段计划一览表（简要概括）

目标分阶段执行计划一览表

计划名称	分目标	计划内容（参考）	策略和措施（参考）	大学总目标
一年级计划	如：大一上学期要达到……大一下学期要达到……或在××方面要达到……	如专业学习、课外读物、社会实践等方面	如专业学习方法、课外阅读书籍选择、社会实践时间、地点、内容的确定……	大学四年的总目标是……
二年级计划	……	……	……	
三年级计划	……	……	……	
四年级计划	……	……	……	

（2）详细执行计划

计划分阶段具体执行安排如下：（详细介绍计划实施一览表内容……）

要求：分几个阶段详细介绍。

四、结束语

六、延伸阅读

如何适应大学的生活?

大学四年里,有许多学生放任自己虚度光阴,还有许多学生十分努力但始终找不到正确的学习方向。当他们被第一次补考通知唤醒时,当他们收到第一封来自招聘企业的婉拒信时,这些学生才惊讶地发现,自己的前途是那么渺茫,一切努力似乎都为时已晚……与其等到大四后悔不已,不如从大一开始,就认清自己的发展方向,制定合理的学业规划,并在四年里朝着目标努力。

学业规划是平时努力的依据,也是对自我的鞭策。好的学业规划为我们提供了完成学业的清晰思路,使自己对学业的实现过程有了明确的认识,进而更有信心、勇气达到自我完善。

制定一个合理的学业规划,首先,你应当了解大学学习的特点。

大学和中学学习存在着很大区别。中学阶段,一般只学习十门左右的课程,而且主要讲授一般性的基础知识,而大学里所开设课程分公共课、基础课、专业基础课、专业课四个层次,每一个层次又由许多门课程综合而成。一般说来,大学四年需要学习的课程在 40 门以上,每一个学期学习的课程都不相同,内容量大,学习任务远比中学重得多。大学一、二年级主要学习公共课和基础课,大学三年级主要学习专业基础课和部分专业课,大学四年级重点学习专业课和进行毕业设计、做毕业论文。

在大学里,课堂讲授相对减少,自学时间大量增加。掌握科学的学习规律、不断改善学习方法很有必要,明智之举是合理分配选课时间。从四个学年看,选课应前紧后松,前两个学年多选课,为大三、大四考研、实习留出时间。

心态上的转变尤为重要。中学阶段,许多同学都是佼佼者,大都习惯于领先和胜利。然而,进入大学后,由于比较的参照系发生了变化,原有的自信受到了不同程度的挑战。相比之下,自己似乎一无所有,十分苍白,一下子就觉得矮了几分,自卑感油然而生。

新生要做到的就是找到自己的位置,完成角色的转换,应做到以下几点。一是要学会"归零思考",学会把过去的东西都放下,不要沉醉和局限于过去所取得的成绩,这样才能重新找到一个新的起点。二是要学会"与众不同",找到自己的优点和长处。我们永远不可能在各个方面都超过别人,但是一定有自己的某点所长是能够超过别人的。三是要学会处理好两个关系——全面发展与扬长避短。从整个大学生活来讲,学校鼓励学生德智体美劳全面发展,全面发展要达到的目标是实现整体上的平衡,而不是面面俱到,因此,一定要学会扬长避短,不能过分追求完美。同学们要根据社会需要、社会发展趋势和个人的兴趣、特长及所学专业等确立自己大学期间努力的目标,并根据确立的目标,做好切实可行的生涯规划。一旦确立了你自己的学业目标,就要及早准备,付诸行动。

大学生常有的几个发展方向

◎就业:勤学习,多实践

对于一毕业便有求职意向的同学而言，应该首先对市场和自身的情况进行分析，进而初步确定自己的职业定位，然后在四年中有意识地培养职业能力。

高标准学习。招聘时"成绩单"无疑是企业用人的第一道门槛。把全部精力投入社会实践，高举"六十分万岁"大旗，只会后悔莫及。学习是大学四年不变的主基调。大一夯实基础，尤其是在外语、计算机等应用技能方面。同时广泛涉猎各类书籍，学会思考，挖掘兴趣。大二进入专业课的学习，除英语、计算机等一些等级考试资格证外，就要重点培养与专业相关的技能，给自己制造"亮点"。

高质量实践。对于今后有直接就业想法的同学，社会实践不仅要有"量"，还要有"质"。在实践中重点培养自己的表达力、分析力、选择力、整合力、合作力和执行力。实践活动大致有参加学生会、社团等校内组织，参加各种比赛和公益活动，兼职和实习等，大一时可多尝试参加这些活动。大二的时候，选择一个或几个重点实践的组织或方向，深入发展，但要注意企业在招聘时更为注重你参加活动的规模和成绩，以及你在某个组织中所起到过的作用大小，因此，脚踏实地、干出成绩远远好于漫天撒网、贪多嚼不烂。一般大二到大三就会进行实习，实习中重点学会团队合作，并了解真实职场的用人要求。当然，名企实习会给简历加分，对今后建立人际关系和求职也有很大帮助。大三的目标应锁定在提高求职技能、搜集公司信息上。同时，发达的人际网是高校求职必不可少的。毕竟，现在社会求职成功率最高的还是"熟人推荐"。

◎出国：早过语言关

出国深造虽好，切忌盲目跟风。大学生在做留学规划的时候，应该多问一下自己：第一，是否已经准备好付出留学必需的成本，包括时间、费用和其他的机会成本；第二，留学的经历是否会对自己的长期发展有帮助；第三，读完以后打算做什么。

对自身条件进行准确定位后，你需要了解"选校"中的几大因素：大学排名、学校录取要求、学校专业设置、费用问题、奖学金的申请（一般英联邦国家较难申请奖学金）等。

根据以上的一、二点，我们可以得知，想要出国的同学们从大一开始就要紧抓自己的语言关和学习关。尽早完成英语四、六级考试，大二、大三根据自身情况制定计划攻克托福和GRE，可和老师及申请成功的师兄师姐多交流，形成读外文报刊习惯、浏览相关网站（如国外大学的网站等）。若是申请日韩等非英语系国家还需要学习第二外语。同时，一定要认真学习，重视考试成绩和专业素养，避免到后期因绩点低搞得手忙脚乱。

留学绝不仅仅是在比谁考试考得好，关键还要看业余活动和社区服务。国外大学重视学生的领导力，如参加辩论、社团、实习等社会实践都会增分不少。

做到这些就结束了吗？当然不是，在等待回复期间还会有套词和面试，二者往往在成功留学中起着决定性作用。这就需要良好的沟通表达能力和严密的逻辑思维反应能力。大学四年勤读书、勤思考、参加演讲辩论对提高这些能力有显著效果。

◎考研：考需渐进

考研一般都是到大三才开始准备的，因为到大三才会对自己所在的专业有一个比较全面的了解，到这个时候，再决定是不是考研，考什么专业，是否跨专业，考哪所学校是比较理智的。

若从大一就确定了读研的目标，那么大一、大二学好基础课、专业课，将为你考研打好坚实的基础，在复习备考的时候会十分有用。在大三前，尽早把英语提高到六级水平或六级优秀的水平，就是为考研做了很好的准备。

到了大三下学期，你就可以开始着手准备了，先确定自己感兴趣的学校和专业方向，再到网上去搜寻相关的资料，如录取人数和往年考试题等，若能联系到一些研究生和导师便更好了。

就具体科目而言，考研主要分三大块：专业课、英语、政治。对语言的学习是一个长期的过程，学习英语的时候，注意看一下考研词汇，或者多看一下考研相关的英语参考书。这样一来，让自己的词汇尽早过关，对于考研的准备绝对是事半功倍的效果。一般来说，考研的专业课是每个专业最基本的课程，所以你在整个大学当中一定要注意专业课的学习，尤其是考研要求的专业基础课。分析历年的考研题目，可以从中发现，考试并不是简单地考对知识的记忆，而是考查如何运用专业知识解决实际问题。因此，在平时的学习中要注重知识的理解运用。

◎考公务员：早准备，重积累

目前，公务员考试主要分为国家公务员考试和地方公务员考试两种，分为笔试和面试，其中，笔试主要科目有行政职业能力测验、申论等。各项考试单独进行，不存在什么从属关系，考生根据自己要报考的政府机关部门选择要参加的考试，也可同时报考，相互之间不受影响。前种考试一般在每年 11 月份举行，地方公务员考试不尽相同。打算考公务员的同学，可以在大三下半学期开始准备。

从大一开始，同学们便要多关注时事，多关注新华网等时政新闻网站和报刊；平时多看些课外书籍，尤其是文学类、时政类的相关书籍；若能多选修一些法律的课程，了解更多的法律知识，对以后写申论是很有帮助的。

考公务员对成绩的要求相对较低，但至少要拿到学位证书，才有资格报考。在校的成绩和参与的社会工作，对公务员考试录用帮助不大，只是给单位留下一个好的印象。因此，绝不可一心忙于社团、学生会等活动，顾此失彼，影响学业。

有很多想报考公务员的同学会有这样的疑问，考公务员是否一定要在大学期间入党？专家指出，党员代表了你个人的先进性，对于考公务员的好处主要是可以报考要求党员的职位，而很多非党员受了这个限制条件就报考不了，这样的职位相对竞争程度就会比不限政治面貌的职位小，考上的概率就能更高。其次是考上以后，在政府部门党员身份比较重要，对个人的发展有好处。

另外一点，需要注意的是，报考省级以上政府工作部门需具有两年以上基层工作经历，国家有特殊规定的除外。所以，在暑期争取一定实习机会，会对将来报考公务员大有裨益。

七、成长手册

（一）上大学的十大理由

上大学的十大理由

1. 我之所以上大学，是希望/因为＿＿＿＿＿＿＿＿＿＿＿＿＿＿＿＿
2. 我之所以上大学，是希望/因为＿＿＿＿＿＿＿＿＿＿＿＿＿＿＿＿
3. 我之所以上大学，是希望/因为＿＿＿＿＿＿＿＿＿＿＿＿＿＿＿＿
4. 我之所以上大学，是希望/因为＿＿＿＿＿＿＿＿＿＿＿＿＿＿＿＿
5. 我之所以上大学，是希望/因为＿＿＿＿＿＿＿＿＿＿＿＿＿＿＿＿
6. 我之所以上大学，是希望/因为＿＿＿＿＿＿＿＿＿＿＿＿＿＿＿＿
7. 我之所以上大学，是希望/因为＿＿＿＿＿＿＿＿＿＿＿＿＿＿＿＿
8. 我之所以上大学，是希望/因为＿＿＿＿＿＿＿＿＿＿＿＿＿＿＿＿
9. 我之所以上大学，是希望/因为＿＿＿＿＿＿＿＿＿＿＿＿＿＿＿＿
10. 我之所以上大学，是希望/因为＿＿＿＿＿＿＿＿＿＿＿＿＿＿＿＿

（二）在大学里最想做的三件事情，最希望达成的三个目标，最不希望出现的三种结果

我最想做的三件事情：
1. ＿＿＿＿＿＿＿＿＿＿＿＿＿＿＿＿＿＿＿＿＿＿＿＿＿＿＿＿＿＿
2. ＿＿＿＿＿＿＿＿＿＿＿＿＿＿＿＿＿＿＿＿＿＿＿＿＿＿＿＿＿＿
3. ＿＿＿＿＿＿＿＿＿＿＿＿＿＿＿＿＿＿＿＿＿＿＿＿＿＿＿＿＿＿

我最希望达成的三个目标：
1. ＿＿＿＿＿＿＿＿＿＿＿＿＿＿＿＿＿＿＿＿＿＿＿＿＿＿＿＿＿＿
2. ＿＿＿＿＿＿＿＿＿＿＿＿＿＿＿＿＿＿＿＿＿＿＿＿＿＿＿＿＿＿
3. ＿＿＿＿＿＿＿＿＿＿＿＿＿＿＿＿＿＿＿＿＿＿＿＿＿＿＿＿＿＿

我最不希望出现的三种结果：

1. ＿＿＿＿＿＿＿＿＿＿＿＿＿＿＿＿＿＿＿＿＿＿＿＿＿＿＿＿＿＿

2. ＿＿＿＿＿＿＿＿＿＿＿＿＿＿＿＿＿＿＿＿＿＿＿＿＿＿＿＿＿＿

3. ＿＿＿＿＿＿＿＿＿＿＿＿＿＿＿＿＿＿＿＿＿＿＿＿＿＿＿＿＿＿

（三）完成一份属于自己的大学四年学业规划书

根据本节小贴士提供的"大学生学业规划书模板"，结合自身的情况写一份自己的四年学业规划书。

中篇　大学生就业指导

第六章　就业指导概述

上篇介绍了自我探索与工作世界的了解对于个体生涯规划与发展的决定性影响，在此我们进一步把自我能力、兴趣与工作世界可能带来的生活形态，落实到一个更为宽广的社会情境中。社会环境或情境的内涵是指社会中长时期之风俗习惯所孕育或法律规章所制定出来的文化活动，逐渐形成一个结构，而或多或少地约束与规范了生活于其中的个体之生涯发展。

许多人的生活安排或工作选择是出于家庭经济的考虑或父母师长的期许，再进修是顺应社会价值重视学历的潮流，转业或兼副业则是因原先的工作环境制度不佳或社会经济不景气的影响，等等。由此可见，社会经济发展及就业形势变化会形成个体生涯发展或选择的影响因素，其影响力亦不容忽视。

本章主要内容：

1）社会经济发展及就业形势变化。
2）就业市场信息获得与工作机构认知。

第一节　社会经济发展及就业形势变化

一、案例导入

陈向东，温州大学1987级校友，曾任温州雁荡山旅游局局长。在1990年的时候，大学生的工作是国家分配的，虽然没有现在那么重的就业压力，但是也意味着不少同学要放弃自己的兴趣与曾经的梦想。作为一位理科学生，而且是对于自己学的专业有着比较大的热情的学生，要放弃自己的专业去从事一份与自己的专业不是很有关系的文职工作——公务员，实在是有些遗憾的。据陈向东局长回忆：在他大三的一次实践中，让他倍感激动的是去施工现场亲自参与工程的建造，看着自己的设计蓝图成为拔地而起的楼房，这是何等令人兴奋的一件事。但是，面对国家的工作分配，他并没有就此对工作失去信心与兴趣，在他的眼中，处于乡镇公务员的位置依然可以将自己的信念付诸实践。

面对自己的这一身份的转换，他在坚守自己信念的同时也有自己的看法。作为一个社会人，每一个人都要适应自己的社会角色，而且这样的一个社会角色并不是单一的，也不是一成不变的，而是随着时代而变化发展的。在公务员这条道路上，他一步步地走来，经常性地面对调职、换岗，而且不少的职位性质都是有着比较大的差异与不同的，面对这样的一个职业挑战，面对着社会的压力，面对着自我提升的需要，他不断地在为自己充电——法律、经济管理、金融等，使自己能够不断地适应自己的新角色。同时，要想走在每一群不同的社会角色的前面，充实自己也是必须做好的一份功课。

二、学习导语

在知识经济快速变迁的时代，我们要能够随着经济社会的变化，了解到生涯规划与社会环境发展及就业形势变化息息相关，个性发展之余，也要考虑到社会的需求，如此一来可以学以致用，掌握能够带得走的能力，使生涯发展效果最大化。

本节以生涯规划为主轴，整合社会领域与综合活动领域，在"新闻播报——就业大家谈"的教学情境设计引导下，学生以播报员的角色，讲解有关社会总体就业形势及浙江就业形势分析，再融入生涯发展教育的相关活动与讨论，采用情境表演、分享与评论等互动方式，扩大学生对社会经济发展及就业形势变化的认知。

三、学习目标

1）了解有关社会总体就业形势及浙江就业形势，学会分析自己在当前形势下个人的定位和选择。

2）扩大对社会经济发展及就业形势变化的认知和了解。

四、学习活动

新闻播报——就业大家谈

1. 活动目标

1）了解社会经济发展动态和就业之间的关系。

2）学会关注并解读有关就业形势相关新闻信息。

2. 活动要求

1）活动场地：室内。

2）参加者：班级同学分成 6～8 人的小组，围桌而坐。

3）活动准备：新闻播报具体材料。

4）时间：活动时间约为 10 分钟，讨论与分享时间约为 10 分钟。

3. 活动过程

1）教师请每组同学代表以播报员的身份播报几则新闻，并进行解读；

2）其余同学对播报员的讲解进行提问，或发表见解、评论。

播报内容参考：

• 社会总体就业形势分析

材料一：（北京晚报，2009 年 10 月 20 日）人力资源和社会保障部部长尹蔚民日前在介绍我国人力资源和社会保障事业发展历程、主要成就和形势任务时表示，中国面临的就业形势仍然十分严峻，今年全年就业的供求缺口与 2008 年相比将进一步加大。尹蔚民介绍，从总量看，劳动力供大于求的矛盾进一步加剧。今年全年需要就业的人员总数超过 2400 万人。如果按照 8%的经济增长速度测算，全年能够提供的新增就业岗位总数仅为约 1200 万个，供求缺口与 2008 年相比将进一步加大。

材料二：（北京晨报，2009 年 10 月 21 日）某招聘网近日对"2009 中国最佳 100 人力资源典范企业"的 100 家上榜企业（包括 IBM、万科、微软、通用电气等）进行了调查，调查结果显示，校园招聘有望在 2010 年回升，90 家企业表示计划招聘 2010 年应届毕业生，共计 34 670 人，超出 2009 年的 42%，约 4 成的典范企业已将"大学毕业生"列为企业未来经营骨干的主要来源。

资料解读：从全国的就业形势看，大学生就业问题仍然非常严峻，不容乐观。受金融危机影响，100 家典范企业 2009 年毕业生的招聘总量为 24 416 人，仅相当于 2008 年的 62%。但令人感到欣喜的是，校园招聘有望在 2010 年回升，这对于在 2011 年毕业的学生而言，无疑是个利好消息。所以我们既不要盲目地认为就业难，也不能盲目地乐观。其实只有自己加强专业技能的学习，强化个人能力，正视就业问题，提早准备，提早关注，才能很好地解决自身的就业问题。

• 浙江（杭州地区）就业形势分析

现象一：（浙江新闻网，2009 年 7 月 27 日）今年上半年，杭州毕业生就业网共收集到杭州市区用人单位的 41 145 个应届毕业生需求岗位数，这与去年上半年相比减少了 6.88%。

现象解读：今年以来，由于金融危机的持续影响，很多企业承诺不裁员、不减薪。为了应对危机，他们相对压缩了招聘计划。即便是有岗位缺人，也希望招有经验人士，以降低人力资源成本。因此，上半年的毕业生需求数比去年同期减少。

现象二：（浙江新闻网，2009 年 7 月 27 日）2009 年 6 月份，浙江人才网曾对 6.4 万名大学毕业生做了一次薪酬期望值的调查。结果显示 3000～4499 元占 4.64%，2000～2999 元占 21.02%，1500～1999 元占 42.72%，800～1499 元占 28.70%。浙江人才网上，用人单位提供的 1.79 万个岗位中，月薪 3000～4499 元的占 13.56%，2000～2999 元的占 24.79%，1500～1999 元的占 31.47%，月薪 1500 元以下的占 24.83%。

现象解读：金融危机来袭，大学生们纷纷自降"身价"，从原来的月薪 1500～1800 元，普降到 1000～1200 元。比较企业的供薪水平和大学毕业生的期望值，可以发现，毕业生对月薪 1500～1999 元级的期望最大，占 42.72%，高出供薪值的 11.25 个百分点，月薪 2000～2999 元级的期望值则低于供薪值 3.77 个百分点，3000～4499 元级的期望值则更是低于供薪值 8.92 个百分点。

4. 讨论与分享

1）通过哪些渠道可以了解到最新的社会经济发展动态呢？
2）应对未来的就业形势，我们现在应该开始做哪些准备呢？

五、理论拓展

(一) 中国劳动力市场发展概况

1. 劳动力市场供给需求矛盾突出

(1) 劳动力数量庞大，劳动参与率高

中国是世界上劳动力资源最丰富的国家。根据国家统计局的数据，2005 年 1 月 6 日，中国的总人口达到 13 亿人（不包括香港、澳门特别行政区和台湾省），其中 15～64 岁的劳动年龄人口为 92 184 万人，占 70.92%。2004 年末，中国的经济活动人口为 76 823 万人，占全部劳动年龄人口的 83.3%，中国的劳动参与率是世界上最高的国家之一。2004 年末，全国就业人数为 75 200 万人，其中城镇就业人数为 26 476 万人，占 35.2%，乡村就业人数为 48 727 万人，占 64.8%。在未来几十年内，中国每年将新增劳动力 700 万左右，同时，农村约有 2 亿剩余劳动力；按照农村人口城市化每年增长 1% 计算，农村劳动力每年向城市转移约 1000 万人；而在经济每年增长 8%～9% 的情况下，每年新增就业岗位 800 万～900 万个；2004 年末，城镇登记失业人数为 827 万人，登记失业率为 4.2%；城镇调查失业率在 7%～8% 左右。因此，城镇每年有 1000 万以上的劳动力得不到工作岗位。就业总量矛盾突出，中国将长期面临巨大的就业压力。

(2) 劳动力总体素质低下

2004 年末，全国就业人员受教育情况：大专及以上教育程度的占 7.2%；高中教育水平的占 13.4%；初中教育水平的占 45.8%；小学教育水平的占 27.4%；小学以下教育水平的占 6.2%。表明中国劳动力的受教育水平低于世界平均水平（中国 6 岁以上人口的平均受教育年限为 8.01 年，同比世界平均水平为 11 年）。事实说明受教育程度与失业率密切相关，世界银行基于 2003 年国家统计局城市家计调查的统计：受教育程度小学毕业的，失业率为 15.2%，初中为 13.3%，高中为 9.7%，大学及以上为 3.2%。我国的技能型人才总量严重不足；在技能型人才中，高级技能人才更为短缺。劳动力总体素质不能适应产业结构调整和提升的需要，"有人没活干和有活没人干"，就业的结构性矛盾突出，也成为制约扩大就业的一个主要原因。

2. 就业结构和状况

(1) 三大产业的就业结构

2004 年末，第一、二、三产业的就业人数分别是 35 269 万人、16 920 万人和 23 011 万人，所占比例分别是 46.9%、22.5% 和 30.6%。2004 年我国第一、二、三产业的 GDP 比例分别是 15.2%、52.9% 和 31.9%。就业结构与 GDP 的比例严重不相适应，第一产业只占 GDP 总量的 15.2%，但就业人数却占了 46.9%。加快城市化进程，实现劳动力由第一产业向第二、三产业的转移，由农村向城镇的转移，是中国面临的一项长期而艰巨的任务。

（2）就业的行业分布及其变化

传统产业如农业、采掘业、制造业的就业人数大幅度下降，而第三产业的就业人数大幅度提高。

（3）就业的所有制分布及其变化

国有企业和集体企业的就业人数大幅度减少，而非公有制部门的就业人数大幅度增加。

（4）非正规就业人数庞大

按照国际劳工组织的标准，非正规就业是"发展中国家城市地区那些低收入、低报酬、无组织、无结构的很小生产规模的生产或服务单位"，目前我国还没有按照这一分类进行的官方统计，但初步估计，中国城镇的非正规就业数量是非常庞大的。根据2002年劳动和社会保障部对全国66个城市的抽样调查数据，我国城镇的各类非正规就业人数大约是7000万～8000万人。这些就业者就业不稳定，基本没有社会保险，缺乏劳动保护，工资收入低下，工作时间长且不固定等。规模庞大的非正规就业，在为缓解就业压力和贫困发挥了积极作用的同时，也带来一系列问题，如劳动者权益得不到有效保障，并出现大量"有工作的穷人"。

（5）流动就业规模巨大

中国目前流动就业人数大约在1.2亿以上，流动就业的大多数是农民工。其中跨省流动就业人数约6000万人，约占全部流动就业人数的一半；绝大多数流动就业人员进入城镇就业（约1亿），占城镇全部从业人员的近40%。目前农民工占加工制造业职工总数的近60%、建筑业的80%、服务业的近50%。这种流动就业是在中国特殊的城乡分割和地区分割的制度下形成的一种特殊的农村富余劳动力转移就业的方式，其最大特点和问题：一是农民工长期处于"候鸟式"流动就业状态；二是由于城乡和地区分治，进城农民工难以实现与城市人平等的劳动权益和社会保护。建立城乡统一的劳动力市场，推进中国城市化进程的健康发展，是我们面临的一项艰巨任务。

【小贴士】

2009年第一季度部分城市劳动力市场职业供求数据分析参考

2009年第一季度，中国劳动力市场信息网监测中心对全国103个城市的劳动力市场职业供求信息进行了统计分析。这些城市分布在全国各大区域，拥有市区人口约1.9亿，约占全国地级以上城市市区人口的49.6%；拥有市区从业人员（含城镇个体劳动者）5377万人，约占全国地级以上城市市区从业人员的54%。

2009年第一季度全国103个城市劳动力市场职业供求状况主要呈现以下几方面的特征：

1）总体而言，劳动力市场上劳动力的供给依然大于需求；与上季度相比，劳动力市场中用人单位的需求人数和求职人数均出现较大幅度增长，但与去年同期相比用人单位的需求人数略有下降。

2）以第三产业为主体的产业需求结构相对稳定；与上季度相比，第二产业的需求比重上升，第三产业的需求比重下降。

从行业需求看，81.5%的企业用人需求集中在制造业、批发和零售业、住宿和餐饮业、居民服务和其他服务业、租赁和商务服务业、建筑业，以上各行业的用人需求比重分别为31.9%、17.2%、12.9%、9%、6.1%和4.4%。

3）生产运输设备操作工、商业和服务业人员既是用人需求的主体，又是求职人员集中的职业。从供求状况对比来看，商业和服务业人员、生产设备操作工、专业技术人员的岗位空缺与求职者比例较高，分别为0.93、0.92和0.8。

4）在所有求职人员中，失业人员所占比重为49.3%，外来务工人员的比重为40.2%。与上季度相比，失业人员的求职比重有所下降，外来务工人员特别是外埠人员的求职比重上升幅度较大。

5）分性别来看，女性的岗位空缺与求职者比例略高于男性；分年龄来看，25～34岁年龄组的岗位空缺与求职者比例高于其他年龄组；分文化程度来看，初中及以下、高中、职高、技校、中专文化程度的岗位空缺与求职者比例较高。

6）各技术等级的岗位空缺与求职者比例均大于1，劳动力需求大于供给。其中技师、高级技师和高级工程师的岗位空缺与求职者比例较大，分别为1.76、1.6、1.61。

从用人单位看，96.5%的用人需求集中在企业，机关、事业单位的用人需求比重仅占0.7%，其他单位的用人需求比重为2.8%。

在企业用人需求中，内资企业占76.6%，其中以私营企业、有限责任公司和股份有限公司的用人需求较大，所占比重分别为27%、24.1%和10.7%，国有、集体企业的用人需求比重仅为5.1%；港、澳、台商投资企业的用人需求比重为6.2%；外商投资企业的用人需求比重为7.1%；个体经营的用人需求比重为10.1%。

从各类职业的需求状况看，生产运输设备操作工、商业和服务业人员是用人需求的主体，所占比重分别为34.3%和33.4%，二者合计约占全部用人需求的67.7%。此外，专业技术人员、办事人员和有关人员的用人需求也比较大，所占比重分别为11.8%和11.2%。

（二）中国大学生就业形势变化

1. 高校毕业生就业现状

随着中国经济全球化速度的加快以及知识经济的到来，中国当前的就业形势尤其是大学生的就业形势已显得特别严峻。在严峻的就业形势下，大学生的就业受到了社会重点关注。

1）高等教育已由"精英教育"转变为"大众教育"，大学生的就业也由"精英"走向"大众化"。大学生不再是计划经济下的"宠儿"，已没有了计划经济下的统包统分，而是一律走向人才市场，公平地参与市场竞争。随着高校扩招，毕业生人数连年增长，就业压力不断增加。

2) 大学生毕业初期就业率不高。据统计，我国近几年大学生的初次就业率约为70%，并在今后几年内，大学生待就业的人数还将不断增加。

2010年《就业蓝皮书》指出，2009届大学毕业生半年后的就业率约为86.6%，比2008届（85.6%）高1个百分点，但仍比2007届（87.5%）低0.9个百分点。其中，"211"院校毕业生半年后的非失业率约为91.2%，非"211"本科院校毕业生半年后就业率约为87.4%，高职高专院校约为85.2%；分别较2008届高了1.1个、0.1个、1.7个百分点，但与2007届同类毕业生相比，"211"院校与非"211"本科院校仍分别低出2.3个、3个百分点，仅高职高专"一枝独秀"，比2007届同类毕业生半年后就业率高出1.1个百分点。

值得注意的是，2009届"211"院校毕业生较上届非失业率的增长，来源于读研而非就业。

3) 综观21世纪高等学校毕业生的就业环境，我国就业市场将会呈现出：①就业机会增多，就业难度增大；②人才地位提高，人才争夺加剧；③计划配置减少，市场配置增多；④就业岗位增加，岗位的知识和技术含量更高这几种趋势。所以，从当前的形势来看，我国大学生就业形势仍相当严峻。

2. 就业形势严峻的影响因素

（1）社会因素

劳动力市场供大于求的现实加大了毕业生之间的竞争，就业空间的狭窄为用人单位人为地提高就业门槛提供了条件。

（2）大学生个人因素

大学生就业的过高期望：①毕业生期望的薪酬明显高于用人单位的薪酬定位；②毕业生在工作单位的选择上，一般要求在国家机关、事业单位、国有大企业和"三资"企业；③在工作区域上普遍要求到东部发达地区以及大中城市，而不愿到西部欠发达地区就业。大学生期望值过高和要求趋向的集中化，致使个人、学校和用人单位都头痛，同时也进一步加剧了大学毕业生的就业压力，导致所谓的"高不成低不就"。

 【小贴士】

针对就业形势严峻的情况，中央采取了一系列强有力的应对措施，专门发布了《国务院关于做好当前经济形势下就业工作的通知》。主要内容如下：

① 稳定就业。稳定就业能够防止就业形势进一步恶化。对此，中央提出了"五缓、四减、三补、两协商"的政策措施，即通过在一定条件下允许困难企业缓缴五项社会保险费，阶段性降低城镇职工基本医疗保险、失业保险、工伤保险、生育保险费率，运用失业保险基金结余为困难企业提供社会保险补贴、岗位补贴、职业培训补贴以引导企业不裁员或少裁员，以及企业与员工双方平等协商等措施，减少就业岗位流失。

② 扶持就业。通过实行更加积极的就业政策扶持劳动者就业，是经过实践检验的成功做法，也是在人力资源市场供求不平衡情况下稳定就业的必然选择。这包括：采取完善落实市场准入、场地安排、税费减免、小额担保贷款、免费就业服务和职业培训补贴等扶持政策，鼓励劳动者自谋职业、自主创业；通过落实鼓励企业吸纳就业困难人员的社会保险补贴和税收扶持政策，鼓励企业吸纳下岗失业人员就业；通过进一步开发公益性岗位等，帮扶就业困难人员再就业，促进零就业家庭至少一人就业。

③ 统筹就业。在人力资源市场供求进一步紧张的情况下，需要统筹做好大学毕业生、就业困难人员、农民工、复员转业军人的就业工作。今年我国高校毕业生的总量达到 610 万人，是近年来的最高值。应落实中央部署，把促进高校毕业生就业放在就业工作的首位。

④ 提高就业能力。在采取刺激就业需求政策不能满足劳动者就业需要的情况下，对他们提供特别职业技能培训就成为一条缓解就业紧张、提高劳动者就业能力的重要途径。应通过集中对困难企业在职职工开展技能提升培训和转岗转业培训，帮助其实现稳定就业；通过对失去工作返乡的农民工开展职业技能培训或创业培训，促进其实现转移就业或返乡创业；通过对失业人员（包括参加失业登记的大学毕业生、留在城市里的失业农民工）开展中短期技能培训，帮助其实现再就业；通过对新成长劳动力开展储备性技能培训，提高其就业能力。

⑤ 改善就业服务。健全公共就业服务体系，健全和完善统一开放、竞争有序的人力资源市场。不断提高县、乡镇（街道）、社区基层公共就业服务能力，发挥公共就业服务的示范、指导作用，为城乡劳动者提供免费的职业介绍、职业指导等服务，以增强人力资源市场的流动性。

强有力的国家就业政策对大学生的就业有着不可忽视的作用。

① 国务院总理温家宝 2009 年 1 月 7 日主持召开国务院常务会议，部署做好高校毕业生就业工作。会议指出，高校毕业生是我国宝贵的人力资源。面对当前我国就业形势十分严峻的情况，必须把高校毕业生就业摆在就业工作的首位。会议研究确定了加强高校毕业生就业工作的七项措施：

鼓励和引导毕业生到城乡基层就业。

鼓励毕业生到中小企业和非公有制企业就业。

鼓励骨干企业和科研项目吸纳和稳定高校毕业生就业。

鼓励和支持毕业生自主创业。

强化毕业生就业服务。

提升毕业生就业能力。

建立和完善困难毕业生援助制度。

② 教育部 24 日下发《关于做好 2010 年普通高等学校毕业生就业工作的通知》，要求各地和高等学校高度重视，切实采取有效措施，全力推动 2010 年高校毕业生就业工作。

这些举措主要包括：

不松懈，不动摇，继续加大工作力度。

努力扩大各类项目吸纳高校毕业生的规模。

积极开辟高校毕业生就业的新渠道。

大力推进高校毕业生自主创业。

全面提升毕业生就业指导服务水平。

认真做好特殊群体的就业援助工作。

以社会需求为导向，推动新一轮高等教育改革。

加强思想教育，积极引导毕业生转变择业观念……结合当前形势和就业政策，引导毕业生调整就业预期，转变就业观念，树立"行行可建功、处处能立业、劳动最光荣"的就业观和成才观……

六、成长手册

探险队队员作业————亲友访谈

首先，欢迎各位伙伴加入此次时光探险之旅，为了在出发前有周全准备，让我们的旅程更多彩多姿，请各位队员访问一位亲友，搜集以下相关资料，拜托各位了！

1. 队员基本数据：我的姓名：_____

2. 亲友基本数据

（1）跟我的关系：_____ （2）哪一年出生？_____年

（3）性别：_____ （4）现在从事什么工作？_____

3. 请问您大概是哪一年出来工作的？_____一开始出来是做什么？为什么会做那个工作？

_____

_____

_____

4. 您刚开始工作前几年，国内外政治经济环境如何？（讲大概就好，如景气、很好，大家都赚很多钱，都在买房、投资股票……）

_____

_____

_____

5. 刚开始工作时，什么行业是最热门的？为什么？

6. 从出社会到现在，有没有再学什么新的东西？为什么？

7. 依照现在的环境，您建议我从事什么行业比较好？为什么？

8. 其他值得记住的事情：

第二节　就业市场信息获得与工作机构认知

一、案例导入

作为温州大学 2005 届的省优毕业生、天正集团史上最年轻车间主任、天正集团史上最年轻总经理、天正集团史上最年轻总监，张炳未是民营企业管理中的佼佼者。张炳未在校经历与职业生涯经历富有波折，充满着不平凡。我们怀着十分好奇与尊敬的心情来到位于柳市的温州天正集团探访了这位优秀校友。他的热情、随和给我们留下了深刻印象，但是给我们印象最深的，还是他那不平凡的经历。

在张炳未看来，进入天正工作，纯属"机缘和偶然"。

早在 2005 年 1 月的时候，他就向天正投过简历，"那时候想法很简单，就是想找一份工作"，结果被拒之门外。4 个月过去了，临毕业的时候，在温大新校区（茶山）举办的一次各个企业的招聘会，促使他与天正集团真正地"结缘"。当时他上铺的室友去应聘，外加同寝室的几个也都要去，于是就被强行拉去……"我那时连简历都没带，就在那边看了看，结果一不小心就看到了天正集团也在这招人，于是我就过去了，跟那个经理一聊，他发现我的经历蛮丰富的，就问我有没有在吹牛，怎么连简历都没有，我说：'简历我没带，你需要的话我可以寄给你'。我当时很坦诚，连之前被他们拒绝的事也跟他聊了……后来他们就通知我去公司面试了，最后没想到那么多人里只有我被录用了"。就这样，张炳未出乎所有人——包括自己的意料，进入了天正集团。"他们当时看中的是我大学四年学习、家教、实习等经历"，正是张炳未在大学四年中自我历练所收获的经历帮助了他。看似意料之外，可又在情理之中，要不怎么说"机会都是给有准备的人"呢。

二、学习导语

对工作世界的认识是生涯规划中非常重要的一环，也就是"知彼"。所谓工作世界，是指工作与所处的大环境中的政治、经济息息相关。在这转型时期，工作世界受到了很大的影响，最明显的是人力结构与职业结构的改变。为对工作世界的现况有较深入的认识，大学生需要了解如何获取关于工作世界、就业市场的信息，认识工作世界的变化，以及了解工作机构等。

三、学习目标

1）通过学习，获得关于工作世界的知识，形成获取就业市场信息的能力和方法。
2）能自觉认识外部世界的变化，如人才结构的改变、行业前景、就业失业率等。
3）了解未来工作世界的发展趋势，更好地实现自我在职业世界的适应和转变。

四、学习活动

（一）故事堂——求职故事分享

1. 活动目标

从同学的故事分享中，掌握获得工作的信息渠道，从而明确工作定位。

2. 活动要求

1）活动场地：室内。
2）参加者：班级同学。
3）时间：活动时间约为 5 分钟，讨论与分享时间约为 10 分钟。
4）具体要求：所讲故事中求职细节越详细越好，故事越多越好。

3. 活动过程

1）在你知道的人中，你最欣赏谁的求职方法？为什么？（可以通过电视、书籍、网络、亲戚朋友等途径获知。）
2）其余同学可以提问质疑或发表自己的看法，教师点评。

 【小故事】

纸尿片上的求职信

成功的广告人，在推销商品之前，首先推销自己。

现在，她是国际 4A 广告公司的创意副总监。她的求职经历，直到今天仍是业内的传奇。

　　27岁时，想应聘广告员的她在广告这个行业的经验等于零，却对那些小广告公司不感兴趣。当她说要进世界排行50强的4A时，所有的朋友都认为她是痴人说梦。

　　但，事实是，她做到了！

　　她没有用普通的信封投递求职信，而是采用了包裹的形式。她向所有她中意的公司都投递了这样一个巨大的包裹，并且直达公司总经理。

　　试想一下，一个包裹，在一堆千篇一律的信封中已经鹤立鸡群，一下就抓住了所有好奇的视线。打开包裹后，里面空空如也，只有一张薄薄的纸尿片，上面写了一句话："在这个行业里，我只是个婴儿。"背面写了她的联系方式。

　　几乎所有收到这张纸尿片的广告公司老总都在第一时间内给她打了邀请面试的电话。无一例外，他们问她的第一个问题就是："为什么你要选择一张纸尿片？"她的回答同样富有创意。她说，我知道我不符合要求，因为我没有任何经验。但我就像这纸尿片一样，愿意学习，吸收性能特别强。并且，没有经验并不等于我是白纸一张，我希望你们能通过这个小细节看到我在创意上的能力。

　　结果，她成功了。

最牛视频简历

　　你信吗？1分37秒的视频，能让几十份工作找上门？毕业于西安理工大学的马文就做到了。

　　在马文的《仿惠普自我推荐广告》视频中，一个黑衣人在跳跃的音乐背景中，用双手潇洒做出各种手势：凭空拖拽出电影海报、像赌王一样将照片撒得天花乱坠、剪刀手将两棵树剪成两个电影人物……

　　从李安和王家卫，从周星驰到姜文，正当人们被星爷的经典台词"其实，我是个演员"逗乐时，视频的旁白这才道出作者的真正目的："其实，我是个求职者……我的理想是做一名广告设计师或电影工作者。"最后，视频下方出现了马文的联系方式。

　　这份纯熟运用三维软件的简历创意地表达了马文的专业特长与个人信息，直观地展示了他对自己的创意的自信。从4月1日上传到优酷网至今，点击率高达200万，被上万人转载，网友跟评难以计数，被网友们一致评为"最牛视频简历"。某网友评价："声音和特效真不错，我还以为是专业广告公司设计的，相信你能找到称心的工作。"的确，视频上传一个月之后，他收到了数十家公司的邀请，马文现在已经在广州找到了一份满意的工作，目前正在北京受训。不过，马文视频中留下的邮箱每天还能收到不少用人单位的邮件。

　　创意是创造出来的，不能够简单复制，即便是跟风模仿，至少也要花费一番心思。大家都知道，我们看到的马文这份广受好评的"最牛视频简历"虽然只有1分37秒，但制作过程却很漫长——全部完工用了两个多月。创作之前，马文找来了好友——华师武汉传媒学院广播电视新闻学专业大三男生傅乐凯负责配音和后期制作。他自己先制作好了小样，将自己的设想画在一张张白纸上，旁边加上旁白，在拍摄的时候，一遍遍地反复练习手势，白纸画了厚厚一摞，随后传给傅乐凯。别看视频只有1分37秒，每一帧图片每一段音频都制作了很多遍，应用了不下八种视频、音频制作软件。视频制作的后期，连傅乐凯对马文的旁白也烂熟于心。

4. 讨论与分享

1) 同学们所讲故事中的求职方式有什么优点和缺点呢？

2) 多元文化社会中，有一技之长的人越来越被社会大众所倚重，"行行出状元"，这些状元都是拥有一身好本领和谋生技能的人。如何能在生涯规划中先了解各行各业的工作性质、环境及发展，使同学们未来职业选择更有方向呢？

（二）头脑风暴：确定一个工作机构是否适合你，需要了解哪些信息

1. 活动目标

使学生认识到确定一个工作机构所需要了解的信息。

2. 活动要求

在室内举行，参加人员为班级同学，每组 6～8 人，进行头脑风暴竞赛。活动时间由教师根据进度和学生反应灵活把握，

3. 活动过程

用头脑风暴法让小组列举出关于"确定一个工作机构是否适合大学毕业生，大学生需要了解哪些信息"尽可能多的观点、意见。

进行小组讨论后，各组按顺序轮流报一个职业，不能重复，循环进行，直至一组无法再报出没有重复的职业为止，则该组要接受惩罚。教师将各组所报的职业依次记录在黑板上，大家监督是否有重复。

可能的答案：

① 雇主和公司发展历史和发展潜力。

② 产品和服务。

③ 地点。

④ 与行业趋势相比，过去几年的年销售额。

⑤ 主要竞争者。

⑥ 组织所有权、家族所有权对潜在进步的影响。

⑦ 管理风格、组织文化。

⑧ 员工数量。

⑨ 组织结构、工作氛围、工作量。

⑩ 下属参与决策活动的数量。

⑪ 培训和发展计划。

⑫ 典型的职业轨道。

⑬ 升职政策。

⑭ 技术使用，仪器的数量和类型。

⑮ 如果是一个非营利性组织，它的目的、资金来源、客户和功能分别是什么。

4. 讨论与分享

1）想过确定一个工作机构是否适合自己需要了解这么多信息吗？参加活动之后，有没有新的认识？

2）对你将来寻找适合自己的工作机构会有哪些帮助？

（三）讨论：未来世界的变化和挑战

1. 活动目标

通过讨论，澄清对未来世界的认识，树立自觉的意识，遵循未来世界的变化规律，来改变观念、行为方式等。

2. 活动要求

在室内举行，参加人员为班级同学，每组 6～8 人进行讨论。讨论时间 3 分钟，全班分享 5 分钟。

3. 活动过程

学生根据要求，尽可能地总结出未来世界可能出现的变化和特点。

讨论要点：

1）未来工作世界变化有哪些？

2）未来工作发展特点有哪些？

4. 讨论与分享

1）目前工作世界有哪些方面的变化？

2）如何认识你就业的工作机构？

3）未来工作去向有哪些重大的改变？自己将做哪些方面的准备？

五、理论拓展

我国当前经济处于恢复性上升期，全年走势平稳，GDP 增长率呈前高后低态势，大幅波动的可能性较小。但是经济增长对政策的依赖性较强，影响经济增长的不利因素众多，经济结构调整任务异常繁重。

为使同学们对工作世界的现况有较深入的认识，下面将介绍有关我国目前工作世界就业市场信息的获得、工作世界的变化，以及对工作机构的认识等知识。

（一）工作世界就业市场信息的获得

在工作世界中，与大学生有密切关系的就是就业市场，也称为劳动力市场，它是一种抽象的概念，方便分析劳动力供需；双方相互接洽，但却不必有固定的场所。在进入工作世界之前，对于有关就业市场信息的获得和了解是不可或缺的。把就业称为"市场"，意味着其中充满机会与竞争，必须以能力及实力取胜。

1. 工作信息的来源

（1）单位主要招聘途径及其优缺点分析（表 6.1）

表 6.1　招聘途径分析表

招聘途径	具体说明	优点	缺点
媒体公开招聘	最常见的媒体公开招聘方式就是报纸招聘，各大报纸周六、周日都会推出整版的招聘广告，所以在大城市里，从周一到周三，拿着报纸找工作的人也成了一道特别的风景。招聘广告的费用视报纸在当地的地位和发行量而有所不同，按照省会城市八开版面的主流报纸的四分之一版面来计算，费用大概在 5000～15 000 元不等。其他的媒体公开招聘还包括电视、电台广告，不过这些方式用得比较少	利用媒体公开招聘的方式进行招聘，可以获得大量的人才信息，企业可选的余地较高。媒体公开招聘也会吸引到平均素质较高的人才前来。同时在媒体上公开人才招聘信息时，出色的表现形式也无疑为企业本身打了一次广告	由于媒介费用日益提高，所以通过媒体进行的公开招聘费用相对较高。不管招聘的形式是投递简历，还是应聘者本人前来面试，都会在短时间内给企业的招聘者们带来很大的工作量，造成很大的工作压力。如果这个招聘是在企业本部进行，这种招聘形式还容易出现在的团队形成一定压力，造成团队情绪波动，带来一定的不稳定性
互联网人才库搜索	互联网时代的到来，为信息的传播提供了一个全新的平台。很多大的网站和专业的人力资源网站上都提供免费的刊登个人求职信息服务，这为大批的求职者提供了一个良机。招聘的企业只需要支付较低的费用，甚至不需要支付费用，就可以上网浏览成千上万求职者的信息	利用互联网人才库选拔人才，获得的信息量较大，可选择的面也很广，由于网络的发达，对求职者按照行业、职位、专业进行了有机的分类，所以招聘的企业也能对号入座，寻求自己需求的人才	信息量大的同时也意味着招聘者的工作量大，招聘者想要从成千上万的求职者信息中搜索出合适的人选，需要大量的时间。每个求职者为了找到一份好工作，都想通过网上的简历把自己包装得尽量完美一些，这样难免就有夸张的成分包含其中，这就给招聘者全面认识应聘者造成了一定的困难。有时从网上简历上看各个方面都非常优秀的人，面试时说不定漏洞百出，造成招聘企业资源的浪费

招聘途径	具体说明	优点	缺点
社会公共部门的推荐	这里的社会公共部门指的是由政府主办的社会就业中心、各个大学或者专科学校的就业辅导中心等。社会就业中心永远挤满了来找工作的人，政府为了解决就业问题非常欢迎企业去选择他们的人员。各个大学或者专科学校的就业辅导中心也非常乐意为他们的毕业生提供就业的机会，学校同样面临竞争，毕业生就业的机会多了，也会吸引更多的新生入学，所以他们更欢迎企业来选拔他们的学生	社会公共部门推荐的招聘成本较低，选择的余地较大，所招聘的人要么出于生活的压力，要么刚从学校毕业，冲劲十足，在就业压力较大的情况下，他们一般也比较珍惜工作机会，稳定性较高	由社会公共部门提供的人选存在从业能力的问题。由政府主办的社会就业中心推荐的人员，要么年龄较大，要么就是因为专业技能较差而失业，这部分人存在的问题是从业基本素质较差的问题。从各个大学和专科学校的就业辅导中心招聘来的人员，都是刚刚毕业的学生，只有书本上的理论知识，要将理论转化为实践，也同样需要时间。招聘了这样的人员，需要付出大量的成本去培养和教育
招聘会现场招聘	现场招聘会是一个最现实最热烈的招聘方式，现在每逢周末举行的大型招聘会更是吸引了大批求职者。参加的方式也很简单，招聘的企业只需要提供企业的相关证件，交纳各项费用，然后将自己招聘的要求提供给招聘会的主办方，就可以在招聘的时间里坐等求职者上门了，看着他们的简历，对他们本人现场进行审查和评测	现场招聘会比较直观，可以见到应聘者本人，通过交流也可以了解应聘者本人的一些相关信息，现场进行选拔。由于参加招聘会的人员较多，可选择的余地也较大	现场招聘由于时间较短，不能当场对应聘者进行详细的审查和评测，还需要进行下一个面试或者笔试的环节。由于现场招聘者个人的因素（现场招聘人员往往是秘书或者助理），也容易造成对应聘人员的把握不准，造成真正优秀人员的流失。现场应聘人员一般以刚刚毕业的学生居多，从业经验缺乏，平均素质也不会太高
推荐	这里的推荐指的是经过企业内部的人员或者和企业存在联系的外部人员推荐的合适的人员	企业内部或者外部推荐这种招聘形式是小规模招聘常见的一种形式，它的好处在于成本较低、节奏较快，推荐者一般比较熟悉招聘企业的产品和文化，所以在推荐人员时也会有的放矢，所推荐的人员基本具有同业的操作经验，所服务过的企业和招聘企业在文化方面也存在大同小异，经推荐招聘到的人员工作上手较快，由于和推荐人本身存在一定关系，融入团队的速度也会较快	通过内部人员或者外部人员推荐来招聘，可选择的面较小，由于是经过内部人员或者外部人员的推荐，所以招聘者在审查方面或多或少会有些松懈，造成所招聘人员素质参差不齐。这种招聘形式还存在另一个较大的弊端：在中国"打虎还需亲兄弟，上阵还要父子兵"这种特殊的文化下，内部人员推荐所招聘来的人员往往容易和推荐者形成"小团队"，而外部人员推荐所招聘来的人员也会因为千丝万缕的联系，给以后的管理工作造成困难

续表

招聘途径	具体说明	优点	缺点
中介机构推荐	为各个企业提供招聘等相关人力资源服务的中介机构，比如人才市场、猎头公司、职业介绍所等	具有广泛的人才搜索网络，会根据企业所需人才的职业和职位的不同，为企业推荐不同的人才。在推荐的同时，帮助企业对推荐的人才进行初步的资质审查、技术技能的评测。具有效率高、有的放矢、节省人力的优点。在人员的从业素质、职业道德上也有一定的保证	成本过高。中介成功后，还有企业本身缺乏人员储备的弊端
内部选拔	内部选拔就是在招聘时将目光投向企业内部，在企业内部各个部门的员工中进行挑选，或者将同一个部门的员工提升到较高的职位，或者将不同部门的员工换到另外一个部门工作	内部选拔这种招聘形式，其优点在于成本较低，选拔出的人员对企业的产品和文化都已经驾轻就熟，不存在"空降兵"的融入问题，忠诚度较高，而且对企业内部人员的激励有很大的正面作用	内部选拔虽然成本较低，但是同样存在着过程比较漫长的弊端，一个内部员工的提升或者更换部门，需要经过无数次的审查和讨论，经过谨慎的考核才能最终实现，这个过程是需要一定时间的。另外，内部选拔以后，获得提升的人员在提升以后，同样会给原来的岗位留下一个空缺，同样还得历经招聘的过程。还有一个不可忽视的问题，那就是如果在同一部门获得提升，和获得提升的人员原来同样级别的人员在产生期望的同时，也会存在心理的短暂失衡，不排除个别人员的过激行为

（2）《求职圣经》一书中介绍的五项最有效的求职方法

1）创意求职法——成功率86%。它的主要特点是根据自己的特长和专业知识，向有兴趣的公司查询职位空缺情况前，设法拜会公司的决策人。实践表明，那些越不登广告招聘人手的公司，竞争对手越少，如得到雇主垂青，对方可能为你量身打造一个职位。

2）直接找公司的负责人——成功率47%。这种方法有较大的难度，因为你很难找到与那些跨国公司、大公司领导会面的机会，你很可能要锲而不舍花上几星期，甚至更多时间，对方才肯见面。

3）找朋友介绍——成功率34%。俗话说"多一个朋友多一条路"，可请教认识的每位朋友，了解哪里正有空缺。由于是朋友、特别是知心朋友，对自己各方面情况比较了解，而且中国人又特别讲情面和义气，所以朋友介绍是找到理想工作的一条重要的途径。

4）找亲戚介绍——成功率27%。向亲戚打探各种工作机会，这样可扩大找工作的范围，事前便应该给亲戚朋友一些较详细的个人资料，如你要求的工作类别、个人专长等。

5）利用母校就业指导中心——成功率21%。由于近几年毕业生市场化就业工作经验的积累，各个学校毕业生就业指导中心与不少大的用人单位建立了良好的合作关系，他们对就业资讯、职位空缺掌握得比较全面，加上是自己的毕业生，学校自然会格外关照。

采用这五种成功率较高的求职方法，最重要的是你要不怕"拉下面子"，同时要有锲而不舍的精神。

专家也提到四项最为人们熟悉、为多数人使用的求职方法，失败率却比想象的高，例如：靠招聘广告——失败率 76%～95%，职位愈高失败率也愈高；靠职业介绍所——失败率76%～95%，这也视职级高低而定；靠行内专业或某一刊物的招聘广告——失败率93%；靠大量寄出履历表——失败率92%。

2. 给应届大学毕业生求职的建议

掌握丰富的就业信息无疑意味着更多的机会。大学毕业生求职时获取信息的渠道主要包括参加大学组织的招聘会、通过专业求职网站、通过亲友得到招聘信息、通过媒体看到招聘信息、参加政府组织的招聘会、直接向用人单位申请等。参加大学组织的招聘会是"211"大学毕业生求职成功的主要信息获取渠道。一些大公司，尤其是著名外企、大型国企通常都会把需求职位的信息发给各大高校的就业处，与就业处联系协商妥当后，来学校召开专场招聘会（即现场宣讲会）。校园招聘会提供的职位主要是针对应届毕业生，通常不会面向社会人士，一般不要求工作经验，而注重应聘人员的综合素质和未来发展潜力，所以这是应届毕业生找工作最好的途径之一。应届生应充分重视校园招聘会；不仅可以参加本校组织的招聘会，还可以去同类院校、本专业的强势院校组织的招聘会，以获得更多工作机会。

麦可思研究发现，"通过亲友得到招聘信息"上升为 2009 届非"211"本科院校（20%）和高职高专院校（26%）毕业生首位的初次求职成功信息获取渠道。这并非就是指两成以上的毕业生要靠"拉关系""走后门"才能得到工作，而是通过父母、亲戚、朋友等各种社会关系获知求职机会。事实上，正如 Kristen W. Gustafson（克里斯滕·W. 格斯塔森）在《毕业生!》（*Graduate!*）一书中谈论找工作的途径时说的"你从来不知道飞机上坐在你身边的人或者你叔叔的一个朋友可能知道你梦寐以求的公司正在公开招聘一个职位。要集众人智慧"，充分利用社会关系只是主动地给自己寻找求职机会，而能不能把握好这个机会最终还是得靠自己。美国大学求职辅导的技巧中最重要的是"怎样拓展社会关系（networking）"，而这一点在中国大学的求职辅导中几乎被完全忽视。麦可思正在设计一个"生涯规划系统"，其中包括如何扩大社会关系以增加就业机会的辅导。

利用网络找工作是现在非常流行也很方便的途径之一。麦可思的调查发现，有15%的"211"院校毕业生、16%的非"211"院校毕业生和13%的高职高专毕业生通过专业求职网站获得第一份全职工作，所占比例较上届均上升了2个百分点。现在很多专业招聘网站提供大量招聘信息，并与大公司合作，发布最新的招聘信息，甚至直接提供在线职位申请。大部分此类网站还可以帮助毕业生制作在线简历与求职信，并提供简历在线投递服务。此外，随时关注学校 BBS 就业板块和各大公司网站上的招聘专栏，也能让毕业生方便地对准自己心仪的岗位。

（二）工作世界的变化

随着我国社会政治、经济、人文环境的改变，工作世界亦有极大的转变。有关工作世界的变化，本节将从人才结构、就业结构及行业前景三方面的改变进行探讨。

1. 人才结构的改变——从人力资源大国向人力资源强国转变

新中国成立以来，特别是改革开放 30 多年来的发展，为我国打下了良好的人才基础。2008 年，我国三级教育综合入学率达到 69%，高于世界平均水平 4 个百分点，高等教育毛入学率已经接近世界平均水平。全国各类人才资源总量达 1.14 亿人，实现了从人口大国向人才资源大国的跨越式转变。

不过，我们也应当清醒地认识到，虽然人才规模居世界首位，但我国人才发展水平与发达国家差距仍然很大，与我国经济发展、社会进步、文化繁荣的巨大需求仍不适应，在经济全球化的国际竞争中，我国人才竞争优势仍不突出。

为了使我国顺利完成从人力资源大国向人力资源强国的转变，《国家中长期人才发展规划纲要（2010—2020 年）》（以下简称《人才规划纲要》）提出，我国人才发展的指导方针是：服务发展、人才优先、以用为本、创新机制、高端引领、整体开发。这 24 字方针主要体现了我国人才发展的战略定位、战略重点和主要任务。

"服务发展"，是人才工作的出发点和落脚点；"人才优先"，确立了人才发展在经济社会发展中优先发展的战略地位。服务发展，就是要把服务科学发展作为人才工作的根本出发点和落脚点，围绕科学发展目标确定人才队伍建设任务，根据科学发展需要制定人才政策措施，用科学发展成果检验人才工作成效。人才优先，确立了人才发展在经济社会发展中的战略布局，充分发挥人才的基础性、战略性作用，做到人才资源优先开发、人才结构优先调整、人才投资优先保证、人才制度优先创新，促进经济发展方式向主要依靠科技进步、劳动者素质提高、管理创新转变。

"以用为本"，强调人才工作的根本任务是发挥人才作用；"创新机制"，是发挥人才作用的基本要求和重要保障。以用为本，就是要围绕用好用活人才来培养人才、引进人才，积极为各类人才干事创业和实现价值提供机会和条件，使全社会创新智慧竞相迸发。创新机制，是为了最大限度地激发人才的创造活力，要求把深化改革作为推动人才发展的根本动力，坚决破除束缚人才发展的思想观念和制度障碍，构建与社会主义市场经济体制相适应、有利于科学发展的人才发展体制机制。

"高端引领"，突出了高层次人才在整个人才队伍建设中的引领作用；"整体开发"，明确了要统筹推进各类人才队伍建设的任务。高端引领，突出强调要培养造就善于治国理政的政治家、优秀企业家、世界一流科学家、科技领军人才和高水平的理论家、文学家、教育家等，充分发挥高层次人才在经济社会发展和人才队伍建设中的引领作用。整体开发，要求促进人的全面发展，要注重理想信念教育和职业道德建设，培育拼搏奉献、艰苦创业、诚实守信、团结协作精神；要人人都能成才、行行出"状元"；要统筹国内国际两个市场，推进城乡、区域、产业、行业和不同所有制人才资源开发，实现各类人才队伍协调发展。

《人才规划纲要》提出，到 2020 年，我国人才发展的总体目标是：培养和造就规模宏大、结构优化、布局合理、素质优良的人才队伍，确立国家人才竞争比较优势，进入世界人才强国行列，为在 21 世纪中叶基本实现社会主义现代化奠定人才基础。

具体来说就是：人才资源总量稳步增长，队伍规模不断壮大，人才资源总量从现在的 1.14 亿人增加到 1.8 亿人，增长 58%，人才资源占人力资源总量的比重提高到 16%，基本满足经济社会发展的需要；人才素质大幅度提高，结构进一步优化，主要劳动年龄人口受过高等教育的比例达到 20%，每万劳动力中研发人员达到 43 人年，高技能人才占技能劳动者的比例达到 28%；人才竞争比较优势明显增强，竞争力不断提升，人才规模效益显著提高，在装备制造、信息、生物技术、新材料、航空航天、海洋、金融财会、生态环境保护、新能源、农业科技、宣传思想文化等经济社会发展重点领域，建成一批人才高地；人才使用效能明显提高，人力资本投资占 GDP 比例达到 15%，人力资本对经济增长贡献率达到 33%，人才贡献率达到 35%。

《人才规划纲要》在此基础上进一步强调，推进人才发展，要统筹兼顾，分步实施：到 2015 年，重点在制度建设、机制创新上有较大突破；到 2020 年，全面落实各项任务，确保人才发展战略目标的实现。

2. 就业结构的改变

（1）社科院报告：中国社会结构滞后经济结构 15 年

中国社会科学院社会学研究所、社会科学文献出版社联合发布中国社会阶层研究报告之《当代中国社会结构》。报告指出，目前中国社会结构落后于经济结构大约 15 年，这是产生当前诸多社会矛盾问题的重要原因。

报告指出，社会结构和经济结构是一个国家和地区的两个最基本结构。前者是一个国家或地区的基本社会形态，是观察分析这个国家或地区社会状况、社会发展水平的重要维度。后者是一个国家或地区的基本经济形态，是观察、认识这个国家或地区经济状况和发展水平的重要维度。其中，社会结构由就业结构、消费结构、社会阶层结构、收入分配结构、家庭结构、城乡结构等多个指标构成。

现实发展中的若干重要指标表明，当前中国的经济结构已进入工业化中期阶段，甚至有些指标表明已经进入了工业化后期阶段。但是，社会结构指标还没有随着经济结构的转变而实现整体性转型，多数社会结构指标仍然处在工业化初期阶段。例如，中国的就业结构要达到工业化中期水平大约需要 25 年，中国的消费结构要达到工业化中期水平需要 9～16 年。综合社会结构主要指标，报告根据测算认为中国社会结构滞后经济结构大约 15 年。

我国在"十一五"期间计划年均新增劳动力需求总量为 1800 万，但是"十一五"期间每年新增劳动力供给为 2000 万，每年出现 200 万富余劳动力，供给和需求之间存在差距。预计我国未来几年内在劳动力总量上将出现供大于求、劳动力大量闲置现象。

（2）浙江省的产业结构与就业结构变化

改革开放以来，伴随着经济持续快速增长，浙江省的产业结构发生了较大的变化。

　　① 产业结构的变动趋势。从改革开放以来产业结构变动的总体情况来看，自 1978 年起，第二产业的比重超过第一产业，到 1987 年，第三产业的比重超过第一产业。从 1985 年到 2007 年，三大产业结构由 28.9：46.3：24.8 调整到 5.3：54：40.7。在国内生产总值构成中，第一产业下降，第二产业和第三产业相应提高，与世界各国三大产业变动规律基本一致。产业结构由一、二、三演变为二、一、三，尔后进一步演变为二、三、一。

　　② 就业结构的变动趋势。与产业结构的变动相对应，就业结构也发生了巨大的变化。1985～2007 年，第一产业就业比重下降了近 34 个百分点，同期，第二产业就业比重稳步上升了近 15 个百分点，第三产业就业比重迅速上升了近 19 个百分点，由此可以说明第二、第三产业已逐渐成为吸纳农村剩余劳动力的重要场所。

　　③ 随着经济的发展，浙江省的产业结构进行着不断的调整，就业结构尽管也发生了明显的变化，但还存在一定的问题。浙江省就业结构水平滞后于产业结构水平，这与劳动力在三大产业之间的转移速度有关。随着产业结构的升级变动，劳动力不可避免地在三次产业中发生转移，形成新的就业结构。第一产业现已成为劳动力净流出的部门，对浙江的就业产生巨大的压力；第二产业在 1999 年以后对吸收就业产生积极影响；第三产业一直是吸纳劳动力的主要部门。

　　3. 行业前景的改变

　　《2010 年中国大学生就业报告》指出，毕业半年后失业人数最多的 10 个本科专业失业人数为 10.38 万人，占了本科失业总人数的 33.3%（图 6.1）。其中有 8 个专业是 2007～2009 届连续三届失业人数最多的专业：法学、计算机科学与技术、英语、国际经济与贸易、工商管理、汉语言文学、电子信息工程、会计学。麦可思研究表明，无论哪类院校的大学毕业生，半年后的失业率变化趋势是：2009 届比 2008 届都略有下降其中，2009 届高职高专毕业生的失业率下降幅度较大（图 6.2）。

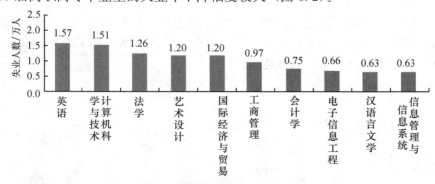

图 6.1　2009 届本科毕业生半年后失业人数最多的前 10 位专业

　　2009 届各类院校毕业生的失业人群中，"211" 院校 8.8% 的失业毕业生中有 16% 为 "待定族"（不求学不求职），非 "211" 本科院校 11.5% 的失业毕业生中有 18% 为 "待定族"，高职高专院校 14.4% 的失业毕业生中有 18% 是 "待定族"（图 6.3）。大多数半年时处于失业状态的毕业生还在继续求职。

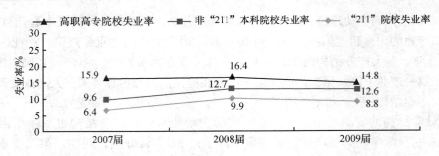

图 6.2　各类院校 2007～2009 届毕业生半年后的失业率变化趋势

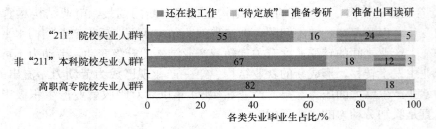

图 6.3　2009 届各类院校毕业生的失业人群分布

2009 届本科毕业生失业人群中，西南区域经济体"待定族"的比例与其他经济区域相比最大，为 22%；泛渤海湾区域经济体准备考研与准备出国留学的比例与其他经济区域相比最大，为 24%。2009 届高职高专失业人群中，西南区域经济体"待定族"的比例与其他经济区域相比仍然是最大，为 22%；泛东北区域经济体失业人群中"还在找工作"的比例最大，为 86%。

2009 年毕业半年后失业人数最多的 10 个高职高专专业失业人数为 12.50 万人（图 6.4），占了高职高专失业总人数的 30.2%。其中有 7 个专业是 2007～2009 届连续三届失业人数最多的专业：计算机应用技术、机电一体化技术、电子商务、会计电算化、物流管理、计算机网络技术、商务英语。

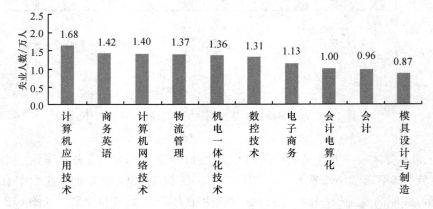

图 6.4　2009 届高职高专毕业生半年后失业人数最多的前 10 位专业

说明：就业蓝皮书中将应届大学毕业生在毕业半年后还没有获得全职或者半职雇用工作的状态视为失业，包括准备考研、准备出国读研、还在找工作和"待定族"等四种情况。"待定族"指调查时处于失业状态却还没有采取任何求学或求职行为的大学毕业生。

（三）未来工作世界发展的趋势

1. 未来工作世界变化方面

1）工作形态改变：由原来的蓝领、白领发展至未来的金领，意味着专业性、智慧型的工作逐渐取代部分劳力工作。未来对学历的高度重视，意味着高脑力密集型工作将取代劳动力密集型工作。未来的工作场所也将有所变化，不再呆板地守在固定的办公室中，可在任何地方工作，且工作场所变得比较人性化，宽敞的办公室将取代以往拥挤而冷漠的工作空间。

2）工作要求改变：雇主对员工的要求随着薪资成本的提高而变得相对严苛。员工要具备实际生产力。虽要求高学历，但丰富的经验与创新的能力，更受到实业界的重视。过去重视员工的思考与逻辑能力，未来更重视员工的创造力与艺术观。员工对工作的要求观念也改变，不斤斤计较薪资与福利，而重视所做的工作能否满足自我肯定。

3）关系改变：以往的集权式管理渐渐变弱；加强员工参与性的管理，并重视雇主与员工间的有效沟通，多予鼓励，少给责备。企业庞大的组织机构逐渐朝简单化与精简化发展，且雇主与员工也由本土观放眼至国际观。

4）学习观念改变：员工除受正式教育外，还要不断地接受在职训练；除具文凭外，还得考取相关的专业执照；专业能力与实力也非常重要。总之，要保持"终身学习的心态"。除专业领域的不断进修外，最好能扩展学习的领域，朝全方位的学习方向发展，这是未来发展趋势的需要。未来十大新兴的工业将为：通信工业、资讯工业、消费性电子工业、半导体工业、精密机械工业、自动化工业、航天工业、高级材料工业、特用化学品与制药工业、医疗保健与污染防治工业等，它们将蓬勃发展起来，同时也会带动相关的服务业兴起。

2. 未来工作发展阶段

由未来工作（就业市场）发展的纵切面来分析，将有四个发展阶段：

1）人才时代：人才时代也就是专业知识的时代，但学历并非就代表专业，要求的是专业能力与经验。雇主所重视的能力包括：表达能力、领导能力、沟通能力、创新能力等。除专业能力外，个人具备国际化的能力也渐渐重要，因未来的工作空间不止是在本土，更扩展到世界各地。

2）高风险时代：由于未来分工愈精密，个人是否具备专业能力更显重要，唯有具备特殊专业能力者，才能迅速掌握就业良机；而仅有通才能力者则可能面临就业与转业的困难。

3）创意时代：未来不一定要埋头苦干式地工作，而是要有效率、有创意地工作。美国某大企业创始人曾对员工说："工作要有创意，不要工作太卖力。"（Work smart, not work hard.）因此，创意成为个人工作的保障性与发展性的关键因素，唯命是从的员工只能安分守己地做自己的事，而大脑时时充满创意，进而把工作做得更有效率、更好，常提出改进方案、节省成本、提高获利的员工，才是雇主的最爱。

4）界限模糊化时代：这里是指时间、空间及性别等的界限逐渐模糊而消失。

① 时间界限：上班族的工作时间将更多元化，兼职也将成为热门的趋势。上班的工作时间将采用人性化管理，每天只要依规定的工作时数上班，至于日班、小夜班或大夜班，则视个人的喜好与需要，以及工作性质作弹性调节。

② 性别界限：由于不分性别，只要有能力均可接受高等教育，以至于女性的教育程度逐渐提升，而女性在工作上的表现也非常杰出，因此，性别的界限将逐渐消失。

③ 空间界限：科技日新月异，也就是将来国际化的程度将愈来愈扩展，因此未来的上班族，必须加强外语能力之训练，才能适应工作的需要。

总之，可预期的是未来就业市场将发生更快速的变化——高专业、高能力、多创意的时代将要到来了。

当自己准备进入工作世界时，应先清楚自我的兴趣、能力与性格，再认识周围的世界，并确定自己在国家、社会、家庭及工作机构的位置，确立本身正确的工作价值观和信心，做好生涯规划，并时时经由自我分析充实自己，以累积的经验服务人群，使人力得到充分运用。面对科技的发达、生产设备及技术的自动化，只有尽量加强新知识新技能的学习，以适应变动的趋势及符合时代的需要，才不致被摒弃于工作世界之外。

六、成长手册

（一）故事堂——求职故事分享

今天我也来讲故事

_____

_____

_____

_____

这个故事对你有什么启发呢？你有什么感想和收获？

_____

_____

_____

_____

（二）头脑风暴：确定一个工作机构是否适合你，需要了解哪些信息

1. _____
2. _____
3. _____
4. _____
5. _____
6. _____
7. _____
8. _____
9. _____

（三）讨论：未来世界的变化和挑战

1）未来工作世界变化有哪些？

_____
_____
_____

2）未来工作发展特点有哪些？

_____
_____
_____

第七章　就业能力塑造

近些年来，大学生的就业形势日益严峻。造成我国大学生就业难局面的原因是多方面的，既有大学生自身方面的原因，也有学校教育方面的原因，还有来自社会指导方面的原因，但主要原因还是大学生就业能力的缺失与不足。提升大学生自身的就业能力，是破解大学生就业难的关键所在。

那么什么是就业能力呢？大学生的就业能力是指大学毕业生在校期间通过知识的学习和综合素质的开发而获得的，能够实现就业理想、满足社会需要，在社会生活中实现自身价值的本领。就业能力是一种综合能力，是人们从事某种工作所需具备的能力，包括特殊就业能力与基本就业能力。

本章重点关注大学生就业能力的塑造，希望大学生在自我目标的管理上学习如何正确地分析自己，寻找自己与职业要求的差距；培养沟通与协调的能力，并会进行时间管理。

本章主要内容有：
1）自我目标管理。
2）沟通协调能力训练。
3）时间管理训练。

第一节　自我目标管理

一、案例导入

2000 年前后开始在中国影视界走红、拥有高人气的周迅，在几年前写了一篇文章《想想十年后的自己》，以自己的亲身经历和感悟，提醒年轻的朋友们尽早确定自己的目标，有计划地向着自己的目标前进。

十八岁之前，我是个不知道自己想要什么的人，那时我每天就在浙江艺术学校里跟着同学唱唱歌，跳跳舞。偶尔有导演来找我拍戏，我就会很兴奋地去拍，无论多小的角色。

如果没有老师跟我的那次谈话，那么也许直到今天，仍然没有人知道周迅是谁。

那是 1993 年 5 月的一天，教我专业课的赵老师突然找我谈话："周迅，你能告诉我，你对于未来的打算吗？"

我愣住了。我不明白老师怎么突然问我如此严肃的问题，更不知道该怎么回答。

老师问我："现在的生活你满意吗？"我摇摇头。

老师笑了："不满意的话证明你还有救。你现在就想想，十年以后你会是什么样？"

老师的话音很轻，但是落在我心里却变得很沉重。我脑海里顿时开始风起云涌。沉默许久，我看着老师的眼睛，忽然就很坚定地说："我希望十年后的自己成为最好的女演员，同时可以发行一张属于自己的音乐专辑。"

老师问我："你确定了吗？"

我慢慢地咬紧着嘴唇回答："Yes！"而且拉了很长的音。

老师接着说："好，既然你确定了，我们就把这个目标倒着算回来。十年以后，你28岁，那时你是一个红透半边天的大明星，同时出了一张专辑。"

"那么你27岁的时候，除了接拍各种名导演的戏以外，一定还要有一个完整的音乐作品，可以拿给很多很多的唱片公司听，对不对？"

"25岁的时候，在演艺事业上你就要不断进行学习和思考。另外在音乐方面一定要有很棒的作品开始录音了。"

"23岁就必须接受各种培训和训练，包括音乐上和肢体上的。"

"20岁的时候就要开始作曲，作词。在演戏方面就要接拍大一点的角色了。"

老师的话说得很轻松，但是我却感到一阵恐惧。这样推下来，我应该马上着手为自己的理想做准备了，可是我现在却什么都不会，什么都没想过，仍然为小丫鬟、小舞女之类的角色沾沾自喜。我觉得有一种强大的压力忽然朝自己袭来。

老师平静地笑着说："周迅，你是一棵好苗子，但是你对人生缺少规划，散漫而且混乱。我希望你能在空闲的时候，想想十年以后的自己，到底要过什么样的生活，到底要实现什么样的目标。如果你确定了目标，那么希望你从现在就开始做。"

一年以后，我从艺校毕业了，老师的话从那天开始一直刻在了我的心底：想想十年后的自己。是的，当我意识到这是一个问题的时候，我发现我整个人都觉醒了。

从学校毕业后，我忙于接拍各种各样的影视剧。我始终记得，十年后我要做最成功的明星，所以对角色我开始很认真地筛选。后来我拍了《那时花开》，拍了《大明宫词》，我渐渐被大家接受，也慢慢地尝到了成功的快乐。

2003年4月，恰好是老师和我谈话后的十周年，我不知道这是偶然还是必然，我居然真的拥有了属于自己的第一张专辑——《夏天》。

其实你也和我一样。如果你能及时地问自己一句："十年后我会怎么样？"你会发现，你的人生就会在不知不觉中发生变化。时刻想着十年后的自己，你会朝着自己的梦想越走越近。

周迅从18岁开始有了明确的目标，走上了目标铺成的成功之路。她通过坚持不懈的努力，成功地实现了自己的目标。你呢？现在多大了？有明确奋斗目标吗？走上了用目标铺设的成功之路吗？

二、学习导语

目标对于人们做任何事情来讲都具有重要的导引作用，但许多大学生常常感觉到目标较为空远，目标所能起到的导引作用也受到了诸多因素的影响而被削弱。本节通过介绍基于现实生活中的不同事例，以生涯幻游的方式，帮助大学生们了解目标对于一个人的成功的重要性，教会他们自主地设定自己的人生目标，并充实目标、分解目标，为行动设立标杆，以更有利于行动从而达到目标。

三、学习目标

1）通过课堂活动，认识到制定目标对于人生成功的重要性，树立清晰目标，增强奋斗动力。

2）掌握 SMART 方法制定目标、分解目标有助实现梦想。

3）分析自我差距，制定实施方案。

四、学习活动

（一）蒙眼取物

1. 活动目标

了解目标在获取成功过程中的重要性。

2. 活动要求

1）活动场地：室内。

2）参加者：班级同学。

3）活动准备：任意指定物品。

4）时间：活动时间约为 5 分钟，讨论与分享时间约为 10 分钟。

3. 活动过程

先让参加活动的学生看清要做的事情或远处要拿到的物品，然后再蒙上他们的眼睛，让他们凭自己的感觉走向目标并完成规定的任务。

4. 讨论与分享

1）为什么看似很简单的任务，却有很多人不能很好地完成？

2）你在活动过程中最深刻的体会是什么？

3）这个活动给你什么样的感悟？

4）你开始怎么看待活动的？活动结束之后有什么改变吗？

（二）生涯幻游

1. 活动目标

帮助同学找到未来努力的方向，对未来进行憧憬。

2. 活动要求

1）活动场地：室内。

2）参加者：班级同学。

3）活动准备：生涯幻游背景音乐及导语稿。

4）时间：活动时间约为 8 分钟，讨论与分享时间约为 10 分钟。

3. 活动过程

（1）生涯幻游导语（背景音乐＋老师导语）

这个游戏帮助你去了解你希望成为什么样的人，找到努力的方向。这个游戏有点像催眠，你需要做的是幻想，不用说话，在心里记下自己的幻游经历。

好，现在请你尽可能放松，在你的位子躺下或调整到你觉得最舒服的姿势。

现在闭上眼睛：尽可能放松自己。（停顿）

调整你的呼吸：呼气（停顿）、吸气（停顿）、呼气（停顿）、吸气（停顿）。

好，保持这样平稳的呼吸。

接下来，放松身体每一部分肌肉：放松（停顿）、放松（停顿）、放松（停顿）。

想象现在你已经乘坐上时空穿梭机，目的地是五年后的某一天。

想象你正好清晨刚醒来。（停顿）

是睡到自然醒还是被闹钟吵醒的？

现在是几点钟？你在哪？

观察下四周是什么样子的（停顿）。

你看到了什么？闻到了什么？听到了什么？

起床后的第一件事情做什么？（停顿）

洗漱完，你考虑要穿什么衣服去上班，想象你正站在镜子前面装扮自己！你最后决定穿什么衣服？（停顿）

当你想到今天的工作时你的感觉怎样？是平静、激动、厌倦，还是害怕？（停顿）

你现在正在吃早饭，有人和你一起吃吗？还是你一个人吃？（停顿）

现在你准备去上班，出门后回头看看你住的房子，它是什么样子的。（停顿）

好，现在出发。

你用什么交通工具去单位？

有人和你一起吗？如果有的话是谁呢？

当你走时注意周围的一切。（停顿）

单位离家有多远？（停顿）

到达单位了，想象一下单位是什么样子的，它在哪里？看起来怎么样？（停顿）

现在你走进工作的地方：

那儿都有些什么人？多少人跟你一起工作？他们在做什么？

单位的人都是怎么称呼你的？（停顿）

你的办公室是什么样子的？

接下来你要做什么？（停顿）

想象一下你上午的工作都做了些什么？

你是用你的思想在工作，还是做一些简单的事务性工作？

你是跟别人一起工作，还是独自工作？

是在户外还是室内工作？（停顿）

现在上午的工作结束了，你该吃午饭了。

你去哪里吃饭？跟谁一起吃饭？你们谈些什么？（停顿）

现在回到工作中来。

下午的工作与上午的工作有什么不同吗？（停顿）

你一天的工作结束了，这一天让你感觉到满足还是沮丧？为什么？（停顿）

今天你还想去别的地方吗？（停顿）

在这一天当中，你还想做的是什么？（停顿）

现在，你回家了：

有人欢迎你吗？（停顿）

回家的感觉怎样？（停顿）

你如何与家人分享这一天所做的事？（停顿）

你准备去睡觉了：

回想这一天，你感觉如何？（停顿）

你希望明天也是如此吗？（停顿）

你对这种生活感觉究竟如何？（停顿）

渐渐地，你很满足地进入梦乡。安心地睡吧！一分钟后，我会叫醒你。

（一分钟后）

我们慢慢地回到这里，还记得吗？你现在的位置不是在床上，而是在这里。现在，我从 10 开始倒数，当我数到 0 的时候，你就可以睁开眼睛了。好！请睁开眼睛，你慢慢地醒过来，静静地坐着。

（2）结束之后，看看"我"的生涯幻游经验

具体内容略。

4. 讨论与分享

请回答下列问题：

1）我在进行幻游时，印象最深刻的画面是_____

2）我进行幻游后，对比与现在环境最大的不同点是_____

3）我进行幻游后，最深的感受是_____

进行幻游后，我觉得未来的生涯发展会是怎样的？

1）我认为我未来会从事_____职业。

2）我认为我的未来会与幻游过程相关吗？ □是　□不是　□其他_____

3）你在活动过程中最深刻的体会是什么？

4）你开始怎么看待活动的？活动结束之后有什么改变吗？

五、理论拓展

（一）设立目标的重要性

在活动 1 中，之所以有很多同学不能很好地完成任务，是因为他们被蒙上双眼后，

没有了明确的目标，在前进过程中往往偏离了方向，导致无法接近目标，更不用说完成规定的任务了。在活动2中，两次挑战的区别在于：目标！第一次没有告知目标，而第二次挑战者有了明确目标。你想成为一个什么样的人？在漫漫的人生旅途上，没有目标就好像走在黑漆漆的路上，摸不着方向，不知往何处去。

在刘易斯·卡罗尔所著的《爱丽丝漫游奇境记》一书中，有这样一段描述：当主人公爱丽丝来到一个通往各个不同方向的路口时，她向小猫邱舍请教道：

"邱舍小猫咪，能否请你告诉我，我应该走哪一条路？"

"那要看你想到哪儿去。"小猫咪回答。

"到哪儿去！我真的无所谓——"爱丽丝说。

"那么，你走哪一条路也就无所谓了。"小猫咪说。

试想，今天你出门去乘出租车，当司机问你要去哪里时，你说："随便吧！"出租车司机该怎么办？这个时候司机没法把车开走。因为司机只是知道怎样选择最佳路线把你送到"你的目的地"，他知道怎样能更快或者更顺畅地把你送到那个地方。至于你想去的地方，司机并不知道，只有你自己知道你想去的地方。所以，如果连你都不知道你想去哪里，你就无法告诉司机开车的方向和目的地，司机当然也就不知道往哪里开了。

当一个人没有明确目标的时候，自己不知道该怎么做，别人也无法帮助你！没有愿望，人生就没有动力；没有方向和目标，动力就无处释放；没有目标的实现，就永远体会不到成功的喜悦。

【小故事】

卡内基的成功史

美国赫赫有名的钢铁大王安德鲁·卡内基，1835年11月25日出生于苏格兰，1848年随全家迁至美国宾夕法尼亚州。他13岁起开始打工，在一家纺织厂当工人，他给自己定的目标是：做全厂最出色的工人。他天天这样想，这样做，不久他就实现了自己的目标，成为全厂名副其实的最出色的工人。后来他改行当邮递员，干邮递员这行，他给自己定的目标是：做全美最杰出的邮递员。结果他的这一目标也实现了。再后来自己办钢铁厂，他给自己定的目标是：要成为美国的钢铁大王。最终他不仅实现了成为美国钢铁大王的目标，也成为拥有亿万财产的富翁。卡内基的一生总是不断地塑造最佳的自己，他的座右铭就是做一个"最好的自己"。（卡内基晚年热心于慈善事业。1911年，卡内基夫妇决定捐献1.5亿美元设立"卡内基公司"，由公司人员代理他们操作捐献事宜。去世前，卡内基的捐献总额已高达3.3亿多美元。在他身后，"卡内基公司"及各项卡内基基金仍在实施他的捐献计划。迄今为止，他为世界捐献的数额已经远远超过当初的数字。1919年8月11日，安德鲁·卡内基因呼吸系统疾病去世，享年84岁。）

（二）制定目标的 SMART 方法——让我们的未来更清晰

目标的设定，是对人生目标做出的抉择，其抉择是以自己最佳的才能、最优性格、最大兴趣、最有利环境等信息为依据的。

那么究竟如何科学地设定生涯目标呢？我们先看目标设定的"黄金准则"——SMART 原则。SMART 是五个英文单词的首字母组合，好的目标应该能够符合 SMART 原则。

1）S（specific），明确的，就是要用具体明确的语言清楚地说明要达到成功的行为标准。明确的目标几乎是所有成功人士的一致特点。很多人不成功的原因之一是目标设定模棱两可。如"找一个管理方面的工作"，这种对目标的描述就很不明确。什么是管理？工商管理还是公共管理？企业管理还是政府管理？企业里的管理又分为很多类，如战略管理、销售管理、市场管理、财务管理、物流管理、人力资源管理、生产管理、信息管理等。人力资源管理又分为招聘管理、绩效管理、薪酬管理、员工管理、企业文化管理等。如果你是学人力资源管理的，希望进入外企工作，并且对人力资源管理有兴趣，招聘专员就是一个非常明确的目标。

2）M（measurable），可测量的，是指目标应该是明确的，应该能用一组明确的数据作为衡量是否达到的依据。例如，"提高自己的写作能力"，这样的目标难以量化，怎样才算提高？而"坚持每天看书和每周写三篇博客文章""本学期公开发表三篇文章"这样的目标就是可以测量的。但并不是所有的目标都可以测量，也有例外，大方向性质的目标是难以测量的。

3）A（acceptable），可接受、可达成的，是指目标不要定得太多，也不能无法实现。目标要切合实际，循序渐进。请看某学生的经历：

18 岁，高中毕业典礼上，小刚誓要当李嘉诚第二、中国首富！

20 岁，春节老同学聚会上，小刚想创立自己的公司，30 岁时拥有资产 2000 万元。

23 岁，在某工厂担任技术员，第二职业是炒股。"在这里工作太没有前途了，我将全力炒股，三年内用 5 万元炒到 300 万元。"

25 岁，炒股失意，情场得意，开始准备结婚。希望一年后能有 10 万元，风风光光地结婚。

26 岁，不太风光的婚礼上。小刚的理想是生一个胖小子，将来当车间主任，别的不多想。

28 岁，工厂效益下滑，正逢妻子怀胎十月。小刚希望这次下岗名单里千万不要有自己的名字。

小刚 18 岁的目标是当中国首富，十年后的目标是不要下岗，差距怎么这么大？原因很简单，制定目标时不顾自己的实际条件，定了一个很难实现或根本不能实现的目标。

4）R（realistic），实际的，指在现实条件下是否可行，有没有可操作性。比如，有些初出茅庐的年轻人，整天梦想着自己未来拥有巨额的金钱、至高的权力等。这显然是不切合实际的目标，只能算是一个空想。这个目标显然没有"三十亩地一头牛，老婆孩子热炕头"那样的目标现实可行。

5）T（timed），有时限的，是指每一项目标都要有明确的时间期限，而每一个时间段都要有明确的奋斗目标。例如，某人将在 2011 年 5 月 31 日前完成某事，"5 月 31 日"就是一个确定的时间限制；没有时间限制，很可能让目标无法实现。

现在，让我们再回忆一下"幻游"活动中 10 年后的"我"，来用 SMART 方法来描述一下这个目标（表 7.1）。

表 7.1 SMART 方法描述下的目标

	S:明确的	M:可测量的	A:可接受、可达成的	R:实际的	T:有时限的
10 年后的"我"					
综合后的目标					

（三）寻找差距——找到最接近成功的路径

在进行职业生涯规划时，确定好目标后，还要了解自身的条件和现实条件，并分析自身的差距，找到适合自己的缩小差距的方法，制定出可实施的方案。

第一步：找出差距，包括思想观念上的差距、知识的差距、心理素质的差距、能力上的差距等。

第二步：找出缩小差距的方法。如加强学习、教育培训、与有经验的人讨论交流、时间锻炼等。

第三步：寻找实现途径。如选修相关课程、从网络上查询相关资料；了解教育培训方面的信息；找专家、老师交流；兼职等。

第四步：将可能的实现途径列入自己的目标计划内，越详细越具体越好。

在进行职业生涯规划时，一方面需要我们不断向着目标前进，并善于在现状和目标之间设定合理的里程碑，不断通过这些里程碑来评估自己与目标之间的距离与偏差，这样可以不断给自己以信心，知道自己是否有进展，是否正向着目标靠近还是背离了目标。

另一方面，需要我们定期对目标进行审视，看看随着外界情况的变化，有没有必要对目标进行修正；有的时候，我们甚至要从目标本身跳出来，看全局，看目标是不是解决问题的方案，与时俱进，这样才能保证我们不断发展。

六、成长手册

（一）蒙眼取物

1）为什么看似很简单的任务，却有很多人不能很好地完成？

2）你在活动过程中最深刻的体会是什么？

3）这个活动给你什么样的感悟？

4）你开始怎么看待活动的？活动结束之后有什么改变吗？

（二）生涯幻游

我五年后典型的一天描述

※ 我五年后从事的工作描述

① 工作是＿＿＿＿＿＿＿＿＿＿＿＿＿＿＿＿＿＿＿＿＿。

② 工作的内容是＿＿＿＿＿＿＿＿＿＿＿＿＿＿＿＿＿＿。

③ 工作的场所在＿＿＿＿＿＿＿＿＿＿＿＿＿＿＿＿＿＿。

④ 工作场所周围的环境＿＿＿＿＿＿＿＿＿＿＿＿＿＿＿。

⑤ 工作场所周边的人群＿＿＿＿＿＿＿＿＿＿＿＿＿＿＿。

我五年后的生活形态描述

① 婚姻状况　□已婚　□未婚　□其他＿＿＿＿＿＿＿＿。

② 家中成员有子女＿＿＿＿＿＿人。

③ 与父母同住　□是　□否　□其他＿＿＿＿＿＿＿＿＿。

④ 居住的场所在＿＿＿＿＿＿＿＿＿＿＿＿＿＿＿＿＿＿。

⑤ 居住场所周围的环境＿＿＿＿＿＿＿＿＿＿＿＿＿＿＿。

⑥ 居住场所周围的人群＿＿＿＿＿＿＿＿＿＿＿＿＿＿＿。

第二节　沟通协调能力训练

一、案例导入

　　刚刚迈入大学校园的何娜非常热情、直爽又助人为乐，但是大学生活才过去半个学期，她就烦恼连连，当初对大学生活的憧憬也消失殆尽。

　　原来直爽的她是个直肠子，在寝室里哪个同学有什么事做错了，或者话说错了，她就立马予以纠正，还要"教导"人家几句，结果没几次就把全寝室的同学都给得罪了，现在每天只要她回到寝室，寝室里原本讨论得热闹的话题立马止住，大家使使眼色都各做各的事，等她一出门，寝室又热闹非凡。

　　在班级里，因为何娜的热情、热心，刚开始她被选为临时班委，但是她对于班上同学的点滴违纪行为都直言不讳地指出，并且大公无私地上报到老师处，久而久之，"爱管闲事""爱打小报告""滥用职权"就成了很多同学对她的评价，在班委正式选举时也没有同学再选她了。

　　于是何娜经常往辅导员办公室跑，向老师大吐苦水，并抱怨这个人不好，那个人不对，甚至觉得老师不知人善用，学校的规定埋没了人才，结果连老师看到她都怕。

　　才半个学期，何娜对大学的感受就和当初的憧憬完全不同，她只得苦恼地在自己的微博上写道：在大学里沟通真难啊！

二、学习导语

我们生活在社会中，任何人都不是独立的个体，需要与人相处，需要沟通。每天，我们以许多方式进行沟通：交流思想、情感以及我们的期待。沟通构成了我们日常生活的主要部分，是实现我们的目标、满足我们的需要、实现我们的抱负的重要工具之一。研究表明，我们工作中 70% 的错误是由于不善于沟通造成的。

值得庆幸的是，有效的沟通是一种可以不断发展的技巧，它需要有意识地去实践，并在实践中勤思考。通过实践，我们的沟通技巧可以得到发展，人们之间的相互理解也会加深。

三、学习目标

1）认识到在职业选择与职场发展过程中与人良好沟通的重要性。
2）掌握与人沟通的途径和技巧，进而提高自身的沟通能力与素养，通过沟通训练来促进职业的成长。

四、学习活动

（一）"千里传音"

1. 活动目标

1）感受并理解人际沟通过程中可能出现的问题，并引起自觉的重视和关注。
2）学习如何避免在人际沟通过程中可能出现的问题。

2. 活动要求

1）活动场地：室内。
2）参加者：班级同学。
3）活动准备：准备好传递的"话语"，如"我到阿姨家里看弟弟，弟弟在地上拼地图"。
4）时间：活动时间约为 5 分钟，讨论与分享时间约为 8 分钟。

3. 活动过程

发起者向第一位同学传递一句话，音量仅两人可听见。第一位同学再向第二位同学轻声复述该话，第二位同学再向第三位同学复述，以此类推。到最后一位同学时，将听到的话大声说出，对照一下，是否还是原来的那句话？

4. 讨论与分享

1）你认为这个传话的过程出现了什么问题？应该如何解决？
2）这个活动告诉我们什么道理？

3）人与人之间的沟通存在消耗，怎么才能有效沟通呢？
4）参与活动的同学和旁观的同学都发表各自的见解。

（二）倾听与回馈

1. 活动目标

学习倾听；体会"倾听"与"回馈"在人际沟通时所产生的效果。

2. 活动要求

1）活动场地：室内。
2）参加者：班级同学，三人一组，未满三人者，则协助教师观察和监督班级各组的活动情况。
3）活动准备：准备好交流的话题，如"怎样才能出色地完成学业"等。
4）时间：讨论与分享时间约为 15 分钟。

3. 活动过程

1）每组三人轮流当说话者、倾听者与观察者，每人须分别当过三种角色，体会每种角色的立场与感觉。
2）三种角色的任务如下：
说话者：在 3 分钟内主动引发各种话题。
倾听者：只扮演倾听与响应的角色，不主动引发任何话题。
观察者：不介入说话者与倾听者的对话，只负责观察两人的对话情形。
3）每人都当过三种角色后，小组成员分享经验，说话者与倾听者分享彼此的感受，观察者则说出所观察到的情形。

4. 讨论与分享

1）当你做说话者的时候，你内心是什么样的感受？
2）当你扮演倾听者的时候，你对说话者是怎么反应的？你内心是怎么想的？
3）作为旁观者的时候，你怎么评价这样的沟通情境？

五、理论拓展

与人沟通的"八大艺术"

1. 用心——同理心换位思考

先来看看图 7.1，你看到了什么？
其实，它还有另一个视角，看看图 7.2。

图 7.1　换位图

图 7.2　转换后的图

很神奇！一只青蛙，逆时针旋转 90° 就成了一匹马。看同一张图转换一下视角就可以给人带来不同的认知。其实每个人看事物的角度不同，想法就不同，需求也不同。人与人之间沟通，如果从对方的角度考虑对方的需求，"将心比心"，换位思考，在工作中就能让你得到好人缘。

来看看一位美国学者的叙述，感受如何用心去沟通。

【小故事】

在从纽约到波士顿的火车上，我发现我隔壁座位的老先生是位盲人。我的博士论文指导教授是位盲人，因此我和盲人谈起话来，一点困难也没有，我还弄了杯热腾腾的咖啡给他喝。

当时正值洛杉矶种族暴乱的时期，我们因此就谈到了种族偏见的问题。老先生告诉我，他是美国南方人，从小就认为黑人低人一等，他家的用人是黑人，他在南方时从未和黑人一起吃过饭，也从未和黑人一起上过学。到了北方念书，有一次他被班上同学指定办一次野餐会，他居然在请帖上注明"我们保留拒绝任何人的权利"。在南方这句话就是"我们不欢迎黑人"的意思，当时举班哗然，他还被系主任抓去骂了一顿。他说有时碰到黑人店员，付钱的时候，他总将钱放在柜台上，让黑人去拿，不肯和黑人的手有任何接触。

我笑着问他："那你当然不会和黑人结婚了。"

他大笑起来："我不和他们来往，如何会和黑人结婚？说实话，我当时认为任何白人和黑人结婚，都会使父母蒙辱。"

但他在波士顿念研究生的时候，发生了车祸。虽然大难不死，可是眼睛完全失明，什么也看不见了。他进入一家盲人重建院，在那里学习如何使用点字技巧，如何靠手杖走路，等等。慢慢地他终于能够独立生活了。

他说："我最苦恼的是，我弄不清楚对方是不是黑人。我向我的心理辅导员谈这个问题，他也尽量开导我。我非常信赖他，什么都告诉他，将他看成良师益友。有一天，那位辅导员告诉我，他本人就是黑人。从此以后，我的偏见就完全消失了。我看不出对方是白人，还是黑人，对我来讲，我只知道他是好人，不是坏人，至于肤色，对我已毫无意义了。"

车快到波士顿，老先生说："我失去了视力，也失去了偏见，是一件多么幸福的事。"在月台上，老先生的太太已在等他，两人亲切地拥抱。我猛然发现他太太竟是一位满头银发的黑人。我这才发现，我视力良好，但我的偏见还在，是多么不幸的事。

眼睛在很多时候误导甚至欺骗了我们，盲者倒是幸运，因为他必须用心去打量这个世界，并且"看"得更为真切。所以，看待事物不仅要用眼，还要用心。仅用眼睛去观察世界，多半是不全的；而用心则能体悟实际的灵魂。

2. 用嘴——注意说话的场合和对象，学会赞美

沟通很多时候是通过语言实现的，人与人沟通时做得最多的就是说话。说话是增进彼此的了解与认同、建立和谐人际关系不可或缺的方法。但是君子慎言，言多必失，同一句话用不同的说话方式可以说出不同的意思。接下来让我们来做一个小试验：把下面的7个词说7遍。第一遍强调第一个词，第二遍强调第二个，依此类推。"我｜从未｜说｜他｜偷了｜我的｜钱"。你听出了多少种意思？

所以，说话也需要智慧。急事，慢慢地说；大事，清楚地说；小事，幽默地说；没把握的事，谨慎地说；没发生的事，不要胡说；做不到的事，别乱说；伤害人的事，不能说；讨厌的事，对事不对人地说；开心的事，看场合说；伤心的事，不要见人就说；别人的事，小心地说；自己的事，听听自己的心怎么说；现在的事，做了再说；未来的事，未来再说。

3. 用耳——倾听

人际关系中最重要的是得到信任。多讲可以让别人觉得你很优秀（如果你讲得好），但是多听，而且听进去并表达同理心，才能赢得信任。最有价值的人，不一定是最能说的人。老天给我们两只耳朵一个嘴巴，本来就是让我们多听少说的。善于倾听，才是成熟的人最基本的素质。但是，你会"听"吗？

一天，美国的知名主持人林克莱特在访问一名小朋友时问他："你长大后想要当什么呀？"小朋友天真地回答："嗯……我要当飞机的驾驶员！"林克莱特接着问："那如果有一天，你的飞机飞到太平洋上空时所有引擎都熄火了，你会怎么办？"小朋友想了想："我会先告诉坐在飞机上的人绑好安全带，然后我挂上我的降落伞跳出去。"当时旁边的人都笑了，林克莱特继续注视着孩子，想看他是不是自作聪明的家伙。没想到，看到别人笑时孩子的两行热泪夺眶而出，这才使得林克莱特发觉这孩子的悲悯之情远非笔墨所能形容。于是林克莱特继续问他说："为什么要这么做？"小孩的答案透露出一个孩子真挚的想法："我要去拿燃料，我还要回来!!"

当你听到别人说话时，你真的听懂了他说的意思吗？如果不懂，就不要只听一半，不要把自己的意思投射到别人所说的话上，这就是"听的艺术"。

在人际沟通中，并不只是把自己的意见、想法表达出来，更重要的是用心听对方所传达的讯息，如此才能真正达到双向沟通的目的。

4. 用手——助人的手

中国有句古话："助人为快乐之本。"帮助了别人，自己也得到了快乐。帮人等于在帮自己。"一个人之所以成功，是因为他服务的人数比较多。"帮人其实就是一种给予，但在给予之后，往往是更多的获得。

一位禅师走在漆黑的路上，因为路太黑，行人之间难免磕磕碰碰，禅师也被行人撞了好几下。当他继续前行时，远远看见有人提着灯笼向他走过来，这时旁边有个路人说道："这个盲人真奇怪，明明看不见，却每天晚上打着灯笼。"

禅师也觉得非常奇怪，等那个打灯笼的盲人走过来的时候，他便上前问道："你真的是盲人吗？"

那个人说："是的，我从生下来就没有看见过一丝光亮，对我来说白天和黑夜是一样的，我甚至不知道灯光是什么样子"。

禅师更迷惑了，问道："既然这样，你为什么还要打灯笼？你甚至都不知道灯笼是什么样子，灯光给人的感觉是怎样的！"

盲人说："我听别人说，每到晚上，人们都变成了和我一样的盲人，因为夜晚没有亮光，所以我就在晚上打着灯笼出来！"

禅师深受震动，感叹道："你所做的原来都是为了别人！"

盲人沉思了一会儿，回答说："不是，我是为了自己！"

禅师更迷惑了，问道："为什么？"

盲人答道："你刚才有没有被别人碰撞过？"

禅师说："有呀，就在刚才，我被两个人不小心碰到了。"

盲人说："我是盲人，什么也看不见，但我从来没有被人撞到过。因为我的灯笼既为别人照了亮，也让别人看到了我，这样他们就不会因为看不见而撞到我了。"

禅师顿悟，感叹道："我辛苦奔波就是为了找佛，其实佛就在我的身边啊！"

这个故事告诉我们，照亮别人的同时，更照亮了自己。

5. 用眼——关爱他人

一个女孩子人见人爱，有人问她："为什么大家都这么喜欢你？"小女孩天真地说："我猜，大概是我爱每一个人的缘故吧。"虽然社会如此进步，似乎每个人都是"强人"，但仔细看看四周，是不是会发现还有许多人需要帮助？关爱的眼，可以帮助我们发现周围的人内心对爱与被爱的渴望；关爱的眼，使我们的世界变得不一样。

生命的目的在于爱人。我们做人到底拥有多少成功和快乐，主要取决于我们到底付出了多少爱，又有多少人在爱着我们。

6. 互相尊重

先来看个小故事。

有位富翁十分有钱，但却得不到旁人的尊重，他为此苦恼不已，每日寻思如何才能得到众人的敬仰。

某天在街上散步时，他看到街边一个衣衫褴褛的乞丐，心想机会来了，便在乞丐的破碗中丢下一枚亮晶晶的金币。谁知乞丐头也不抬地仍是忙着捉虱子，富翁不由生气："你眼睛瞎了？没看到我给你的是金币吗？"

乞丐仍是不看他一眼，答道："给不给是你的事，不高兴可以要回去。"

富翁大怒，意气用事起来，又丢了十个金币在乞丐的碗中，心想他这次一定会趴着向自己道谢。却不料乞丐仍是不理不睬。

富翁几乎要跳了起来："我给你十个金币，你看清楚，我是有钱人，好歹你也尊重我一下，道个谢你都不会。"

乞丐懒洋洋地回答："有钱是你的事，尊不尊重你则是我的事，这是强求不来的。"

富翁急了："那么，我将我的财产的一半送给你，能不能请你尊重我呢？"

乞丐翻着一双白眼看他："给我一半财产，那我不是和你一样有钱了吗？为什么要我尊重你。"

富翁更急起来道："好，我将所有的财产都给你，这下你可愿意尊重我了？"

乞丐大笑："你将财产都给我，那你就成了乞丐，而我成了富翁，我凭什么要尊重你？"

故事中的富翁有钱后，急需别人的肯定与尊重，而乞丐的顽强，则更是清楚地说明了尊重是相互的。富翁若能明白这一点，要受人尊重也就不难了。

人与人之间的沟通是互动的，而且应该是真诚的、互相尊重的。我们要尊重他人，也要尊重自己；我们表现出对别人的尊重，同时也赢得别人对自己的尊重，这就是相互尊重。所以尊重是双向的。

7. 勇于道歉

人非圣贤，与人沟通时难免犯错，我们来设想一下，如果你肯定别人做错了某事，你出于好心直接告诉他，那结果会怎样？如果对方是一个脾气好的人，也许不会发作，只有尴尬地笑一下算了，可心里不知把你骂了几遍了，对你也没有好印象；可能碰到了脾气暴躁的人，肯定马上据理力争，甚至暴跳如雷，你能得到什么呢？遇到争论时，首先做出让步，这是有礼貌的表示，而不是伤面子的行为。如果执意争吵，只会对双方造成伤害。快速、真诚地让步，承认自己的错误，你与对方的距离拉近了，在他觉得你真诚的情形下，他也会真诚地待你了。

当我们对的时候，我们要试着温和地、巧妙地使对方同意我们的看法；而当我们错时，则要迅速而真诚地承认并道歉。这种技巧不但能产生惊人的效果，而且任何情形下，都要比为自己争辩还要有作用的多。

8. 双胜双赢

所谓双胜双赢，就是以双方皆能获得最大利益为共同中心导向，它不是单向式，而是双向沟通、相互影响。

中国入世首席谈判代表龙永图由于在中国入世谈判中的出色表现，被新闻界奉为"铁嘴"。对于这一称号，龙永图以他的"双赢"理论加以解释。他说，成为"铁嘴"，除了自身修养、学识、表达能力这些因素以外，最重要的一条是要站在一种"双赢"的立场上去考虑问题。只有在"双赢"的基础上达成共识，才能获得最后的胜利。

在人与人的沟通之中，常常要注意这种互动的双赢效果。所谓沟通、谈判，不是在口舌上逞强，而是运用技巧作合理的争取。

现代社会是一个共存共荣的社会，只有利益共享才能形成良好的合作，才能取得别人的帮助，使大家处于一种互相理解、互相尊重、平等友好的关系之中，达到沟通顺畅，相处融洽，双胜双赢。

【小故事】

有一天晚上，索尼董事长盛田昭夫按照惯例走进职工餐厅与职工一起就餐、聊天。他多年来一直保持着这个习惯，以培养员工的合作意识和与他们的良好关系。

这天，盛田昭夫忽然发现一位年轻职工郁郁寡欢，满腹心事，闷头吃饭，谁也不理。于是，盛田昭夫就主动坐在这名员工对面，与他攀谈。几杯酒下肚之后，这个员工终于开口了："我毕业于东京大学，进入索尼之前，有一份待遇十分优厚的工作，但对索尼公司崇拜得发狂。当时，我认为进入索尼是我一生的最佳选择。但是，现在才发现，我不是在为索尼工作，而是为课长干活。坦率地说，我这位课长是个无能之辈，更可悲的是，我所有的行动与建议都得课长批准。我自己的一些小发明与改进，课长不仅不支持，不解释，还挖苦我癞蛤蟆想吃天鹅肉，有野心。对我来说，这名课长就是索尼。我十分泄气，心灰意冷。这就是索尼？这就是我的索尼？我居然放弃了那份优厚的工作来到这种地方！"

这番话令盛田昭夫十分震惊，他想，类似的问题在公司内部员工中恐怕不少，管理者应该关心他们的苦恼，了解他们的处境，不能堵塞他们的上进之路，于是产生了改革人事管理制度的想法。之后，索尼公司开始每周出版一次内部小报，刊登公司各部门的"求人广告"，员工可以自由而秘密地前去应聘，他们的上司无权阻止。另外，索尼原则上每隔两年就让员工调换一次工作，特别是对于那些精力旺盛、干劲十足的人才，不是让他们被动地等待工作，而是主动地给他们施展才能的机会。在索尼公司实行内部招聘制度以后，有能力的人才大多能找到自己较中意的岗位，而且人力资源部门可以发现那些"流出"人才的上司所存在的问题。

六、成长手册

（一）"千里传音"

1）你认为这个传话的过程出现了什么问题？应该如何解决？

2）这个活动告诉我们什么道理？

_____

_____

3）人与人之间的沟通存在消耗，怎么才能有效沟通呢？

_____

_____

（二）"倾听与回馈"

1）当你做说话者的时候，你内心是什么样的感受？

_____

_____

2）当你扮演倾听者的时候，你对说话者是怎么反应的？你内心怎么想的？

_____

_____

3）作为旁观者的时候，你怎么评价这样的沟通情境？

_____

_____

第三节　时间管理训练

一、案例导入

再过一个星期就要期末考试了，舒雅做了一个复习计划，因为图书馆自习的人很多，每次过去总是找不到位子，又不喜欢在教室看书，所以她准备回寝室复习。

回到寝室，她先给自己倒了杯水，拿出书看了半个小时，觉得有点累，便看了下出门时因为没下载完资料还开着的电脑，发现QQ上有个头像在跳动，看了看，原来是一个在上海读书的老同学，就打开对话框和对方聊了起来。对方发过来一篇文章的链接，是关于最新电影的评论，看完之后网页下面的"相关新闻"里有女主角最新的绯闻，研究之后觉得同学介绍的电影还不错，立即在网上寻找这部电影的下载地址，在等待下载的过程中到"天涯"看看，等再次想到看书的时候已经到了熄灯时间。

结果看书才看了半个小时，做其他无关的事却花了整整三个小时。我们一开始往往是出于非常单纯并且单一的目的逛超市、看电视、找资料的，但最终却花费了大量的时间，就像开始拉着一根绳子，却不想绳子的另一头是一只大象，把我们往时间的黑洞里拉。

二、学习导语

每天我们有 24 小时，每小时由 60 分钟组成，每分钟由 60 秒组成，总计就是86400 秒。拥有这样的一笔财富，我们怎么可以视而不见？但是，尽管每个人都拥有巨大的时间财富，时间却是很容易从指缝间溜走的，很多人都没因拥有这笔财富而有发财的感觉。时间管理大师彼得·杜拉克说过：时间是最稀缺的资源，如果时间管理不好，其他事物一定也管理不好。

因此，要想做好自己的职业生涯规划，实现自己的理想和追求，获得成功，就必须学会时间管理，掌握管理好时间的方法和必要技能。

三、学习目标

1) 通过学习，认识时间管理的重要意义，树立正确的时间观念。
2) 学习时间管理的原则与方法，并对自己的学习、工作、生活进行恰当的管理。

四、学习活动

（一）时钟转

1. 活动目标

吸引学生的注意力，让学生关注"时间"，关注如何掌控时间。

2. 活动要求

1) 活动场地：室内。
2) 参加者：班级同学。
3) 活动准备：安排好参加活动的学生。
4) 时间：活动时间约为 3 分钟，讨论与分享时间约为 5 分钟。

3. 活动过程

参与活动的 3 人分别扮演时钟的时针、分针、秒针，扮演时针、分针、秒针的人依次靠黑板或墙壁站成一列，双手举过头顶合拢形成针形。老师报出一个时间点，3 人要在第一时间按照扮演的角色用手指向相应的刻度，让其他学生评判是否正确。

4. 讨论与分享

1) 你对表演者的表现是如何评价的？
2) 以前考虑过时间方面的问题吗？

（二）时间容器

1. 活动目标

通过活动了解时间管理过程中的方法和艺术，认识到时间安排的顺序和重要性。

2. 活动要求

1) 活动场地：室内。

2）参加者：班级同学，可以进行竞赛。

3）活动准备：两个相同大小的玻璃瓶、一些大石块、玻璃珠、沙子、水。

4）时间：活动时间约为 5 分钟，讨论与分享时间约为 10 分钟。

3. 活动过程

把教室里的学生分成两组，分组讨论如何能往玻璃瓶里放入更多的预备材料，各组推选一位代表上台演示，然后比较两组玻璃瓶内所装材料的多少。

4. 讨论与分享

1）开始的时候你想过活动的结果吗？对活动的过程和结果你是怎么看的？

2）这个活动给你什么启发？

5. 感悟

我们会发现，有些同学会选择先将容易散落的水、沙子和玻璃珠放入玻璃瓶，那么剩下的空间就不能再容纳多少大石块了，最后浪费了不少空间。最好的选择是将大石块先放到玻璃瓶里，再将玻璃珠塞到大石块间的空隙，再往多余的空隙中倒入沙子，最后再倒入水，这样便能充分利用玻璃瓶的空间了（图 7.3）。

图 7.3　空间得到充分利用的玻璃瓶

　　其实，玻璃瓶代表了我们的时间，大石块就代表了生活中对我们最重要的事情，玻璃珠子、沙子和水就是不重要的琐事。同样的空间，放置东西的先后顺序不同，结局就大相径庭；同样的时间，工作安排的顺序不同，结果也会千差万别。如果我们都习惯性地先去做一些琐事，一堆琐事占满了我们的时间，那么重要的事情就没有时间去做了。所以我们需要做时间管理。

（三）我的一天精力/兴趣表

1. 活动目标

通过活动学会合理规划自己每一天的时间，学会合理利用时间来学习、工作和生活。

2. 活动要求

1）活动场地：室内。

2）参加者：班级同学，个人完成自己的任务。

3）活动准备：纸和笔。

4）时间：活动时间约为 8 分钟，讨论与分享时间约为 5 分钟。

3. 活动过程

统计你一天不同的时间段中不同的精力状态和兴趣点。在"成长手册"我的一天精力/兴趣表中根据自己的经验在不同时间段对应的空格内打"√"，以确定你的高效时间段，以及在各个时间段更适合做哪一类型的工作。

4. 讨论与分享

1）你对自己的时间安排感到满意吗？为什么？
2）什么样的时间安排是合理的？
3）这个活动给你什么样的启发？

五、理论拓展

（一）时间的特性和时间管理

时间具有以下的特性：

1）供给毫无弹性：时间的供给量是固定不变的，在任何情况下都不会增加，也不会减少，每天都是 24 小时。

2）无法蓄积：时间无法像人力、财力、物力和技术那样被积蓄、储藏。不管愿不愿意，我们都必须消费时间，不管怎样，每天也都会过去。

3）无法取代：任何一项活动都有赖于时间的堆砌，时间是任何活动所不可缺少的基本资源。

4）无法失而复得：时间无法像物品一样失而复得。它一旦丧失，就会永远丧失。花费了金钱，还可以赚回，但要是挥霍了时间，任何人都无力挽回。

时间管理就是要在有限的时间内，找到自己的优先级，排好做事的顺序，顺利完成任务。

所谓时间管理，就是用技巧、技术和工具帮助人们完成工作、实现目标，是用最短的时间或在预定的时间内，把事情做好。时间管理并不是要把所有事情做完，而是更有效地运用时间，其最重要的功能是将事先的规划作为一种提醒与指引。

【小故事】

> 国学大师、北京大学原校长胡适先生 1929 年在中国公学 18 年级毕业典礼上的演讲：
>
> 诸位毕业同学：
>
> 你们现在要离开母校了，我没有什么礼物送给你们，只好送你们一句话罢。
>
> 这一句话是："珍惜时间，不要抛弃学问。"
>
> 以前的功课也许有一大部分是为了这张毕业文凭，不得已而做的。从今以后，你们可以依自己的心愿去自由研究了。趁现在年富力强的时候，努力做一种专门学问。少年是一去不复返的，等到精力衰时，要做学问也来不及了。
>
> 有人说："出去做事之后，生活问题急须解决，哪有工夫去读书？即使要做学问，既没有图书馆，又没有实验室，哪能做学问？"
>
> 我要对你们说：凡是要等到有了图书馆方才读书的，有了图书馆也不肯读书。

凡是要等到有了实验室方才做研究的，有了实验室也不肯做研究。你有了决心要研究一个问题，自然会撙衣节食去买书，自然会想出法子来设置仪器。

至于时间，更不成问题。达尔文一生多病，不能多做工，每天只能做一点钟的工作。你们看他的成绩！每天花一点钟看十页有用的书，每年可看三千六百多页书；三十年读十一万页书。

诸位，十一万页书可以使你成一个学者了。可是，每天看三种小报也得费你一点钟的工夫；四圈麻将也得费你一点半钟的光阴。看小报呢？还是打麻将呢？还是努力做一个学者呢？全靠你们自己的选择！

（二）时间管理的原则

1. ABC 时间管理分类原则

ABC 时间管理分类法是由意大利经济学家维尔弗雷多·帕累托首创，又称分类管理法、重点管理法、ABC 分类法，是将工作依照重要性制订出工作优先序列表：将工作按轻重缓急分为 A、B、C 三类，其中 A 为最重要的、能为个人发展创造实际效益的事情；B 为次要的、可以拖延或可以轻松做到的事情；C 为一般无意义的小事。在执行时先做 A，再做 B，最后少做或不做 C。

ABC 分类法以事情的重要程度来划分做事的优先级，但是也要注意一点：A、B、C 三类工作的优先级也可能改变，今天的 A 类是昨天的 B 类，今天的 C 类也可能是明天的 B 类。如现在要举办一次露天演出，按照时间安排今天必须要去勘察场地，但是接到通知说演出当天因为天气原因要延后，则现在最重要的工作已不是勘察场地，而是通知相关人员演出延期的信息。所以要经常评估与调整目标工作的优先级。

练习：在表 7.2 中列出明天要做的最主要的六件事，利用 ABC 时间管理分类原则，按重要程度编上序号。明天第一件事就是把这张时间表拿出来看看第一项是什么，去完成它，完成后在该项后面的空格内打上"√"；完成第一项后再去做第二项，以此类推。睡觉前再列第二天的六件事，继续按上述做法去完成。一周后再对照表 7.2 的内容看看，是否做了更多有意义的事？

表 7.2　明天的办事清单

序号	待办事件	是否完成
1		
2		
3		
4		
5		
6		

2. 时间"四象限"原则

时间"四象限"原则是美国的管理学家科维提出的一个时间管理的理论，把工作按照重要和紧急两个不同的程度进行了划分，基本上可以分为四个"象限"：

1）重要又紧急的事，如人际关系危机、即将到期的任务等。这些事情必须马上去做，否则后果将会非常严重。

2）重要但不紧急的事，如建立人际关系、创造新的机会、长期工作规划、培训等。这些事情虽然看起来不紧急，但是如果不重视，随时都会发展成重要而且紧急的事情。

3）不重要但紧急的事，如电话铃声、不速之客、临时会议等。这个象限里的时间开销是相当可惜而且无奈的，忙了半天可能一点效果都没有。

4）既不重要也不紧急的事，如阅读令人上瘾的无聊小说、收看毫无价值的电视节目、闲谈、发呆等。这些是用来打发时间的事。

时间管理理论的一个重要观念是应有重点地把主要的精力和时间集中地放在处理那些重要紧急的工作上，这样可以做到未雨绸缪，防患于未然，而不要让更多的事情出现在重要又紧急这个"象限"的事务上。

根据时间"四象限"原则，我们应当对要做的事情分清轻重缓急，进行如下的行动排序（图 7.4）。

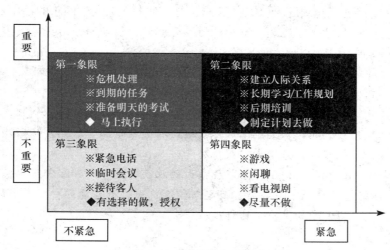

图 7.4 "四象限"分类表

第一象限：立即去做！工作中的主要压力就来自第一象限，生活中的主要危机也来自第一象限。它就像是一片雷区，所以进入这个象限的次数越少越好。其实第一象限 80% 的事务都来自第二象限没有被很好处理的事务，也就是说这个压力和危机，是自己强加给自己的。比如说，你可能不得不通宵复习准备明天的考试，就是因为你之前一学期没有好好听课、复习，使得你必须通宵突击复习来备考。

第二象限：有计划地去做！应该将时间投资于第二象限，只要是没有前一类事的压力，就应该当成紧急的事去做。应该制定学习/工作计划，慢慢地有系统地去完成一项庞大的任务。如果不好好处理第二象限的事情，很容易就变成第一象限的事，给我们带来危机。参照上面的例子，因为你平时课后没有花时间及时地复习消化课堂的知识，使得你在考试前不得不通宵突击复习以应对考试。

第三象限：有选择地做，或者授权给别人去做！应该要看到，第三象限的事务是我们忙碌而且盲目的源头。这个象限里的事务最好能放权交给别人去做，或者通过委婉的拒绝减少这类事务的产生。继续参照上面的例子，你正在为明天的考试全力复习，这时隔壁寝室的同学过来找你陪他出去采购生活用品，这时你可以说明情况，请他找有空的同学一起去。

第四象限：尽量不做！这是一个用于缓冲调整的象限。当你疲惫的时候，可以通过做一些不重要而且不紧急的事情来调整一下心态和身体，但是你不能在这个象限里投入自己太多的时间和精力，否则你就是在浪费生命了。比如看书看累了的时候，可以和寝室同学一起聊聊天舒缓一下，但是如果你兴致来了，一个晚上都花在和同学打牌、聊天上面，那么你将没有时间复习明天考试的课程，可能造成考试无法通过的结果。

思考：现在参照表中所填内容，再思考下该做什么不该做什么，主要做什么尽量不做什么吧！

 【小故事】

来看看创新工场董事长兼 CEO 李开复先生对大学生大学四年的期望：

踏入大学校门时，你还是一个忙碌的、青涩的、被动的、为分数读书的、被家庭保护着的中学毕业生。

就读大学时，你应当学习七项内容，即学好自修之道、基础知识、实践贯通、兴趣培养、积极主动、掌控时间、为人处世。

经过大学四年，你会从思考中确立自我，从学习中寻求真理，从独立中体验自主，从计划中把握时间，从交流中锻炼表达，从交友中品味成熟，从实践中赢得价值，从兴趣中攫取快乐，从追求中获得力量。

离开大学时，只要做到了这些，你最大的收获将是"对什么都可以拥有的自信和渴望"。你就能成为一个有潜力、有思想、有价值、有前途的中国未来的主人翁。

所以，我认为大学四年应是这样度过。

（三）时间管理的一些方法

1. 六点优先工作制

该方法是效率大师艾维利在向美国一家钢铁公司提供咨询时提出的，它使这家公司用了 5 年的时间，从濒临破产一跃成为当时全美最大的私营钢铁企业，艾维利因此获得了 2.5 万美元咨询费，故也有人将该方法喻为"价值 2.5 万美元的时间管理方法"。

这一方法要求把每天所要做的事情按重要性排序，分别从"1"到"6"标出 6 件最重要的事情。每天一开始，先全力以赴做好标号为"1"的事情，直到它被完成或被完全准备好，然后再全力以赴地做标号为"2"的事，依此类推……

艾维利认为，一般情况下，如果一个人每天都能全力以赴地完成 6 件最重要的大事，那么，他一定是一位高效率人士。

六点优先工作制的应用方法：

1）在前一天晚上写下第二天要做的全部事情，对目标、任务、会议等事件分别按优先级进行排序。

2）化整为零，把大的、艰难的任务细分为小的、容易的部分。

3）从优先级最高的事物着手。按事情的重要顺序，分别从"1"到"6"标出六件最重要的事情。

4）和拖延做斗争，如果事情重要，从现在开始做。每天一开始，请你全力以赴做标号为"1"的事情，直到它被完成或被完全准备好，然后再全力以赴做标号为"2"的事情，以此类推。

这是一个看起来非常简单的时间管理方法，甚至个别人对此有些不屑，但真正采取行动去做的有多少人？如果我们每一天、每一分、每一秒都在做最重要的事情，假以时日，可以想象，会有什么成就？

2. 帕累托法则

帕累托法则是由 19 世纪意大利的经济学家帕累托提出的，其核心内容是生活中 80% 的结果几乎源于 20% 的活动。比如，在企业中，通常 80% 的利润来自 20% 的项目或重要客户；经济学家认为，80% 的财富是被 20% 的人掌握着；心理学家认为，20% 的人身上集中了 80% 的智慧等。因此，要把注意力放在 20% 的关键事情上。工作中应避免将时间花在琐碎的多数问题上，因为就算你花了 80% 的时间，也只能取得 20% 的成效，出色地完成无关紧要的工作是最浪费时间的。应该将时间花于重要的少数问题上，因为掌握了这些重要的少数问题，你只花 20% 的时间，即可取得 80% 的成效。

3. 麦肯锡 30 秒电梯理论

麦肯锡公司曾经得到过一次沉痛的教训：该公司曾经为一家重要的大客户做咨询。咨询结束的时候，麦肯锡的项目负责人在电梯间里遇见了对方的董事长，该董事长问麦肯锡的项目负责人："你能不能说一下现在的结果？"由于该项目负责人没有准备，而且即使有准备，也无法在电梯从 30 层到 1 层的 30 秒钟内把结果说清楚。最终，麦肯锡失去了这一重要客户。

从此，麦肯锡要求公司员工凡事要在最短的时间内把结果表达清楚，凡事要直奔主题、直奔结果。麦肯锡认为，一般情况下人们最多记得住一二三，记不住四五六，所以凡事要归纳在 3 条以内。这就是如今在商界流传甚广的"30 秒电梯理论"或称"电梯演讲"。

4. 黄金三小时法则

黄金三小时法则认为，早晨 5～8 点是人一天中效率最高的三小时。一天之计在于晨，早晨头脑最清醒、精力最充沛、思维最活跃、环境最安宁、注意力最集中、心情最愉悦，而且由于刚刚醒来，睡眠中的潜意识也最全，在这一时段工作一小时相当于其他时段工作三个小时。当你早早起床开始工作时，你甚至能在正常的工作时间来临前完成一天的工作，这样即将开始的一天就是你多赚出来的。

黄金三小时法则告诉我们，应该利用一天中效率最高的时段去完成一天中最重要的工作，以达到事半功倍的效果。当然，由于生物钟的不同，黄金三小时的具体时段可能因人而异，但这并不影响此法则作用的发挥。我们应该在生活中多体会，以便找出自己的黄金三小时并利用好它，达到一天等于两天的效果。

黄金三小时法则还可以进一步扩展。我们可以把每星期的第一天作为黄金时段，处理完一星期最重要的工作，把每个月的第一星期作为黄金时段，处理完一个月最重要的工作。如果你做到了这一点，你就抢占了时间争夺战中的每一个制高点，并获得了一支强大的时间预备队，无论将其使用到哪一个方向，都会在那里取得压倒性的优势。

六、成长手册

一天时间精力/兴趣表

	精力充沛	精力一般	精力下降	困乏嗜睡	收集任务	分析整理	组织材料	安排计划	执行行动	反思检视
6:00~8:00										
8:00~12:00										
12:00~18:00										
18:00~21:00										
21:00~24:00										

第八章　就业实务训练

我国蓬勃发展的经济需要大量的人才，每年有数百万的大学毕业生不断走向社会，但是很多招聘单位的 HR 却常说自己招不到满意的毕业生，我们还注意到周围一些优秀的学生在毕业之后却面临找不到工作的情况，通过与招聘单位的 HR、大学生就业指导老师、大学毕业生的交流发现，造成大学生求职失败的一个主要原因是许多学生忽略了简历制作及面试准备的种种细节。如果大学生能克服求职中的种种误区，吸纳别人成功的经验，无疑将有助于提高自身求职的成功率。

本章主要内容：

1）谙熟行情，了解就业政策与程序。
2）备好文书，获得面试机会。
3）面试通关，展示最佳自我。
4）礼仪之道，赢取考官认同。

第一节　谙熟行情　了解就业政策与程序

一、案例导入

小华，湖北武汉人，2008 年从温州大学毕业后回武汉工作。由于对报到证保管不善，中途遗失，当时小华没有把它当作一回事。2009 年下半年，小华跳槽到外地一家集团公司上班，需要调档，才发现因报到证遗失，无法调出档案。小华只能补办报到证，补办报到证需要回母校办理报到证遗失手续，然后再到杭州的浙江省大学生就业指导服务中心补办，这样时间成本就很高。于是，小华找了一家代办公司，需收费 1200 元，这样费用又很高。最后，小华向母校求助，母校就业处的老师借同事出差之际帮小华补办了报到证，然后邮寄过去，费尽周折才解决了问题。

二、学习导语

毕业前夕往往是大学生们最忙碌和紧张的一段时光，找工作，选择用人单位，签订三方协议和劳动合同……在这个过程中，户口和档案的安置、三方协议中的细节条款、试用期的纠纷等让初出茅庐的大学生应接不暇。大学毕业生如能早点了解就业的相关政策、就业法律法规和就业程序等，将有助于减少在就业过程中碰到的应聘、签约、报到、落户等问题上的困惑。

三、学习目标

1）了解获取就业政策的渠道。

2）知晓大学生就业工作程序，并能自觉地指导自己的就业工作。

四、学习活动

（一）就业政策大搜索

1. 活动目标

掌握常见的了解就业政策的方法和途径，学会运用这些渠道搜集对自己就业工作有帮助的信息。

2. 活动要求

1）活动场地：不限。
2）参加者：班级同学。
3）活动准备：提供给学生国家、省、市的就业工作政策网站网址。
4）时间：活动时间约为 5 分钟，讨论与分享时间约为 10 分钟。

3. 活动过程

1）教师把全班同学分成 4～6 个小组。
2）教师讲述小华的案例。

4. 讨论与分享

1）从发生在小华身上的事情，你得到什么启发？
2）你对就业政策有什么新的认识？
3）你觉得了解就业政策主要有哪些渠道？

（二）讨论：请把加班工资还给我

1. 活动目标

认识、了解并能分析自身在就业过程中可能存在的问题，学会维护自身的权益。

2. 活动要求

1）活动场地：室内。
2）参加者：班级同学，分成 6～8 人的小组若干，围桌而坐。
3）活动准备：提供给学生讨论的案例。
4）时间：活动时间约为 5 分钟，讨论与分享时间约为 10 分钟。

3. 活动过程

阅读所提供的材料，和同学讨论，分享心得，交流体会。

小钱是温州大学 2010 届毕业的学生。2010 年 4 月底，小钱与温州某服装企业签订了《高校毕业生就业协议书》。双方约定聘用合同期为 3 年，试用期 3 个月。小钱按照约定于 2010 年 5 月 8 日到该企业报到，而其获得大学颁发的毕业证书是 6 月 20 日。自当年 5 月上班起，小钱经常为企业加班加点，后因双方对签订劳动合同未达成一致，小钱于 2010 年 8 月底向当地劳动争议仲裁委员会提出申请，要求与该企业解除劳动关系并要求企业支付其工作期间的加班工资。该服装企业人力资源部的金主管回应他说："你和单位之间都还没有建立劳动关系，到劳动仲裁部门申诉也没有用。"

4. 讨论与分享

1）小钱已经同企业签了《高校毕业生就业协议书》，怎么金主管说双方还没有建立劳动关系呢？

2）小钱如果还想要回加班工资，你能帮他想点法子吗？

五、理论拓展

（一）大学生就业政策

1. 就业政策的梳理

就业政策信息可以分成国家就业政策信息与各地方政府就业政策信息两类。国家就业政策信息较为稳定，对其主要内容要了解掌握，并注意最新的动态，如国家支援西部的有关优惠政策、国家的"三支一扶"政策、"基层就业奖励计划"，建议毕业生适当了解。地方政府就业政策是各不相同的，发达地区、欠发达地区、沿海地区或者西部地区所实施的就业政策通常也是因地制宜。因此，求职者一旦确定求职地域后，应关心一下当地的人事政策，如就业优惠政策、晋升待遇、户口迁移、养老保险、社会保障、公积金、应届大中专毕业生准入条件等相关内容，比如《关于 2002 年上海市引进非上海生源高校毕业生进沪就业工作的规定》。此外对于就业法规信息如《劳动法》、《劳动合同法》等也要有相当了解，这样在求职就业过程中才知道如何维护自己的权益。

2. 就业政策的获取渠道

1）通过校园各种媒体如广播、就业网、《就业报》来了解就业政策；
2）领取和浏览《学生就业手册》，里面有各类就业政策详尽的信息；
3）向求职地域的大学生就业服务机构、人事部门、教育部门咨询；
4）向学校、学院就业指导机构咨询；
5）参与学校就业宣传服务周的活动。

（二）大学生就业程序

1. 就业管理与服务部门的构成与分工

目前，高校毕业生的就业管理与服务机构主要有教育部，国务院有关部委和各省、自治区、直辖市，高等院校。这些管理与服务机构可划分为三个层次：

第一层次是教育部主管全国高校毕业生的就业工作；

第二层次是各省、自治区、直辖市和中央各部委的有关部门主管本地区、本部门的高校毕业生就业工作；

第三层次是各高等学校负责本校毕业生就业的具体事宜。

2. 毕业生就业流程（图 8.1）

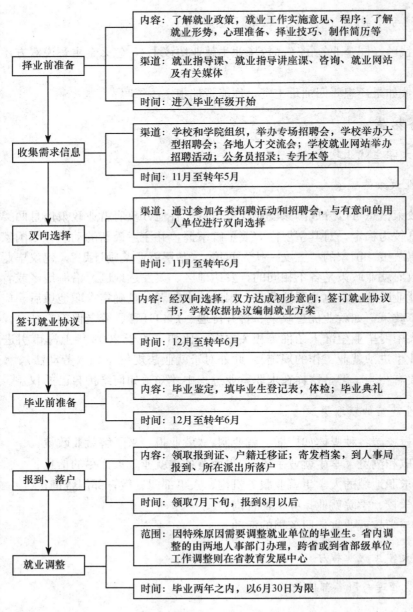

图 8.1　毕业生就业流程

六、延伸阅读

资深律师剖析就业过程中易出现的问题

应届生在就业过程中遇到的问题和纠纷，总结起来大都与三方协议和试用期有关，劳动就业领域的资深律师史晓英女士对此进行了总结。

1. 关于三方协议的法律问题

由于三方协议是大学生就业的第一步。三方协议是由学校作为见证，毕业生与用人单位签订的一份意向性协议，它具有法律效力，但它不能替代劳动合同。应届生要正确理解和使用三方协议，应该从四个方面着手：

第一，唯一性。即毕业生不得持有多份三方协议，如果学生签订多份三方协议，则一旦出现冲突以第一份协议为准。第二，法律效力有时限。三方协议的法律效力在毕业生到用人单位报到之后即告终止。第三，违约金的数额符合规定。三方协议中的违约金必须经由毕业生与用人单位协商之后约定，并且违约金的数额必须符合用人单位所在地的相关规定。第四，备注栏不是空白。毕业生应该尽量将单位的承诺，如休假、住房补贴、解决户口、保险等各项承诺明确写入备注栏，现实的情况是90%以上的三方协议中备注栏全是空白。

在三方协议涉及的三方中，真正履行责任和权利的双方是用人单位和毕业生，学校只是作为一个见证单位，不承担任何责任。

史律师提醒即将毕业的大学生，关于违约金的上限各地有不同的规定，北京地区规定违约金不得超过毕业生12月工资的总和，而上海则明确规定不得超过毕业生一个月的工资标准，而在国内大部分地区都没有明确规定违约金的上限，这种情况下，则以双方协商金额为准。毕业生与用人单位还可以互相约定违约金，以应对用人单位违约的情况，从而维护自身的权益。

2. 试用期内常见的劳动纠纷

史律师介绍说，毕业生到用人单位报到后，三方协议即告终止，此时用人单位会与其签订一份正式的劳动合同，其中约定了劳动者在单位的试用期限、服务期限、工资待遇及其他各项福利等事宜，合同签订之后，双方即正式确定了劳动关系。在上述提到的各项约定内容中，试用期是最容易出现纠纷的阶段。因此，关于试用期的法律问题，史律师提醒毕业生注意以下几点：

（1）试用期时限

试用期是用人单位和劳动者建立劳动关系后为相互了解、选择而约定的不超过6个月的考察期。试用期包括在劳动合同期限中。按照《劳动法》的规定，劳动合同可以约定不超过6个月的试用期。劳动合同期限在6个月以下的，试用期不得超过15日；劳动合同期限在6个月以上一年以下的，试用期不得超过30日；劳动合同期限在一年以上两年以下的，试用期不得超过60日；劳动合同期限在两年以上的，试用期也不得超过6个月。《上海劳动合同条例》第十三条规定：劳动合同当事人可以约定试用期。劳动合同期限不满6个月的，不得设试用期；满6个月不满一年的，试用期不得超过一个月；满一年不满 3 年的，试用期不得超过 3 个月；满 3 年的，试用期不得超过 6 个月。必须强调的是，试用期适用于初次就业或再次就业时改变工作岗位或工种的劳动者，合同期满后续签劳动合同时不得约定试用期。

国家机关、高校、医药研究所、医疗行政部门采用见习期，时间为一年；试用期常用于企业、公司（包括外企、合资、私企），与医院建立劳动关系的也采用试用期，为15 日至 6 个月。见习期可以延长，试用期不行。见习期具有一定强制力，试用期由双方约定。

（2）试用期辞职

试用期之所以称为试用期，其含义就在于用人单位和劳动者均可在此期间内考察对方是否符合自己的要求，双方都具有较为自由的解除合同的方式。根据《劳动法》第三十二条之规定，劳动者在试用期内可以随时通知用人单位解除劳动合同（无须提前通知）。

有些用人单位在劳动合同中约定劳动者在试用期解除合同需承担违约责任，这实际上限制了劳动者的解除权，因此这种约定是侵害劳动者合法权利的行为，法律一般确认为无效。

（3）试用期辞退

根据《劳动法》第二十五条规定，劳动者在试用期间被证明不符合录用条件的，用人单位可以解除劳动合同。法律规定得很清楚，用人单位可解除劳动合同的条件是其必须举证证明劳动者在试用期间不符合录用条件。这里毕业生应当明确，用人单位要求解除劳动合同时，举证责任在用人单位，劳动者无须提供自己符合录用条件的证明。

举证责任无疑限制了用人单位解除劳动合同的随意性，用人单位如果没有证据证明劳动者在试用期间不符合录用条件，用人单位就不能解除劳动合同，否则，用人单位需承担因违法解除劳动合同所带来的一切法律后果。

（4）两个试用期是否合法

有些用人单位还会在第一个试用期过后与劳动者约定第二个试用期，这种情况应该区别对待。如果前后两个试用期都是经过双方协商之后在合同中确定下来的，那么，两个试用期相加超过法律规定的试用期上限的，则不合法，不超过则两个试用期皆为合法。

（5）只签试用期合同不签劳动合同

劳动者被用人单位录用后，双方可以在劳动合同中约定试用期，试用期应包括在劳动合同期限内，劳动合同是试用期存在的前提条件。不允许只签订试用期合同，而不签订劳动合同。这样签订的试用期合同是无效的，但"试用期"合同的无效，并不导致《劳动法》对劳动者的保护失效。北京地区就有规定：只签订试用期合同，试用期后用人单位不愿意再签订劳动合同，劳动者可以反推（如试用期一个月，可反推合同期为一年，反推依据按《劳动法》关于试用期限的相关规定）。《上海劳动合同条例》第十三条对此特别规定：劳动合同当事人仅约定试用期的，试用期不成立，该期限即为劳动合同期限。

七、成长手册

（一）就业政策大搜索

启发 _____

_____

认识 _____

_____

渠道 _____

_____

（二）请把加班工资还给我

_____

_____

_____

第二节　备好文书　获得面试机会

一、案例导入

阿宝，本科生，温州大学国际贸易专业。一次，阿宝在人才网上看到温州一家知名的外贸公司在招聘外贸人员，招聘条件中明确写着外语必须达到六级的水平。可是在大学期间，因为英语六级考试总是发挥不好，他始终没有通过六级的考试。但是他的口语水平在学校还是小有名气的，甚至还获得过全国英语口语大赛的二等奖。他十分苦恼，不知如何才能迈过这道槛，因为在这之前他到另外一家外贸公司投过简历，因六级没过，在简历筛选阶段就被淘汰了。

这时，阿宝突然想起刚跨入大学校园时，收到了一份新生生涯规划指南，里面介绍了学校的职业咨询室，于是阿宝去了校职业咨询室寻求帮助，咨询老师建议阿宝在简历证书部分强调自己的英语口语能力，避开英语等级证书的硬伤，并在所获荣誉部分重点讲述自己参加一些口语大赛的经历。阿宝回去后修改了自己的简历，并投递了简历，一个星期后，收到去该知名外贸公司参加面试的通知，最终被录用。

二、学习导语

简历不能直接使人得到一份工作，一旦得到面试机会，申请的活动便告结束。它只是大学生开启用人单位大门的第一把钥匙，对于大学生能否得到进一步和用人单位接触的机会至关重要。因此要抓住自身的卖点，对自己的具体情况进行充分挖掘，遵循一定原则撰写个性化的简历和求职信。

三、学习目标

1）了解求职信和简历的主要结构。
2）掌握撰写简历的注意事项。
3）明白一份好简历的关键所在。

四、学习活动

（一）我的第一封求职信

1. 活动目标

1）了解并掌握求职信写作的格式、内容、要求。
2）会写作一封求职信。

2. 活动要求

1）活动场地：室内。
2）参加者：班级同学。
3）活动准备：求职信示例。
4）时间：活动时间约为 25 分钟，讨论与分享时间约为 10 分钟。

3. 活动过程

1）当你已从某一个最有效的求职渠道中找到了一个梦寐以求的工作机会时，下一步就是要尽快寄出个人简历。这时，用一封简短且有礼貌的申请信函表明你的来意，会让接信的潜在雇主有兴趣浏览你的简历。

2）请试着参考下列的说明，撰写一封求职申请信。

尊敬的××经理：

　　您好！

　　第一段　说明你写信的目的，从何处知道这个工作机会的；你要应聘什么职位或职务。

　　第二段　说明你的学历和专业背景，说出为什么你对该单位或这种类型的工作感兴趣，或想来工作的理由。提出一两个你认为用人单位最感兴趣的你的优势条件。如果你有相关的经验或者专业训练，一定要指出来。

　　第三段　呈现你对未来工作表现的信心和期望，提醒信件读者参看你所附的申请或简历。如果合适，提出你已经或将会寄出所有的证书来提供你的背景和兴趣的额外信息。

　　第四段　感谢信件读者浏览你的信和简历资料，并请求用人单位给予进一步面试的机会。如果你的要求不是想要面试，而是关于空缺职位的详细信息，随信附上有自己地址并粘贴了邮票的信封是有礼貌的。要保证你的结束语不是含糊的，而是尽可能使对方采取一个具体的行动。

真诚的×××（你的亲笔签名或打印上你的名字）

4. 讨论与分享

1）撰写求职信 30 分钟后，请每一小组推出一份最佳求职信，作者对信件进行朗读。

2）同学发表意见和建议，教师点评。

（二）我的第一份求职简历

1. 活动目标

1）了解并掌握求职简历的格式、内容、要求。

2）会制作属于自己的求职简历。

2. 活动要求

1）活动场地：室内。

2）参加者：班级同学。

3）活动准备：简历示例，简历制作课外完成。

4）时间：讨论、分享、点评时间约为 15 分钟。

3. 活动过程

1）教师：一份完整的简历，一般要包括如下内容：个人信息、求职意向、教育背景、奖励和荣誉、工作（实习实践）经历、其他技能、性格和爱好（上述顺序可根据需要来调整），页尾内容：证明材料如索即供。

2）请设计制作一份你个人专用的简历，以表现出你个人独特的风格，创造良好的第一印象。

3）教师将部分简历（合格或不合格均可）与全班同学分享，并点评。

五、理论拓展

（一）求职信变奏曲

1. 开头曲

（1）你是谁

说明自己的情况，应届毕业生要说明所在学校和所学专业，比如"我是温州大学商学院应届本科生"。简单一句话，就让招聘经理对你的身份了解了个大概。

说明你从何处得到这个招聘信息。许多公司通过报纸、网站等公众媒体发布招聘信息，因此在求职信上注明你是从哪家招聘中介获得信息的，会使招聘者对于你的信息渠道有所了解，而不会产生"来路不明"的印象。

（2）如何巧用第三者

如果有的话，求职者可以在求职信中提及招聘经理和自己都知道的第三者作为推荐人，从而在自己和招聘经理之间建立联系。这种做法可以引起收信人对你的关注，如果推荐人级别比较高，招聘经理更加不会怠慢。

如果是得到了招聘单位内部员工的推荐，你的求职信的写作技巧和表达语气要注意表现得非常专业，不能过分强调私人关系。因为招聘经理在得知你是公司员工的人选而邀请你面试时，已经优先给你机会了，此时一个专业的应聘者，应该不枉介绍人对你的"厚爱"。如果一味闲谈自己与介绍人关系多么"铁"、多么"磁"，会让招聘经理心生厌恶和抵触。

不一定只有亲朋好友才能成为中间人，偶然相识、在聚会中相遇或曾经面试过你的人都能成为你求职信中的第三者，但前提是他们应该是招聘经理熟悉并且尊重的人物。比如：大哈同学自以为认识 A 公司的张先生，于是在求职信中大谈特谈他与张先生的关系如何如何好，结果他还是没有得到面试的机会。后来，他从别人的口中得知，张先生在公司中人际关系极为不好。大哈同学悔不当初。

当第三者的专业、职务地位较高时，你在求职信中提到他时的语气要格外平和，不要给招聘经理一种"狐假虎威"的感觉，这样会引起他的反感。比如以下两种写法："张董事长让我来找你，谈谈这个工作的录取问题"，这种写法显得趾高气扬，根本没把招聘经理放在眼里，好像你就是领导一样，或者领导的意思就是要录用你了，如果真是这样，那么只需领导的秘书打个电话就可以了，何必如此麻烦；而另一种"在与贵公司张董事长的交谈中，他向我介绍了贵公司的情况，建议我与你们联系，进一步互相了解"的写法就比较温和，表现了对招聘经理的尊重。

当你准备在求职信中提及第三者时，必须先得到他本人的明确同意，不要从对方的言谈中妄自揣测，想当然地认为"不反对就是同意"，其实对方也许只是碍于面子而不好立马拒绝。如果你未经明确许可而自作主张地把他写进求职信，很可能会在招聘经理查证时得到他的矢口否认。那时你的自以为是就变成了作茧自缚。这"多此一举"的冒失，招致了"不成熟、不稳重"的评价，或许因此被打入了冷宫。如果不提及第三者，还可能硬碰硬地试一把。

（3）阐明你要应聘什么职位

你的求职材料有可能被送到人力资源部门，也可能被送到公司的某个业务部门，或者几经周折才到达招聘经理手中。为了使招聘经理明确这些材料的目的，要开宗明义，在求职信开头写明你应聘的岗位。

有些同学以为求职信开篇就直奔主题太过功利，于是开篇就是大段热情洋溢、文采激扬的文字，以为这样能够吸引招聘经理的注意，对自己求职有益。其实那只能让紧张工作的招聘经理感到浪费时间，他很可能会把你的材料搁置一边，甚至扔掉。招聘经理对文字游戏并不感兴趣，他所感兴趣的是你这个人是否有可能是他们需要的人才，是不是面试的首选。

2. 曲中

（1）描述你对招聘单位的认识

这部分的行文要力求简洁到位，可以列举一个公司较新的重大发展，或是谈谈自己对公司的独特见解。必须对该行业、企业有一定的了解，对于该行业、企业的近况和发展都很熟悉，否则一知半解地班门弄斧，会给人轻浮的感受，写了还不如不写。

（2）综合介绍自身能力

之前阐述你对招聘单位的认识，是为了接下来告诉招聘经理，基于你对公司的了解，你有如下优势，可以为公司做出贡献。

对于在校生来说，你能展现的卖点除了毕业院校、对口专业，还有你对所应聘行业的深入了解，你曾经实习或是兼职的工作与应聘工作的相关程度，你在原来的工作岗位上做出的成绩，这些能够体现出你的工作能力、业务技能，等等。招聘经理关心这些内容是为了横向比较谁能为公司做更大贡献，谁更适合。

可以围绕简历中的某一两点进行发挥或引起别人对这几点的关注。比如突出你在学业、工作中的重大成就，以证明你具备扎实的知识基础、过硬的业务能力，使招聘经理相信你足以胜任这项工作。

密密麻麻、大段大段的描述会使招聘经理在阅读和记忆中缺乏效率，这对你的求职非常不利。因此建议使用点句格式，言简意赅，只需3～4条即可，结构清晰、重点突出，让招聘经理从堆积如山的应聘材料中一眼就相中你的材料，并放在"进入面试"的那部分档案里。比如陈琳希望应聘申银万国研究部分析员职位，在求职信第二部分进行了如下描述：

证券业工作经验：曾在一家外资证券公司研究部实习与兼职，参与起草生物制药与医疗等行业研究报告。

扎实的个人技能：用 Excel 进行大量建模工作。在实习与兼职工作中用英语与欧美银行家进行日常沟通。

较强的沟通能力：在金融协会等社会工作中较多地进行对外沟通及内部管理的工作。

良好的教育背景：将于2008年7月获得温州大学商学院硕士学位。本科与研究生期间学习成绩排名前8。

这部分内容要求针对性强，每一条信息都要直接或间接地反映你能胜任你所应聘的职位，从而向招聘经理传达这样一个信息：我是可以进入面试的人选。

（3）强调自己能为公司做出哪些贡献

许多同学在写求职信时没有真正明白用人单位招聘的目的，大书特书自己尚有欠缺，希望能在招聘单位提供的岗位上努力学习，有所收获。但事实是，公司招聘主要不是为了给社会创造更多的学习机会，而是为了网罗人才收为己用，他们需要求职者能够为招聘单位贡献力量。因此，这一部分可基于上述个人能力和经验，表明可为公司哪些具体方面做出贡献。

3. 曲尾

（1）表明你非常愿意接受面试

结尾应再次强调你对该职位的强烈兴趣及和他们进行进一步接触的愿望；要表达出你想与招聘经理面谈的意愿，让他们来安排一次面试，并渴望收到他们的回复。大家应该明白的是，求职信是为了能得到面试机会，而非为了马上能得到工作机会，也不可能因为信写得好而被凭信录取。因此，你的求职信若能使读者产生"欲知后事如何，且邀我来面试"的效果就算达到最高境界了。

（2）详细告知自己的联系方式

有人认为联络方式在简历中都已经包括了，没有必要再写。根据"使用者友好原则"，再次写清联络方式有助于工作繁忙的招聘经理能随时轻而易举地找到你的联络信息，同时也让人知道你很善于沟通，善于提供良好服务。

要保证留下的联系方式是最方便、最保险的，以便招聘经理能够方便、及时联系到你。留下联系方式的时候，还可以附加说明什么时间方便接听电话，比如下午4点到晚上8点接听电话，既可以确保招聘经理能够联系到你，又不会打扰你的正常学习。不必担心招聘经理的时间无法安排，招聘经理晚上打电话通知面试是常事。

联系方式的书写可以使用点句格式，清楚明白，一目了然，让人感觉你是一个很讲效率的人。举例如下：

> 地址：温州大学茶山高教园区 888 邮箱（325035）
> 电邮：chenlin@wzu.edu.cn
> 电话：（0577）5432—1000（晚 9:00～10:30）
> 手机：1378—345—9876（全天）

4. 最后

（1）回邮地址：万无一失

若写中文求职信，可将联络信息放在署名之下。若用英文向外企求职，可在求职信的上方注明回邮地址，写在左上角、正中或右上角都行。这种在上方注明寄信人地址的板式源于英文信函。

（2）收件人的地址：防患未然

中文求职信左上角可只写收件公司名而不写地址。但对于校园招聘季节的应聘者，可能在同时期内应聘多家公司，准备多份应聘材料，为了自己使用方便，不妨在左上角公司名之下加上公司地址，以免发生装错信封的错误。如果是向外企求职，按照英文信函格式，左上角要既有公司名又有地址。

（3）附件清单

简单说明你提交了哪些求职材料，如简历等。你所寄送求职材料的放置顺序应当与信中的介绍顺序一致。

求　职　信

2009 年 12 月 28 日

申银万国
人力资源部
招聘经理

尊敬的招聘经理：您好！

　　我是温州大学商学院应届硕士毕业生。我于 2009 年 12 月 22 日参加了贵公司举办的校园招聘会，得知研究部正在招聘分析员。我希望应聘"研究分析员"一职。

　　我一直非常关注申银万国的发展，贵公司研究团队在 2008 年《新财富》评选中被评为"本土最佳研究团队"。该刊评论贵公司"平台强大，对市场影响大""研究覆盖较宽""明星分析师最多"，这样的团队正是我一直向往的。以下是我个人能力、工作及教育背景的综合简介：

　　　　证券业工作经验：曾在欧美证券公司研究部实习与兼职，起草生物制药与
　　　　　　　　　　　　医疗等行业研究报告。

　　　　扎实的个人技能：用 Excel 进行大量建模工作。在实习与兼职工作中用英
　　　　　　　　　　　　语与欧美银行家进行日常沟通。

　　　　较强的沟通能力：在金融协会等社会工作中较多地进行对外沟通及内部管
　　　　　　　　　　　　理的工作。

　　　　良好的教育背景：将于 2010 年 7 月获得温州大学商学院经济学硕士学位。
　　　　　　　　　　　　本科与研究生期间学习成绩排名前 8。

　　我希望凭借我所具有的证券行业工作经验和专业知识、技能，参与公司研究团队的分析研究工作，更好地为服务机构客户贡献力量。

　　尊敬的招聘经理，我非常希望能够得到贵公司的面试机会，请你们考察我在各方面的能力是否适合研究部分析员一职。感谢你们拨冗阅读我的求职材料。

　　此致

敬礼！

陈琳
地址：温州大学茶山高教园区 888 邮箱（325035）
电邮：chenlin@wzu.edu.cn
电话：（0577）5432—5432（晚 9：00～10：30）
手机：1378—345—9876（全天）
随函承附：中文简历

（二）简历的内容和结构

1. 个人信息（personal information）

姓名、地址、电话和 E-mail，是必不可少的内容，尤其是电话和 E-mail 一定要写在最醒目的地方，让看简历的人可以非常容易地找到你的联系方式。电话前加上区号，长的电话号码采用分节的方式，"四三四"的分法最为常见。E-mail 要选择比较稳定的邮件系统，不易丢信，这个很重要。标准的用户名的格式是姓名的拼音，例如张小泉的邮箱用户名应当为 xiaoquan. zhang。这样一来 HR 容易辨识，二来拼写错误的可能性也大大降低。千万不要用 honey、loveyou 等不专业的名字来做你的邮箱用户名。

2. 求职意向（career summary or objective）

求职目标的描写要尽可能的具体，针对你应聘的公司和职位，要充分表明自己在该方面的优势和专长，尽可能地把选择放到一个具体的工作部门，当然选择也不能过窄。要选择那些对所申请工作具有说服力的资历和能力进行描述。语气要积极、坚定、有力，不要让人产生疑问。一个可以尝试的方法是，浏览公司的网站，在工作岗位目录下找到公司描述该职位理想员工的地道语言，从中选择适合你的词语组成句子。

3. 教育背景（education）

在教育背景中，如果你的 GPA 还算出色的话，不妨列出来。同时可以附一些说明性的文字，例如专业前 5%，记得相对的数字永远比绝对的数字有说服力。高中阶段一般不写，当然如果你有特别值得一提的经历，如全国数学、英语口语竞赛一等奖，那么也不妨写上。

4. 荣誉和奖励（honors and awards）

这一项会在简历中非常醒目。但是如果你的奖励少于三个，而且不足以令别人钦佩，可以考虑用这样的标题 Activities and Honors。

5. 工作（实习）经历（experience/activities）

重点突出两个 R——responsibility 和 results，告诉你的潜在雇主，你在过去的工作经历中承担了哪些职责，做了哪些项目，结果是怎样的。因为这些就是你经验和能力的证明。

6. 性格和爱好（character and hobbies）

这部分内容可写可不写。如果你的业余爱好与你应聘的职位有很强的相关性，那么将其写上，无疑会增加你的赢面。比如，你可以将马拉松的爱好写上，因为它能告诉公司，你有坚强的意志力和严格的纪律性。

7. 推荐人信息（references）

选择推荐人的原则是熟悉和相关。你所选的推荐人必须与你有过长时间的接触，如你的导师、直接上司或同事，而且所选推荐人对你的了解应该与申请的工作相关。当然，一般情况下，可以在简历的下方写上 Reference Available upon Request 这句话来代替推荐人信息。因为招聘单位通常在面试时才要求你提供有关的证明材料。

（三）求职信和简历的设计注意事项

在这里，就像你必须谨慎地挑选你在面试中要穿的衣服一样，简历的版式也非常重要。一个得体的简历版式会为你塑造一个好的形象。

本节会给你一些特例。这样做有两个原因：

① 提醒你要考虑每一种情况的优势；

② 展现即使一点点创造性——相关的创造性——也能帮助一个应聘者脱颖而出。

但是要一直记住，仅仅为了炫耀而试着表现得过于聪明会犯大错。

1. 装 订

你的简历应该装订得干净专业。许多简历打印得太靠近装订线。

通常有几种不同的装订风格可以使用，而且都非常有效。这些可以很容易地在任何文具店买到，而且也不贵。一个干净的塑料封面就能简单有效地使你的简历保持清爽。

2. 纸张的选择

优质的白纸或灰白纸是简历的最佳选择，因为你的简历很可能什么时候要被复印或传真出去。这样，彩色纸就不太合适了。昂贵的纸张通常是一种浪费，而且会给雇主留下错误的印象。不要太奇异或者太夸张。

使用标准的 A4 纸和黑色墨水。

特例：一个申请内部装修人员职位的应聘者用昂贵的图案纸，仔细地设计了其中的内容，以表现她的技能。同样给人深刻印象的是，为了雇主的方便，她提供了普通纸制作的副本。

3. 布局和设计

大多数人不明白简历的布局和设计技巧，因此出现了一些错误，使许多简历的专业性打了折扣。仔细注意这些细节，结果就会大大不同。在这个部分，我们会指导你了解基本的布局和设计，并做些推荐。

4. 字 体

最安全的方法是使用一些标准字体，在中文简历中常使用宋体，在英文简历中常使用 Courier、Times、Helvetica、Garamond、Futura、Arial、Univers 等字体。要避免使用装饰性太强或在文本中较难阅读的字体。一旦选定了你需要的字体，检测一下它在罗马体、斜体、大写、小写、黑体和黑斜体中的情况。有些字体并不适合以上所有的形式。最好的方式是用不同的字体将文本和标题打印在一张纸上。你可能对这些字体的不同感到吃惊。

研究表明，有衬线的字体比没有衬线的字体容易阅读。

5. 页面布局

很少有人会考虑简历的页面布局。正确的选择可以让一个无趣丑陋的简历变得新鲜专业。

在以下文本格式中，你有四种选择：

齐左——每一行都从页面的最左边开始。这是大多数页面布局的情况。

居中——每一行都放在页面中央。这样有它的效果，但是对于通常的文本布局来说，这样做不太合适。这种布局有很多限制，包括可读性。如果有编号或者项目符号，居中的格式就很不合适。

齐右——每一行都在右边对齐。在简历中这种格式很难排，而且读起来更麻烦。在简历中用这种排列很糟糕。

两边对齐——每一行都从左边开始，在右边结束。很多人都喜欢这种排列。在学术文档中，由于有大量文本，这种排列看上去更专业。但是要认识到，两边对齐是通过增加文字之间的距离达到的，在某些行中可能会留下很难看的间隙。在简历这样的文本中，通常有一两个短行，文字之间的空隙就显得非常明显。

以"第 X 页 共 Y 页"给页码编号，其中 Y 是总页数。当雇主看大量的简历时，你的简历可能会被拿去复印好几次，页面很容易被分开，标记页数可以确保你的文件总是能归于正确的顺序。

6. 标题

既然你已经考虑了正文的字体，也应该考虑一下标题的形式。要抵抗住让标题有创造性的诱惑。

标题用字的大小通常和你的文本一样，或者大 2 磅。如果你让标题太大，他们会占据整张纸。11 磅的字体配 14 磅的标题，看起来不是很平衡。如果用大写字母表示，可能会盖过加高或加宽的标题。

标题应该醒目，但是不应该变成巨大的高压电塔，破坏整个页面的美感。

在测试文本里，用大写字母、小写字母、加高、加宽来尝试不同的大小和标题风格。选择一种最容易阅读和看起来最专业的形式。

7. 栏宽和页边距

你是否注意到读长句是件很累的事？看看你们本地的报纸，每行通常大约 5 厘米，很少有超过 10 厘米的，为的就是可读性。在文本中，读短句子更容易。

我们不是建议你用报纸的格式，但是你得想到每行的宽度和页边距。值得注意的是，增加页边距会给文本一种完全不同的更专业的感觉。一旦考虑到排版，常常是一位细微的调整就会产生巨大的不同。

特例：一个应聘者申请一个报社的空缺，他的简历和该报头版的风格一致。简历中，他很聪明地写了一些关于自己教育背景、工作经历和技能的小故事，他甚至采访过自己的社区活动。当然，他成功地赢得了面试，最终在 75 个竞争者中力拔头筹，得到了这份工作。雇主也让他在面试中带了简历的标准版本。

8. 项目符号

使用项目符号可以让眼睛较容易地从一个项目转移到另一个项目。项目符号也能让你的简历看起来更简洁，组织得更严谨。项目符号有很多不同风格，但是最好选择标准符号（◆▓●▲）。绝不要使用小图案或图片，它们通常会让雇主感到不够成熟理性。

考虑与文本相连的项目符号的大小。

■这个符号通常会对文本有控制效果，看起来是强调。这个符号和文本都是 11 磅。

■符号比文本的小一点，效果会更好，更能吸引注意力。在这个例子中，符号是 9 磅，文本是 11 磅。

9. 其他印刷元素

有些求职者在简历中的关键词上加下划线。这不仅不会增加吸引力，而且会分散读者的注意力。常常出现这样的情况，简历中加下划线的词语太多了，没有什么被重点勾勒出来。文本中的下划线是没有必要的。

在复印条件很差的情况下，最好不要使用阴影和图形。

使用照片也不是个好点子，除非雇主特别要求。复印照片的质量通常很差，而且扫描和传真时也会很慢。

特例：一个刚刚崭露头角的青年导演，应聘图形设计公司的一个职位。他在简历中夹进了几张照片。在首页他放了他最喜欢的婴儿照，并附有文字："一切从这里开始……"简历的内容也很有创意，显示了这个职位所要求的技能——他被录取了！

简历设计注意清单：

1. 保持简单专业的格式。
2. 使用有夹页功能的塑料封面，不要用订书钉。
3. 选择 A4 标准尺寸的优质的普通白纸或灰白纸。
4. 使用黑墨水。
5. 检查你的字体是否有可读性，是否便于复印。
6. 检查你的标题，不要让标题压过你的正文。
7. 在每页右边标注页码"第 X 页 共 Y 页"。
8. 在每页的页脚写下自己的名字。
9. 检查行距和页边距。
10. 使用标准项目符号，使文章清晰易懂。
11. 项目符号要比正文小 2 磅。
12. 决不要使用搞笑的表情、图形或图片作为项目符号。
13. 不要插入照片（雇主要求才附照片）。
14. 慎用下划线，不要使用阴影或者图形元素。
15. 决不要改变你的格式以确保内容合适。

简历模板

姓　名	王 菲	性　别	女
政治面貌	中共党员	出生年月	1990 年 8 月
联系电话	寝室：0577－88888888 手机：139××××	电子邮件×××@Hotmail.com	
通信地址	温州大学茶山高教园区 888 号邮箱	邮编	325000

求职意向

　　审计

教育背景

　　◆ 2006 年 10 月～2010 年 7 月　温州大学外国语学院　英语语言文学专业
本科专业成绩优异，选修范围广泛，英语听说、口译尤为出色（平均分在 88 分）。
　　◆ 2003 年 9 月～2006 年 7 月　浙江省××县第一中学　高中

证书及获奖情况

　　◆ TEM－4 英语专业四级—优秀　　　◆ 高级口译证书

◆ TEM—8 英语专业八级—优秀　　　◆ 外国语学院辩论赛最佳辩手

◆ 三等奖学金　　　　　　　　　　　◆ MDA－China 优秀志愿者

技能

电脑：熟练使用 Word、Excel、PowerPoint 以及 Flash 等软件。

语言：普通话（母语）、英语（熟练听说读写）、德语（基本会话）、温州话（听说）、上海话与广东话（听力）。

社会实践与活动经历

校内：

1. 担任班级体育委员，积极组织班级乒乓球、羽毛球活动。

2. 在学生会公关部工作，成功组织策划"立顿红茶——英式红茶文化校园推介"活动。

3. 参加外国语学院辩论赛，获"最佳辩手"称号。

4. 参加瓯江剧社，改编并导演了短剧《水》。

5. 参加校园职场精英挑战大赛，获得"十佳"称号。

校外：

1. 在智锐电子软件设计公司兼职，翻译校对软件用户手册。（2009 年 7 月）

2. 为中国肌肉萎缩症组织 MDA-China 志愿翻译医学资料，并获"优秀志愿者"称号。（2009 年 5 月）

3. 作为会场助理组长，协助首届海洋生态文明（温州）国际论坛秘书处工作。（2008 年 11 月）

4. 在浙南译文出版社实习，从事助理编辑工作。（2008 年 7 月－8 月）

5. 作为志愿者参与 2007 新材料研究与产业发展国际论坛，为澳大利亚联邦科学与工业研究院（CSIRO）Dr. Albert Mau 院士一行陪同翻译，并获组委会表彰。（2007 年 12 月）

6. 参加澳大利亚留学展览，担任 the University of Adelaide 的校方助理与现场翻译。（2007 年 4 月）

7. 每个月为浙南儿童福利院和浙南敬老院做义工。（2007 年）

兴趣爱好与自我评价

◆ 热爱音乐和动画。闲暇时间喜欢阅读、慢跑、唱歌和绘画。

◆ 专业过硬，口语出色；思维敏捷，知识面广；富有爱心与责任感；适应能力强，擅长与人沟通；

◆ 性格开朗正直，务实肯干；热爱挑战与改变，具有强烈事业心和进取心。

六、成长手册

（一）我的求职信

_____
_____
_____
_____
_____
_____
_____
_____
_____

（二）我的求职简历

个 人 简 历

姓名		性别	
政治面貌		出生年月	
联系电话		电子邮件	
通信地址		邮编	

求职意向

教育背景

证书及获奖情况

技能

社会实践与实习经历

性格与爱好	
推荐人	

第三节　面试通关　展示最佳自我

一、案例导入

作为一名应届大学毕业生，大哈和大部分同学一样，常担心找不到好的工作。所以当他接到温州一家大型民营企业人力资源部经理的电话时，心中异常兴奋，这可是他人生中的第一个面试机会。

遗憾的是，在担心找工作之余，大哈却忽略了应试之前的准备。在面试前 24 小时，大哈万分紧张。在意识到自己还没有领带时，他就冲到一家商店，匆匆地选了一条领带。理完发后，大哈赶忙回寝室洗了件衬衫，总算搞定了！

忙了一天，大哈已是筋疲力尽。第二天，不出所料，大哈起晚了。"哎！又没时间吃早饭了！"大哈喃喃道，"面试 9 点正式开始，要赶到公司我还得分秒必争！"

公交车慢悠悠地行驶在道路上，下了公交车，又走了一段路，到达目的地已是8：45了，他开始找人问路，可惜没有人知道这家公司的确切地址。幸亏来了个好心人给他指了朝南的方向。大哈是路痴，根本分不清东南西北，关键时刻他选择了相反的方向。

最后，他终于找到了那幢大厦，差 3 分钟到 9 点。"我就知道我一定行！"大哈心中窃喜。可是两部电梯都停在了 11 层，且一直上行。大哈想时不我待，还是爬楼梯吧！还好，人力资源部经理办公室就在 6 层。

终于到了，还剩 20 秒！大哈浑身汗流浃背，狼狈不堪：头发乱糟糟，衬衣皱巴巴，领带胡乱系，看起来像是刚踢了一场足球热身赛。不过，谢天谢地，他总算没有迟到。大哈毫不犹豫地大步走进了经理的办公室，并开始了滔滔不绝的自我介绍。介绍完自己后，大哈又自信地给自己找了把椅子坐了下来。

"我猜你想对我了解更多。"大哈对经理说。尽管气喘吁吁，他还是试着调整呼吸并把自己的各种证书在经理面前摆弄开来。接着，他又毫不迟疑地向经理卖弄起他的技巧和能力，他还十分激动地谈到自己对未来的憧憬，对自己和对公司的评价。

6 分钟后，大哈终于停了下来。笑容满面的他，看来对自己的表现还是满意的。可是面前经理的表情却不怎么自然，他正疑惑地看着大哈。

"谢谢你，大哈。你的这些证书非常吸引人。我也相信你将会是一位很好的员工。"听了这话，大哈更加开心了。

"不过，"经理继续说道，"恐怕我不能录用你。"

大哈惊讶不已，他不解地问道："为什么呢？"

"好吧，大哈，"经理解释道，"我想你是走错了地方。你要面试的公司在街的对面。"

你的身上是否也曾出现大哈的影子？以此面目出现在面试官前，你的负责、做事周密、可信赖……何以体现？你那一张张证书的说服力又多么苍白？盲目、慌乱带给你的教训是什么？亲爱的朋友，你可曾想到求职也需要作为一门必修课静下心来好好地研读，因为"充分的准备往往就等于成功的一半"。

二、学习导语

在当今充满竞争的市场中，每个用人单位都非常重视人才的招募、培训和发展。尽管各个单位的类型不同、行业不同、发展阶段、规模不同，但在人才招募的流程和对求职者能力素质考核的方法上还是有不少共性的地方。

三、学习目标

1) 让学生了解企业对员工的能力素质要求。

2) 帮助求职面试者掌握应聘技巧和方法。

3) 学习和练习本章所提供的素材。

四、学习活动

筑梦踏实——角色扮演

1. 活动目标

1) 协助成员面对谋职的预设情境与角色，从面试中感受不同的经验，以做好就业前的准备。

2) 协助成员自我探索、自我开发。

2. 活动要求

1) 活动场地：室内。

2) 参加者：班级同学。

3) 活动准备：准备好角色扮演的脚本和所需的道具，如简历、公文夹、笔、评分表、背景音乐等。

4) 时间：活动时间约为 25 分钟，讨论与分享时间约为 10 分钟。

3. 活动过程

1) 请成员事先穿上正式应征工作的衣服并加以整理（男成员须打领带，女成员穿套装或裙子），光鲜整洁。

2) 收齐简历，交给领导者。

3）将成员分成 2 组，一组在事先布置好的情境中扮演考官角色，一边说明，一边给在外等候者的衣着、言谈反应、应试精神、态度等评分。

4）待轮番上阵评比结束，再更换主试及应征者的角色。

5）同上述 3）步骤，询问应征者，再评分。

6）领导者在成员应征结束后马上计分，评出各应试成员总分。

7）宣布获得最高分者荣膺公司内职位，并对应征成功者予以点评与表扬。

8）领导者给予点评。活动时间：约 60 分钟。

4. 讨论与分享

1）请成员分享今天活动的感觉。

2）用一句话互相表达自己此时此刻的心情或对其他成员的反馈。

五、理论拓展

（一）笔试

笔试并不是每家公司招聘流程中都会涉及的环节，但对于有笔试的公司来说，笔试的重要性丝毫不亚于面试，所以应给予足够的重视。

和面试相比，笔试是一种相对初级的甄选方式。有的公司将笔试作为面试之前的第一轮甄选，主要目的是选出那些合适公司的企业文化、具有公司所希望的思维方式和个性特征的人。还有的公司则将笔试作为面试时的一种辅助手段，侧重于考查那些在面试中考查不出来的素质，如书面表达能力等。对于一些技术性很强的职位，笔试则可能是主要的甄选方式。

笔试一般包括以下几个方面的内容。一是知识面的考核，主要是一些通用性的基础知识和担任某一职务所要求具备的业务知识。二是智力测试，主要测试毕业生的记忆力、分析观察能力、综合归纳能力、思维反应能力以及对于新知识的学习能力。三是技能测验，主要是针对受聘者处理问题的速度与质量的测试，检验其对知识和智力运用的程度和能力。四是性格测试，主要通过一些精心设计的心理测试题或一些开放式的问题来考查求职者的个性特征。

1. 笔试的类型

笔试根据内容来分，主要有以下两类。

（1）技术性笔试

这类笔试主要针对研发型和技术类职位的招聘，这类职位的特点是，对于相关专业知识的掌握要求比较高，题目特点是主要涉及工作需要的技术性问题，专业性比较强。这类考试的结果，和同学们大学四年的学习成绩密不可分。所以，要成功应对这类考试，需要坚实的专业基础。

一般大型公司，如 IBM、Microsoft、Oracle 等在招聘 RD 职位时都会进行这样的笔试。例如微软工程学院在 2004 年安排的笔试，都是关于 C、C++语言的题目，对应聘者的编程经验要求非常高。最后经过笔试的筛选，淘汰了 90% 的候选者，由此可见笔试对技术性职位的重要性。

对本科生而言，专业笔试主要考查基础知识、基本技能，而不是很高深的学问，一般都是专业基础课，比如电路分析、模拟电路、会计学、财政学等。本书前面多次提到的张达在谈到他在中国移动的最后一轮面试时说："当时面试的内容主要是技术性问题，是我都没听说过的技术，结果我只能结合自己的知识讲讲我的看法，结果过了，我猜他们可能只是想看看我有没有关于编程职位的常识。"

对于这类技术性岗位，大公司和小公司的笔试内容的侧重点有很大的区别。一般小公司注重实用性，考得比较细，目的就是拿来用。大公司则强调基础和潜力，所以考得比较宽泛，多数都是智力测验、情感测验，还有性格倾向测验。

（2）非技术性笔试

这类笔试一般来说更常见，对于应试者的专业背景的要求也相对轻松。非技术性笔试的考查内容相当广泛，除了常见的英文阅读和写作能力、逻辑思维能力、数理分析能力外，有些时候还会涉及时事政治、生活常识、情景演绎，甚至智商测试等。下面我们来做一个详细的介绍和分析。

英文笔试是在所有的笔试中占比最大的一类非技术性笔试，其考查的重点主要是阅读理解能力和写作能力，即表达能力。我们结合 KPMG 笔试的例子来加以说明。

KPMG 的笔试是典型的英文笔试，主要分为两个部分。第一部分是阅读理解。这和我们平时常见的大学英语四、六级的阅读理解不同。一方面它更接近于商业英文的表达习惯，文意表达的清楚和规范是最主要的要求，因此它并不讲求句式的繁复和修辞的多变；另一方面，它注重的是逻辑思维能力的考查，因此重要的是能否透过表面的文字把握内在的意思。第二部分是数学。KPMG 的笔试题中这部分是中文的，难度相对降低很多，但也有英文的，比如仲量联行。这一部分的考查重点不是你的数学运算能力，因此并没有上升到高等数学的难度，所以无论你是否学过微积分都不会影响你这一部分的发挥。和阅读相似，数学部分的考查内容也是以商业英文为主，因此它注重的是从数字和图表中获得有用信息的能力。

2. 笔试的准备

了解一些常见的笔试类型，接下来的问题就是如何来准备这些笔试。笔试本身就是一种能力的测试，加上它的高淘汰率，因此想要通过短期内的突击提高笔试应试能力的想法是十分不现实的。无论是英文的书面表达能力、逻辑思维能力、问题分析能力，还是对于知识域的了解和掌握，都是一种长期的实践和积累，不可能一蹴而就的，因此，此处的叙述是建立在你的准备时间相对充分的基础上的。但是"临阵磨枪，不快也光"，对于那些临时抱佛脚的求职者来说，笔试之前可以围绕职位说明来看书，也可以上 BBS 看看以前考过什么，或者最近几天的招聘中考了什么，关注上面出现的练习是什么，然后想象这个练习涉及的知识背景是什么。

（1）英文阅读和写作的准备

① 阅读和分析理解相结合。笔试的英文不是看小说，看过就算，重要的是对文章

内容的理解，而你平时涉猎的素材，是不可能在文章后面出几个判断题的，因此，我建议你在阅读完这些文章之后，有意识地停下来想一想，它说了哪些内容，是怎么来组织文章的观点和论据的，你在阅读的时候有没有碰到什么理解上的困难，是因为词汇量的不足还是对含义把握能力的欠缺。当你每次都能够做这样的一个简单的回顾工作时，你的阅读能力提升得会更快。

②亲手动笔写作。对于英文的写作，光靠看是不能够解决问题的。阅读和写作本身是两个相辅相成的过程，良好的阅读可以指导你的写作，而写作的积累同样要求你有相适应的阅读。如何来检验你阅读能力的提高？这里我有一点小小的个人经验和大家分享，阅读能力达到一定水平的标准，是你能够分得出写得"好"的文章和写得"坏"的文章。我们对于中文阅读都有这样的能力，好的文章和坏的文章一眼就能看出来，当你对于英文的文章也有同样的敏感的时候，你的阅读能力就能够满足笔试英文阅读的要求了。

（2）技术性笔试的准备

对于技术性笔试，首先考前应该结合具体职位看相关资料，了解笔试内容，做到心中有数。其次要了解笔试重点，进行认真复习。每个学科都有一两门概念的课程，笔试之前多看看这方面的教材。如果以前确实看过，那应该有笔记和自己的复习提纲。把最主要的、当时书里强调的重点看看，不用看得太细。比如说，职业要求你会 C++，那笔试之前应该先用用，熟悉基本的知识点。我们的一位团队成员在参加北京移动笔试之前就看了一些通信知识："当面试过后，有一个关于移动通信的技术笔试，考了很多移动通信的基础知识，比如信道利用、编码、跨区、切换等。幸好我在之前看了移动通信课程的讲义"。

（3）其他笔试的准备

除了英文阅读和写作以及技术性笔试之外，上下文中还提到了其他一些笔试的类型。一般来说，对于像数理分析能力、逻辑推理能力和语言表达能力方面的考查，准备的途径并不多，有针对性的准备的效果也不见得特别好。但是，一般来说，由于考查的都是基本的分析能力和逻辑思维能力，所以大部分的应试者在这一部分的表现都不差。

对于类似知识域的题目。我们分情况来讨论。

第一种，只涉及认知层面的，即你不需要完整地去理解它，但是你不可以不知道它。举个例子，强生（中国）的主要业务是医药和医疗器械，它的笔试题中出现了关于载人航天和十六大的内容，但是它对你的考查要求仅仅是了解，听说过。我相信，作为一个大学生，这些基本的时事你从来没有听说过，这多少是有点说不过去的。因此，对于这些内容的笔试与其说是考查知识点的本身，还不如说是考查你留意身边信息的能力。

第二种，涉及理解和运用的层面，即它不光要求你知道有这样的事，还希望你能给出一点你对这一问题的理解和看法，而给出你个人的理解和看法的前提是你对这一问题有一个较为完整和清晰的认知。比如 CEPA（内地与港澳关于建立更紧密经贸关系的安排），所有人文社科类，特别是经济管理类专业的同学对此都应该有充分的了解，因为这是 2003 年度非常重要的一个事件，并且它将在很长的时间内对很多领域产生影响。

3. 典型的笔试题目

不同公司，笔试的题目也各不相同。

你所要应聘的职位不同，对同一个问题的回答也就不同。比如说，对于"井盖为什么是圆的"这个问题，应聘销售的人自然要从销售策略方面回答，而应聘技术类职位的人，则可以从材料磨损、耐用性等方面考虑。

所以，对于这种主观性的试题，我们建议你最好结合自己专业和应聘职业的特点区别作答，这样，应该才是最好的结果。

另外，还可以充分利用网络资源。比如，KPMG、恒生等公司的笔试题出自 SHL 公司，因而你可以在 SHL 公司的网页上找到类似甚至完全相同的笔试题。

（二）面试

1. 面试前的准备

面试前的准备见表 8.1。

表 8.1　面试前的准备

注意事项	具体要求
调整心态	缓解紧张的心理压力，放松自己，同时积极、认真地进行准备
着装	注意着装的式样、颜色，要正式，不显浮躁和轻浮。一般来说，风格比较保守的企业会希望你面试时穿正装，女生深色西装套裙为宜
面试前夜	一定要正常休息，保证足够的睡眠。失眠怎么办？可以试试这些办法：听一些轻松的乐曲，睡前散步，洗一个热水澡，喝点啤酒或者牛奶，看一本平时你一看就头疼的书
早餐	面试当天的早餐也要按平日习惯吃。食量不过多也不过少。一定不要将早餐带到面试现场吃，以免边等候边发出不雅的声音
面试的提前到达	最好比约定时间早到 10~15 分钟，向前台人员作自我介绍（或告知你是来面试的），并遵循他们的安排耐心等待。过早地来到面试现场会让你在长时间等待中增加紧张焦躁情绪。
3W	牢记面试的时间（when）、地点（where）、联系人（who）
通信	手机最好 7×24 小时开机，出门较长时间可准备一块充电宝，必须保证 HR 能够随时联系到你

2. 面试中的应对策略

面试中的应对策略见表 8.2。

表 8.2　面试中的应对策略

注意事项	具体要求
备用简历	面试单位有时会将简历丢失或者混淆应聘者的情况
纸笔	随身携带一个小巧灵便的本子和笔备用，但不要显得过于死板、规矩

续表

注意事项	具体要求
证明材料	身份证和学生证是必需的。带上其他与应聘职位相关的证书、已发表文章。学术论文等的原文和复印件备用。复印件最好带两份以上
面试心态	紧张是自然的，面试官也会紧张
如何面对受挫	被拒是很平常的事情，应坦然面对。可以参加一些轻松的健身活动或者改变一下发型来放松自己，找回自信
索要名片	有礼貌地向你的面试官索要名片，以获得继续与面试官保持联系的机会
时刻留心	留心记住面试中谈论过的细节，面试后一旦被问起可以从容应对

六、延伸阅读

面 试 试 题

（一）让我们玩一玩俄罗斯轮盘吧

设想你被绑到椅子上没办法站起来，这里有一把枪，这是枪管，有 6 个枪膛，都是空的。现在注意观察，我把两颗子弹装进去，看清楚我怎样把子弹装到相邻的两个枪膛里吗？注意我现在合上枪膛转动枪管。现在我把手枪对准你的脑袋并扣动扳机，咔嗒一声过后，你还活着！你真走运！现在，在讨论你的简历之前，我会再次扣动扳机。

请问你是希望我首先转动枪管，还是直接扣动扳机就可以了呢？

转动枪管的选择比较容易分析。我们知道 6 个枪膛中装有 2 颗子弹，或者乐观地说，6 个枪膛中有 4 个是空的。如果转动枪管，你就有 4/6，或者 2/3 的生存机会。

如果不转动枪管呢？我们知道 4 个空枪膛都是相邻的。其中有一个刚好没要你的性命。除了有一个空枪膛正好挨着两个枪膛中的某一个，你还有 3/4 的机会可以活命，而只有 1/4 的机会中弹。

3/4 的生存机会当然要大于 2/3 的生存机会，你当然会选择不要转动枪管。

（二）在不使用台秤的情况下，你怎么样秤出一架喷气式飞机的重量

有的应聘者建议到波音公司的网站上查查这架飞机的具体规格，就会知道这架喷气式飞机的重量了。可是主考官不允许这样做的话，他们还能够有什么招数？难道不允许使用互联网吗？不是。这个问题的传统版本是要你在没有台秤的情况下称出一头大象的重量。不管是飞机还是大象，都不允许你把他们卸成可以方便处理的小块儿。

答案是：你可以雇人运输或者把飞机开到一个航空母舰、渡船或者轮船上，反正只要足够大能够把飞机放下就可以了，然后在船体上标记下此时水位线。接着把飞机开走，船又会浮起来。

现在开始往船里装一些已经知道重量的物品（无论什么东西都可以，比如每包重 90 公斤的棉花），一直装到船下沉到刚才画标志的地方。这时物品的总重量就是飞机的总重量。

当然，如果你是一个数学迷，也可以用下面的方法：算出两次水位之间船的容积，再乘以水的密度，也同样可以得出飞机的重量。

（三）为什么下水道的盖子是圆形而不是方形的

主考官认为的最好的回答是：正方形的盖子容易掉到洞里去。想一想，如果盖子真的掉进去，那么不是发生伤人事故，就是盖子会掉到水里。为什么方形的盖子容易掉进去呢？这是因为方形的对角线是其边长的 $\sqrt{2}$ 倍，如果把一个正方形盖子垂直地立起来，稍微一转，它就会很容易掉到下水道里去。相反，圆的直径都是等长的，这使它很难掉进去。

一种诙谐的答复是：下水道的洞口是圆形的，盖子当然也应该是圆的。那么为什么下水道的洞口是圆形的？答案是因为圆形的洞比方形的洞好挖。

还有另外一种答案：在进行短距离搬运时，圆形的盖子可以很方便地通过滚动的方式来搬运，而方形的盖子就不容易搬运，你需要借助推车或者两个人抬走。再有一点就是圆形盖子盖住洞口时，不需要怎么调整就可以与洞口严丝合缝。

这个问题恐怕是微软最为有名的面试问题了。由于"曝光率"太高，微软在面试中已经停止使用这个问题了。很长时间以来这个问题被许多杂志引用，用来说明微软的面试如何怪异。亚当·戴维·巴尔说："那些站在大厅里的应聘者往往在还没有回答任何问题之前，就总是有人扯着嗓子喊道：因为圆盖子掉不下去！"

马丁·加德纳把这个问题在"科学美国人"专栏公布出来后，布鲁克林的一个人给他写信，说联合爱迪生公司（Consolidated Edison）的下水道盖子是方形的。这个人还说有一次一场爆炸曾把一个盖子炸飞了。后来这个盖子找到了，当然，是在下水道里面。

作家、评论家安德雷·考德勒斯库（Andrei Codrescu）2000 年在微软公司做讲演，到自由提问时，有人问道："为什么下水道的盖子是圆形的？"考德勒斯库说："这很简单，在战斗中，圆形的盾牌比方形的盾牌要好。圆也是无穷的象征，这就是为什么教堂的顶是圆形的。'天人合一'的理念提醒他们，自己生活在神圣的地方。"

（四）太阳总是从东边升起吗

答案是不。有人可以举出宇宙中存在的一些反例：金星和天王星的旋转方向与地球相反，假设从一个不转动的空中平台看下去，太阳则根本就没有升起或落下这样的运动。一个严肃的主考官会给你指出以上这些答案都不是切题的。他会再次向你重复这个问题："太阳在地球上总是从东边升起的吗？"答案依然是不。因为在北极点，根本就没有"东方"这个方向。每一个方向都是南。在 6 个月的极昼时间，太阳从南边升起从南边落下。另外在南极也是一样的，每个方向都是北方。

七、成长手册

模拟面试试题

请用三分钟时间介绍你自己？_____

_____

为什么选择来本公司应聘？_____

_____

为什么选择这份工作？ _____

_____

过去的工作经历如何？和这项工作有关的是什么？你从中学到了什么？对工作内容
和任务有什么认识和了解？ _____

_____

对这个行业的发展性有什么看法？ _____

_____

你认为你具备什么样的条件（能力或专长）能胜任这项工作？ _____

_____

你会如何在工作中表现？对公司有什么贡献？ _____

_____

你对工作的期望和目标是什么？ _____

_____

你对工作的时间和地点有何意见？ _____

_____

你希望的工资待遇是多少？ _____

_____

你还想了解公司的什么？ _____

_____

第四节　礼仪之道　赢取考官认同

一、案例导入

　　有人做了一个实验，与招聘有着直接的关系。美国托莱多大学的 Frank Bernieri（弗兰克·伯尼利）在一次实验中对两个主考官进行了为期 6 周的招聘技巧培训，然后由这两位主考官对 98 个有着不同背景的志愿者进行面试。每场面试时间为 15～20 分钟，所有的面试活动均被录像。面试后，两位主考官对志愿者进行了评估。

　　然后由一位学生把录像带剪辑为 15 秒长的片段。每一个录像片段都只包括应聘者进入房间、与主考官握手以及落座的镜头，其他镜头都被剪掉了。接下来由另一组人员根据这些录像片段对应聘者进行评估，结果他们的评估结果与前两位对应聘者进行全场面试的主考官的评估相差无几。

　　这真叫人哭笑不得。研究表明，一般的招聘面试不过是一场"假戏"，而招聘人员与应聘人员双方都是不知情的受骗者。在面试中有时候应聘人员一落座，主考官就已经拿定了主意了。应聘结果可能是取决于面貌、身体语言甚至是衣着打扮，却单单与应聘者的思想与头脑无关。所提出来的面试问题都只不过是一些表象的东西，其唯一作用就是令双方都"相信"招聘是建立在合理的基础上的，实际上在提问之前结果早已明确了。

　　由此可见，如果你在面试中表现出来的礼仪可以给面试官一个很好的第一印象，无疑会增加你胜出的概率。很少有人会因为你的穿着而录用你，但是如果你在面试的时候穿着非常不得体，那失去这个工作机会的概率就很大了。往往你的衣着反映出你的其他很多方面。你穿着整洁，大方合理，肯定比你穿着稀奇古怪给面试官的第一印象好。不要忘了留在你记忆里的视觉印象远比听觉印象多。

二、学习导语

　　大学生要在就业市场中顺利"推销"自我，逐步实现自己的事业梦想，需要不断提高自身综合素质，熟练掌握求职礼仪，展现良好的形象和素质。求职礼仪是职业礼仪的组成部分，涉及穿着、行为、语言交流等内容。求职礼仪规范着大学生朋友们在求职过程中的行为，它不只是表象的一言一行，更是内在涵养的外在表现。

三、学习目标

　　1）掌握求职时的服饰礼仪。
　　2）了解求职时的举止礼仪。
　　3）掌握求职时的面谈礼仪。
　　4）明白求职后的礼仪。

四、学习活动

　　求职面试时的个人形象设计。

1. 活动目标

　　通过活动从发型、妆容及服饰等三方面进行设计练习，从而使学生掌握面试时个人形象方面的礼仪规范，树立形象意识，为成功求职做好准备。

2. 活动要求

　　1）活动场地：个人设计可在学生宿舍、理发店等地完成，集中展示在教室进行。
　　2）参加者：班级同学。
　　3）活动准备：事先布置学生完成个人的形象设计，制定评分标准。

4）时间：活动时间约为 90 分钟，其中个人设计提前布置，课外完成，展示及点评 2 学时。

3. 活动过程

1）布置任务：学生根据各自不同的专业方向和求职意向，设计出符合自己选择的职业方向所要求的个人形象。

个人形象设计要求：①服装的选择与搭配——利用现有的衣物进行合理的搭配。②发型的设计——根据职业的要求和个人特点设计。③妆容——女生化淡妆；男生修面。

2）集中展示：以班为单位，学生轮流到讲台上介绍自己应聘职位的要求，并展示自己所设计的求职形象。

3）教师点评：重点在于学生所设计的个人形象是否符合求职的礼仪要求，是否与所要应聘的职位要求相称。

4）评分标准：本次活动实行百分制，教师根据学生介绍应聘岗位的特点、总体感觉、服饰、化妆、发型、细节等六个项目的表现程度分别予以评分。

五、理论拓展

（一）着装礼仪

面试着装是非常讲究的环节，最基本的原则有三点：整齐、干净、清香。在面试之前洗个澡；检查头发是否干净；确保指甲修剪得整齐而干净；检查口气是否清新；确保衣服干净整齐；不要穿邋遢的鞋子；不要使用香水，或只用气味较淡的香水。

色彩搭配方面，不可穿着过分鲜艳的服装，以免过多地分散主考官的注意力。比如说女士穿得花枝招展，服装五彩缤纷会带来反面的效果。一般情况下，求职者着装的色彩应以深色为主，特别提倡穿深灰色、藏青色、黑色的衣服，女士的衣服如果色彩跳跃，也应以单色为主，不宜太过花里胡哨。男士若系上领带，要注意衬衫颜色与领带颜色的搭配，同时领带上的花纹图案不要太夺目，忌大红。

求职时最好不要穿得过于讲究，或太过时尚、另类，也绝对不能穿暴露的服装，否则，会让招聘方"敬而远之"。例如，初入职场，有些学生气是常理，穿过于职业化的套装，不仅求职者不自在，招聘方也会感觉有些别扭。因此，建议毕业生着装最好能和所应聘职位相符。面试前，要根据应聘的职位，选择着装打扮。比如，如果是应聘广告、策划、市场营销等工作内容比较轻松，上班时间较自由的职位，可穿着休闲、时尚的服装、突出自己的青春和朝气，建议穿针织衫、同色系的长裤，颜色可稍显活泼，但不能花哨；如果应聘教师、公务员、银行职员、助理、文员等工作内容比较严肃，工作时间比较固定的职位，最好穿端庄、简洁、稍微职业化的服装，建议穿白色的有领衬衣、长过膝盖的中裙、西装裤、面料较硬的外套，色彩以淡雅为宜。

如果你打扮潇洒地进入面试场，但是面试官却穿着随便怎么办？男士可以把夹克脱掉，或者把领带打松一点，这样可以让你显得自然。女士需要关注你的姿态和非声音语言，让自己放松一点。除了个人衣着以外，还有其他东西可以影响你的整体形象。另外，面试时应该带一个职业化的笔记本和一支优质的笔。一定不要把你高中时的练习本和破铅笔带进面试现场。还有一点非常重要的是，如果你必须得带手机，就把它调到震动，或者在面试的时候关掉它。面试当中的铃声大作，会非常影响你在面试官心中的位置。

1. 男士篇

1）西装。应该上下一套，不张扬。深色系为主，最好是深蓝色、藏青色，尽量避免黑色。扣子和西服同色，最好是两颗。两颗扣子是正式的西装式样，是外交和正式的商业场合的着装要求。对于学生应聘者来说，三粒扣的西装也是可以的。西装的袖口上一般都有四粒或者三粒纽扣，现在的西装都是假袖扣，但如果是手工的西装，袖子上的纽扣是可以打开的，所以手工西装的纽扣最里面的一颗通常都是不扣的，露出纽扣孔。裤子下面的边不要太长。有一种马蹄边，前高后低，使得裤子不会全部覆盖在鞋子上。

2）衬衫。最好是白色和浅蓝色。男士衬衫的颜色以白色最佳，柔色次之。柔色包括浅蓝色和浅黄色。白色永远是最保守最正式的衬衫颜色，浅蓝色的以牛津布的为宜。衬衫的领口以大于 90°为宜。衬衫上不宜有条纹和花纹。一般在正式场合衬衫的袖扣都是特制的。

3）领带。颜色以低调的色调为主，图案越简单越好，不要有大的图案，斜纹和简单的几何图形是最好的。比较保守的花纹是斜条纹，从左往右斜的是英国式，反之则是美国式。领带结的打法有很多，现在主要有美国式和英国式。美国式的是双结，英国式的是温莎结——不对称的单结，可以根据你衬衫领子的宽度来选择。

4）皮带。用牛皮的黑色皮带。皮带扣越简洁越好，最好是一个简单的方框的那种。

5）鞋子。黑色，系带。鞋底不要有铁皮，走起路来嗒嗒的很难听。平常要经常擦擦皮鞋，面试的时候，不要让面试官觉得你是走了三里泥地来的。

6）袜子。理论上说袜子的颜色要比裤子颜色深，最保险就是黑色。袜子要吸汗，常换。袜子的 Logo 要很小，不要让别人很远就看到你裤子下面有一个很大的品牌标志。

7）发型。发型以短或者中等长度为宜，并仔细梳理过。除非你应聘艺术家或者音乐家，头发不要留过肩膀。还一定要保证仔细刮过脸，如果你有胡子不能刮，也要把他们梳理得整洁干净。

2. 女士篇

1）职业装。对于女性来说，职业装也包括西装。在选择颜色时，并不一定要限制到纯灰色或者蓝色，但是也不要穿着很奔放的颜色。最好避免长袖运动衫。如果你配一条裙子的话，保证裙子具有合适的长度。短裙会给你带来负面的效果。对于 V 字领型的夹克衫，注意你的前胸的开放程度。总之最小化你直接露出的皮肤，一条与衣服相配的围巾或者上衣会是不错的选择。

2）宽松女式上衣。在考虑你的职业西装搭配的同时，宽松的上衣选择极为重要。

它应该是一种纯色或者有品位的简单花纹，但绝不应该是半透明材料。蕾丝或薄绸质的上衣最好不要穿。无论如何，你应该穿一件贴身小背心，它会遮住一些令人尴尬的小线条。

3）鞋子和长筒袜。务必保证你的鞋子非常职业化并且与你的正式服装相配，你的袜子也应该是不张扬的颜色，或者与你的服装颜色相衬。卡其色、肉色、灰褐色或者黑色是不错的选择。注意不要因为亮丽的长筒袜而影响你的整体职业形象。除非你去应聘护理工作，否则不要穿白色长筒袜。

4）小挂件。在选择手包的时候，应该选用皮质的，小号或者中号为宜，并且使它与你的外在形象相称。

5）发型。发型对于整体形象很重要，应该易于梳理，而且长度最好不要超过肩部。如果你是长发，那么最好把它盘起来，或者做成让你感觉既流行又职业的发型。

6）化妆。推荐化淡妆。脸上微微涂一点腮红和淡淡的唇膏将会强化你的形象，但这依赖于你脸部的自然颜色。对于唇膏，浅红色、珊瑚色和粉红色是最佳颜色。注意：化妆会影响你的面试。

（二）面试中的基本礼仪

1. 把握进屋时机

进屋后，若发现招聘人员正在填写一个人的评估表，不要打扰，应表现出理解与合作。但也不要自作聪明，在招聘人员不知晓的情况下等在门外不进去，如果面试的时间到了，你就应该按点敲门。不过如果招聘人员请你在门外等一下，那就另当别论，此时你就应按他的要求去做。招聘人员已填完了表格，并已经开始看自己的文件了，这时如果你仍自作主张地在外面苦等，就会落得"哑巴吃黄连，有苦说不出"的后果，时间就白白浪费了。如果面试官让你进来在屋里等，你就听从他的安排，不要东张西望、动手动脚、闭目养神或者中间插话。有经验的招聘人员会妥善处理这种尴尬的局面。比如，他觉得你等的时间长了，就会建议你先看一下桌上的杂志。这时即使你不想看，也别拒绝，你看不看是另外一回事，但礼貌上要友善接受。

2. 握手

面试时，握手是很重要的一种身体语言。外企把握手作为衡量一个人是否专业、自信、有见识的重要依据。坚定自信的握手能给招聘经理带来好感，让他认同你是懂得行规、礼仪的圈内一分子。所以，一定要使你的握手有感染力。

3. 名片

递名片时务必用双手，但如果有的外国人单手递给你，你用单双手回赠都可以。另外，递名片时要考虑对方阅读的方便，让对方不必再掉转180°来看。如果对方是外国人，你不妨直接把英文面朝上，但切忌用英文面来"直面"中国经理，这样会招来反感。如果你不打算求职外企，可只印单面中文，但中英文双面名片更能让一些企业看到你对于国际化、专业化的认同和追求。在招聘经理面前，递名片的时机务必把握得当。有的学生明明看到招聘经理双手都拿着东西，接受你的名片都要使出浑身解数才勉强办到，你又怎能奢望他在分身乏术时回赠你一张名片呢？显然，你的名片递得太早了，表明你不够老练。

4. 恭敬不如从命

进入面试房间之后，你的一举一动要按照招聘人员的指示来做，既不要过分拘谨，也不能太过谦让。如果招聘人员让你坐下，你不用故意客套地说："您先坐。"这是不对的，大方得体才最重要。

5. 面试的饮水之道

一般在面试时，别人会给你用塑料杯或纸杯倒一杯水。这些杯子比较轻，而且给你倒的水也不会太多，加上你面试时往往会比较紧张，不小心碰到杯子的情况难免发生。所以要非常小心。杯子放得远一点，水喝不喝都没有关系。

喝水忌讳出声，这是国际礼仪常识。吃喝东西出声都是极失礼的举动，也是对他人的不尊重，特别是正式场合，往往会引起反感。因此不妨从现在起就练习"默默无闻"地吃饭，喝水，别临近面试时才抱佛脚，一紧张原形毕露，弄巧成拙。

如果招聘人员问你喝什么或要你提出选择时，最忌讳的说法是："随便，您决定吧。"一定要明确地回答，这样会显得有主见。

6. 无声胜有声的形体语言

（1）眼神交流

交流中你的目光要不时注视着对方。国际礼仪书上往往精确到"要看到对方鼻梁上某个位置或眼睛下多少毫米"，这有点过于精准，笼统地说"看着对方的眼部"就行了。但是，万万不可目光呆滞地死盯着别人看。如果有不止一个人在场，你说话的时候要经常用目光扫视一下其他人，以示尊重和平等。

（2）语言交流

招聘人员不希望应聘者像木头桩子一样故作深沉，面无表情。应聘者在听对方讲话时，要不时做出点头同意状，表示自己听明白了，或正在注意听。同时还要面带微笑，当然也不宜笑得太僵硬，要发自内心。在面试时如果招聘经理多说话，说明他对你感兴趣，愿意向你介绍情况，热情交流。但许多学生误以为只有自己说话才是最好的推销，往往会抢着说话，或打断对方的讲话，这些都是很不懂礼貌的表现，会使自己陷于被动，言多必失。

（3）举手投足

在面试时不可以做小孩游戏，比如折纸、转笔，有人觉得一转一转挺麻利的，但这样会显得很不严肃，分散对方注意力；面试中乱摸头发、胡子、耳朵，可被理解为你在面试前没有对这些部位好好打理，个人卫生注意不够。也许你是因为非常紧张，但是摸会分散注意力，使得你不能专心交谈；用手捂嘴说话是一种紧张的表现，会让对方觉得你不愿讲真话，嘴里有话不让人听清楚。

（4）面试坐姿

面试时，轻易不要紧贴着椅背坐，也不要坐满，坐下后身体要略向前倾。但也不宜坐得太少，一般以坐满椅子的三分之二为宜。这样既可以让你腾出精力轻松应对考官的提问，也不至于让你过于轻松，乐不思蜀而忘了自己的来意。

六、延伸阅读

求职形象设计——递出一张漂亮的名片

求职时，借助一定技巧，将自己的知识、能力、技能充分展现出来，是一门艺术。要达到这个目的，需要研究着装风格，注意细节修饰，适当进行形象设计，演练谈吐和问答等。下面为大学毕业生在求职礼仪中遇到的常见问题详解。

1. 形体语言

案例：小王走进应聘现场，在考官对面坐定，身体往椅背上一靠，二郎腿翘起，两手交叉胸前，眼睛紧盯着考官，眼神局促不安。

点评：

求职者在面试过程中不经意表现出的形体语言对面试成败非常关键，有时一个眼神或者手势都会影响到整体评分。这里给出几条建议，求职者可以对照着自己演练。

眼神。眼睛是心灵的窗户，恰当的眼神能体现出智慧、自信以及对公司的向往和热情。正确的眼神表达应该是：礼貌地正视对方，但应避免长时间凝视对方，否则易给人咄咄逼人之感；目光可三秒钟移动一下，注视的部位最好是考官的鼻眼三角区（社交区）；目光平和而有神，专注而不呆板，眼神不要因紧张而飘忽不定；切忌斜视、下视、仰视，更不能有飘荡、心不在焉甚至挑逗的眼神。

手势。有些求职者由于紧张，双手不知道该放哪儿；有些人则过于兴奋，在侃侃而谈时舞动双手，这些都不可取。不要有太多小动作，这是不成熟的表现，更忌抓耳挠腮、耸肩、为表示亲切而拍对方的肩膀等。

坐姿。良好的坐姿也是给面试官留下好印象的关键要素之一。可全身稍稍放松，否则会显得坐姿僵硬；坐椅子时最好只坐三分之二，不要靠着椅背；上身挺直，这样显得精神抖擞。女生最好两腿并拢，身体可稍稍倾斜，别抖动双腿或将双手叉于胸前。

2. 服装饰品

案例：染过头发的小张着一身休闲装走进了应聘现场，双肩包上挂满了各式小铃铛，颈部及手腕上的饰品闪闪发亮。

点评：

服装及饰品是求职者留给面试考官的第一印象，良好的穿着打扮、发型设计能为求职加分不少。同时，得体的穿着打扮能增加自信，从而在接下来的面试中发挥更好。

服装。选择服装的关键是看职位要求。应聘银行、政府部门、文秘，穿着偏向传统正规；应聘公关、时尚杂志等，则可以适当地在服装上加些流行元素，显示出自己对时尚信息的捕捉能力。仪表修饰最重要的是干净整洁，不要太标榜个性，除了应聘娱乐影视广告这类行业外，最好不要选择太过突兀的穿着。对于应届毕业生来说，允许有一些学生气的装扮，即使面试名企，也可以穿休闲类套装。它相对正规套装来看，面料、鞋子、色彩的搭配自由度更高。值得注意的是，应聘时不宜佩戴太多的饰物，这容易分散考官的注意力，有时也会给考官留下不成熟的印象。

化妆。女性切忌浓妆艳抹，男性最好不要有夸张文身。化妆要自然而不露痕迹，且弱化个性、强调共性。女性可以用薄而透明的粉底营造健康的肤色，用浅色口红增加女性的自然美感，用棕色眉笔调整眉形，用睫毛膏让眼睛更加有神。男性可以用点清洁类的化妆品，给人干净、阳光的感觉就可。在香水的使用上要格外谨慎，避免使用浓烈或者味道怪异的香水，淡淡的清香容易让别人产生愉快的感觉。

发型。发型不仅要与脸型配合，还要和年龄、体形、个性、衣着、职业要求相配合，才能体现出整体美感。求职首先忌颜色夸张怪异的染发，男性忌长发、光头；其次，发型要根据衣服正确搭配，如穿套装，最好将头发盘起来，这样才显精神；再次，要善于利用视觉错觉来改变脸型，如脸型过长的人，可留较长的前刘海，并且尽量使两侧头发蓬松，这样长脸看起来不太明显；脖颈过短的人，则可选择干净利落的短发来拉长脖子的视觉长度；脸型太圆或者太方的人，一般不适合留齐耳的发型，也不适合中分头，应该适当增加头顶的发量，使额头部分显得饱满，在视觉上减弱下半部分脸型的宽度。最后，根据应聘的不同职业，发型也应有所差异。比如应聘空姐，盘发更加适宜；而艺术类工作对发型的要求更宽泛一些，适当染一点色彩或者男生留略长一点的头发也可以接受。但不管设计、梳理什么发型，都应保持头发的清洁。

第九章　大学生求职心理调适

择业是大学生人生道路上的一次重大选择，将会遇到比以往任何时候都重要的选择、复杂的矛盾和深深的困惑，每个人都要接受心理素质的检验。良好健康的心理关系着一个人今后人生历程的发展，决定着一个人在职业生活中能否发挥自己的个性、施展自己的才华、取得事业的成功、实现自我的价值。

为了避免大学生择业中的心理障碍与心理压力，应该采取积极的措施来调适大学生择业中存在的不良心理。因此，大学生应当了解心理素质的有关知识，认识就业过程中常见的心理健康问题，了解在求职心理调适方面学校和自我应该承担的任务，以培养自己良好的心理素质，这样才能在瞬息万变的复杂社会环境中游刃有余，在事业上大展宏图，实现自己的社会价值。

本章主要内容：
1）大学生求职心理准备。
2）大学生求职心理问题及应对。

第一节　大学生求职心理准备

一、案例导入

当别的同学都紧张地为自己的工作奔波时，小刘却无动于衷。她似乎在等待。20多年来她习惯于在出现问题、困难时，父母、兄长和老师出现在她的面前，帮她渡过难关。小学升中学、中学升大学，交男朋友，父母都在身边、幕后帮她分析，为她拿主意。这次毕业求职也不例外，她等着别人来决定她何去何从。看来，小刘在大学毕业之际，依旧没有度过心理的断乳期，没有形成独立、完善的自我。她心中的"自我"都是从父母、从旁人那里得来的，虽然她时时觉得真实的自我同别人对自己的看法很不相同，但她不承认，也不愿接受。

小杨成长在一个平安和安乐的知识分子家庭，他很希望自己以后能找个比较安定的职业，在少一些竞争压力、多一些浪漫情调的环境中生活。但她觉得这种想法太过时了，别人会为此嘲笑他。所以她决定去公司求职。

小王的父母都是普普通通的工人，他们不能给小王帮一丁点忙。他叮嘱自己要为自己负责，鼓足勇气去面试。但面试时，总在揣摩别人心中会怎样想自己，生怕得罪了谁或给别人留下坏印象。他期望别人对自己有所关照，而不是希望通过自我出色的表现来获取成功。

小马真想到甘肃工作，这样他就能与多年相恋的女友小文在一起了。但他担心父母为此伤心，他怕同学们说他冒傻气，所以还是在杭州找到了工作。

......

二、学习导语

　　大学生在择业过程中有较为充分的心理准备是择业成功的重要保证之一，要充分认识良好的心理素养对于职业选择和人生发展的重要意义。必须充分重视择业前的各项准备工作，特别是心理上的准备。

三、学习目标

　　1) 认识到良好的心理素质对求职的意义，面对择业竞争自觉培养良好的心理素养。
　　2) 树立择业前做好充分准备的观念，能自觉地做好思想上和心理上的准备。

四、学习活动

　　(一) 头脑风暴：应对求职挑战，需要我们做好哪些心理上的准备

　　1. 活动目标

　　1) 了解求职过程中应该做好的准备，特别是心理上的准备。
　　2) 学会在求职前思考自我要做的准备。
　　3) 能从活动中感受到做好准备的必要性。

　　2. 活动要求

　　1) 活动场地：室内。
　　2) 参加者：班级同学，分为6~8人的小组若干，围桌而坐。
　　3) 活动准备：A4纸和笔。
　　4) 时间：活动时间约为10分钟，讨论与分享时间约为10分钟。

　　3. 活动过程

　　1) 小组思考：班级分组，以小组为单位对求职的心理准备进行头脑风暴活动，每个小组尽量多地写下求职过程中的心理准备。
　　2) 小组竞争：小组间依一定的次序逐一介绍，每次一个小组报一个，依次宣读各自小组的观点，教师在黑板或者电子文档上进行汇总，并根据实际情况调节进程。

　　4. 讨论与分享

　　1) 小组讨论：每个小组成员对各个小组所列的头脑风暴的观点进行讨论、交流，讨论那些本小组没有想到过的意见。
　　2) 全班分享：教师邀请全班学员自主发表各自对求职需做好的心理准备的观点。
　　3) 教师总结：教师针对活动过程和所列观点，进行有针对性的总结、提升。

　　(二) 案例分析：上海体院的调查

　　1. 活动目标

　　1) 认识心理问题对学习、择业、生活等方面的负面影响。

2）从同龄人的心理问题的普遍特点，分析当前大学生面临的挑战和困难。

2．活动要求

1）活动场地：室内。

2）参加者：班级同学，分为6～8人的小组若干，围桌而坐。

3）活动准备：准备好讨论的案例。

4）时间：活动时间为5分钟，分享时间为8分钟。

3．活动过程

学生分组，根据教师所提供的材料展开分析，小组交流，完成材料后面的问题，全班分享。

上海体院对沪上高校调查：29%大学生存在抑郁倾向

近来上海高校陆续发生大学生自杀事件，而多数大学生的自杀源于抑郁症。上海体育学院师生对上海市10所高校千余名大学生展开了问卷调查。分别为985工程院校三所；211工程院校三所；地方性（公立）院校两所；民办院校两所。检测出存在抑郁情况的大学生占总人数的29%。

负责此次调研的上海体育学院运动健康专家表示，在校大学生这一特殊群体处在踏入社会前的过渡阶段，生活上，从依赖到相对独立；学业上，从填鸭式学习到自主性学习，经历着巨大的身心调整和变化。同时在学业、就业、人际关系等方面，大学生所面临的压力与日俱增。大学生群体因此成为抑郁症的易发人群，抑郁症也成了当下大学生心理的隐形杀手。

1．女大学生更易抑郁

调查结果显示，71%的高校大学生情绪处于正常状态，29%的大学生存在不同程度的抑郁状况，其中20%为轻度抑郁，7%为中度抑郁，2%的大学生存在重度抑郁。

有31%的女大学生存在抑郁倾向，比男大学生高出5个百分点。其中，16%的男大学生和23%的女大学生表现出轻度抑郁，8%的男大学生和6%的女大学生表现出中度抑郁，重度抑郁的男女大学生均占2%。女大学生更易产生抑郁情绪，但从抑郁程度的构成比分析，男生出现抑郁情绪后相对于女生更易恶化。原因可能是女生较为敏感，容易出现情绪波动，但同时女生又比较擅于沟通，抑郁情绪比较容易得到缓解。男大学生则不愿意表达和寻求支持，容易出现抑郁情绪恶化的现象。

调查显示，58%的地方性院校学生、72%的985院校学生、77%的211院校学生以及74%的民办高校学生的情绪处于正常状态。这一结果表明，地方性院校大学生较其他类别院校的学生更易产生抑郁的情绪，而以往调查显示重点大学抑郁发病率高于一般大学。专家指出，由于近些年用人单位比较看重学生的毕业院校，所以地方性院校的学生对未来的就业更为担心，更易产生抑郁情绪。

2．抑郁源：考试就业压力大

调查显示，有83%的大学生有学业方面的压力，其次是就业压力，达到了48.1%，学业和就业仍是大学生压力的两大来源。此外，情感方面、自信心以及人际关系也占有30%左右的比重，社会适应、健康问题等约占20%。

比较独生子女与非独生子女抑郁源，非独生子女在经济和情感方面的影响因素要较独生子女大些。

3. 抑郁者不愿向家长倾诉

在选择倾诉对象时，有75.6%的大学生选在心情抑郁时会选择朋友；家人交流也是大学生们较常见的排解方式；此外，依次为较陌生的网友、其他、老师、宗教以及心理咨询。

抑郁者与正常大学生选择倾诉对象的最大差异在于家人。只有28%的抑郁大学生在有不良情绪困扰时寻求家人的倾诉和理解，而41%的正常大学生会选择对家人倾诉。差异显现出家庭教育的重要性。

超过半数的大学生选择了听音乐、K歌、睡觉、自我心理调节和旅游散心作为日常的抑郁排解方式。在这之中，听音乐、K歌的比例达到了69.2%，可见音乐在排解抑郁情绪上拥有相当大的影响力。

非抑郁大学生对于运动的选择率明显高于抑郁大学生，其中以球类和跑步最为突出。在其他日常各类活动的分析比较中，是否选择旅游或外出散心是抑郁和非抑郁大学生最大的活动差异，近50%的非抑郁大学生会选择该种方式排解情绪、放松自我。

调查同时发现，选择抽烟喝酒、停滞放弃、暴饮暴食作为排解方式的大学生也不在少数，但是其中有抑郁状态的大学生明显占了多数，而不恰当的压力排解方式，会使抑郁大学生的状况更加严重。

4. 讨论与分享

1）有无良好的心理素质对于大学生的学习、生活、择业等产生哪些积极的作用和负面的影响？

2）当前大学生在择业过程中面临哪些挑战和困难？

3）你对案例中反映的现象是怎么看待的？

4）你通过案例分析，有什么样的感悟、收获？

五、理论拓展

（一）良好的心理素质对求职的意义

大学生求职择业，不仅应具备良好的思想道德修养、坚实的文化知识储备，还应具备良好的心理素质。随着近年来国家及社会形势的不断变化，大学生的就业形势愈加严峻，可以说是处于买方市场，竞争非常激烈，而广大应届毕业生在就业市场上属于首次亮相，就业前景不够明朗，会遇到许多难以想象的阻力。如果没有良好的心理素质，大学生在择业期间便不能保持良好的心态，无法适时调整自己的行为，就不能实现顺利就业，而且不能保障在就业后顺利地适应职业及环境，从而在事业上难以有所成就。因此，大学生做好充分的择业心理准备并进行自我心理调适就显得极为重要。

　　那么什么是心理素质？心理素质对大学生的就业又有什么样的影响呢？所谓心理素质是指人在认知、情绪情感、意志、性格、自我意识、价值观及社会交往与适应能力等方面的素养。它是在环境的熏陶下，个体经过长期的修炼，逐步内化出的一种心理结果。

　　良好心理素质的标志表现为以下几个方面：

　　1）智力正常，并能以正常的智力来认识世界、学习知识、待人处事等，各方面行为符合社会及所处环境的要求。智力正常是一个人学习、生活与工作的基本心理条件，也是适应周围环境变化所必需的心理保证。

　　2）意志健全，面对困难和挫折能有效且积极地应对，并能主动挑战环境和任务，对学习、工作专心、热情，行动自觉，遇到困难和挫折能合理应对。

　　3）情绪稳定，不仅正面情绪多于负面情绪、乐观开朗多于悲观失望、富有朝气多于死气沉沉，对生活充满希望，而且情绪稳定，善于控制与调节情绪，既能克制又能合理宣泄自己的情绪；情绪反应与环境相适应。

　　4）自我评价合理、正确，具体说就是个人有"自知之明"，能恰当认识自己，摆正自己的位置，了解自己的长处和短处，而且不管自己的行为表现如何，都能愉快地接受自己、喜欢自己，做到自尊、自强、自制、自爱。

　　5）社会适应正常，能有效地应对各种困境，不退缩，不攀高，既能主动改造环境以适应个体的需要，必要的时候又能改造自我以适应环境的要求。

　　6）人际关系和谐，表现为乐于与人交往，人际关系深厚，有知心朋友；能客观地评价别人和自己，善取人之长补己之短，宽以待人，乐于助人；交往动机正确，积极的交往态度多于消极。

　　良好的心理素质对大学生就业的影响表现在就业目标的选择、就业目标的实现等方面。

　　第一，对确定择业目标的影响。

　　求职择业是学生完成学业、走向社会、服务社会的需要。求职择业中的首要问题是确定择业目标。心理素质对确定择业目标起着重要作用。它决定求职者能否客观、正确地分析自我、认识自我，如所学专业、思想修养、能力特长、兴趣爱好等；能否客观、正确地分析用人单位的需要和社会需要；能否将个人利益与国家利益、个人理想与社会需要有机结合起来；能否在择业的坐标中找到自己准确的位置等。正确认识自我，是一个人选择职业的基本要求，也是必然要求。

　　第二，对择业目标实现过程的影响。

　　择业是选择与被选择的过程，是学生施展才华、叩开职业大门的过程，也是用人单位评判、筛选学生的过程。学生在择业中，将会遇到自荐、面试、笔试、竞争等一系列的考验，也将会遇到专业与爱好、专业与效益、专业与地域、地域与家庭之间的一些矛盾。能否顺利地接受这些考验，能否果断地处理这些矛盾，心理素质起着重要作用。

　　良好的心理素质，可使人在面对考验和矛盾时，做到镇定自若、乐观向上、不怕挫折、勇于创新、缜密考虑、果断决策。面对择业，无论成功与否都能及时进行情绪的自我调整，正确支配自己的感情和行动，能对外界刺激做出符合社会行为规范的反应。特别是在不成功时，更能有效地克制自己，调整自己的心境，尽快摆脱消极情绪的影响，避免情绪过度波动，以便及时总结经验，另辟蹊径。如果心理素质不好，是很难面对这些考验和复杂矛盾的。

第三，对实现择业目标的影响。

良好的心理素质对择业目标的实现起着促进和保障作用，可使求职者充分发挥自己的聪明才智，挖掘自己的潜力，综合自己的优势，扬长避短，不懈努力，从而找到最能施展才华、实现人生抱负的舞台。

（二）求职过程中要做好哪些心理准备

应该说，大学生求职不是一件容易的事情，可能会长路漫漫，一路艰难险阻，只有做到精心准备，才能有备无患，才能随时根据情势的变化和发展予以积极、恰当的应对。大学生在求职过程中，应做好的心理准备主要包括以下几个方面。

1. 充足的信心

"自信人生二百年，会当水击三千里。"每一个应聘者都要先问问自己，是否充分相信自己？有没有信心应聘成功？信心会给应聘者带来洒脱和豪情。对任何人来说，只有相信自己的实力，相信自己的水平，相信自己能够干出一番事业，才会热情地、努力地投身到这个事业中去。所以说，自信，是对自己的实力有充分的估计和坚定的信心。"天生我材必有用"，就是讲的自信问题。一个应聘者，只有坚信自己有实力能胜任某项工作，才能表现出坚定的态度和从容不迫的风度，才能赢得组织人事部门的赏识和信任。缺乏自信或自信心不足的人则常表现为过分自责，常常因为一点小的挫折而过分自卑，或盲目羡慕别人，忽略自己的长处，而拿自己的短处比别人的长处，自暴自弃；或自尊心太强，置身陌生人之中不知所措等。这些都不利于自我推荐。

当然，信心不是万能的。绝不会因为相信自己，困难就会少几分。但是，信心将会帮助我们藐视困难，使我们以最饱满、最活跃的精神状态去克服困难，以足够的耐受力面对挫折，以足够的勇气迎接挑战，而这正是应聘者成功的重要精神支柱。"自我推荐恐惧症"则会使许多求职者纷纷落败。

2. 具有竞争意识

"物竞天择，适者生存"是生物界生存和发展的普遍法则。对于应聘者来说，必须强化自己的竞争意识，崇尚竞争，敢于竞争。在社会生活中，"优胜劣汰"已逐渐成为历史发展的主要趋势。公务员录用制度的改革，为各路人才提供了公开、平等参与竞争的环境和机会。

1）敢于竞争，就要扬长避短。要从实际出发，对自己所处的环境，对自身的能力结构、专业特长、性格气质、兴趣爱好进行具体分析和评价，扬长避短，先声夺人。

2）敢于竞争，就要有足够的自信。在了解用人单位的要求后，只要自己符合条件，就要充满自信，相信自己能够胜任工作，大胆地接受挑战。

3）敢于竞争，首先应有明确的人生信念和追求目标，并为自己的信念和目标奋斗不息，不为一时的困难和失败所吓倒，不为压力和风险所动摇。

4）敢于竞争，还要有经受挫折的心理准备和承受力。竞争往往是成功与失败并存。在应聘竞争中失败在所难免，但只要正确对待，调节抱负水平和期望值，就会成为竞争中的胜利者。

3. 具有顽强意志

决定事业成功与否的关键则是人的意志品质。这就是"有志者事竟成"的道理。一项对诺贝尔奖获得者的研究也表明，他们所取得的成就虽各具特色，但无一例外地拥有两大共同特征：一是学识渊博；二是目标明确、兴趣持久、坚忍顽强，具有不达目的誓不罢休的精神。在职业生活中，有的人选择的职业既符合自己的性格特征和气质类型，又是自己的兴趣所在，却不能有所成就；而有的人选择的职业，和自己的性格、气质、兴趣等均有一定的出入，却能取得成功。

4. 全面地了解自己

只有全面、深刻、正确地认识自己，才能为自己制定正确、合理的职业目标和发展路径。在大学阶段要全面认识自己哪些方面呢？

1）能力与特长：对自己的能力水平和能力结构作准确而适当的定位。

2）人格（个性）：你是冲动型的还是沉思型的？是外向的还是内向的？是感觉型的还是直觉型的？是思维型的还是情感型的？是判断型的还是知觉型的……这样你才可以为自己在茫茫"职海"中找到一个求职的方向。

3）兴趣：你是喜欢理论研究，还是喜欢实际工作？是喜欢与人交往还是喜欢与机器打交道……

4）职业价值观：你觉得到偏远地方开发市场有价值，还是到大城市守住一片市场有价值？你认为做教师的贡献大还是做企业管理人员的贡献大……

5）教育水平、经历、相貌、健康等：你是什么学校的学生？你有多少实践经验？你的学历如何？你的身体素质是否适合某类你向往已久的职业……

全面认识自己的途径和方法有以下一些：

1）通过自我分析认识自己。回顾自己的经历，对自己的能力、兴趣等达到比较清醒的自我认识。

2）通过熟人的建议认识自己。家人和朋友是比较了解你的人，可以帮助你看到你自我分析所不能达到的方面和深度，所以不要随便忽视他们的意见。

3）通过专门测评机构的测试认识自己。人才测评机构利用专门化的心理测量工具和相应的常模，为你做比较全面、科学的定位，而且，由于其与用人单位有经常性的联系，可以为你提供一些用人单位的招聘策略和招聘信息，帮助你实现成功求职。

六、成长手册

头脑风暴：应对求职挑战，需要我们做好哪些心理上的准备？

_____

_____

_____

_____

_____

_____

第二节　大学生求职心理问题及应对

一、案例导入

案例一：用人单位到学校来要毕业生时，小李去面试了，可是才几分钟就被淘汰下来。原因是小李在求职面试中十分紧张，回答问题的时候面红耳赤、语无伦次，面试前辛辛苦苦准备的"台词"、腹稿也忘得一干二净……

案例二：小王非常优秀，临近毕业有十分远大的抱负。因此，一般的单位给予的面试机会他根本不重视，马虎应付了事。他希望等待一个最适合他的机会，但是这个机会迟迟不来，他陷入了迷茫之中……

案例三：招聘单位与求职者小张见面的时候，一位领导递上一支香烟请小张抽，可小张却说"不抽！不抽！我没有这种坏习惯"，把招聘者单位的领导搞得十分尴尬，在座的人对小张的回答也感到啼笑皆非。

这些都是在求职应聘中大学生会遇到的一些问题，在择业中这些心理障碍会成为成功择业的绊脚石。为了在就业中避免自己出现相同的问题，本节我们对大学生在求职择业过程中常遇到的一些心理问题做出分析。

二、学习导语

在当前的就业形势下，大学生的就业过程会遇到各种各样意料之中和意想不到的挑战和困难，这些挑战和困难会对大学生的心理防线带来正面或负面的影响，大学生要注意尽量避免出现一些择业心理问题，同时要学会分析导致择业心理问题出现的因素。掌握择业过程中心态调适的方法和技巧，会对择业成功产生较大的帮助。

三、学习目标

1）了解大学生择业过程中常见的心理健康方面的问题，学会分析导致这些问题的原因。

2）根据自身的实际情况掌握一些调适择业心态的方法和技巧，形成个性化的应对方式，从而提高择业成功率。

四、学习活动

（一）我常常用来调整择业心理困惑的方法有哪些

1. 活动目标

了解求职过程中遇到的心理困惑与问题，并学习运用一定的方法来应对所遇到的心理问题。

2. 活动要求

1）活动场地：室内。
2）参加者：班级同学，分组，2 人为一组。
3）活动准备：A4 纸和笔。
4）时间：活动时间约为 5 分钟，讨论与分享时间约为 10 分钟。

3. 活动过程

小组成员各自在纸上写下自己应对求职过程中遇到的心理困惑的方法，要求举实例 1～2 个。然后，一人诉说，另一人倾听，接着交换角色，内容同前。小组成员就对方应对方法的可行性和有效性进行讨论。

4. 讨论与分享

1）教师邀请全班学员自主发表各自对求职过程中曾经遇到的心理困惑及其解决方法的观点，碰撞出思想的火花。
2）教师针对活动过程和所出现的问题及现象，进行有针对性的总结、提升。

（二）"自信 VS 自卑"

1. 活动目标

通过活动回顾自信与自卑心态对生活、学习和工作等的影响，体会树立自信、避免自卑的重要性，进而自觉地在求职过程中树立自信心。

2. 活动要求

1）活动场地：室内。
2）参加者：班级同学，分为 6～8 人的小组若干，围桌而坐。
3）活动准备：纸和笔。
4）时间：活动时间约为 5 分钟，讨论与分享时间约为 10 分钟。

3. 活动过程

每个人首先自己完成活动纸上的"自信自卑对对碰"所列的句子，然后在小组内进行交流，最后在全班进行分享。

4. 讨论与分享

1）谈谈你对自信、自卑的体验和感受，说说二者在生活中给你带来的帮助和烦恼。
2）通过活动，你对自己有了哪些重新的认识？
3）活动给你最大的触动是什么？

（三）"自信堡垒"

1. 活动目标

引导学生正确地认识自己，悦纳自我，获得自信心，肯定自己的积极面。

2. 活动要求

1）活动场地：室内。
2）参加者：班级同学，分为6～8人的小组若干，围桌而坐。
3）活动准备：纸和笔。
4）时间：活动时间约为10分钟，讨论与分享时间约为10分钟。

3. 活动过程

（1）"不接纳的我"
活动的第一环节，目的在于让学生认清自己的缺点和下决心改掉真正的缺点。具体做法：用5分钟时间，把自己认为的缺点和不足写在纸上，然后将纸撕个粉碎，教师提醒学生注意体会在写缺点和撕碎纸时候自己的心情。
（2）"目光炯炯"
活动的第二环节，目的在于让学生学习自我肯定的技巧。团体成员两人一组，互相注视对方的眼睛30秒，不可以躲闪，目光注视表示自信及诚恳。30秒后，肯定地表达自己的感受，如"我对××（体育、弹琴、普通话、英语等）最有把握"，或者"我认为我的优点是××（开朗、乐观、思维敏捷、与人为善、乐于助人等）"，每一句话要大声说三遍。注意体会每一遍说自己优点时的感受，两人交换进行。
（3）"优点轰炸"
活动的第三环节，目的在于让学生获得自信心。分组，将全班同学分成10人左右的一组，围成一圈坐在一起；选出小组中的任一成员，坐在中间；要求小组其他成员轮流说出坐在中间成员的优点，每一个成员只对被谈论者指出一个确实存在的优点，被谈论者只允许静听，不必做任何表示；小组内全部成员都要一一坐到小组中间接受"轰炸"。注意体会被大家指出优点时的感受以及给别人指出优点时的感受。

4. 讨论与分享

1）在"不接纳的我"环节，把自己的缺点写在纸上撕掉的时候感受是什么？

　　2）在"目光炯炯"环节，每说一遍自己的优点，自己内心有何感受？

　　3）在"优点轰炸"环节，被大家指出优点时有何感受？指出别人的优点时又有何感受？

　　4）在整个活动过程中，哪一个环节给你留下最深刻的印象？为什么？

　　5）整个活动结束之后，对自己有了哪些新的认识？

五、理论拓展

（一）常见的大学生择业心理问题

　　大学生群体是个体由青年期到成年期成长过程中一个特殊的群体，集多种特殊性于一身，具有处于"第二次心理断乳期"、"边缘人"地位、处于"心理延缓偿付期"，拥有多重价值观、人格正在再构成等心理特征；同时环境中存在诱发因素，使得大学生的心理健康状况比处于个体一生中的其他阶段的人群及处于这一时期的其他群体明显要低。一般的观点认为大学生就业期的心理问题主要有挫折心理、从众心理、嫉妒心理、羞怯心理、盲目攀比心理、自卑心理、依赖心理，以及其他心理，如注重实惠、坐享其成的心态，过分强调自我价值，等等。为了帮助广大毕业生同学更好地认识这些问题，为就业做好心理准备和心理调适，我们首先从以下几个方面来看看大学生就业时一般存在哪些心理问题。

　　1. 就业心理压力与焦虑

　　当前激烈的就业竞争环境使就业问题给大学生带来了较大的心理压力，而且这种压力在各年级学生中都存在。清华大学 2000 年的调查显示，个人前途与就业已成为大学生心理压力中最大的因素，而且压力有随着年级增高而上升的趋势。学生就业压力体验相当严重，尤其以心理体验最为严重。

　　大学生毕业前心理压力较过去有明显增大，主要原因是毕业方向的选择（就业、考研）、恋爱分合、大学中不愉快经历、离别感伤、突发事件、经济条件等冲突和事件；女大学生心理压力大于男大学生，农村学生的焦虑水平高于城市学生。大学生面对就业压力的释放方式则过于内向化，主要是自己解决和求助于同学朋友。

　　2. 就业心理期望与失落感

　　许多大学生都有一种"十年寒窗，一举成名"的心理，因此对择业的期望相当高。大学生大多希望到生活条件好、福利待遇高的大城市、大机关、大公司工作，而不愿到急需人才但条件艰苦的中小城市和基层小单位，过分地考虑择业的地域、职位的高低和单位的经济效益。高期望驱使毕业生总是向往高薪水、高职位、高起点，渴求高收入、高物质回报率，并一厢情愿地对用人单位提出种种要求，将自己就业的目标定得很高，即使找不到合适的单位也不肯降低就业期望值。比如，有一些学生就说："非北京、上海、深圳不去。"可是现实就业岗位大多不像大学生想象得那么美好，因此当发现现实与理想的差异较大时，就容易出现"高不成，低不就"现象，并产生偏执、幻想、自卑、虚伪等心理问题，并可能导致择业行为的偏差。

3. 就业观念不合理

大学生的择业观念虽然在总体上倾向于务实化、理性化，但由于处于择业观念的转型过程，因此各种不良观念也存在着，并影响了大学生的健康、顺利就业。这些不良观念主要表现在以下几个方面：

（1）只顾眼前利益，忽视职业发展

一些大学生在择业标准中只看重工作条件、收入等眼前实在利益，而对自我的职业兴趣、能力、职业的发展前景等因素不做考虑，因而极易选择并不适合自己的职业。

（2）职业标准过于功利化、等级化

一些毕业生同学过分强调职业的功利价值，甚至还将职业划分为不同等级，而不考虑国家与社会的需要，不愿意到条件比较艰苦的地区和行业去工作。

（3）求安稳，求职一次到位的传统观念根深蒂固

很多大学生仍然喜欢稳定、清闲、福利保障好的单位，希望一次就能选定理想的职业，而不愿意选择有风险、有挑战性的职业，更不敢去自己创业。

（4）过分强调专业对口、学以致用

在求职时，只要是与自己专业关系不密切的职业就不考虑，这样做只能是人为地增加了自己的就业难度。

（5）职业意义认识不当

许多大学生从观念上来说，还是仅仅把工作当作一种谋生的手段，没有充分认识到职业对个人发展、社会进步的重要意义。

4. 就业人格缺陷

（1）自我同一性混乱

有许多同学在毕业、择业的时候，尚未达成自我同一性。具体来说，对自己的职业目标、需要、价值观以及自身特点等没有明确的认识；在就业时不能正视自己的能力、素质和择业的客观环境，不能对自己有一个客观、清醒、全面的评价。因此，他们在职业选择时往往是茫然、犹豫不决、反复无常、见异思迁、躁动不安的，不能主动、独立地获取职业消息、筛选目标、规划职业生涯，也不能解决就业中的问题，做出正确的决策。自我同一性混乱在就业中的两个突出表现就是盲目从众与依赖。

盲目从众，是指在求职中不考虑自己的兴趣、专业等特点，盲目听从或跟随别人的意见以及盲目寻求热门职业的现象。持有这种心理的毕业生往往脱离自己的实际状况，跟在别人的后面走，如在就业市场中哪个摊位前人多他们就往哪里去，别人说什么工作好他们就寻求什么样的工作，全然不顾自己的能力和现状，不会扬长避短。

依赖，是指在就业中不愿承担责任，缺乏独立意识，没有个人独立的决策能力，没有进取精神，只是依赖父母或老师、学校，甚至只等职业送上门而不去积极争取。一些毕业生自己不去找工作，只等着父母和亲朋好友出面四处奔波，到处找关系、托人情，甚至还怀恋过去那种统包统分的制度，希望学校解决就业问题。当别人为自己找的工作

不合心意时就大发脾气，抱怨父母或学校。还有不少毕业生由家长陪着参加供需见面会，职业的好坏完全由父母决定，缺乏自主择业的能力。

（2）就业挫折承受力差

不少大学生在求职时只想成功，一旦遭受挫折就会像泄了气的皮球，一蹶不振，陷入苦闷、焦虑、失望的情绪之中不能自拔。他们对求职中的挫折既缺乏估计也缺乏承受能力，不能很好调节自己的心态，也不会通过总结求职中的经验教训来获得下一次的成功。

自主择业给大学生提供了就业的自由及通过竞争获得理想职业的机会，应该说这也是大多数学生所期望与认可的。但当大学生真正面对激烈的竞争环境时，也有许多人表现出缺乏信心、缺乏勇气，求职时战战兢兢、顾虑重重、畏首畏尾，不敢大胆自荐。结果是有压力没勇气，不能真正向用人单位展现自己的竞争实力，错过机会，在竞争中陷入了不战自败的境地。特别是一些冷门专业或学习成绩不佳的同学、没有"关系"的同学，就更容易出现不敢竞争、不敢尝试的问题。

害怕竞争的保守心理一方面与大学生缺乏社会实践锻炼有关，另一方面更与许多大学生害怕失败、不敢面对就业挫折有关，如一些大学生在就业中只找那些把握大的职业，而对竞争性强的工作不敢问津，害怕求职失败遭受打击。

（3）自卑与自大

一些毕业生在求职中常会产生自卑心理，对自己评价偏低，他们总是以为自己的水平比别人差，单位要求很高自己肯定达不到，自己能力不行，等等。就业中的自卑一般产生于以下一些情况：首先是一些冷门专业的学生看到就业市场招聘自己专业的单位少、待遇差或在求职中遭冷遇，容易悲观失望；其次，一些性格比较内向、不善言辞的大学生看到其他应聘者口若悬河，自己却什么也说不出来，也会自惭形秽；再次，一些在校成绩与表现一般的大学生看到别人的自荐书上奖励、证书、成果一大堆，自己什么也没有，也容易自我贬低；最后，一些女大学生在就业遭到用人单位的歧视后也会自怨自艾。总之，自卑的大学生不敢正视现实，对自己的长处估计不够，怀疑自己的能力，不善于发现适合自己的职业岗位，在对自己的抱怨、贬低中失去了求职的勇气。

自卑的反面是自大，而且两者有时会相互转化。一些专业较好、就业资本较雄厚的大学生容易从自信变为自负。还有一些大学生是脱离实际的自大，他们既缺乏对自己的客观认识，也对就业市场、职业生活缺乏了解，一切都凭自己的主观想象。例如，有的大学生自以为经过大学几年的学习和锻炼已经满腹经纶，任何工作都可以出色完成，在求职中自觉高人一等、自命不凡、四处吹嘘，一旦出现变故则容易陷入自卑、自责之中、一蹶不振。

自卑与自大是大学生身上常见的人格缺陷，在就业中的表现都是对自己缺乏一个客观的评价，同时对职业缺乏深入的认识。在就业中自卑与自大常存在交织的现象，如一些大学生在求职比较顺利时容易自大，一旦出现挫折就自卑；一些大学生虽然对自身条件比较自卑，但是真正遇到用人单位时却又表现为自大，要价很高。

（4）偏执与人际交往障碍

大学生就业中的偏执心理有不同的表现。①追求公平的偏执。大学生要求公平的竞争环境，对一些不良的社会风气感到气愤是正常的，但有一些大学生表现为对公平的过分偏执，将自己求职中的一切问题都归结于就业市场不公平，以致给自己的整个求职过程都笼罩上了心理阴影。②高择业标准的偏执。大多数毕业生对求职有过高的期望，不过多数人能通过在就业市场的体验，客观地认识和接受当前的就业现状并调整自己的择业标准。但仍有部分大学生固执己见，偏执地坚持自己原来的择业标准，甚至宁愿不就业也不改变。③对专业对口的偏执。一些大学生在就业时过分追求专业对口，不顾社会需要，无视专业的伸缩性、适应性，只要是与专业有一定出入的工作就不问津，只要不能干本专业就不签约。这样就人为地减少了自己就业的机会。

有些大学生缺乏基本的人际交往能力，如有的在求职过程中过于怯懦、紧张，不敢在用人单位面前表现自己，甚至连面试也不敢去，常常一开口就面红耳赤、语无伦次。还有的在求职中不会察言观色，不懂得照顾别人的感受，不懂人际交往的礼貌礼仪，如有位大学生在面试结束时，用人单位的负责人拿给他一支烟，他不仅当即拒绝还气愤地说："我从来都没有这种恶习！"

5. 就业心态问题

（1）过度焦虑与急躁

就业时许多大学生是既希望谋求到理想的职业，又担心被用人单位拒之门外，还担心自己在择业上的失误会造成终身遗憾，并对未来的职业生活感到心中无底。因此，在就业过程中存在一定的焦虑心理是正常的。但一些大学生焦虑过了头，成天都充满了各种不必要的担心，造成精神上的紧张不宁、忧心忡忡、烦躁不安、意志消沉，行为上反应迟钝、手忙脚乱、无所适从。

还有一些大学生在就业时显得过于急躁，整个就业期情绪始终处于亢奋状态，常常心急如焚、四面出击、东奔西跑，希望尽快找到合适的工作，但又缺乏对就业形势的冷静观察以及对自我求职的理性思考，做了许多吃力不讨好的事。因此常常都有一些毕业生在并不完全了解用人单位的情况下就匆匆签约，一旦发现实际情况与自己想象的不一样或发现了更好的工作时，又追悔莫及，甚至毁约，给自己带来许多麻烦与心理困扰。

（2）消极等待与"怀才不遇"心理

与就业时的急躁心理相反的是一些大学生在就业问题上表现得非常消极，平时也不参加招聘会，有单位来了就看看，如果不满意就等下去，满意时也不主动争取，抱着"你不要我是你的损失"的态度，期待着有单位会主动邀请。还有些人这山望着那山高，不肯轻易低就，明明已经找到工作，却拖着不肯签约，总希望有更好的单位出现。

另外有些大学生自恃条件很好，认为"满腹经纶""博古通今""学富五车"，可以大有作为，但在择业时却常常要么碰壁要么找到的工作不满意，于是抱怨"世上无伯乐"，抱怨自己运气不好，成天闷闷不乐、怨天尤人。

（3）攀比与嫉妒

在求职中，同学之间"追高比低"的现象时有发生，一些同学在求职中经常相互吹嘘自己的职业待遇好、收入高，导致职业期望越来越高，求职变成了自我炫耀。还有些同学看见或听说别人找到了条件优越、效益较好的单位心理上就不平衡，抱着"他能去，我更能去"的态度非要找一个条件更好的单位，而不考虑自身的条件、社会需要、职业发展及就业中的机遇因素。

一些毕业生对别人找的工作心存嫉妒，特别是看到自认为条件不如自己的人也能找到很好的工作就更容易出现嫉妒心理，于是有些人故意对别人的工作冷嘲热讽、贬低挖苦，意图打击别人，更有甚者抱着"我得不到，你也别想得到"的畸形心态在用人单位面前造谣中伤、打小报告。

（4）抑郁与逆反

在择业中受到挫折后，一些毕业生同学会感到无能为力、失去信心，表现为失落抑郁、不思进取、情绪低落、意志消沉，他们常常会放弃一切积极的求职努力，听天由命，严重时还会对外界的环境也漠然置之，减少人际交往，对一切都无所谓，并进而导致抑郁症。

另外一部分毕业生则对正面的职业教育、职业信息存在逆反心理，对来自辅导员、班主任、学校就业指导服务中心以及同学和用人单位的正确信息、善意批评与建议，不相信、不听从，偏要对着干，要按自己的一厢情愿去求职。比如当别人为其推荐某工作单位时，总是抱有戒心，别人讲得越多他越不相信。当求职失败时，不总结自己的问题，甚至明明知道自己失败的原因也不改正，在以后的求职中依然我行我素，听不进任何批评与建议。

（5）说谎侥幸与懒散心理

有些同学认为用人单位不可能去查实每个人的自荐书是否真实，而且面试时间比较短，不可能对自己做全面的考察和了解，只要自己当时充分地表现一下，把工作骗到手，签好协议书就行了。于是，一些毕业生把别人的获奖证书、成果证明等偷梁换柱地复印在自己的自荐书里，自己明明没有当什么干部，没有参加什么社会实践活动，也照着别人的写上，甚至胡编乱造一番，以至于有时在用人单位收到的自荐书中一个班竟出现了五六个班长。还有的大学生在面试时把自己吹得天花乱坠、无所不能，结果现场实践考核或试用时就马上露出了原形。

有的毕业生签约比较早，往往在距离毕业半年或更长时间就落实了工作单位，这时就容易出现懒散心理，认为工作单位已定，没有什么可以担心了，应该松口气、歇歇脚了，于是学习没了动力，组织纪律散漫，考试仅仅追求及格，毕业论文只求通过，甚至长期旷课、上网、夜不归宿。还有极少数大学生因此受到学校的处分，严重的甚至被开除或勒令退学，找到的工作也因此丢了，悔之莫及。

【就业案例】

女大学生就业遭挫折　内向女孩患上躁狂抑郁症

本报济南讯（记者 孙昊）23岁的宋瑶是一个性格内向的女孩，一直憧憬着大学毕业后做出一番轰轰烈烈的事业来。去年毕业后，她一直没找到理想的工作。今年5月，文静的她忽然变得爱说话了，且经常不着边际地说个没完没了。然而一个月后，宋瑶就整日情绪低落，对什么都感到悲观，不说也不动，整天不出门。母亲陈女士很担心，近日拨打本报心理热线进行咨询。经心理专家诊断，瑶瑶患上了"躁狂抑郁症"。

本报特邀心理咨询师赵长英分析，这是一例典型的双向情感性障碍的精神疾病，也叫"躁狂抑郁症"。"最近一个月，我们接诊了很多有类似症状的病人，年龄多在 20 岁左右，发作通常有应激性生活事件或其他精神创伤的诱因，宋瑶大学毕业后就业受挫就是一个诱因。"赵长英说。此病夏季多发。

处于躁狂状态的人表现得轻松、愉快、兴高采烈，好像一切烦恼都烟消云散。病人自觉心情特别好，说话时眉飞色舞，表情生动，且精力充沛，睡眠需要大大减少。赵长英提醒，躁狂发作时病人一般自己意识不到，更不愿去看医生，幸得亲友或家人及时发现。

相对于药物疗法，赵长英比较推崇营养与饮食疗法，如食用木耳豆腐汤：木耳 30克，豆腐 3 块，胡桃（去皮）7 枚。用水炖，连汤带渣服用。每日一剂，有助于躁狂抑郁症的缓解和治疗。

（二）影响大学生就业心理问题的因素分析

随着我国社会主义市场经济体制改革的深入，我国大学生的就业由过去的"统包统分"政策过渡到现在的"双向选择、自主择业"模式。当代大学生择业要融入市场，毕业的大学生就成了学校的"产品"，要摆到人才市场接受社会的检验和评价。大学毕业生择业有了充分的自主权，同时，他们面临的是激烈和残酷的竞争，为了找一份自己满意，亲人、朋友、老师等都寄予厚望的工作，他们顶着巨大压力。对于就业，他们有时茫然失措，有时消极、烦躁不安，甚至恐惧；他们既想施展才华，又怕大材小用，埋没了自己。因此，当代大学生在择业过程中的种种心理表现、心理压力和困惑有待于我们去探讨。

概括起来，影响大学生就业心理问题的因素主要有客观和主观两个方面。

1. 客观因素

客观因素主要来自社会、教育和家庭三个方面。

（1）来自社会的影响

① 社会经济的影响。随着社会经济的发展，产业结构调整的速度也在加快，导致了就业结构发生变化。我国人口多，产业结构的调整体制还不成熟，个别行业经常性亏损、生产能力过剩、技术含量不高等问题的出现，加重了大学生就业的困难度，加之有些企业改革，国家机关和事业单位压缩编制，下岗工人多，当代大学生未来的就业形势将更加严峻，就业压力更大。

② 用人单位的高要求。在"双向选择"模式的拉动下，大量的毕业生涌向就业市场，往往几十个人争一个职位，一些用人单位只看重重点高校的毕业生，普通高校的毕业生受到冷遇。如有用人单位在人才招聘会上挂牌标明只招聘重点大学毕业生，普通高校优秀毕业生连推荐表都难投出。有些用人单位受到社会偏见影响，存在外表、性别歧

视，对男生要求 1.7 米以上，对女生要求 1.6 米以上，有些只招男生，不招女生，等等，这些用人单位不仅要招有能力的人，还注重外表和形象。用人单位的偏见加大了当代大学生的就业压力，从而导致了大学生在择业过程中出现了种种心理误区。

③ 择业市场的压力。每年一到大学生毕业前夕，各种各样的用人单位进入抢夺人才的"战争"，用人单位通过招聘会、海报、广告、网站等形式来招聘。各种各样的招聘会一场接一场，招聘条件既苛刻又诱人，社会上的一些不法分子也挂羊头卖狗肉，利用毕业生求职心切和虚荣等心理引诱求职者上当，甚至采取骗色行为，大学生求职被骗的事例常有报道。所以，当代大学生面临着择业难题的同时，也可能受到社会一些不法分子的欺骗，特别是个别女生在找工作的过程中来到某个人生地不熟的地方，举目无亲，会给择业带来很大的阻力。

（2）来自教育的影响

① 高等教育转型，对大学生就业产生冲击。伴随高等教育由"精英教育"走向"大众教育"，大学毕业生短期内急剧增加，对每个大学毕业生而言，即意味着对手激增、竞争加剧。

② 学校就业指导力度还有待加强。当前许多高校的就业指导还以政策教育、思想教育为多，对学生的职业生涯规划指导、择业能力训练较少。择业心理素质的训练和辅导还停留在表面，一些切实、个性化的指导还未能适应形势的发展需要全面开展，致使大学生缺少全面的职业生涯规划，在面临职业选择时产生了各种心理问题。

③ 大学扩招后的冲击。近年来，一些高校为了扩大学校的办学规模，进行了大规模的扩招，某些学校有关人员没有深入社会对毕业生进行跟踪调查，没有认真调查研究当前社会所需的人才，导致了所开设的专业和课程没有与社会的需求相接轨，致使大学生的专业学习缺乏预见性、科学性和实用性。大量的大学本科毕业生涌向人才市场，有些热门专业的毕业生出现"供不应求"，有些冷门专业的毕业生却坐"冷板凳"；有些行业的一个岗位几十个人甚至几百个人争，有些行业的岗位则无人问津，再加上高学历的人群如硕士生、博士生的人数不断增多，职业学院的技能型人才对就业市场的冲击……这些现实存在的问题给大学本科毕业的学生造成了很大的就业压力。

上述教育因素，导致了毕业生在求职的过程中不可避免地遭遇了许许多多的困难与挫折，多引发迷惘、消极、怨天尤人等不良就业心理。

（3）来自家庭的影响

① 父母亲失当的期望。中国的父母对孩子的期望值很高，一些学生在择业时很想自作主张，但家庭影响太大，父母总是希望找一个稳定的单位，如果学生去民营企业或从营销员、业务员做起，很多家长不愿意，家长如是说：如果这样，还是在家里等等再说。同时，国家为保护毕业生的利益，出台了毕业生暂缓两年就业的政策，这样，每年申请暂缓就业的毕业生占毕业生人数的 30%～50%。这也造成了现在很多的毕业生在找工作时挑挑拣拣，自认为没找到好的工作就处于待就业状态。因此，每年到毕业时是学校老师着急，毕业生本人不着急。

② 家庭经济情况。现在所有大学生都是交费上学，教育投入成本很大，部分家庭

经济情况不佳的大学生往往是通过借款、贷款、打工等方式艰难完成学业的，这些学生当然希望可以通过找一份好的工作改变家庭经济状况，多引发实惠至上、焦虑、急躁等不良就业心理。

2. 主观因素

主观因素主要有以下几个方面：

① 自身的不成熟。大学生毕业时一般在 22～24 岁，处在这个时期的青年，多幻想，好冲动，接受事物快，自我意识强。虽然他们的生理已经成熟，但相当一部分大学生心理发展还不成熟、不稳定。同时他们的知识结构还不完善，每个人的生活经验又有差别，在求职择业中就表现出心理活动的复杂性和矛盾性。大学生对社会了解不多，因而在观察问题、分析问题、处理问题时，只是凭书本上讲的条条框框去生搬硬套，对社会了解不够，缺乏社会经验，容易把外界社会理想化、完美化。在遇到问题后，又容易将社会丑恶化、可恶化。

② 就业能力不足。首先是职业能力不足，主要反映在知识结构不健全、专业知识不扎实、综合技能水平不高。其次是择业能力不高，主要表现在缺乏对自我客观、系统、科学的认识，自我评价过高或过低；获得职业信息的能力和职业目标的筛选能力不足；欠缺科学的职业生涯规划能力。总体来说，不够完善的求职策略、薄弱的求职技能以及缺乏成功应对变化和挫折的能力，是大学生就业活动中的障碍。

③ 就业人格存在问题。首先是就业价值取向方面，重功利，轻奉献，重稳定，不敢选择有风险、有挑战性的职业，更不敢自主创业，对职业意义认识不够。其次是职业人格不健全，如抗挫折能力差、意志薄弱、竞争与进取精神不足、团队精神和冒险精神差等。

④ 缺少心理准备。对进入社会的心理准备不足，造成心理承受能力失衡，产生种种心理偏差。同时，学生自信心不足——自信心强的学生敢于面对挑战；而自卑感强的学生，受挫后会心灰意冷，意志消沉。

⑤ 期望值过高。在自我评价上，大学生由于文化层次、智力水平较高，其自我评价往往较高，总希望能充分施展自己的聪明才智，有所作为，成就一番事业，当遇到现实的残酷挑战时，择业期望值过高，缺乏承受挫折的心理准备。

上述主观因素成为引发盲目求高、自卑、孤傲、怯懦、情感淡漠、攀比、从众、优柔寡断等不良就业心理的主要原因。

（三）解决大学生就业心理问题的对策——个性化的应对

解决大学生就业心理问题很重要的一个方面，就是让学生学会自我调适，主动自觉地适应环境，与环境保持协调，客观地分析自我与现实，形成个性化的应对方式，有效地排除心理障碍。

所谓自我心理调适，就是自己根据自身发展及环境的需要对自己的心理进行控制调节，从而最大限度地发挥个人的潜力，维护心理平衡，消除心理困扰。大学生学会自我心理调适，能够帮助自己在择业遇到困难、挫折和心理冲突时，进行自我调节与控制，化解困境，排除困扰，改善心境，寻找最佳途径实现自己择业的理想和目标，不至于因受挫而使情绪一落千丈或丧失信心。因此，大学生要充分认识心理调适的积极作用，提高自我调适的自觉性，增强承受挫折、化解冲突和矛盾的能力，及时调整自己的心理状态，促使心理健康，顺利择业。

主要的自我心理调适的做法有：

1. 要把握机会，不怨天尤人

大学毕业生能否选择到自己理想的职业，很大程度上取决于自己能否抓住就业的机会。当就业机会到来的时候，自己是否已经做好了各方面的准备，如果没有准备好，即使机会到来，也只能让它擦肩而过。择业失败了，就应该找一下原因。但不少学生往往不从自身方面找原因，把所有的责任归咎于他人，归咎于社会风气不好、用人单位偏见等，甚至从此颓靡懈怠，怨天尤人，再也没有了上大学时的那股威风劲。

在社会上择业与在学校里取得成绩、获得成功，有着很大的不同。大学生在学校里的成功，大多离不开老师的呵护、引导和帮助，学生对教师的依赖和教师对学生的偏爱，实际上是让大学生一直在享受一种社会上少有的"特权"。择业时人们面临着几乎均等的选择与被选择的机会，难以再享受到"特权"。成功的机会是怎么来的呢？不是碰来的，而是抓来的。不论是在人才市场还是在单位现场，凡是能够抓住机会的人，都是有思想准备和实力的人。抓机会就要练内功，对于求职来说，与其临渊羡鱼，不如退而结网，所以，大学生要尽早做好择业的准备，提高素质，锻炼能力，适当掌握一些必要的择业知识和技巧。

2. 调整就业期望值，树立正确的择业观

就业期望值是指大学生对职业在多大程度上能满足个人愿望的评估，适中的期望值是大学生正确择业的一个关键条件。就业期望居高不下，是近年来大学生择业存在的一个突出问题。毕业生择业时期望谋求到理想职业本来是可以理解的，但要使期望变为现实，必须认清形势，正确把握就业期望值。当前，毕业生被推向市场已成为不争的事实。下岗分流人员不断增加，大学急剧扩招，使就业形势异常严峻。大学生在择业时，要认真考虑所学的专业和方向，了解社会对该专业的需求情况，要根据自己的职业兴趣、专业特长、实际能力、性格气质特点、家庭情况等去确定职业期望值。在择业时要以自己所长择社会所需，以实现职业理想。有调查发现，大学生对择业地点的选择大都集中在经济发达的中心城市，如上海、北京、深圳；"求职的工资底线"普遍较高，其平均值为 2244.6 元。这反映出大学生在择业时，普遍存在就业期望值过高、脱离实际、超过现实就业条件，当理想与现实发生矛盾的时候，又不能及时调整期望值的情况。这必然导致大学生择业的困难。

同时，大学生要树立正确的择业观。择业观是大学生人生价值观的重要成分，它与大学生的世界观、道德意识及心理认知水平相互影响、相互制约。大学生择业过程中出现的急功近利、求闲怕苦、虚荣攀比等心理误区，在一定程度上影响了他们的职业发展，错误的择业观约束了大学生认知水平的提高。我们要在大学生中加强择业观和思想教育，引导学生正确处理国家、集体和个人发展之间的关系，把个人职业发展与社会要求有机地结合起来，树立自尊、自强、自立、自爱意识，发扬艰苦创业精神，在正确的择业观指导下促进大学生全面素质的提高。

因此，大学生的择业期望值必须选择恰当的定位点，突出重点，扬长避短，选择适合发挥自己才能和施展抱负的职业。不能一味追求物质待遇和地域条件，应根据自己的兴趣、爱好和志愿把握就业机会，主动出击，力争在就业竞争中处于主动地位。

3. 全面客观地认识和评价自己

自我评价是个体对自己的生理、心理和社会特征及行为的某一方面或整体的评价过程。自我评价往往倾向于单维度，要么高估自己，要么低估自己，但是盲目自大和自卑都会导致择业上的失利。正确的自我评价是大学生择业的基础，客观全面地分析自己的实力，作出对自己实事求是的评价非常重要。

1）自我反省。面对择业中的各种矛盾和问题，毕业生首先要正确认识和评价自我。大学生应该全面恰当地认识和了解自己的理想、价值观、素质、气质、性格、兴趣爱好、能力、知识，甚至身高、外貌等，不能因以己之长比他人之短而自大，也不能因以己之短比他人之长而自卑，要在实事求是地肯定自己的长处的同时，善待自己的不足，通过努力逐步克服缺点。应当明确自己今后的职业发展方向是什么，自己的性格气质特点是什么，自己最适合干什么工作，自己的优势和劣势是什么，等等。

举例来说，小张同学在就业过程中向不少单位发出了求职信，经过面试后同时被国家机关、国有企业和外企三家单位录取，他很矛盾，不知去哪个单位好，前来心理咨询中心进行咨询。在咨询过程中，我们一方面帮助小张分析个人专业特点、兴趣、性格、影响择业决定的外在环境，通过一些启发性的问题和测验，让小张充分认识自己，系统地了解自己的职业取向；另一方面分析三家工作单位的信息，包括工作特征、工作环境和发展方向等，如在不同的单位中，你可以从工作中得到什么？通过工作，你是否可以获得满足感和成就感？你的工作潜能是否能得到充分肯定和发挥？主要考虑的是工作的满足感与挑战性、别人的认同与赏识、晋升机会与回报、个人成长与发展、增长知识和磨炼技能的机会、能否实现自己的人生目标和理想，还是工资和其他物质报酬等？通过这种问题解决式心理咨询，小张最终作出了选择。咨询的过程只是帮助小张澄清问题和提供信息，让他自主地作出决定。

2）社会比较。毕业生要正确地认识和评价自己，就要将自己与社会上的其他人做比较，以社会需求标准来衡量自己，把个人客观性与社会客观性统一起来，注重个人服从社会。一是要通过与自己条件、情况类似的人比较来认识自己，避免孤立地认识和评价自己；二是要通过他人的评价和态度来认识自己，看看别人是怎样评价自己的；三是要通过参加社会活动，从活动的结果来评价和认识自己，如参加社会实践、毕业实习等，在客观上寻找评价的参照尺度来认识自己。认真分析用人单位的录用条件，看看自己具备了哪些，不能把就业理想建立在不切实际的幻想之中。大学生只有在择业过程中正确、客观地评价自己，保持健康良好的心态，做到扬长避短，才能最终获得成功。

3）充满自信。自信心强的人能对自己作出积极评价，坚信自己的判断，很少从众，从而获取成功的可能性较大。热血青年就是要勇于实践，在就业过程中不害怕失败。

有的毕业生一旦没有被用人单位录取，就不能控制自己的情绪，觉得自己不行。从此一谈应聘心里就怕，唯恐再被用人单位拒绝，胆怯、自卑、拘谨，甚至害怕再去参加应试，这是没有自信的表现。试想，一个自己瞧不起自己、自己不相信自己的人，怎么能指望别人看中你呢？毕业生在择业时要克服胆怯、自卑心理，不要过于计较别人的议论或看法；在择业过程中要保持平常的心态和作风，把择业看作是一个相互选择的过程，在应聘前应多掌握一些择业的知识、技巧和礼节，不断地提高自己的自信心。

在老师或同学的帮助下，针对可能面临的情况，创设面试情景，设置提问内容，最后提前多排练几次。"凡事预则立，不预则废"，择业的过程也是一样，只有做到有备，方能无患。另外，应试过程中也要注意一些技巧，在回答考官提问的过程中，除了要保持回答问题的正确性、准确性之外，还要注意自己的体态、语调、眼神，要让每一位考官都觉得，你是在认真回答问题，并阐明自己的观点，而不是在空谈、说大话。

4）心理测验。毕业生可根据自己的需要，在专业人员的指导下，对自己的气质、性格、兴趣、职业倾向等进行测验，通过测验分析，明确自己的个性特点，找出自己适合的职业方向，从而减少择业的盲目性，避免承受不必要的心理挫折。

4. 进行有效的心理调节和控制

1）理性情绪疗法。美国临床心理学家艾里斯创立的"理性情绪疗法"认为，情绪困扰并不一定由诱发事件直接引起，常常是由经历者对事件的非理性解释和评价引起的，如果改变非理性观念，调整了对诱发事件的认识和评价，领悟到理性观念，情绪困扰就消除了。例如，有的学生在择业中受到挫折便消沉苦闷、怨天尤人，其原因在于他原本认为"择业应当是顺利和理想的"，正是因为这样的心理定式，才导致了不良情绪，如果将这些想法予以纠正，不良情绪就得到了克服。大学生在择业中处于消极情绪状态时，要善于从中分析、抽取非理性的观念，综合、概括出理性的看法，并对比两种观念下个人的内心感受，使自己走出非理性的误区。

2）合理宣泄法。大学生择业中处于焦虑、抑郁等消极情绪状态时，不能一味地把不良心情藏在心底，而应进行适当的宣泄。比较好的办法是向知心朋友、老师倾诉，把心中的不快说出来，甚至可以大哭一场，使紧张的情绪得以缓解或消除。另外，也可以通过参加一些大运动量的户外活动，如打球、爬山等，宣泄不良情绪。宣泄情绪要注意场合、身份、气氛，宣泄要适度，没有破坏性。

3）自我慰藉法。自我慰藉就是自我安慰。毕业生择业中遇到困难和挫折，在经过最大努力仍无法改变状况时，要说服自己，适当让步，将不成功归因于客观条件和客观现实，同时要勇于承认并接受现实。参与竞争就难免遇到挫折，毕业生应当对择业中的挫折有充分的思想准备，敢于面对现实，把挫折看成是锻炼意志、增强能力、提高心理素质的一场考验。要及时减轻思想负担，消除不安情绪；要积极总结经验教训，冷静、理智地分析择业挫折产生的原因，找出不足之处，加以改进，将消极因素转化为积极因素；根据客观实际调整自己的心态和择业目标，使之适应社会的需要，然后为实现这个目标做出努力。绝不能一遇到挫折就灰心丧气、怨天尤人、一蹶不振。在当今的竞争社会里，没有谁能够为你安排好一切，只有靠自己的脚踏实地才能闯出一片属于自己的天地。这样，就能缓解因心理矛盾而引起的悲观失望等不良情绪，重新找回自信，树立继续努力的信心，从而提高抗挫折能力。

4）情绪转移法。在情绪低落时，可以采取缓冲的办法，把自己的精力和注意力转移到其他活动中去。例如，学习一些新知识或新技能，或是参加一些自己有兴趣的活动，把不愉快的情绪抛在脑后，使自己没有时间和可能沉浸在不良情绪中，以求得心理的平衡。

5）自我激励法。毕业生在择业面试中常常出现胆怯、信心不足等现象，可以通过积极的自我暗示、自我激励进行调节，增强自信心。例如，运用内部语言或书面语言来调节情绪，在心里默念"我会发挥得很好""我一定能成功"等语句，或者写在纸上，或者找个旷野大声地喊出来。这些对走出自卑、消除怯懦有一定的作用。

6）松弛练习法。松弛练习法是一种通过练习学会在心理和躯体上放松的方法，常用的有肌肉松弛训练、意念放松训练等。放松练习法可以帮助人减轻和消除各种不良身心反应，如焦虑、恐惧、紧张、失眠等症状。大学生在择业中遇到心理问题时，可在专业人员的指导下通过放松练习来解决。

【就业案例】

总有那一天
——松下幸之助的求职故事

松下幸之助年轻的时候家庭生活贫困，一家人靠他养家糊口。有一次，他到一家电器工厂去谋职，走进这家工厂的人事部后，他同一位负责人说明了来意，请求给安排一个哪怕是最低下的工作。这位负责人看到他衣着肮脏，又瘦又小，压根看不上他，但又不便于直说，就找了一个理由说："我们现在暂不缺人，你一个月后再来看吧。"

这本是个托词，没想一个月后他真的来了。那位负责人又推说："有事过几天再说吧。"隔了几天他又来了，如此反复多次，这位负责人干脆说出了真正的理由："你这样脏兮兮的是进不了我们工厂的。"

松下幸之助回去之后借了一些钱，买了一件整洁的衣服穿上又返了回来。那位人事主管一看实在没有办法，便告诉他："关于电器方面的知识你知道得太少了，我们不能要你。"两个月后，他再次来到这家企业，说："我已经学了不少有关电器方面的知识，您看我哪一方面还有差距，我一项项来弥补。"

人事主管盯着他看了半天才说："我干这行几十年了，今天头一次遇到像你这样来找工作的，我真佩服你的耐心和韧性。"结果，他终于进了那家工厂工作。

六、成长手册

（一）我常常用来调整择业心理困惑的方法有哪些？

_____

_____

_____

_____

_____

_____

（二）"自信 VS 自卑"

> ### "自信自卑对对碰"
>
> 自信可以让我_____，而自卑会让我_____；
> 自信可以让我_____，而自卑会让我_____；
> 自信可以让我_____，而自卑会让我_____；
> 自信可以让我_____，而自卑会让我_____；
> 自信可以让我_____，而自卑会让我_____；
> 自信可以让我_____，而自卑会让我_____；
> 自信可以让我_____，而自卑会让我_____；
> 自信可以让我_____，而自卑会让我_____；
> 自信可以让我_____，而自卑会让我_____；
> 自信可以让我_____，而自卑会让我_____。

第十章　职业适应与发展

对职业的适应是大学生社会化的重要阶段和组成部分。大学生应在对职业具有一定认识的基础上，不断对自己的职业观念、意识和行为习惯进行调整和改变，以适应职业的要求和职业的变化。

职业适应也称工作适应，是指人在职业活动中，面对工作中遇到的各种问题时一系列的心理过程，包括个体对工作环境、工作任务、工作活动的适应，以及对自身行为和新的工作需要的适应。具体地说，就是人在工作生活环境中根据职业的性质和外在要求，对自身的身心系统进行评价，对职业行为进行自我调适，学习工作必备的知识和技能并应用于实际，努力达到自我与经验相互一致的心理过程。有专家研究认为，大学毕业生的职业适应期为 3 年。

据调查，刚参加工作时，有 70% 多的大学毕业生认为自己"完全适应"或"基本适应"工作需要，有 20% 多的人认为"基本不适应"或"完全不适应"。两三年以后，有 96% 的人认为已"完全适应"或"基本适应"所从事的工作。

本章主要内容：
1）由学生向职业人的角色转换。
2）如何适应新的工作岗位。
3）应对早期职业生涯的变动。

第一节　由学生向职业人的角色转换

一、案例导入

我们在人生中都会扮演一些角色，在人生的不同阶段都会有一些角色的转换。现在在学校里面是学生，不管是大三也好、大四也好，读研也好、读博也好，客观地来讲我们现在最普遍的一个角色是学生。现在让大家先回答一个问题，我们大四的学生七月份以后就面临就业，就会到一个单位里去工作，这就是一次角色的转变，就是由学生转换到一个职业人。那么学生与职业人到底有什么区别？这个问题我想引起大家注意。

陈小帅是河北巨鹿县吉陈庄村人。2003 年，他毕业于邢台学院工商管理系，与很多人一样，他选择北上挤进大城市打拼。在激烈的竞争中，陈小帅屡屡碰壁。

痛定思痛，陈小帅分析了自身条件和就业形势。"我是专科，工作上又没有什么经验，在大城市就业没有优势。在老家，一些行业发展快，竞争不是很激烈，人才需求量大，我学的市场营销肯定会用得上。"明确了自己的定位，陈小帅毅然返回河北巨鹿。

2003 年 12 月 23 日，陈小帅来到民营企业河北方正钢板集团面试，成为公司一名业务员。因为不懂生产工艺、不会发货，陈小帅起初干得并不顺心。但他能够放下架子，虚心学习。几个月下来，他不但熟悉了业务，还吸引新客户，开拓销售市场。

2006 年，公司主营的热轧薄板出现了替代品，加上同行打价格战，企业库存占压款一度达两三千万元。危急关头陈小帅出招：让客户先拿货、暂不结算，到一个固定周期末再按当天市场价结算，此举保住了市场，企业当年实现产值 5 亿元。

因为表现优异，陈小帅被晋升为业务部经理。方正钢板集团总经理郭占勋说："陈小帅在工作上脚踏实地，勇于担当，他的'金点子'为企业创造了很大的价值。"（记者王明浩）

陈小帅的故事是许多大学毕业生走入职场故事的缩影。作为一个大学生，我们从学生转化为一个职业人，在这一过程中，要给自己一个计划，要给自己一个思考。

二、学习导语

从学生到职场人士的转换绝对不是那么轻松，也绝不是轻易能完成的，大学生需要正确面对这样的角色转换，认识转换过程中可能出现的困惑，认识学校和职场的区别，认识学生和职业人的不同，从而为自己的职场发展铺平道路。

要顺利地实现职场初期的适应，必须处理好"要"和"给"的关系、个人与家庭的关系、个人与组织的关系以及个人与社会的关系等。对每个大学生而言，进入职场、社会绝不是平淡无奇、波澜不惊，而是充满了困难和诱惑，充满了挑战，但也有希望，所有这一切都需要我们首先了解、认识，做到胸有成竹。

三、学习目标

1）正确认识从校园到职场、从学生到职业人的角色转换，为自己的职场发展在心理上做好准备。

2）学习处理好职场适应的几个关系，了解职场适应的重要性。

四、学习活动

（一）双臂交叉与十指交叉

1. 活动目标

体会人们与生俱来的对变化或被改变的抗拒心理，认识到适应改变不是一件容易的事情，对改变有心理准备。

2. 活动要求

1）活动场地：室内。
2）参加者：班级同学。
3）时间：活动时间约为 3 分钟，讨论与分享时间约为 5 分钟。

3. 活动过程

1）请每个学生快速将双臂在胸前交叉，然后看一看自己到底哪一只手臂在上。

2) 让学生立即放下手臂，重新交叉。但是刚才在上的手臂改成在下，在下的手臂改成在上。

3) 请学生快速将十指交叉，然后看看自己到底是右手拇指在上还是左手拇指在上。

4) 让学生松开手，再立即交叉十指，但这一次要把原来在上面的拇指改为在下，而原来在下面的拇指改为在上。

4. 讨论与分享

1) 你觉得改变自己的习惯容易吗？从中领悟到什么道理？

2) 教师归纳（教师的归纳应尽量在学生感悟的基础上得出，点到为止）：

① 如果人们改变了早已形成的习惯姿势，会感到不舒服。

② 很多时候，人并不是不喜欢改变，而是不习惯改变。

③ 如果只是这么小小的姿势改变都可能引起一些内在的心理抗拒的话，那么实质上的身体甚或思想、意识方面的变化会带来更大的情绪反弹，这些情况是不是常常发生在我们身上呢？

（二）头脑风暴：工作与学习、职场与校园、职业人士与学生的不同

1. 活动目标

1) 了解工作与学习、职场与校园、职业人士与学生的不同之处。

2) 为进入职场做好思想和心理上的准备。

2. 活动要求

1) 活动场地：室内。

2) 参加者：班级同学，分为 6～8 人的小组若干，围桌而坐。

3) 活动准备：A4 纸和笔。

4) 时间：活动时间约为 10 分钟，讨论与分享时间约为 10 分钟。

3. 活动过程

1) 小组思考：班级分组，以小组为单位对职场与校园的不同、工作与学习、职业人士与学生的不同进行头脑风暴活动，每个小组尽量多地写下答案。

2) 小组竞争：小组间依一定的次序逐一介绍，每次一个小组报一个，依次宣读各自小组的观点，教师在黑板或者电子文档上进行汇总，教师根据实际情况调节进程。

或者小组共享：由 1～2 个小组负责完成"一组"（工作与学习的不同）的头脑风暴介绍，另 1～2 个小组完成"另一组"的头脑风暴成果，3 个主题分别派给不同的小组完成，小组之间可互为补充。

4. 讨论与分享

1) 小组讨论：每个小组成员对各个小组所列的头脑风暴的观点进行讨论、交流，

讨论那些本小组没有想到过的意见。

2）全班分享：教师邀请全班学员自主发表各自对工作与学习、职场与校园、职业人士与学生的不同的观点。

3）教师总结：教师针对活动过程和所列观点，进行有针对性的总结、提升。

五、理论拓展

（一）正确面对角色的转换

一些刚踏上工作岗位的大学毕业生常常发牢骚，抱怨自己工作环境不好。有的毕业生到一个工作岗位没多久就跳槽，有的甚至一年之内跳几次槽，到哪个单位都感到不顺心。出现这样的问题，主要是一部分大学生将职业满足感和好工作联系在一起。可是，是否有成就感和满足感，更为重要的因素是你能将一份工作做得有多好。如今是人才竞争的时代，也是企业与人才创造双赢的时代，因此，大学毕业生的思考方向不能只是做"自己的生涯赢家"，还要做企业认同的"职场赢家"。

1. 职业转换的"困惑"

一是薪酬导向。被问到希望去一个什么样的单位，找一个什么样的工作，很多人第一反应就是哪给的钱多就到哪去，把工资标准当作一个非常敏感的要素。

二是频繁跳槽。有数据统计，高学历人的跳槽周期为 7 个月左右，在 30 岁以下年轻的就业群体中间，有一个倾向"这山望着那山高"。

三是缺乏定位。《中国大学生就业》杂志曾经在网上做过一个调查，包括北京、上海、广州三个城市将近 3000 个样本，包括硕士生、博士生和本科生，从中发现了一个很突出的现象：问到我们的学生将来想干什么？很多学生并没有过多的职业考虑，基本上没有明确的目标。

四是求职恐慌。很多人特别怕到单位去面试。

希望学生们做一个就业的四部曲：在一年级的时候对自己有个了解，包括自己的兴趣、爱好、能力和所学的专业，对自己做一个比较客观的评价；到二年级的时候，开始锁定你所感兴趣的职业；三年级的时候，努力在完成正常学业的情况下有目的地提高自己的职业素养，为自己未来职业做准备；到了四年级的时候，应该初步完成职业过程的转化。

2. 学校和职场的差别

初入职场的大学毕业生所面临的社会环境不同于大学校园，其特点如下：

1）生活节奏明显加快。大学毕业生踏入了紧张的职场，改变了大学校园内寝室—教室—图书馆—食堂四点一线的简单而安静的生活方式，单纯简单的校园文化气氛让位于匆忙紧张的工作和加班，没有了寒暑假和自由支配的诸多时间，有一部分人还要额外适应不同地域的生活环境和习惯。这种生活节奏的突然转变让很多刚刚毕业的大学生因为不适应而疲于应付。尤其对于那些没有家人在身边的同学，很容易陷入忙乱和困境，不能很好地适应离开校园后的生活。

2）工作压力显著增加。初入职场的大学毕业生都会感觉到或大或小的工作压力。一方面，由于缺乏实际工作经验，开始工作时往往不能得心应手，或不知所措；另一方面，由于学校培养模式和实际工作需求之间存在一定的差异，有的毕业生刚开始工作的时候常常会发现自身知识结构的缺陷，感到力不从心，也有的毕业生并不能很快用所学的知识解决工作中的实际问题，因此会感到压力重重。突如其来的工作压力往往会给他们的心理造成很大负担。

3）人际关系复杂。处理好人际关系是每一个大学毕业生走上社会后必须学会的"课题"。刚刚从学校走出来的大学毕业生与人交往比较单纯，相对于大学中的同学关系，职场中的人际关系要复杂得多，初入职场的大学毕业生或多或少地会感觉到一些不适应。事实上，不同的环境对人的影响和要求也不同。对于大学环境和工作环境的比较，美国佛罗里达大学的管理学教授 Daniel Feldmarl 有一些详细的阐述，如表 10.1 所示。

表 10.1　大学环境和工作环境的比较

大学文化	工作文化
1. 弹性的时间安排	1. 更固定的时间安排
2. 能够逃课	2. 不能缺工
3. 更有规律、更个别的反馈	3. 无规律和不经常的反馈
4. 长假和自由的节假休息	4. 没有暑假，节假休息很少
5. 问题有正确答案	5. 很少有问题的正确答案
6. 教学大纲提供清晰的任务	6. 任务模糊、不清晰
7. 分数上的个人竞争	7. 按团队业绩进行评估
8. 工作循环周期较短：每周 1～3 次班级会面，每学期为 17 周	8. 持续数月或数年的更长时间的工作循环
9. 奖励以客观性标准和优点为基础	9. 奖励更多的是以主观性标准和个人判断为基础
你的教授	你的领导
1. 鼓励讨论	1. 通常对讨论不感兴趣
2. 规定完成任务的交付时间	2. 分派紧急的工作，交付周期很短
3. 期待公平	3. 有时很独断，并不总是公平
4. 知识导向	4. 结果（利益）导向
大学的学习过程	工作的学习过程
1. 抽象性、理论性的原则	1. 具体的问题解决和决策制定
2. 正规的、结构性的和象征性的学习	2. 以工作中发生的临时性事件和具体真实的生活为基础
3. 个人化的学习	3. 社会性、分享性的学习

变化了的社会环境要求身处其中的大学毕业生的人际交往方式有所调整和改变，完成从大学毕业生到职业人的社会角色转变。找工作难，找到工作后将工作做好更难。所以，大学生应当重视进入职场后的角色转变问题。

3. 学生和职业人的差别

（1）角色不同

大学生角色与职业角色的根本不同在于社会责任不同、社会权利不同、社会规范不同。

1）社会责任不同。社会角色的角色义务就是角色的社会责任。学生角色的主要责任是接受教育、储备知识、锻炼能力，而职业角色的责任则是以特定的身份去履行自己的职责，依靠自己的本领或技能去创造社会效益和经济效益。

两种责任履行所产生的结果也是有区别的。学生角色责任履行得如何，主要关系到本人知识掌握的多少和能力培养的程度；而职业责任履行得如何，则影响较大，职业角色要求职业人能在社会中承担某部分工作，充分履行其职业责任。

2）社会权利不同。社会赋予角色的权利，就是角色履行义务时依法应有的支配权力和应享受的权益的总称，或应取得的精神或物质报酬。学生角色的权利主要是接受教育，职业角色则是依法行使职权，开展工作，并在履行义务的同时取得报酬。

3）社会规范不同。角色规范，是对角色扮演者的行为规定。对于不同的社会角色，就会有不同的行为规范和要求。例如，学生规范多是从培养、教育的角度出发，促使其以后能顺利成长为合格的人才。学校有明确的规章制度，社会对处于成长时期的学生也有一些约定俗成的要求，如怎样学习、怎样做人等。社会赋予职业角色的规范、提供的行为模式，则因职业的不同而千差万别。这些模式既具体又严格，若违背了就要承担一定的责任，甚至法律责任。例如，国家工作人员必须严以律己、克己奉公，渎职、玩忽职守、收受贿赂等就要受到纪律甚至法律的处罚。

总之，学生角色与职业角色的不同点在于：一个是受教育，通过学习现代科学知识，掌握本领，逐步完善自己，为将来服务于社会做准备；一个是用已掌握的本领，通过具体工作为社会付出，具有一定的权利和义务，以自己的行为承担社会责任。

（2）要求不同

对于大学毕业生来说，从学生角色转换到职业人角色，跨度非常大，对其角色要求也更高，具体体现在以下几个方面：

1）职业人不同于学习时期的学生角色，其社会责任大大增强。职业人角色责任履行的结果，不仅会影响到本人的收入和职业生涯的发展，还会对其所处的社会单位甚至整个社会中的某个领域产生影响。因此，相对于简单的学生角色，职业人角色的社会责任大大增强。

2）独立性增强。大学生的生活从经济上主要依赖于家庭的供给，在接受教育和管理方面有老师、家长的引导和同龄人的沟通和交流。大学毕业生走上工作岗位后，不但经济上要走向独立，而且工作中的各个方面都需要独立承担：包括生活的安排、工作中问题的思考与解决、参与竞争、承担责任以及职业生涯的定位与抉择等。在这种情况下，那些原来独立生活能力强的同学，会相对迅速地适应新角色的要求，逐步锻炼，基本达到独立的要求，而那些习惯于依赖的同学，总会试图在新的社会环境中寻找新的依赖，但其新担当的职业角色是难以满足这一要求的。大学毕业生走上工作岗位后，如果能较快地适应新角色的要求，将有利于自身的发展和事业的成功。

（3）规范性增强

大学生虽然也应当遵循学校的规章制度和纪律要求，但学生的行为规范相对于社会中的职业规范要简单得多。俗话说"没有规矩，不成方圆"，在现代社会中，每种职业都会有其相应的行为规范、职业道德规范和技术操作规范，要求员工遵守一定的劳动纪律和规则。告别了浪漫温馨、"无拘无束"生活的大学生们走上了工作岗位，应当尽快树立起规范意识，虚心学习，按照工作岗位的要求做事，遵守原则，增强自律，为自身的成长和事业的发展打下坚实的基础。

（二）角色转换要注意处理好的几个关系

1. "要"和"给"的关系

一个人从三岁上幼儿园，到六七岁上小学，直到二十一二岁大学毕业、参加工作，将近20年的学生身份形成了"要"的心态，向父母要，向老师要，向学校要，向社会要。一切都是"要"，想"要"一切。

比如：高考期间有些城市出租车免费接送考生，而没有免费接送考生的城市，就会有考生抱怨"凭什么我们城市没有免费的出租车接送"。这就是典型的在"要"，很自然地带着这种"要"的心态提出要求，要不到就抱怨。

当把这种"要"的心态带到求职中时，就会要工作、要职位、要环境、要轻松的事、要各种福利待遇，要不到宁可先不工作，继续由父母供养。有的人因为要不到而逃避，去考研，继续保持"要"的心态，加强"要"的资本。

学习生涯一路走来，到大学毕业时已是全家人的骄傲、社会的骄子。但大学毕业证书并不等于职业能力证书，20年来所学到的知识并不能直接变成创造财富的能力。实际上，大学毕业证书只等于社会大学的入门证。

进入社会以后，必须迅速培养"给"的心态。做了20多年社会财富和家庭财富的消费者、享用者，要尽快成为社会财富的创造者和供给者。

2. 个人与家庭的关系

20世纪80年代后出生的人，大多数是独生子女，即便不是独生子女，也很少有人经历生活痛苦的磨炼。社会为他们创造了优越的条件，家庭几乎倾尽所能，供其上学。几十年来，他们成为家庭宠爱和照顾的中心；而进入社会后，则要变成为家庭其他成员尽一份责任的人，开始回报父母、赡养老人，如果结婚生育，还要担负做妻子/丈夫、父亲/母亲责任。这是一种从家庭宠儿到家庭各种事务、经济压力和多种责任的承担者的转变。

在家里，大多情况下家人会照顾你的情绪；而在职场上，别人很可能不在意你的情绪，但要求你必须拿出良好的工作结果。

当领到每一笔工资时，要想到孝敬父母。也许有人会说："我爸妈不缺钱。"或许你的父母真不缺钱，但父母很在意你对养育之恩的回报之心。如果对养育自己的父母都不感恩，又怎能培养对企业、对国家的忠诚心呢？

3. 个人与组织的关系

在学校里你理所当然是被培养的对象，因为在学校里你是消费者和学习者，主要的任务就是学习。但进入社会后，在组织里你必须成为创造价值的贡献者，你只有在为组织做出贡献后，你在组织里拿到的报酬也必须是你创造价值的一部分，而且只能是一小部分。一个组织的生存、发展和壮大，靠的是组织成员创造价值、积累价值。

当你是学生时，所有的学习都是按照教学大纲安排的，而教学大纲又是学校和老师拟定的，你不需要操心教学计划，只需要按时上课、完成作业、考好成绩，每年还可以享受两次长长的假期；在组织中，不是所有的工作都已安排好，需要你去主动工作、创新工作。

在学校里，考不好不会给班级和学校造成经济损失，还会有补考的机会；而在组织中，如果做不好工作，有可能会造成重大损失，甚至没有挽回的机会。

在学校里，自己的考试成绩优秀就可能获得奖学金；而在组织中，则必须为他人或为组织创造价值才能获得报酬，而且必须是创造超额价值，才能获得奖金。

在学校里，如果你和同学不能相处融洽，你仍然可以当一个不合群的"小鸭"，保持自己的个性，孤芳自赏，而在组织中，如果你不能和同事搞好关系，有一天被组织认为不能进行团队合作时，就必然成为出局的人。

在学校里，老师往往是你尊敬和崇拜的对象；而在组织中，你的上级也许不是你尊敬和崇拜的对象，但你必须服从他的领导和管理。

在学校里，如果你不喜欢一个老师，可以期盼着下学期换一个老师；在组织中，你必须适应上级的管理风格，学习上级的优点，因为上级是永远存在的。

在学校里，如果你迟到、旷课只是耽误你自己的学习；而在组织中，如果你迟到、旷工，耽误的是整个团队的业绩。

 【就业案例】

面对上司的批评

一个刚大学毕业的学生，由于经验不足，能力欠缺，在工作中出现了失误，受到上级的严厉批评，他很不开心，没心思工作。

有人问他："你为什么不开心？"

他说："经理骂我了。"

又问："你是不是工作没做好？"

答："即便工作没做好，他也不应该对我这样态度恶劣，我长这么大，我爸、我妈都没对我大声喊过！"

问："那你希望怎么样？"

答："我希望我下次再犯错时，他的态度能好点儿！"

这位大学生说的话意味着：

1）我出错是难免的；

2）我以后还会出错；

3）我再出错时，要改的是经理，不是我。他应该提高管理艺术。

试问如果这位大学生有这样的想法，下次再做同样的工作、犯同样的错误，上级对他的态度是会好一些，还是会更严厉一些呢？

职场人士正确的说法应该是："我今天工作出错了，上级严厉地批评我，我很不开心。但是我下次一定把事情做好，不再犯同样的错误。"

4. 个人与社会的关系

大学生是社会的骄子，是全社会培养的对象，享受着各种免费或优惠的待遇。如果你有困难就可能成为助学帮困的对象。但走出校门进入社会后，你是和谐社会的建设者，必须成为社会财富的创造者。

学生时代因为父母的付出，你可以从家里"要"到；因为老师的付出，你可以从学校里"要"到；因为社会的付出、国家的付出，你可在社会中"要"到。

但如果要转变成职业人，你必须先"给"，否则你什么也"要"不到。

职业人与学生的心态有重大不同，将"要"的心态变成"给"的心态，是成为职业人的关键。因此，从学生转变为职业人的核心是从"要"到"给"。

 【就业案例】

这山望着那山高

有一个医学院的毕业生，长期担任班长、团支部书记，学习成绩优秀。毕业后她应聘到市重点医院做内科医生，受到领导的关注、同事的青睐，上门求医的患者更是络绎不绝。然而，她却厌烦了在诊室的工作。看到医药代表工作时间自由，工作方法灵活，挣钱更多，就决定当医药代表。当了一周医药代表后，她回到医药公司办公室，伏桌哭泣。

经理关切地问："怎么了？"

她非常委屈地说："那些药剂科的人，他们，他们，他们竟然……"

经理开始担心，着急地问："他们怎么样了？是不是欺负你了？"

她泪流满面，非常痛心地说："他们竟然不理我！"

经理舒了一口气，想引导她战胜困难："他们不理你，你打算怎么办？"

她坚定地说："他们不理我，我就再也不理他们！"

经理心里凉了：你再不理他们了，可这药卖谁呢？"要不你还是别难为自己了，回到医院当医生吧！"

她号啕大哭，经理吓了一跳，关切地问："还有谁惹你生气了？"

她凤目圆睁："你！"

经理不解："我劝你别干了，是为你好呀。"

她愤怒地说："要是不干，也得我先说！凭什么你先说出来？"

经理连忙说："好、好，我收回刚才的话，请你先说。"

她大声说："我不干了，我立刻辞职！"

经理点头表示同意，心里说："你快走吧！"

这位学生没有意识到，自己集喜欢、怜爱、恭维于一身，是因为自己是父母疼爱的女儿、是社会重视的大学生、是患者求助的医生，而从医生到药品推销员，是职业上的转变，从人求于我到我求于人，从坐在屋里等客户到登门拜访客户，工作性质完全不同，最需要提升的是情绪智力和商务谈判技能。这位学生参加工作以及职业改变之后，心灵并没有成长，还是一个小孩子的心态，抱怨别人、抱怨环境。如果不及时调整心态，将会在职业、婚姻上受到更大挫折。

心灵成长的标志是不再抱怨环境，不抱怨父母、不抱怨领导、不抱怨同事、不抱怨客户，也不抱怨自己，对自己的职业生涯、情感生涯和健康生涯负起责任，为自己、为家庭、为企业、为社会创造物质财富和精神财富。

六、成长手册

头脑风暴：工作与学习、职场与校园、职业人士与学生的不同。

• 工作与学习的不同：

_____

_____

_____

_____

• 职场与校园的不同：

_____

_____

_____

_____

• 职业人士与学生的不同：

_____

_____

_____

_____

第二节　如何适应新的工作岗位

一、案例导入

小玫刚毕业，进入一家著名外企工作。外企薪酬高，但是压力很大，工作很辛苦，在刚开始的几个月中，她一直无法适应外企的工作方式。一次，在辛苦了一天将要下班的时候，领导突然交代了一项文字任务，要求小玫必须在第二天下午3点前将任务完成，把成果交给他。在这之前，小玫已经连续加班了三个晚上，而且其中有两个晚上都是熬了通宵。但是，她不能拒绝执行任务，只好硬着头皮答应下来。当天晚上，小玫继续熬夜，但是由于太累，不小心睡着了，工作基本没怎么做。第二天，公司又有其他事情，她一忙就忘记了老板交代的任务。结果，在下午3点领导过来拿成果的时候，她才想起来，只好忙不迭地道歉，但是领导什么都不听，而是强调："不用道歉，我要的是成果，不管什么原因，你没有完成任务，就是你的问题！"小玫非常窘迫，只好保证在3个小时内一定将工作完成。

一年后，小玫成为办公室工作最出色的人。总结自己刚工作时的经验时，她说，领导没有义务原谅你的过失，你唯一能做的就是拼尽全力，将工作做到最好。不管遇到的困难是什么，你都要想办法克服它，做错之后马上改，不断总结经验教训，你会在工作中迅速成长，成为成功的职场人。

当你过关斩将，闯过求职的种种隘口，迎来的是让你热血沸腾的心仪的工作岗位，同时也是环境与角色的全方位转换，你会到一个令你兴奋但陌生的地方，开始一段令你期待但全新的职业旅程。初入职场的你，面对与校园生活完全不同的环境与角色定位，有很多东西需要学习与适应，既然环境无法改变，那么首先需要调整的便是自己。小玫的经验告诉我们，走上职业岗位，首先应该找到的是作为职业工作者的责任与激情。初入职场，正确的心理定位和专业的工作态度是成就出色工作表现的前提。

二、学习导语

大学生在职业适应过程中需要做的还有很多，如要把握住影响职业成功过渡的关键因素——进取心与责任感、自信心、自我力量感等，还要学习谨慎对待职业过渡时期和工作过程中容易出现的心态，立足新岗位，树立新意识，不断学习，完善自我，把握时机，适时调整。

当然，也不需要把职场想象得过于复杂和恐怖，恐怖得让我们望而却步，不敢施展我们的拳脚，就又走向另一个极端了。总而言之，初入职场，除了要有心理准备，更重要的是要学会一些基本的应对措施（方法）。

三、学习目标

1）学会把握职业成功过渡的关键因素，如进取心、自信心等，主动实现职场初适应。

2）正确认识、谨慎对待大学毕业生职业过渡时期和工作过程中容易出现的心态。

3）学会处理一些关系，又快又好地实现职场初适应。

四、学习活动

（一）众志成城

1. 活动目标

1）体会团队中合作与思考的重要性。

2）当个人处在困境和发展的历程中时，要积极寻求社会力量的帮助。

2. 活动要求

1）活动场地：室内或室外，场地不限。
2）参加者：班级同学，分为6～8人的小组若干。
3）活动准备：报纸数张。
4）时间：活动时间约为10分钟，讨论与分享时间约为10分钟。
5）注意事项：活动过程注意成员的安全，身上的金属及其他尖锐物品均应取下。

3. 活动过程

1）教师在地上铺开一张全开的报纸，请各组成员站在报纸上，无论用任何方式都可以，就是不可以脚踏出报纸之外。
2）各组完成后，将报纸对折，再请各组成员站在报纸上。若成功，则再将报纸对折，让全组再尝试站立。某组若有成员未能站在报纸上，则该组被淘汰，不得再参加下一回合。
3）上述程序进行至淘汰到最后一组结束，注意时间不要过长。

4. 讨论与分享

1）我们为什么成功/失败？在活动中，我们吸取了什么经验？
2）结合生活和工作实际，谈谈个人的想法。

（二）心理适应能力测试

1. 活动目标

通过测试了解自己对新环境的心理适应能力，认识自己在职场变化过程中心理适应的必要性与重要性。

2. 活动要求

1）活动场地：室内。
2）参加者：班级同学，每个同学做自己的测试题。
3）活动准备：题目和笔。
4）时间：活动时间约为5分钟，讨论与分享时间约为5分钟。

3. 活动过程

1）按照测试指导语，进行自我测试。
2）根据计分规则计算分数。
3）根据分数解释，了解自身的心理适应能力，体验并反思自身的优势与不足。

4. 讨论与分享

1）根据你的结果，你对自己的心理适应能力是怎么看的？
2）你的不足是什么？你需要在哪些方面增强训练？
3）对你的启发是什么？

五、理论拓展

（一）把握影响职业成功过渡的关键

当然，在走上工作岗位之前，毕业生已在学校待了十多年，因此，要完成从学生到职业人的转变，需要一个过程，积极的态度与良好的习惯仅仅是一个开始。这种角色转变越快、越彻底，做好工作、谋求发展的机会也就越多。这时候，必须把握影响职业成功过渡的关键。

1. 进取心与责任感

进取心是使你具有目标指向性和适度活力的内部能源，认真而持久的工作是你事业成功的前提，具有进取特质的人也就具有了事业成功的心理基石。责任感强的人，常能够审时度势地选择合适的目标，并持久地、自信地追求这个目标。责任感强的人事业容易成功。

2. 自信心

自信能为你个人在逆境中开拓、创新提供信心和勇气，也为怀疑和批评提供信心和勇气，自信常常使自己的好梦成真。没有信心的人会变得平庸、怯懦、顺从。喜欢挑战、战胜失败、突破逆境是个人自信心强的表现。

3. 自我力量感

尽管人的能力存在差别，但只要具有中等程度智力的个人，善于总结经验、教训，善于改进方法和策略，那么，经过主观努力之后，许多事情是能够完成的。因此，可以把成功和失败归因于个人努力水平的高低和工作方法的优劣。

4. 自我认识和自我调节

了解自己的优势和短处及其与组织环境的关系，善于调节自己的生涯规划、学习时间，将有助于个人成功。

5. 情绪稳定性

冷静、稳定的情绪状态为你的工作提供适度的紧迫感，相反，焦虑和抑郁会使你无端紧张、烦恼或无力，恐惧和急躁易使你忙中出乱。

6. 社会敏感性

你要对人际交往的性质和发展趋势有一定的洞察力和预见力，善于把握人际交往的技巧和逻辑关系。行动之前，要思考行为的结果，设身处地地想一想他人的处境，与人交往时，要能设身处地体察他人的感受。

7. 社会接纳性

社会接纳性是建立深厚的个人关系的基础，是指在承认人人有差别和有不足的前提下接纳他人。每一个行为，无论是大型的谈判会议还是朋友间的轻声细语，都可以反映出一个人的综合素质。人的一言一行、一颦一笑，都是整个人内心的真实写照。有些同学平时就很注意自己的语言表达习惯，"您""请""谢谢"等这些细小且常被人忽视的用语常常出现在这些同学的语言中。虽然这些都是语言表达的细节，但是就靠这一个个细节的不断积累，使得这些同学养成了使用礼貌用语的习惯，也使得这些同学同样受到他人的尊重与喜爱。情商的修炼不仅仅是读几本书、听几个讲座、做几次活动、记下几条行为准则就可以完成的，而是要将那些有益的心得和体会实践到自己每一个细小的行为中去。

真诚对他人及他人的言语感兴趣，言语沟通时认真倾听并注视对方，将助推你的职业生涯成功。

8. 社会影响力

要有以正直和公正为基础的说服力，有使他人发展和合作的精神，有一致性和耐力，善于沟通和交流，具有自信、幽默等对情感的感染力，仔细、镇静、沉着等对行为的影响力，仪表、身姿等对视觉的影响力，忠诚和正直等对道德品质的感染力。

（二）知识点：工作中应具有的心态

1. 在工作过渡时期应具有的心态

（1）不把领导当老师

在学校里老师教授知识，可以容忍我们的小聪明甚至大过失，而在职场上领导担负的责任大不相同。在学校，考试不及格，老师可以给你重新学习的机会；而工作中，交代给你的重大任务不能按时、保质地完成，领导可能会让你直接走人。考试不及格，只是你一个人遭受损失，而任务没完成，受损失的可能就是整个公司。所以，对领导，你负有一个员工的责任，如果领导要求严格，你需要服从、理解和宽容，而不是挑剔他/她的不是。千万记住，在领导面前我们是员工，而不是学生。

（2）不把公司当学校

也许你在学校里成绩很优秀、组织能力很强、参加过很多活动，但你走入了社会，环境将比校园要复杂许多。在职场上，首先成功不是孤立的，你周围的环境、机遇与你的处事态度及经验一样，都是影响你成功的重要因素；其次，工作中更强调团队精神和严谨的程序、规则，很多工作需要集体默契配合，集合大家的智慧和力量才能完成；最后，你必须面对人们相互之间在思维习惯、做事方式上的差异。因此，对于初入职场的新人来讲，你会发现由于工作环境的复杂，在工作上做出成绩远比在学校里取得理想的考试分数要艰难，远大理想可能与现实差得很远。因此，对于新的职业环境，最重要的是以积极的心态，去经历、去学习、去积累、去适应，读懂职业的规则，这样才能发挥自己的出色才能。

（3）不把职场当商场

职场中的出入绝不可能像商场中的出入那样随意，进入一个企业前要慎重，走出一个企业前更要慎重。凡事应多分析利弊，尽早、尽快地确立自己的职业目标，职业生涯的变更应围绕着职业目标进行。同时要培养职业忠诚度，因为这种职业责任感会直接影响你的工作成绩。

就如同本节案例导入中小玫自己的总结："领导没有义务原谅你的过失，你唯一能做的就是拼尽全力，将工作做到最好。不管遇到的困难是什么，你都要想办法克服它，做错之后马上改，不断总结经验教训，你会在工作中迅速成长，成为成功的职场人。"

我们不断强调责任的重要性，是因为职业工作中需要承担的责任，远比单纯作为学生仅仅对自己的学习成绩承担的责任更重大。如果你也能像小玫一样成功地转换角色，积极面对责任与困难，你离职场成功就不太遥远了。

2. 在新的岗位上应该具备的几种心态

（1）立足新岗位，树立新意识

适应工作、适应社会，首先要树立新意识，最主要的是树立角色意识，一般包括三个方面。

① 独立意识。大学生在校的主要任务是学习，长期依靠教师，再加上生活靠家人供给，助长了依赖心理。工作后，大学生要承担一定的社会责任，要在工作中独当一面，人们也开始把大学生作为一个独立的社会人对待。这就要求大学生具有独立意识。

② 主人翁意识。学生时代，大学生在学校主要是在教师的指导下进行学习、生活，而在家又有父母的安排照顾，扮演的主要是被动、客体的角色，除学习外，凡事很少操心，缺乏社会责任感。毕业后大学生多数要参与管理及决策工作，对部门要承担更多的社会责任和义务。个人工作业绩的好坏，不仅和自己的前途有密切关系，而且也和单位、部门的兴衰相关。这就要求大学生要树立主人翁意识，以单位、部门的兴衰为荣辱，以国家的兴旺、民族的强盛为己任。

③ 协作意识。从某种意义上说，大学生在校学习是一种单纯的个体劳动。随着科技的高速发展，社会分工越来越细，部门与部门之间、个人和个人之间的协作关系日益密切。科研项目的完成、工程计划的实施、工作的组织管理等，都必须具有协作精神。因此，刚刚走上工作岗位的大学生，一定要树立协作意识，切勿片面强调个人作用，要从整体利益出发，顾全大局。

（2）不断学习，自我完善

适应社会的过程，是一个学习、适应、继续学习、不断适应的过程。知识结构的完善，需要不断地学习。大学毕业生虽已掌握了一定的文化科学知识，具备了一定的能力，但知识结构还不尽完善，知识还不够丰富，解决实际问题的能力及动手能力较差，只有不断地学习，才能完善知识结构，丰富自己。

适应工作的要求，需要不断地学习。初到工作岗位，大学生对自己所要从事工作的基本情况还不了解，只有不断学习、勤于思考、善于总结，尽快熟悉并掌握有关的业务知识，及时补充业务知识的不足，才能更好地适应工作。

跟上科学技术的迅猛发展，需要不断地学习。飞速发展的科技，要求科学技术人才必须不断地更新知识、开阔视野、推陈出新，瞄准世界科技的前沿。

（3）把握时机，适时调整

大学生的首次就业，并不一定就是终身的职业选择。由于最初择业时某些条件的限制以及其他种种因素，一部分大学生就业后对自己的职业并不满意。对此，应当进行具体分析。当然，我们应当首先考虑国家的需要，干一行爱一行，安心自己的本职工作，但这并不意味着对人才流动的绝对限制。随着社会需求的变化，根据自身的实际条件，一些已经就业的大学毕业生完全可以适时调整奋斗方向，把握好重新选择的机会，在大千世界中找到更适合自己的职业。

 【就业案例】

挥不去的学生情结

很多刚参加工作的毕业生会怀念校园时代的生活，感慨上班后压力大，没有自由。小林就是其中一位。毕业前经过激烈的公务员考试，他进入了某机关工作。可是他适应不了朝九晚五的上班生活。他特别想回到轻松、自由的学生时代，他怀念同学，特别是同宿舍感情真挚的兄弟们，他还怀念母校的图书馆，有那么多图书、资料可以查阅……

准时上下班、实行坐班制是每个机关的通则，然而小林自由散漫惯了，常常迟到早退，还在工作时间上网聊天。同办公室的一位副处长批评了他几句，小林很恼火，竟和副处长顶撞起来，并振振有词地说："我是刚毕业的学生，学生犯错是常事……"由于我行我素，最后在全机关作风整顿大会上，小林被点名批评。小林极为愤怒，他怀疑是那位副处长向领导告状，于是他总觉得办公室的同事处处针对他。在这之后，小林的工作更是疙疙瘩瘩，他觉得太压抑了，感慨"机关人"的角色太难扮演，真想辞职不干了。

分析：从学习到工作，从学校到单位，从学生到员工，要适应这一系列转变，毕业生需要在心理、情感等方面进行积极的调整。刚从相对单纯的校园走入社会，很多毕业生会产生失落感，但是我们应该清醒地认识到，做任何事情总要往前看，新的岗位上总会有新的挑战和新的生活，过多地怀念过去对自我心理不利。

作为新人应该认识到，职场不需要"独狼"。学校强调"个性"，也鼓励学生的个性发展；但机关强调的是团队精神和工作纪律。在这里不是个人秀，而是团队默契地配合，用集体智慧和力量去完成工作。此外，也许领导和同事并非你想象的那样难处，把别人的"严厉""难处"当成"催化剂"，不要偏激地当成一种刁难，或许领导和同事都在默默地关注着你，期待着你的成功。

要消除这种角色转换的失落情绪，首先要让自己接受现实。经常做些心理上的自我暗示，要求自己认清目前的人生职责，积极调整心态，主动投入工作，从而渐渐达到心理上的平衡。

六、成长手册

心理适应能力测试

指导语：请认真阅读，并决定与你实际情况的符合程度，然后从每个项目后面所附的三个备选答案中选出一个来，并画"√"。

1. 我每到一个新环境总要经过很长一段时间才能适应。
A. 是　　　　　　　B. 无法肯定　　　　　　　C. 不是
2. 每到一个新的地方，我很容易同别人接近。
A. 是　　　　　　　B. 无法肯定　　　　　　　C. 不是
3. 在陌生人面前，我常无话可说，甚至感到尴尬。
A. 是　　　　　　　B. 无法肯定　　　　　　　C. 不是
4. 我最喜欢学习新知识或新科学，它给我一种新鲜感，能调动我的积极性。
A. 是　　　　　　　B. 无法肯定　　　　　　　C. 不是
5. 每到一个新地方，我第一天总是睡不好，就是在家里，只要换一张床，也会失眠。
A. 是　　　　　　　B. 无法肯定　　　　　　　C. 不是
6. 不管生活条件有多大变化，我都能很快习惯。
A. 是　　　　　　　B. 无法肯定　　　　　　　C. 不是
7. 越是人多的地方，我越感到紧张。
A. 是　　　　　　　B. 无法肯定　　　　　　　C. 不是
8. 我的考试成绩多半不会比平时练习差。
A. 是　　　　　　　B. 无法肯定　　　　　　　C. 不是
9. 全班同学都看着我时，我的心都快跳出来了。
A. 是　　　　　　　B. 无法肯定　　　　　　　C. 不是
10. 对他（她）有看法，你能同他（她）交往吗？
A. 是　　　　　　　B. 无法肯定　　　　　　　C. 不是
11. 我做事情总是有些不自在。
A. 是　　　　　　　B. 无法肯定　　　　　　　C. 不是
12. 我很少固执己见，常常乐于采纳别人的观点。
A. 是　　　　　　　B. 无法肯定　　　　　　　C. 不是
13. 同别人争论时，我常常感到语塞，事后才想起该怎么反驳对方，可惜已经太迟了。

    A. 是   B. 无法肯定   C. 不是

14. 我对生活条件要求不高，即使生活条件很艰苦，我也能过得很愉快。

    A. 是   B. 无法肯定   C. 不是

15. 有时自己明明把课文背得滚瓜烂熟，可在课堂上背的时候，还是会出差错。

    A. 是   B. 无法肯定   C. 不是

16. 在决定胜负成败的关键时刻，我虽然很紧张，但总能很快地使自己镇定下来。

    A. 是   B. 无法肯定   C. 不是

17. 我不喜欢的东西，不管怎么学也学不会。

    A. 是   B. 无法肯定   C. 不是

18. 在嘈杂混乱的环境里，我仍然能集中精力学习，并且效率较高。

    A. 是   B. 无法肯定   C. 不是

19. 我不喜欢陌生人来家里做客，每逢这种情况，我就有意回避。

    A. 是   B. 无法肯定   C. 不是

20. 我很喜欢参加社交活动，我觉得这是交朋友的好机会。

    A. 是   B. 无法肯定   C. 不是

评分规则：

1) 凡是奇数号题（1，3，5，7，…），选"是"得—2分，选"无法肯定"得0分，选"不是"得2分。

2) 凡是偶数号题（2，4，6，8，…），选"是"得2分，选"无法肯定"得0分，选"不是"得—2分。

将各题得分相加，即得总分。

结果分析：

35～40分：心理适应能力很强。能很快地适应新的学习、生活环境，与人交往轻松、大方。给人的印象极好，无论进入什么样的环境，都能应付自如，左右逢源。

29～34分：心理适应能力良好。

17～28分：心理适应能力一般，当进入一个新的环境，经过一段时间的努力，基本上能适应。

6～16分：心理适应能力较差，依赖于较好的学习、生活环境，一旦遇到困难则易怨天尤人，甚至消沉。

5分以下：心理适应能力很差，在各种新环境中，即使经过相当长一段时间的努力，也不一定能适应，常常困惑，因与周围事物格格不入而十分苦恼。在与他人的交往中，总是显得拘谨、羞怯、手足无措。

如果你在这个测试中得分较高，说明你的心理适应能力较强。但是，如果你得分较低，也不必忧心忡忡，因为一个人的心理适应能力是随着年龄的增长、知识经验的丰富而不断增强的。只要你充满信心，把握心理适应的策略，刻苦学习、虚心求教、加强锻炼，你的心理适应能力就会大大增强，你就一定能走出困境，实现更好的发展。

第三节　应对早期职业生涯的变动

一、案例导入

小陈是一名管理信息系统专业的毕业生，由于他出色地规划自己的求职过程，最终被一家公司聘用。经过协商，他顺利得到了一份丰厚的待遇，并在上班第一天准时报到。到公司后，他惊讶地发现那个曾经与他商定薪金并很可能成为他上司的人已经离开了公司。事情非常无序，事实上，公司的人似乎并不期待他的到来。连接待他报到的人也没安排好，更不要说为他安排办公位置和工作了。他开始怀疑自己是否犯了一个错。幸运的是，公司的各项人事工作很快重新调整，他很快适应了自己的工作环境。

虽然这不是所有人典型的工作第一天，但这个故事表明新工作中难免有意外之事发生，因此了解自己应做何期待至关重要。

二、学习导语

在个人职业发展的早期，会有许多因素对我们产生或积极或消极的影响，大学生在校期间就需要认识到这些影响因素可能发生的作用。同时，个人的早期职业发展或许会出现职业生涯的变动，在校大学生必须认识到这种生涯变动存在的客观性和影响的破坏性，一方面要以良好的心态来迎接职场挑战，另一方面要培养主动调适的意识，给自己一个明确的定位，坚定职业发展的信念。

三、学习目标

1）认识职业生涯早期的特点，了解个人在职业生涯发展的早期可能出现的问题，为积极应对做好心理准备。

2）认识生涯发展早期可能存在的变动及其影响因素，培养良好心态和主动调适的意识来应对职场的变动。

四、学习活动

测试：你是否具有职场必需的应变能力？

1. 活动目标

了解个人在职业生涯发展过程中应对职场变化的能力，根据自己的职场变化应对情况有针对性地学习补救。

2. 活动要求

1）活动场地：室内。
2）参加者：班级同学，每个同学做自己的测试题。
3）活动准备：题目和笔。

4）时间：活动时间约为 3 分钟，讨论与分享时间约为 5 分钟。

3. 活动过程

1）按照测试指导语，进行自我测试。
2）根据计分规则计算分数。
3）根据分数解释，了解自身的职场变化应对能力，体验并反思自身的优势与不足。

4. 讨论与分享

1）根据你的结果，你对自己的职场应变能力是怎么看的？
2）你的不足是什么？你需要在哪些方面增强训练？
3）对你的启发是什么？

五、理论拓展

（一）早期职业生涯发展的影响因素

大学生毕业参加工作后，作为单位的新员工，入职以后，必然会有一些对其早期职业生涯发展产生影响的因素。

1. 职业生涯早期的特点

（1）个体的心理特点

个人精力旺盛，具有远大的职业理想和抱负，对成功的心理要求强烈。随着工作时间的延长，他们逐步提高工作能力，积累经验，熟悉工作环境，对职业成功的信心不断增强。但是由于初涉职场，难以对自己和他人做出客观公正的评价，经常高估自己，低估他人，很可能危及人际关系的和谐。

（2）个体的能力需求

要提升自己的可雇用能力，并逐步学习调试家庭关系的能力、承担家庭责任的能力。

2. 职业生涯早期的主要问题

（1）现实的冲击

入职初期，新员工的高工作期望将会面临缺乏挑战性和枯燥乏味的工作现实，易使员工产生不同程度的沮丧。例如，一个大学生满怀希望地寻找自己第一份富有挑战性的工作，并期望在这份工作中能充分运用自己在学校学到的专业知识，发挥自身的优势，展示自己的能力以获得上司的认可。然而，在现实社会中，他们往往发现自己被安排在那种并不太重要的低风险工作岗位上，或是马上陷于错综复杂的人事关系中而无法实现自己在工作中的抱负。

（2）最初工作的绩效评估

新员工开始接触职业生涯领域的知识、技能，并逐步积累，此时的角色主要是新手、学徒，缺乏实践经验。进入组织，除了对工作岗位缺乏经验外，对企业的文化也比较陌生，对周围的工作环境不熟悉。他们在企业的经历不足以和前辈以及其他员工融为一体，而且并不确定企业希望他们表现怎样的价值观取向和行为。他们会很自然地关注其管理者如何管理和指导他们。但是，一旦管理者不能精确评价其绩效时，他们将对自己的前途感到迷茫。

（3）最初工作的满意度

新员工对企业的想象和对工作的企盼与现实之间有一定的差距，甚至过于理想化。当他们发现自我评价不能被企业的其他人接受时，肯定会感到失望和不满。一般来说，不现实的渴望和最初工作的平庸导致很低的工作满意度，特别是对成长和自我实现需要的满意度很低。

（4）其他问题

其他问题包括新员工难以得到第一任上司的信任和重用，组织成员可能会对新员工心存偏见，处理与组织文化的冲突，适应工作群体等。

（二）早期职业生涯变动的调适

早期职业生涯的变动，已经成为大学生就业入职所要正确面对的问题。虽然，职业生涯的"易动"在某种程度上，是职场人士积累不同工作经验，提高知识、技能的一个重要途径，能够锻炼自己的环境适应能力和应变能力，甚至可以使个人实现职业生涯质的飞跃，但是，如何有效进行职业生涯变动，培养职业素养，在入职初期的适应期内合理规划自己的职业发展目标显然是非常重要的。

一项调查显示，新员工的离职率为17%，3年后约为22%。对于刚毕业的大学生而言，我们要做的就是就工作中的问题形成一个解决方案，而不是简单选择跳槽。我们可以与自己的领导协商，为目前的工作争取到更好的资源，当然是要积极主动与领导商讨我们自己的未来。要认真对待自己的绩效评估或工作评价，做好自我协商前的准备。

无论如何，你的决定都会对单位的正常工作带来影响，不要将你的单位置于难堪境地，对于辞职最适宜的做法是静观两个星期，一方面有利于自己规划下一步的细节，另一方面也给单位时间来填补空缺。我们要做的就是：不要过河拆桥，尤其是如果我们还打算继续留在行业或圈子里，因为你的声誉将同你一起进入另一家工作单位。

对于我们来讲，要想让自己尽快地在早期的职业活动中成熟起来，需要做到以下几点：

第一，要给自己一个明确的定位，以一种空杯的心态来面对你的工作，寻找你工作中的指导者，指导者可能是一个可能是几个，他们将对你在新的职业环境下管理你的生涯过程提供建议。这会花费你一些时间，但会成为推动你生涯发展的有效部分。

第二，认识到自己的生涯发展不管如何变动，其发展与管理最终将取决于出色的工作业绩。什么都无法代替出色的工作，这个是没有捷径的。在你漫长的生涯道路上，良好的职业道德行为也将使你长期受益。对于你来说，重要的是把你的职业生涯看作马拉松，而不是百米冲刺，看作是一个过程，而不是一个事件。

第三，认识到生涯的发展不是简单地靠什么"幸运"，也不仅仅是"在合适的时间、合适的地点认识合适的人"。人们能通过努力工作、积极参与相关的组织、建立自己的关系网络、为完成工作或责任积极奔波来提升自己的"幸运指数"。在这个意义上，我们可以经营和控制"运气"，来收获自己职业生涯的成果。幸运产生于准备与机会的相遇。

职业生涯的发展，意味着挑战自己的社会定位，努力促进自己的专业发展，始终保持一种紧张的状态。早期生涯"易动"的原因是多方面的，简单单纯的变动不会对你的职业发展带来什么好处，职业的发展和变动不是简单的孤立关系，要善于经营自己的职业生涯。成功意味着在工作的所有方面能出色完成，即使这一过程并不容易也不轻松，它意味着竞争和胜利。但是过分强调竞争也是无益的，原因在于那些没有取得成功的人就被看作是失败者。也许，成功或拥有一个成功的生涯的确不是唯一之事——它只是事件之一，生涯的成功取决于你对它如何思考。如果你有时间静下心来，端正自己的态度，始终关注自己的职业价值、技能和兴趣，你将很有可能经历生涯的成功。最重要的是，这种体验将伴随你一生的路程。好好把握住自己早期生涯的定位和准备，在你早期的工作上实现成功将帮助你的一生。

六、成长手册

你是否具有职场必需的应变能力？

指导语：职场从来都不是风平浪静的，更多的时候，职场中蕴藏着太多的变化与玄机。身处其中，职场人士能否保有自己的职位，并能在变化中顺时而动，逆风而上，一步步实现自己的职业理想，既取决于一个人的知识水平，更取决于个人的适应能力和应变能力。

1. 每次你的同事或领导升职、转岗、离职，你都有预感吗？

A. 是　　　　　　　　B. 否

2. 如果你现在的岗位明天可能被突然取消，你能胜任公司内部其他岗位吗？

A. 是　　　　　　　　B. 否

3. 你对公司宣布的重大政策通常有预见吗？

A. 是　　　　　　　　B. 否

4. 如果你所在的公司突然被收购了，而你必须离开，你能否在两个月内找到新工作？

A. 是　　　　　　　　B. 否

5. 你对公司所在行业的发展趋势是否相当了解？

A. 是　　　　　　　　B. 否

6. 如果你的领导突然调走，公司又没有新的安排，你是否有把握能胜任这个空缺？

A. 是　　　　　　　　B. 否

7. 你能否正确地理解公司各种重大决策或政策的意图？

A. 是　　　　　　　　B. 否

8. 如果下属或同事突然离职，公司不再增加人手，你是否有办法保证工作不受影响？

A. 是　　　　　　　　B. 否

9. 你是否非常清楚公司主要竞争对手的重大人事变动？

A. 是　　　　　　　B. 否

10. 如果你现在的岗位被拿出来在公司内部公开竞聘上岗，你有信心重回岗位吗？

A. 是　　　　　　　B. 否

计分标准：

1) 回答"是"得2分，回答"否"得0分。

2) 将1、3、5、7、9得分求和得出敏锐度分数A；将2、4、6、8、10得分求和得出应变力分数B。

分数解释：

1) 如果A＞5，B＞5：恭喜你，你有很强的危机意识，也有较强的应变能力，丰富的知识与技能使你善于从容应对各种职场变化。对你来说，要想有进一步的发展，关键在于更好地做准备，有时行动上再果断一些，就能获得更多的发展机会。

2) 如果A＞5，B＜5：你属于干着急型，能看到很多变化，但没有足够的应变能力。在职场上，你的适应能力一般。因此，你需要从现在开始注意调整为人处世的方式，凡事再积极一些、主动一些，多些灵活性和弹性，切记不要安于现状。

3) 如果A＜5，B＞5：你应变力不错，但敏锐度不足，所以生存没有问题，但无法实现主动成长。在今后的职场生活中，你需要多些时间静下来思考，分清楚事情的轻重缓急，并对此采取不同的应对方法。人在忙乱的时候往往会分辨不清，而只有冷静下来，敏锐度才会有所增加。所以，你平时要勤于思考，多学、多看、多听，增加敏锐度和洞察力，让职业发展的决策和判断更为睿智。

4) 如果A＜5，B＜5：你的职场应变能力较低，随时都会有职业危机。因此，你需要深刻反省，找出让自己懈怠的原因，尤其是找出自己的工作弱点，并对症下药，努力提升岗位胜任能力。职场上总有后浪推前浪，不要成为职场中末位淘汰的首选对象。

下篇　大学生创业指导

第十一章　大学生创业准备

一、案例导入

2007年6月，温州大学新闻传播专业学生倪雷震创办蓝天DV工作室的时候，除了对创业的一片热情，什么都还没有。由于家境贫困，他的学费、生活费和培养妹妹的重任全都压在了他的肩膀上。亲戚们对于他的创业项目也不了解，观念上对大学生创业还是持保留意见，因此根本不可能在资金上给予支持。创业之初，价格不菲的机器设备就是摆在眼前的一大难题，好在学校非常鼓励大学生创业，他所在的人文学院从文科实训中心出借两台DV机，后来党委宣传部DV工作室的负责人又投资了一台电脑供他使用。创业初期由于什么经验都没有，倪雷震选择了"大学生KAB创业基础"这门颇受学生欢迎的公选课来充电，在这个过程中他学到了创业的一些基础知识。同时，他还利用深夜里的时间学习了广告学、公共关系学、传播学、市场管理学等相关课程，这些知识对他后来的创业影响重大。

可是创业远没倪雷震所想的那么容易。临近期末了，由于投资他的学长要毕业了，电脑即将"回收"，这意味着已经承接和拍摄的许多业务将泡汤，更为严峻的是，在这样一种压力下，倪雷震唯一的一个合作伙伴也离他而去，留给他的是一大堆没拍摄和没有制作完成的业务。倪雷震没有被困难压垮，而是千方百计地通过各种渠道、方式缓解了眼前危机。

2007年11月，温州大学大学生创业园建成，入驻创业园成为蓝天DV工作室的一个转折点。此后，他努力打造学习型团队，努力开拓市场，构建完备的价格体系与薪酬管理体制。2008年5月他获得"温州大学首届创业之星"荣誉称号，工作室在团省委和学校领导的帮助下，顺利取得了音像制品制作许可证（注册影视文化传播性质的企业需省新闻出版局前置批准），当时在温州还很少有公司拥有这个许可证。最终温州雷震影视文化有限公司于2008年10月正式成立了，并顺利乔迁至温州市区写字楼办公。从学校发展出去以后，倪雷震面临着更大的挑战与机遇，他积极地从各个方面进行了转型。从业务内容上来说，从以前主要面向学校业务的会议、晚会之类发展到企业广告片、宣传片、专题片、三维动画等，拓展了深度与广度，营业额也翻了好几倍；从合作方式来说，公司有了极大的创新，建立了广泛的合作关系；从公司规模上来说，进一步壮大，汇聚了一批影视前后期人才，从原先的三五人发展到现在的十多人，设备资源也得到了极大的改善，提升了公司作品的质量，目前公司在温州已有一定知名度，在行业内得到广泛的关注。

前方的路，还很遥远，但是倪雷震从未想过放弃，因为他的梦想飞翔在"蓝天"。

二、学习导语

职业生涯规划是对自己一生中将要从事的工作和活动提前做出的一个计划，如果你有志于将来从事创业活动，那么你就必须从现在开始制定创业生涯规划。创业是勇敢者的游戏，李开复等一大批时代的创业精英一再地告诫青年选择创业务必要慎重，因为创业必然会遇到诸多的困难，如果你没有做好充足的准备，就很容易品尝到失败的苦果。

当前我们身处知识经济时代，知识的更新换代非常频繁，创业者面临前所未有的机遇，人人都具有成为创业家的机会，这与只由少数英雄式创业家主导的工业经济时代有着显著的不同。在知识经济时代，创新与创业将成为经济社会的常态行为，每一位青年学子都必须认真思考创业的问题，面对创业机会的挑战。

本章的主要内容包括：我国大学生创业教育概况、创业的内涵、创业能力的内涵与类型、大学生创业计划、创业管理、创业计划书等。

三、学习目标

1）了解我国大学生创业的现状；
2）掌握创业者应具备的能力以及创业的一般步骤；
3）了解创业计划书的撰写格式。

四、学习活动

（一）开发商业创意

1. 活动目标

1）发动学生进入市场开展调查，发现和挖掘创业的点子。
2）学会评估和选择其中最有价值的创业点子。

2. 活动要求

1）活动场地：室内。
2）参加者：班级同学，分成6~8人的小组若干，围桌而坐。
3）活动准备：纸和笔。
4）时间：活动时间约为20分钟，讨论与分享时间约为15分钟。

3. 活动过程

1）各小组接受教师布置的任务：通过市场调查（可预先布置），挖掘较好的创业点子。
2）在全班进行交流和分享。
3）教师对各小组所列创业点子进行点评。

4. 讨论与分享

1）你们的创业点子是什么？是什么触动你们想到这个创业点子的？
2）你对其他小组所想到的创业点子的观点和看法是什么？
3）通过本次活动，你对创业在哪些方面有了新的认识？

（二）撰写创业计划书

1. 活动目标

1）引导学生初步了解创业的基本构成要素。

2）学会写创业计划书，将创业点子发展成为创业项目的策划方案，包括新创企业经营方向和范围的界定、市场定位、产品或服务特点、商业模式的设计等。

3）学习初步建构一个创业团队。

2. 活动要求

1）活动场地：室内室外不限。

2）参加者：班级同学，分成 6～8 人的小组若干，组建一个创业团队，根据需要人员可扩大或缩小。

3）活动准备：纸、笔以及其他需要的物品。

4）时间：活动时间根据活动进程安排，讨论与分享时间安排 1～2 节课（一节课 45 分钟）。

3. 活动过程

1）教师布置学生团队模拟创业，完成创业计划书的撰写工作。

2）学生分组交流创业项目的各个要素。

3）总结、评定班级最优秀的创业项目或点子。

4. 讨论与分享

1）我们的创业计划书优缺点在哪里？

2）别人的创业点子好在哪里？

3）你对创业的认识是什么样的？

五、理论拓展

（一）我国大学生创业教育的概况

1. 创业教育的含义

创业教育包含极为丰富的内容，创业精神教育、企业家精神教育、企业家素质教育、创业者能力教育等都属于创业教育的范围。

创业教育有广义和狭义之分。广义的创业教育以人的创新能力和综合素质培养为核心，狭义的创业教育以具体的操作技能为主要目标。

了解创业教育的广义与狭义区分具有十分重要的意义。在当前，毕业之后真正从事自主创业的大学生，对于整个庞大的毕业生群体而言还只是少数，因此常有人质疑是否应该在大学里大力提倡创业教育。殊不知广义的创业教育所提倡的企业家精神、创业者素质，对于任何一个不管从事何种工作岗位的大学生而言都是必不可缺的。

2. 创业教育的背景

创业教育是我国高等教育深化改革的必然趋势。当前，高校毕业生的就业问题越来越突出，这就要求高等院校要不断提高人才培养质量和毕业生的社会适应性，同时要更加强调大学生的创业教育，使高校毕业生不仅在竞争日益激烈的就业市场中能够更好地自谋职业、灵活就业，而且能积极主动地自主创业，成为新的工作岗位的创造者，创造更多的岗位使更多的人能够就业。江泽民同志在第三次全国教育工作会议上的讲话指出："要帮助受教育者培养创业意识和创业能力。"胡锦涛同志在党的十七大报告中明确指出："实施扩大就业的发展战略，促进以创业带动就业。"可见，创业已经被党中央列入事关国计民生的重大发展战略，这也标志着党中央在国民经济发展战略上新的突破和理论创新，一个全新的创业时代、新一轮的创业热潮正在到来。

3. 创业教育发展概况

目前，我国高校的创业教育尚处于起步、试点阶段。1999 年，清华大学承办了首届"挑战杯"中国大学生创业计划竞赛。教育部在 1999 年初公布的《面向 21 世纪教育振兴行动计划》中首次明确提出："加强对教师和学生的创业教育，鼓励他们自主创办高新技术企业。"同年 6 月，中共中央、国务院在《关于深化教育改革、全面推进素质教育的决定》中指出："高等教育要重视培养大学生的创新能力、实践能力和创业精神。"2001 年 7 月，上海举办了首届全国大学生创业教育及管理研讨会。2002 年 4 月，教育部确定清华大学、中国人民大学等 9 所高等院校为大学生创业教育的试点院校。2004 年教育部、劳动和社会保障部联合发文，在全国 37 所大学进行以 SYB（start your business）为中心内容的创业教育。2005 年 8 月，联合国国际劳工组织与共青团中央、全国青联合作，将 KAB（know about business）创业教育项目带到中国，经过一年的试点与论证，于 2007 年 5 月在全国正式推广实施，为创业教育知识在高校大学生当中的普及起到了很好的推动作用。

（二）创业的内涵

1. 创业的概念

《辞海》中把创业定义为"创立基业"，指开拓与创立个人、集体、国家和社会的各项事业以及所取得的成就。它强调的是开端的艰辛和困难，突出过程的开拓与创新意义，侧重于在前人的基础上有新的成就和贡献。在经济学意义上，创业（entrepreneur-ship）已经成为理解未来社会经济变化的一个关键概念，已成为研究创业家（企业家）和企业活动必不可少的一个重要主题。

2. 创业的特征

对于创业，不同的学者众说纷纭，有不同的见解。美国创业学研究专家罗伯特·希斯瑞克下过一个经典的定义：创业是一个发现和捕获机会，由此创造出新颖的产品或服务和实现潜在价值的过程。一般而言，创业活动具有以下几个重要的特征。

（1）创业的目的性

对于一名创业者而言，创业是否成功的重要衡量标准就是能否获得财富。对于许多创业者而言，创业不仅带来物质方面的回报，而且会有精神方面的回报，比如自我价值的实现、社会的认可和尊重，但最重要的回报应该是独立自主，就是自己给自己打工，做一项自己喜欢的事，按自己的意愿行事，不受老板的束缚。

（2）创业的风险性

相对于普通的从业者，创业者要承担更多的责任和更大的风险。他们不仅要承担经济上的风险，还要承担精神上的苦闷、孤独与煎熬。从创业前期的创意、创业初期的筹资，到创业中期的运行等，每一步都充满风险。据澳大利亚的一项研究表明，新创建的企业在1～2年内倒闭的占50%，五年之后倒闭的占70%以上。

（3）创业的创新性

创业包括一个创造的过程——它创造某种有价值的新事物。这种新事物必须是有价值的，比如某种产品或服务。这是一个创造的过程，这种创造的过程来自创新。创新能力将决定企业能否继续生存和发展，能否保持其市场地位。这种创新来自创业者要能够发现并捕获机会，进而将机会和灵光一闪的创意转变为可行的方案。

3. 创业的分类

（1）生存型创业

生存型创业是指自主、自营的创业类型，它不从事任何新的销售或创新业务，仅仅以满足市场需求而创出。它既没有激发市场潜在的需求，又没有高附加值技术作为支撑，所以不是一种成长型的企业。如开设美发店、杂货店等就属于这类创业。

（2）机会型创业

机会型创业是指发现和捕获机会，并创造出潜在价值的创业类型。技术创新可以产生高附加值，是机会创业的一种途径。但不一定没有前沿技术成果就不能创造价值，很多时候，市场创新完全可以创造出同技术创新相媲美的价值。从根本意义上来讲，机会型创业以创新策略业务为主要特征，是对市场的创新，能及时发现市场的缺口并努力满足这一目标市场中的现实需求，从而激发潜在的需求，达到盈利和发展的目标。这类企业有可能成为中型企业和大型企业。

（三）创业能力的内涵与类型

1. 创业能力的内涵

要成功地创办和经营企业，创业者仅有创业热情是不够的，还要具备一定的创业能力才能取得创业的成功。

美国百森商学院企业管理研究中心主任、著名管理学专家威廉·拜格雷夫用10个D开头的单词精辟归纳了企业家的行为特征。

dream（梦想）：创业者对他们自己及其公司的未来具有眼光，强烈地梦想成功。

decisiveness（果断）：不因循拖拉，而是决策敏捷，这是成功的关键。

doers（实干）：一旦决定某个行动，总是尽快实行。

determination（决心）：全身心投入事业，极少半途而废，即使面对似乎难以逾越的障碍，也是如此。

dedication（奉献）：献身于事业，工作起来干劲十足，不知困倦，创业时一天工作 12 个小时，一周工作 7 天也是常见的。

devotion（热爱）：热爱自己的事业，热爱自己的产品或服务。

details（周详）：仔细周详地计划和管理创业的事务。

destiny（命运）：把握自己的命运。

dollar（金钱）：致富并非初衷，但财富是衡量创业成功的重要尺度之一。如取得成功，就应得到相应的回报。

distribution（分享）：与自己的员工分享企业所有权，因为员工是企业成功的关键。

美国的一个研究机构对数千名创业成功者与最高层管理人员的调查结果显示，创业者最重要的 20 项素质与能力按重要程度排列，其顺序如表 11.1 所示。

表 11.1 创业者最重要的 20 项素质与能力

排序	素质与能力内容	排序	素质与能力内容
1	财务管理经验与能力	11	行业与技术知识
2	沟通与人际关系能力	12	领导与管理能力
3	激励下属的能力	13	对下属的培养与选择能力
4	远见与洞察力	14	与重要客户建立关系的能力
5	自我激励与自我突破	15	创造性
6	决策与计划能力	16	组织能力
7	市场营销能力	17	向下级授权能力
8	建立各种关系的能力	18	个人适应能力
9	人事管理的能力	19	工作效率与时间管理水平
10	建设良好企业文化的能力	20	技术发展趋势预测能力

2. 创业能力的类型

创业能力是一种综合的能力，不同的专家学者基于各自的立场，一直以来存在着不同的见解，为方便起见，我们将创业能力简单概括为如下的四种类型。

（1）开拓创新能力

创业与创新有着密不可分的联系，创新贯穿于创业的全过程。创业者在生产经营活动中必须善于发现和捕获商机，准确地捕捉尚处于萌芽阶段的新事物，提出大胆的推测和构想，继而进行周密的论证，拿出可行的解决方案。不断地创新把企业家与一般管理者区别开来。创业要成功，或者是你进入了一个新的市场，或者是你比别人提供更好的产品与服务，或者你以更低的成本来提供同样好的产品与服务，这三者都需要创业者具备卓越的创新能力。

（2）领导决策能力

现代管理学认为，一个命令或信息是否能够引发行动，不在于发出命令的一方，而在于接受的一方。这就说明了决定命令是否得到执行的关键在于发令者是否具有威望，而与他所在的职位无关。这就要求创业者不仅要在技术和管理业务上具备令人信服的才能，而且要有良好的修养和高尚的道德情操。创业者在创办企业的过程中，必须做出许多的决定，当要做出对企业有重大影响的决定而又难以抉择时，作为一个领导者就必须有果断的决策力。

（3）团队协作能力

在这个知识爆炸、信息万变的时代里，许多事情仅靠个人的力量是很难完成的，因而团队整合能力就成为创业者必备的基本能力。团队整合能力的主要表现是通过合作使整个团队更具有凝聚力和战斗力，能够有效地协调个人目标与团队目标，相互尊重，相互信任。对创业者来说，最重要的事情之一就是分散权力。随着业务的增长，不要试图让自己做所有事情，因为创业者不可能有足够的时间、知识和技能来应付每件工作。另外，还要使成员明确团队的目的，建立公认的限制条件和相互交流的习惯等。一个积极向上的工作环境，会培养团队的合作精神。当一个公司上下团结一致时，它建立和保持发展的动力就会变得比相反的情况更加容易。一个成功的创业家的关键技巧，就是把投资人、分析师、合伙人、客户和员工等人的能量转化为积极向上的动力，通过给出创造自信和向组织注入自豪感的目标，去激励团队把工作做得更好。

（4）风险承担能力

冒险是创业者区别于其他人的显著特征，因此创业者必须具备一定的风险承担能力。新创企业在发展的道路上不可避免地会遇到各种风险和许许多多的不确定因素。成功的创业者能够很好地驾驭这些风险，妥善处理各种不确定因素给企业带来的问题。那些成功的创业者不仅把资金押在了创业上，更为重要的是他们把声誉，甚至生命都押在了创业上。他们并不是赌徒，他们是在有计划地冒险。他们在决定冒险时，会非常仔细地评估风险，并且尽可能让事物朝着有利的方向发展。成功的创业者不仅努力规避风险，而且能够乐观、清晰地看待创业企业的未来。他们科学地确定目标、部署战略、监督企业的运行，并且始终按照他们所预见的未来加以调整和控制，从而减少各种可能的风险。同时，他们通过把风险转移给合伙人、投资者、债权人和利益相关者，从而有效地控制了风险。

【创业案例】

曾经的中学数学教师、"好孩子"创始人、《福布斯》中国富豪宋郑还是通过一位学生的家长，得到了第一批童车订货，这才知道世界上原来还有童车这样一个赚钱的生意。同时宋郑还做童车的第一笔资金也是通过一位在银行做主任的学生家长获得的。如果没有学生家长的帮助，宋郑还可能会一事无成。万通的冯仑和王功权原来则是同事，两个人曾一起在南德工作过，后来两人离开南德，携手海南打天下，才有了现在的兴旺发达。冯仑和王功权在事业上是一对绝配，仿佛《封神演义》里面的哼哈二将，一个弹，一个唱，配合得天衣无缝。据调查，国内离职创业的人员，90%以上利用了原先在工作中积累的资源和关系。朋友是一种资源,同学是朋友,战友是朋友,老乡是朋友,同事一样是朋友。对于一个创业者而言,各种各样的朋友都要交,就好像十八般兵器,说不定就用上了哪般。朋友犹如资本金,对创业者来说是多多益善。"在家靠父母,出门靠朋友","多一个朋友多一条路"是至理名言。

(四) 大学生创业计划

1. 目标市场选择

现代市场竞争日益激烈,顾客的需求五花八门,每个企业只能在自己选定的市场范围内满足一部分消费者的需要。所以,创业企业应该明确自己是为满足哪一部分消费者的哪一部分需要而从事生产经营的。如果不能很好地把握经营方向,对一个企业的生存,特别是一个新创企业的生存将产生极大的威胁。对于创业者而言,在选择业务时必须对市场进行调查,根据市场的需求,再综合考虑企业的技术、资金、人力等方面的情况,在对消费者的需求进行细分的基础上来选择目标市场,针对目标市场推行自己的营销计划,等到企业在市场中站稳后,再逐渐拓宽市场。

只有准确找到产品的目标市场并针对目标市场中特定的目标客户群的购买行为制定相应的营销战略,提供有针对性的专门服务,才能有效开展营销和促销活动。一个好的创业项目,必然具有特定的市场,专注于满足特定顾客需求,同时能为顾客带来增值效果。

目标市场选择首先必须确定市场细分的标准。如果是个人消费者,一般的标准有年龄、性别、家庭人数、收入、地理区域等;如果是单位客户,一般的细分标准有行业、地区、规模、利润、购买目的、产品性能等。确定细分的目标市场后,就可以制定调查问卷。制定调查问卷之前可结合行业研究试访几个潜在客户,以便使调查问卷更具可信度。

2. 竞争对手分析

对竞争对手的分析既有利于创业者摸清对手情况,又能从中学习竞争对手的长处,从而提高创业者企业的竞争能力。竞争对手分析并不是简单地了解现有多少竞争对手、他们提供什么样的同类产品、销售额是多少,因为仅仅有这些信息是不够的。创业者想立足市场并最终击败对手,必须确切地了解对手的产品和服务,他们的研发能力和技术储备,他们的目标市场及营销策略,他们目前的盈利状况和潜力,他们的核心竞争能力,他们的技术人员和管理人员,他们的生产设备和生产能力、供货商情况,他们成功或失败的关键要素,他们采取的是何种战略,他们的销售渠道及销售系统,他们的主要客户有哪些,主要客户对他们的产品/服务如何评价、忠诚度如何等。

有了竞争对手的这些信息,创业者就能有针对性地进行 SWOT(优势、劣势、机会、威胁)分析,制定市场竞争专门对策。利用竞争情报可以增加决策的成功率,最大限度地规避风险。竞争对手可以成为你最好的老师,为你提供经验教训,为你提供参照标准,还能帮你不断地接触先进的思想理念和管理方法,从而不断地提高自己。

3. 制定市场营销计划

对目标市场进行选择以及对竞争对手进行分析之后，就可以着手准备市场营销计划了。制定市场营销计划的一种方法是从市场营销的四个方面，即产品（product）、价格（price）、地点（place）和促销（promotion）着手，通常也称为"4P法"。

（1）产品

产品是指你计划向顾客销售的东西。你要决定想要出售的产品类型、质量、颜色和尺寸等。如果你创办的企业是服务型企业，那么所提供的服务就是你的产品。例如，文秘类企业提供打字、复印和传真等服务。对于零售商和批发商来说，产品可以指那些性能、价格和消费需求相近的一类物品。

（2）价格

价格是你用产品要换回的钱数，但实际收入还要受到其他因素的影响，比如产品打折和赊销。所以在制定价格时，你必须知道产品的成本是多少，什么样的顾客愿意购买，竞争对手的价格是多少。

（3）地点

地点是指你的企业设在什么地方。如果你计划开办一家零售店或一家服务企业，地点非常重要，你必须把企业设在离顾客较近的地方，方便顾客去店铺。一般来说，如果你的竞争者离得不远，人们是不会跑很远的路去你的店铺的。对于制造商来说，离顾客近通常不是考虑的唯一方面，容易获取原料对他们可能更为重要。这就是说，工厂或车间应该设在离原料供应商较近的地方。此外，低廉的租金对于制造商来说也很重要。选址也要考虑产品的分销方式和运输。仅仅生产好的产品是不够的，你必须要让顾客得到你的产品。

（4）促销

促销是指把你企业的产品信息传递给顾客，吸引他们来购买你的产品。促销既可以通过电视、报纸、广播或网络做广告，向你的顾客提供产品信息，让他们有兴趣购买你的产品，也可通过销售促销，即当顾客来你的企业或以其他方式与你接触时，你要想方设法让他们买你的产品。你可以通过醒目的陈列、展示、竞赛活动吸引顾客，也可以用买一赠一的方式，刺激顾客的购买欲望。

（五）创业管理

1. 创建高绩效团队

一个创业企业是否拥有较强的发展潜力，很重要的一点就是是否拥有一支高绩效的创业团队。没有团队的创业企业也许并不一定会失败，但是要建立一个没有团队却具有很高成长潜力的创业企业却是很困难，甚至是根本就不可能的。

大量案例表明，一个优秀的团队对于创业企业的成功有着举足轻重的作用，多数新企业是由在一起密切工作的创业者团队成员共同创建的。创业团队通常包括创业企业家和其他专业人员以及给企业提供指导和帮助的关键人物。一个好的团队对于创业企业的成功具有关键性影响，所有的风险投资家都高度重视团队的作用。

由于创业团队往往拥有具备各种不同专业知识和不同实践经验的人才，能够满足创业企业对多种人才的需求，所以一支好的创业团队比一个企业家更能够增强创业企业的优势。集体的智慧是无穷的，一支好的创业团队，其团队成员会努力从不同角度、不同方面去诠释企业的理念，让员工、顾客、投资者等能够更好地理解企业的发展理念，从而把大家的力量积聚起来，共同为企业的生存和发展服务。因此，对于创业者而言，如何组织、发展、凝聚团队，就成为一项非常必要而又重要的管理工作。

2. 市场营销策略

在市场经济条件下，市场充满了竞争和风险，创业者要使自己的创业实践活动获得成功，就必须重视经营管理。在创业初期，企业急切需要将创造的产品或服务出售，获得收入，如此才能体现企业的价值，同时为企业的进一步成长奠定基础，销售是此时最重要的任务。创业初期的销售有时甚至是不赚钱的，但为了将顾客从消费其他人的产品和服务吸引到消费自己的产品和服务上来，即使不赚钱也要坚持。所以创业初期的销售收入可能增长很快，但由于成本增长更快，加上价格往往与成本差不多，因此会出现销售额很大但却没有利润的现象。

随着企业逐渐走向成熟，创业者要对已有的销售行为进行规范，对客户进行筛选和细化管理，对产品售前、售中、售后整个过程进行监控，整合所有与销售相关的资源，把销售工作当成经营来做，逐步使销售收入与利润实现同步增长。

3. 强化财务管理

新创企业和小公司成功的关键，就是正确、严格的财务控制。许多融资非常顺利的企业，其创业计划书非常完善，产品或服务满足了市场的某一类需求，销售组织效率很高，市场营销颇为有效，产品定价也十分合理，但最终却失败了，其关键原因往往是缺乏财务管理控制。因此，强化财务管理是创业者必须掌握的技能。

强化财务管理，首先应该加强对企业现金流量的预算与控制。新创企业应该通过现金流量预算管理来做好现金流量控制。对于初创、早期或成长阶段的企业来说，现金流是极其重要的。其次要根据年度现金流预算制定出分时段的动态现金流量预算，对日常现金流量进行动态控制，同时以现金流量表为依据，将每月实际的现金流与预算相比较，注意各种变化并及时采取有效的应对措施，这样也可以有效地控制财务风险。

 【创业案例】

西安理工大学 2007 届毕业生小黄曾参加了陕西市政府举行的全市落实创业政策恳谈会。会上，他一道出自己想建立一个大学生求职网站的想法就得到了市长陈宝根的赞赏和支持。在市长的鼓励下，这个充满了创业激情的小伙子迅速完善了先前酝酿许久的创业计划书，架构起未来网站的基本框架。但一个绕不开的问题是，由于自己并不会写电脑程序，网站的建立必须由专业的技术人员来完成，这名技术核心人物在哪里？苦苦找寻数月无果，小黄只好暂时收起创业梦想，先找份工作，给别人打工。

"对创业条件分析不足，这是我最大的失败。"小黄这样总结自己失败的起步。

大学最后一学期，迎接小黄的是一场接一场的招聘会、一次又一次的失望而归。"我们不停地奔波于各种招聘会，在海量的招聘信息里想要找到一个适合自己的企业却很难。"在与企业的接触中，小黄了解到企业也存在类似的烦恼。因为缺乏对学生的了解，企业仅通过一次招聘会或一次简单的面试签订用人协议，事后却发现招聘来的员工并不适合这份工作，为此浪费了大量人力物力。于是，他萌发出这样一个想法——办一个不同寻常的求职网站。

小黄介绍说，在网站中，他将为企业和大学生搭建起一个长期稳定的接触平台，只要大学生和企业注册登录，双方就可以通过这个平台相互了解，企业甚至可以跟踪大学生在校期间的各方面表现，决定毕业时是否录用。

接下来的几个月，小黄开始了广泛的市场调研。他登门 20 多家企业，与人力资源管理部门负责人沟通了这一想法，网站的特色服务内容得到 70% 的人的肯定。"我会用两到三年的时间向外界推广网站，吸纳大学生和企业登录，并向企业收取一部分会员费。三年后，点击量有了一定提升，广告将成为网站盈利的又一渠道。未来，在继续完善网站服务内容的基础上，推出一系列连带产品，我相信这会有更大的发展前景。"实际上，小黄已明确了网站的盈利模式。至于网站的长远规划，小黄表示他已制定了相应的计划。

尽管制定了自己的创业计划、确立了盈利模式、进行了市场调研，也得到了父母兄长的资金支持，但小黄却忽视了创业最为关键的因素之一——组建得力的团队。

"刚开始我以为这不是问题，懂程序的人多，肯定能吸引到这样的人。"直到制定创业计划的后期，小黄才向身边好友发布信息，结果只找到一个做网站的高中好友。"太少了，编好这个网站的程序至少要两年。"小黄说。目前高校内具备这方面技术的人太少，而有丰富经验和能力的人却不愿意放弃工作跟他一起创业，好比没有左膀右臂，小黄孤军奋战的结果只能是退下阵来。

"合理的创业方案、资金和团队是创业的三大要素，缺一不可，之前我却没有认识到这一点。"小黄感到有些后悔。他说，如果当初有人能给他指导和提醒，或许就不会出现这样的错误，"学校应该开设创业指导选修课，给有创业想法的大学生一定的指引。"

目前，小黄暂时放下了自己的创业计划，开始忙于找工作。"等有了几年工作经验，我还会继续完成创业梦想。这几年，我会构建自己的生活圈，寻找创业的最佳团队。"

（六）创业计划书

1. 创业计划书简介

创业计划书，英文名称为 business plan，是一份全方位的项目计划，它从企业内部的人员、制度、管理，以及企业的产品、市场等各个方面对即将展开的商业项目进行可行性分析。创业计划书是公司企业或项目单位为了达到招商融资和其他发展目标，在前期对项目进行科学调研、分析、搜集与整理有关资料的基础上，根据一定的格式和内容的具体要求而编辑整理的一个全面展示公司和项目目前状况、未来发展潜力的书面材料。

2. 创业计划书的作用

制定创业计划书时，必须明确意识到，合理计划是企业发展的关键环节。计划能帮助创业者协调好企业的长期目标和短期目标。具体来说，一份创业计划书起到如下作用：

1）提高企业经营的成功概率。

2）明确成功经营企业需要采取的各种措施。

3）识别经营中所需各种资源，以及最佳的资源整合方式。

4）针对不同的业务部门，制定操作性强的绩效标准，以确保经营运作有条不紊。

5）向融资机构和投资者介绍商机，吸引他们投资。

3. 撰写创业计划书的目的

撰写创业计划书的目的如下：

1）专注于经营目标和战略；

2）获得外部融资；

3）指导企业的建立；

4）指导企业的管理；

5）与相关利益群体进行良好的沟通；

6）证明商业计划的可行性；

7）证明具备管理企业的能力；

8）显示产品或服务市场前景广阔；

9）对比实际经营业绩与预期业绩的差异。

4. 创业计划书结构

除封面与目录外，一份完整的创业计划书应包括摘要、主体、附录三个部分。摘要是对整个创业计划书最高度的概括，主体部分是整个创业计划书的核心（在这一部分应说明项目作者欲介绍的全部内容），附录部分是对主体的补充（以提供更多、更详细的补充信息，完成主体部分未能充分说明的事项）。其中，摘要和主体是创业计划书的必备部分。

（1）摘要

在这部分，应简短明晰地摘选出创业计划书中每章的重点内容，尤其应包括以下内容：企业简介、产品的基本情况、市场情况、竞争优势和特点、管理团队的情况、未来的阶段性计划以及财务情况。为了精简篇幅，在摘要部分可以把相关的内容合并。

注意：尽管在书面形式上，摘要是创业计划书的第一部分，但事实上，这一部分内容反映了创业计划书的全部内容，故应放在最后完成。

（2）主体

1）企业概况：写明企业名称、法律形式、联系地址、企业所有者信息等内容。

2）商业构想和市场分析：描述顾客，充分解释什么样的人会购买你的产品或服务；

同时对企业所处的市场环境进行分析，例如地域、顾客种类、市场规模、竞争对手情况、新企业所占的市场份额等。在这一部分，应着重分析竞争对手的情况，说明它们的优势与劣势。

3）主营产品：详细描述主营的产品或服务，着重说明它们的特色。

4）定价计划：解释你的价格策略。注意在定价过程中，除考虑顾客所接受的价格与竞争对手的价格外，还应考虑企业所有的管理费用（例如材料费、仓储费、暖气/电费/租金、人力成本、行政管理费等），此外，还要考虑是否能够获取一定的利润。

5）选址计划：描述选址计划、选择此地的原因，并说明分销渠道。

6）促销计划：从广告、公共宣传、销售促进、人员推销四种不同的促销方式说明，向顾客宣传企业的行动计划，并计算各种不同促销方式的费用。

7）法律形式：详细描述企业所选择的法律形式以及采用这一法律形式的原因。

8）组织机构与员工：列明企业的组织结构、每位员工的职责与资质，并分职位列明企业的人工成本。用一个图表来显示实际的或建议的组织结构非常有用。当然，小公司没有必要这样做。大量的小公司在起步时只有一个管理主任，而没有其他关键人物。但是，你所建议的业务越复杂，整个事件的相互关系就越显重要，越有必要画出企业的组织结构图。

9）启动资金及资金来源：计算企业的启动资金、描述启动资金的来源，例如自有资金、借贷等。

10）企业营运与成本预测：列明企业月度销售计划，并基于此计划列明企业的月度成本费用计划。

11）现金预算：基于销售计划和成本费用计划完成企业一年的现金流量计划。在进行现金预算时应注意以下问题：①注意销售额与管理费用的季节性变化，如冬季的取暖费和电费；②销售与收入之间可能会有一定的拖延，即一月份完成的销售可能要到三月份才能拿到销售款；③不要过高地估计库存水平，要切合实际；④有些成本可能是按月或按季度在12个月内付完；⑤注意，有些贷款期的开始日可能会有变化（有些情况下，可以说服银行和其他金融机构同意推迟几个星期还款）。

12）一年盈利情况预测：基于销售预测和成本费用预测数据进行年度盈利情况预测。

13）资产负债表：提供创业后某一时点企业公开的资产负债表，注意在编制报表时可以根据企业的不同情况确定项目的详细程度。

14）风险因素和退出机制：分析企业可能面临的风险（例如技术风险、市场风险、管理风险、财务风险、其他不可预见的风险等）及应对风险的策略，并在此基础上描述投资者退出企业的方式（例如利润分红、股权回购、股权转让、股票上市等）。

5. 创业计划书的编写

企业类型不同，创业计划书的内容也不尽一致，但其基本结构大致相同。一般来说，小企业创业计划书的基本内容包括以下几个部分：创业计划摘要、市场分析、营销分析、竞争分析、组织与管理、财务计划与投资报酬分析、风险评估、附件。

（1）创业计划摘要

创业计划摘要也称执行总结。这部分要高度概括创业计划各部分内容的要点，其目的是引起投资者、合伙人或贷款人进一步评估你的创业计划的兴趣。因此，摘要的内容要精练，条理要清晰，重点要突出。摘要一般是要在最后写成的，但却放在创业计划书的首页。对创业小企业来说，这部分应包括的主要内容如下：

经营理念；

公司概述；

拟投资规模、资金来源、企业所有权分配；

企业的生产经营规模及未来 3～5 年各年可实现的销售和利润等。

（2）市场分析

创业者必须通过深入的市场调查，用翔实的资料分析创业项目有没有市场、市场的大小、市场的竞争状况和未来前景等事项，包括的内容如下：

产品的差异性；

市场的机会；

目标市场的分析；

市场容量和趋势预测分析；

未来的市场占有率等。

（3）营销分析

旨在分析怎样去占领选定的目标市场。主要说明以下几个方面：

针对市场需求，确定产品或服务的市场定位；

详细介绍产品或服务的特点、价格、营业地点、销售渠道；

广告策略和促销方式。

（4）竞争分析

了解竞争对手有利于提高自己的竞争力，它的主要内容应包括：

在产品、管理、价格、促销手段、财务计划上的主要竞争对手是谁；

通过电话黄页、当地图书馆的行业目录、在线的数据库，了解其他公司的竞争力；

产品替代品的竞争对手。

（5）组织与管理

说明创业者有组织管理能力实现拟定的营销计划和赢利目标，它的主要内容如下：

企业的法律形态；

企业的组织结构及其各部门的主要职责；

创业者及其经营管理团队的学历、专长、组织管理能力与优势；

企业的人力资源发展计划。

（6）财务计划与投资报酬分析

旨在说明创业项目经济效益如何，投资者从中能获得什么样的报酬。主要内容如下：

测算项目的启动资金需求量；

测算项目的销售额、成本与利润，编制财务计划；

根据编制的利润计划，分析说明投资者可获得的投资报酬；

编制现金流量计划。

（7）风险评估

旨在向投资者说明拟投资项目的风险大小及其应对策略，这一点对整个计划书来说也是至关重要的。主要内容包括：

列出项目可能存在的主要风险因素，并估计其严重性和发生的概率；

用数据分析说明主要风险一旦发生，对拟投资项目的影响程度；

提出应对各种可能风险因素的方法与策略；

说明投资者回收投资的方式和回收时间。

（8）附件

主要是提供你在创业计划正文中写入的证明资料或参考资料。通常包括以下内容：

能够证实前述各项计划可靠性的资料；

生产性项目要有详细的制造流程与技术方面的资料；

产品或服务目录与价格表。

6. 撰写创业计划书的注意事项

制订创业计划必须小心谨慎。数据收集必须慎重。

撰写创业计划书最重要的问题是如何找到一个好的企业想法。识别和评估商业机会将说明你的企业想法是否能转化为商业机会。

不仅如此，在识别和评估商业机会的过程中所进行的市场调查还将说明市场是否有竞争对手，新的企业是否还有生存空间以及可能占据的市场份额是多少。

识别和评估商业机会的结果是创办企业、制订计划的基础。如果市场评估过于乐观，那么企业开始经营后，将难以生产出或者提供预计数量及价格的产品或服务。这样的话，企业将会倒闭。

如果评估过于悲观，那么企业预计的收入会看起来太低，以至于难以有一个成功的开始。

客观谨慎的市场评价有助于拟建企业，降低失败风险。

成本是创业计划书的另一个重要因素。低估启动成本与经营费用，账面上也许能显示良好的利润。但是，一旦企业开始经营，将会入不敷出。

必须真实地估测成本。此外，应该为无法预料到的成本留出一定的比例。

创业计划书的最后部分将说明企业的可行性。

六、延伸阅读

KAB 创业教育（中国）项目介绍

1. 项目背景

青年就业问题是当前世界各国共同面临的挑战。据联合国统计，目前全世界年龄处于 15～24 岁之间的青年人口超过 11 亿，是历史上青年人口最多的时期，其中 85% 的青年生活在发展中国家。国际劳工组织 2006 年发布的《全球青年就业趋势报告》显示，全球青年失业人数从 1995 年的 7400 万增长到 2005 年的 8500 万，增长了 14.8%。在全球失业人口持续增加的情况下，青年失业率是成人的 2 至 3 倍。据世界银行估计，未来 10 年将有 12 亿青年进入劳动力市场，但世界范围内最多只能新增 3 亿个就业岗位。青年面临巨大的就业压力。

创业是解决青年就业问题、培养创新型青年人才的重要途径。全球创业观察（由美国百森商学院、英国伦敦商学院和多家知名学术机构共同完成，调查覆盖全球 35 个国家，其经济总量占全球经济总量的 92%）显示，无论是在发达国家还是在发展中国家，青年都是最具创业活力和创业潜力的群体。

我国是青年人口大国。青年就业日益成为我国面临的重要就业问题之一。当前，我国劳动力市场上的求职人员中，75% 左右是 35 岁以下的青年。近年来，由于高校招生规模扩大，高校毕业生人数迅猛增长，从 2001 年的 117 万人激增到 2008 年的 559 万人。今后几年，高校毕业生人数将保持在 500 万人以上。就业成为包括大学毕业生在内的广大青年最具体、最现实和最紧迫的利益之一。

2. 项目简介

为适应创新创造的时代要求，满足青年创业就业的现实需要，共青团中央、全国青联与国际劳工组织合作，自 2005 年 8 月起在中国引进和实施 KAB 创业教育（中国）项目。这是共青团中央、全国青联通过国际合作服务青年创业就业、推进中国创业教育发展的务实举措，旨在吸收借鉴国际经验的基础上，探索出一条具有中国特色的创业教育之路。

KAB 创业教育项目是国际劳工组织为培养大中学生的创业意识和能力而研发、推广的创业教育课程和培训体系，它与已经在各国广泛实施的"创办和改善你的企业"项目（SIYB 项目）共同构成一个完整的创业培训体系，目前已在全球三十多个国家开展。该项目通过教授有关企业和创业的基本知识和技能，帮助学生对创业树立全面认识，普及创业意识和创业知识，培养有创新精神和创业能力的青年人才，其课程一般以选修课的形式在大学开展，学生通过选修该课程可以获得相应的学分。

截至 2008 年底，KAB 创业教育（中国）项目已培训了来自 27 个省份、510 所高校的 1088 名教师，在清华大学、中国青年政治学院、浙江大学、温州大学等百余所高校开设了"大学生 KAB 创业基础"课程（上课学生达 2 万多人），公开出版了两套教材，建立了课程建设、师资培训、质量控制、交流推广四大体系，开展了"创业大讲堂"等课外实践活动，受到师生广泛欢迎。根据教育的需要和学生的要求，该项目将继续在全国各高校推广。

3. 课程简介

"大学生 KAB 创业基础"课程是 KAB 创业教育（中国）项目的成果之一。该课程力图对中国当代大学生的就业观念进行科学指导，培养他们的创业意识，帮助他们正确认识企业在社会中的作用和自我雇用，了解创办和经营企业的基本知识和实践技能，从而提升他们的创业能力和就业能力。

该课程以国际劳工组织编写的英文教材为蓝本，经国际劳工组织授权，作了符合我国实际情况的本土化改编。教学内容分为 8 个模块，依次为：什么是企业？为什么要发扬创业精神？什么样的人能成为创业者？如何成为创业者？如何找到一个好的企业想法？如何组建一家企业？如何经营一家企业？如何准备创业计划书。教学时间约需 36 个学时。学生选修该课程可以获得相应的学分。

本课程实行小班授课，突出以学生为中心的教学思想，体现出更多的参与特点，主要以鼓励、促使学生主动思考、亲身体验为主，在编写体例和教学方法上都有创新之处，是一门有创意、实用性强的创业基础教育课程，适合高等院校的各学科学生学习。

七、成长手册

组成团队，编写一份完整的创业计划书。

创业计划书

设计人：＿＿＿＿＿＿＿＿＿＿＿

日 期：＿＿＿＿＿＿＿＿＿＿＿

目 录

一、企业概况

企业名称：＿＿＿＿＿＿＿＿＿＿＿＿＿＿＿＿＿＿＿＿＿＿＿＿＿＿＿＿＿＿＿＿＿

法律模式：_____

联系地址：_____
_____

电话：_____　E-mail：_____

经营范围：

　　［　］制造业　　　［　］服务业　　　［　］批发商　　　［　］零售商

创业计划简述

产品或服务：

_____

_____

_____

_____

_____

顾客：

_____

_____

_____

_____

所有者

（姓名、地址、资质、在企业中的作用、相关经历）

_____

_____

_____

_____

吸收就业人数_____

启动资本

　　投资_____

　　运营资本_____

　　总计_____

资本来源

　　业主的储蓄_____

　　合伙人出资_____

　　民间借贷_____

　　银行贷款_____

二、创业构想和市场分析

创业构想描述

（如确定的需求、谁是顾客、满足顾客需求的产品或服务的种类、如何接近顾客等。）

_____

_____

_____

_____

市场分析

（如地域、城镇、顾客种类、市场规模、竞争对手情况、新企业所占的市场份额等。）

_____

_____

_____

_____

_____

三、主营产品

产品或服务的详细描述

（如产品或服务的名称、规格、包装、售后服务等。）

_____

_____

_____

_____

_____

_____

四、促销计划

向顾客宣传新企业开张的行动计划（比如广告、公共宣传、销售促进、人员推销等。还要调查各种不同促销方式的费用。）

1. 广告：_____

_____

_____

_____

_____

2. 公共宣传：_____

_____

_____

_____

_____

3. 销售促进：_____

_____

_____

_____

_____

4. 人员推销：_____

_____

_____

_____

_____

五、组织机构与员工

企业组织

_____

职员要求

职位	任务、职责和资质
1 _____	_____
2 _____	_____
3 _____	_____
4 _____	_____
5 _____	_____
6 _____	_____

组织结构图

（组织结构草图）

人工成本

职位	资质	月工资	社会保障	总支出
1 _____	_____	_____	_____	_____
2 _____	_____	_____	_____	_____
3 _____	_____	_____	_____	_____
4 _____	_____	_____	_____	_____
5 _____	_____	_____	_____	_____
6 _____	_____	_____	_____	_____
7 _____	_____	_____	_____	_____

企业经营场所的构成

（计划的店铺、工作室或车间草图）

六、启动资金

启动资金的估算	数量	数量
投资		
土地		
厂房		
设备		
其他		
总投资		
运营资本		
_____月的员工工资		
_____月的经营支出		
总运营资本		
总启动资本		

投资项目说明

投资项目	说明	价格
土地	占地面积	
厂房	厂房面积	
设备	设备种类，技术规定	
工具		
车辆		
其他		
总投资		

七、启动资金来源

类别	来源	状况（持续时间/利息）	金额
所有者权益资本	[ ] 自己的储蓄 [ ] 合作伙伴		
贷款 1	[ ] 家庭 [ ] 家庭 [ ] 借款人		
贷款 2	[ ] 信用合作社 [ ] 政府优惠贷款 [ ] 银行贷款		
总资金			

八、企业运营与成本预测

月度销售计划

（包括全部产品、产品类别或服务）

单位：元

月份		1	2	3	4	5	6	7	8	9	10	11	12
产品 1	价格												
	数量												
	营业额												
产品 2	价格												
	数量												
	营业额												
产品 3	价格												
	数量												
	营业额												
产品 n	价格												
	数量												
	营业额												
全部产品	营业额												

如果有更多产品或服务，请扩充表格。

月度成本费用计划

（本计划基于月度销售计划编写）

月份		1	2	3	4	5	6	7	8	9	10	11	12
产品1	数量												
材料	全部成本												
产品2	数量												
材料	全部成本												
产品n	数量												
材料	全部成本												
材料	总成本												
＋职工	总成本												
＝经营	总成本												
＋营业税金	税费												
＋财务费用	利息等												
＋销售费用	广告等												
＋管理费用	办公费等												
＝	总成本费用												

九、现金流计划

月度现金预算

单位：

月份	1	2	3	4	5	6	7	8	9	10	11	12	总计
时间													
减各项支出：													
直接材料													
直接人工													
制造费用													
管理费用													
财务费用													
销售费用													
所得税费用													
购买设备厂房													
利润分配													
支出合计													
现金多余或不足													
借款融资													
归还借款													
资金使用													
期末现金余额													

非制造类企业支出部分项目简化为：存货支出、人工支出、营业费用和财务费用等。

十、年盈利情况预测

单位：

月份	1	2	3	4	5	6	7	8	9	10	11	12	合 计
总销售额													
—经营成本费用													
＝税前利润													
—所得税													
税后净利润													

十一、资产负债表

年 月 日 单位：

资产	期初余额	期末余额	负债和所有者权益	期初余额	期末余额
流动资产			流动负债		
货币资金			短期借款		
应收款项			应付款项		
存货			应付职工薪酬		
其他流动资产			应交税费		
流动资产合计			流动负债合计		
非流动资产			长期借款		
长期股权投资			其他非流动负债		
固定资产			非流动负债合计		
在建工程			负债合计		
无形资产			实收资本（或股本）		
其他非流动资产			资本公积		
非流动资产合计			盈余公积		
			未分配利润		
			所有者权益合计		
资产合计			负债和所有者权益总计		

十二、风险因素

（详细说明项目实施过程中可能遇到的风险，例如技术风险、市场风险、管理风险、财务风险、其他不可预见的风险等，并提出有效的风险控制和防范手段）

_____
_____
_____
_____

第十二章 大学生创业实践

一、案例导入

2002 年 7 月,三位高中时代的好朋友大学毕业了。他们中的两位在温州大学就读,另一位在杭州一所大学就读,所学专业分别是化学、计算机和机械。他们相约在温州自主创业,合力办一家公司。

他们的想法得到家人的同意和支持。于是他们凑了几十万元钱作为资本金,注册一家贸易公司。曾在杭州上学的陈××说他认识一位朋友可以帮助他们获得一个希腊品牌的食用橄榄油的区域经销权,条件是首期购货要达到 30 万元。

于是他们去杭州拜见这个品牌中国总代理公司的王总。王总向他们介绍了这个产品进入中国北京、上海市场一年来快速发展的势头,并介绍这个品牌的历史和竞争力。他们当机立断,决定经营这个品牌橄榄油,与王总的公司签订了温州地区代理合同,付了款并拉着 30 万元的货回到温州。

他们紧锣密鼓地租店面、招店员、印宣传材料,一个月之后温州第一家食用橄榄油专卖店就开张了。开业第一天他们采用了体验式的推销方式,在店面展示橄榄油的食用方法,并请往来路人品尝他们现场用橄榄油制作的菜肴,引来很多人的驻足观看、品尝和称赞。但由于橄榄油对当时的中国老百姓而言是一个全新的产品,价格是一般食用调和油价格的四至五倍,在店前驻足的人中,真正购买的人很少。

接下来他们又积极联系办企业的亲戚朋友及一些效益较好的企业,期望把橄榄油做成企业礼品,即做团体购买客户,开始确实有了几万元钱的销量,但很快市场淡了下来。

到了 2003 年,橄榄油在温州的市场最终没能打开,其间这三位大学生也想了很多办法,比如缩小店面,把腾出的店面再出租,采用发宣传材料等方式促销等,因消费习惯和价格等问题均没有奏效,2003 年 6 月,三位大学生决定关闭自己的公司。

然而遗憾的是,仅仅时隔两年,2005 年橄榄油在中国开始逐渐为广大消费者所接受,2006 年温州的超市里也开始引入和销售橄榄油。

二、学习导语

突出创业过程中重要环节所涉及理论、理念和分析方法的讲授,通过案例讨论和实战性练习,使学生初步掌握创业机会的发掘、商业模式的选择与设计、进入市场的方式选择及创业资金的筹集等相关技能。

主要内容包括:发掘商业机会、商业模式、新创企业进入市场的方式、创业融资。

三、学习目标

1）学习创造有价值的商机。
2）掌握商业模式选择与设计的要领。
3）掌握新创企业进入市场的方式及其选择。
4）学习创业资金的筹集方式。

四、学习活动

（一）头脑风暴：进入市场

1. 活动目标

1）为前面活动中所策划的创业项目选择合适的进入市场的方式。
2）学会分析选择相应的法律形式、治理方式或购买特许经营权及现有企业标准和条件。

2. 活动要求

1）活动场地：室内。
2）参加者：班级同学，分成创业团队。
3）活动准备：各创业团队开展头脑风暴，罗列创业项目进入市场的方式，分析创业项目的法律形式、治理方式及现有企业标准和条件等。
4）时间：头脑风暴时间为 10～15 分钟，团队介绍的时间约为 20 分钟。

3. 活动过程

1）各创业团队接受教师布置的任务，尽可能多地介绍创业项目进入市场的方式，分析项目的法律形式、治理方式等相关内容。
2）在全班进行交流和分享。
3）教师对各创业团队的表现进行点评。

4. 讨论与分享

1）你们的做法是什么？对其他小组的做法有什么样的看法？
2）通过本次活动，你对创业的哪些方面有了新的认识？

（二）讨论：创业资金规划

1. 活动目标

1）学会根据创业策划预估创业规模和所需要的资金数量。
2）学习规划创业项目获得资金的途径。

2．活动要求

1）活动场地：室内。
2）参加者：班级同学，分成创业团队。
3）活动准备：各创业团队对创业资金的估算、获得有一定的想法。
4）时间：讨论时间为 10～15 分钟，团队介绍时间约为 20 分钟。

3．活动过程

1）各创业团队接受教师布置的任务，尽可能深入、符合实际地探讨创业项目的规模、资金的数量、获得资金的途径等。
2）在全班进行交流和分享。
3）教师对各创业团队的表现进行点评。

4．讨论与分享

1）你们的做法是什么？对其他小组的做法有什么样的看法？
2）通过本次活动，你对创业的哪些方面有了新的认识？

五、理论拓展

（一）发掘商业机会

1．商业机会的含义及其对于创业者的意义

对于商业机会，许多学者从不同的视角给出了不同的定义。例如，美国百森商学院的蒂蒙斯教授认为，商业机会是可以为购买者或使用者创造或增加价值的产品和服务，它具有吸引力、持久性和适时性。另一些学者则更加强调创业中的商机即创业机会较之一般商业机会的独特性。例如，英国雷丁大学的卡森教授认为，创业机会可以引入新产品、新服务、新原材料和新的组织方式，并以高于成本价出售的情况。

必须指出的是，一方面，商业机会与创业机会之间并不存在严格的界限，强调二者的差异，目的是要关注机会的价值，突出创新；另一方面，并非只有把握了创业机会才能创业，把握有利可图的商业机会也能创业，并为社会创造财富。因此，在本书中，我们把创业机会和商业机会统称为商业机会，简称为商机。

成功的创业者通常在创业初期就意识到创业点子与机遇是不同的，这一点非常重要。产生创业点子比发掘商业机会要简单容易，只有当创业点子能够确实满足顾客需求，而顾客也愿意为所提供的产品或服务支付相应资金的时候，创业点子才转化为机遇，这个创业点子才是可行的。

事实上，大多数创业者是把握了商业机会从而成功创业的。例如蒙牛的牛根生看到了乳业市场的商机，好利来的罗红看到了蛋糕市场的商机。但是，仅有少数人能够把握住商业机会成功创业。一旦创业成功，不仅会改变人们的生活方式，甚至还有可能创造出新的产业，衍生出一系列新的商业机会。

2. 识别商业机会

马克·吐温曾经说过："我极少能看到机会，往往在我看到机会的时候，它已经不再是机会了。"作为创业者，难能可贵的是能够发现他人看不到的商机，并迅速采取行动把握机会创造价值。很长时期以来，人们都认为发现商机是创业者的特殊禀赋，识别机会的技能难以模仿和学习。但是，随着研究的深入，人们逐渐总结出了一些识别商机的规律和技巧，能给人们发掘商机的行动提供思路和指导。

以下四类主要因素导致人们更善于识别出有价值的商机。

1）先前经验。在特定产业中的经验有助于创业者识别机会。

2）认知因素。拥有某个领域更多知识的人，往往比其他人对该领域内的机会更敏感。

3）社会关系网络。个人社会关系网络的深度和广度影响着商业机会的识别。

4）创造性。从某种程度上讲，机会识别是一个产生新奇或有用创意的过程，即创造过程。

在创业机会的识别过程中，还存在一些规律性的内涵。下列是关于商业机会识别过程规律的主要研究结果。

1）获取别人难以接触到的有价值的信息。

有些人比其他人更善于获取那些提供商业机会的信息。其中，有几个因素非常重要：

在社会网络中处于更加优越的位置；

更接近于能提供、创造商业机会的变革信息；

更具有创业的警觉。

2）具备优秀的信息处理能力。

获取别人难以接触或忽视的信息是发现商机的必要条件，在此基础上，创业者还必须具备相应的信息处理能力，能够看到信息背后的商业价值和含义，从而发现创业机会。优秀的信息处理能力依赖于以下因素：

良好的智力结构；

乐观的心态；

敏锐的洞察力。

3. 商业创意产生的方法

尽管创意的来源有许多，但对创业者来说，产生新创意并创建一家新企业绝非易事。创业者需要借助科学的方法形成并评估新创意，如小组聚焦法、头脑风暴法、问题库分析法等。

（1）小组聚焦法

小组成员在结构化的框架下提供各自的信息。由主持人带领小组成员通过开放和深入的讨论，而不是简单的提问，来征求参与者的意见。

对于一种新产品，主持人以直接或间接的方式将讨论小组聚集在一起。小组通常由8～14名参与者组成，这些参与者通过小组成员的互相评论，产生能够满足市场需求的新创意。例如，有一家公司将 12 位来自波士顿的拥有不同社会经济背景的女士组成一个小组，通过小组聚焦法获得了关于女士拖鞋的新产品创意。她们提出的新产品概念是"提供像旧鞋一样温暖又舒适的拖鞋"。

（2）头脑风暴法

头脑风暴法是一种激发个人创造性思维的方法，它采用会议的形式，引导每个参加会议的人围绕某个中心议题，广开思路，激发灵感，毫无顾忌地发表独立见解，并在短时间内从与会者中获得大量的观点。尽管从小组中产生的大多数创意并没有被进一步开发，但有时也会产生很好的创意。当头脑风暴法相对集中于某个特定的产品或市场时，出现好创意的概率将会更大。

使用头脑风暴法时应遵守以下几个原则：①小组内任何成员都不允许批评，也不能有负面讨论；②鼓励随心所欲，创意越疯狂越好；③希望产生大量创意，创意数量越多，产生好创意的可能性就越大；④鼓励对构思进行组合和改进，可以在其他创意的基础上形成新创意；⑤头脑风暴法的过程应该是有趣的，没有人主导或禁止讨论。

（3）问题库分析法

通过问题的集中来获得新创意和问题解决方案的方法。问题库分析法中，新创意不是由顾客产生的，而是按照产品分类为顾客提供一系列问题，要求他们从中选择并讨论有关这类产品的特殊问题。这种方法通常很有效，因为把已有产品和提出的问题联系起来产生一个新产品创意比产生一个全新的产品创意要简单得多。问题库分析法有时也用于评估新产品创意。为了保证最优的结果，问题库分析法主要被用于发现最初的产品创意，这些创意还需进一步评估。

4. 评估商机的价值

创业者应该认真评估每一个具有创新性的创意和机会，较好的做法是形成一个机会分析计划。机会分析计划与商业计划不同，因为它关注的是创意和市场机会，而不是新企业。机会分析计划比商业计划短，不包括企业任何正式财务分析。机会分析计划是机会开发决策的基础，对于是要开发当前机会，还是等待下一个机会，创业者需要做出选择。一个典型的机会分析计划包括 4 个部分：描述创意及其竞争力；分析市场规模和特点；评估创业者及其团队；将创意推向市场所需的关键环节。

（1）描述创意及其竞争力

创意及其竞争力描述是机会分析计划的主要部分之一，这一部分要尽可能详细描述产品或服务的细节，产品的原型或示意图有助于全面理解产品结构和特征。要确认并列出所有竞争产品和竞争企业，而且至少要与 3 个满足相似市场需求的竞争对手的产品或服务进行对比。通过分析突出自己产品或服务的差异性，从而形成独特卖点。与市场上竞争对手的产品或服务相比，企业的产品或服务至少要具备 3 个与众不同的特点，否则，创业者就需要仔细考虑该创意是否真正具有与众不同的特征，足以成功地开发市场。

（2）分析市场的规模和特点

分析市场的规模和特点是机会分析计划的第二部分。市场数据至少应收集 3 年的，这样才能了解整个行业、整个市场、细分市场和目标市场的发展趋势，要尽可能多地收集二手数据。例如，假如你有一个"把儿童用电动轮椅的外观设计成小汽车"的创意，你就要找到关于健康行业（整个行业）——轮椅（整个市场）——电动轮椅（市场细分）——需要轮椅的小孩子（目标市场）的市场数据，通过分析了解整个行业的市场规模和细分目标市场的规模。

除确定市场规模外，还要分析市场特点，通过分析能够回答以下问题：市场是由一些大公司还是由很多小公司组成的？对于新进入者来说市场反应是快还是慢？市场中每年引进多少种新产品？市场的地区分布情况如何？什么样的市场需求已经被满足？市场背后是什么样的社会特征？还有没有其他企业的产品也想进入这个市场？国际市场的性质和规模如何？通过对这些问题的回答，创业者能够掌握市场的规模和特点，并最终决定是否进入新市场。

（3）评估创业者及其团队

创业者和创业团队都需要被评估。要确保团队中至少有一人具备新创意所属行业领域的相关经验，这关系到企业是否能成功创建。在创立新企业之前，创业者和创业团队要回答一些问题，如为什么这个创意和机会令你感兴趣？一旦最初的创业激情过去之后，这个创意和机会是否还会吸引你？这个创意和机会是否与创业者和创业团队的背景和学历相匹配？

（4）确定将创意推向市场所需的关键环节

机会评估分析的最后一部分是确定将创意推向市场所需的关键环节，并将这些环节进行排序。还要对每个环节需要投入的时间和资金进行预算，如果自有资金不足，则需确定资金来源。值得注意的是，大多数创业者倾向于低估成本和时间 30% 左右。

 【创业案例】

陈天是温州大学的在校学生，他具有较强的组织能力和语言表达能力。进大学不久就成了有名的大型活动和晚会的主持人。

大学二年级，陈天在浙商创业园创建了"新创意传媒公司"，聚集了一批具有唱歌、舞蹈演出才能的兼职大学生。"新创意"的主要业务是承接企业的产品、服务推广活动的策划及组织执行。由于他们的策划方案清新而活跃，活动的艺术性、娱乐性和顾客参与性很强，完全打破了以往企业做推广商业目的性很强的传统框架。因此无论是产品还是服务的商业推广，几乎每一次都能获得顾客的积极参与，产生轰动效应。这种定制化的创意服务得到了委托企业的认可和欣赏。这些企业一传十，十传百，给陈天的"新创意"带来做不完的业务。

（二）商业模式

1. 商业模式含义

近年来，商业模式成为业界高度关注的热点。据统计，美国企业创新成功有 60% 是商业模式的创新。几乎每一个人都确信，有了一个好的商业模式，成功就有了一半的保证。那么，到底什么是商业模式？它包含什么要素？又有哪些常见类型呢？

用最直白的话说，商业模式就是公司通过什么途径或方式来赚钱。简言之，饮料公司通过卖饮料来赚钱；快递公司通过送快递来赚钱；网络公司通过点击率来赚钱；通信公司通过收话费赚钱；超市通过平台和仓储来赚钱；等等。只要有赚钱的地儿，就有商业模式存在。

商业模式是一个比较新的名词。尽管它第一次出现在 20 世纪 50 年代，但直到 90 年代才开始被广泛使用和传播。今天，虽然这一名词出现的频度极高，关于它的定义仍然没有一个权威的版本。目前相对比较贴切的说法是：商业模式是一种包含了一系列要素及其关系的概念性工具，用以阐明某个特定实体的商业逻辑。它描述了公司所能为客户提供的价值以及公司的内部结构、合作伙伴网络和关系资本（relationship capital）等得以实现（创造、推销和交付）这一价值并产生可持续盈利收入的要素。

2. IT 行业商业模式的故事

比尔·盖茨拥有亿万财富，并不是说他已经实现了这么多的盈利收入，而是在他的公司上市后，股票市场对微软未来的收入非常看好，愿意给微软的股票很高的价格。也就是说，盖茨今天的财富更多是反映微软未来能赚多少钱，是股市帮助盖茨把未来的收入提前变现，他今天的财富不是靠过去已赚的收入累计起来，而是未来收入的提前累计。

比尔·盖茨成功的原因很多。第一个原因是软件商业模式的特点，因为一旦微软花成本开发出一种软件，比如大家都在用的 Windows，那么，每多卖一份 Windows 系统软件，收入是 260 美元，可是其成本接近零，也就是说，这 260 美元是纯利润。今天全世界有 6 亿多的电脑用户，哪怕中间只有 1 亿人购买，这也是 260 亿美元的收入。这么大的市场，同时每卖一份软件的边际成本又几乎为零，这种商业模式怎么会不赚钱？

传统制造业的商业模式则是，即使你已经投入开发成本和广告成本，再多卖一份也还要付出相应的制造成本。比如，凌志牌汽车，有人可能觉得，丰田公司造这种车会赚很多钱。但是，每辆车的制造成本会很高，而且每辆的成本基本一样。每生产一辆车，丰田必须购买发动机、车身、轮胎、方向盘等，这些部件一样也不能少，总成本不会低。所以，每辆凌志的边际成本很高，丰田公司的利润空间永远无法跟微软相比。

当然，类似微软这样的商业模式越来越多，比如互联网。陈天桥创办的盛大网游，其特点也是零边际成本，一旦联网游戏软件开发好，增加一个用户对盛大来说成本是零，所以，来自千百万个新用户的付费都是净利润。

马化腾创办的腾讯公司也是这样。在 QQ 世界里，你可以为自己买一顶虚拟帽子，为编写制作那顶帽子的软件，腾讯程序员可能花 1 个月时间，但编好后，卖一顶帽子是 1 块钱，100 万人买，腾讯的收入是 100 万元，1 亿人买带来的收入是 1 亿元，这些都是纯利润，跟腾讯投入的成本没关系。

由上述故事可以看出，各个行业都有赚钱的机会，关键还得看有没有办法降低成本，或者巧妙地创新商业模式。

3. 星巴克的商业模式设计

咖啡最先起源于 10 世纪的埃塞俄比亚，随后传入中东，到 17 世纪由威尼斯商人带入意大利，经过英国东印度公司的海外贸易传入英国、荷兰等其他西欧国家，并立即成为西欧的时尚饮料，咖啡馆也成了人们社交、休闲的场所。到 1675 年，仅英国就有 3000 多家咖啡馆。那时的英国移民也把咖啡带到北美，在 17 世纪末，纽约、波士顿等地也到处是咖啡馆。无数人尝试过开咖啡馆，也赚过钱。像这么老的行业，谁会想到还有创造亿万富翁的机会呢？

但是，这并没阻挡美国人——Howard Schultz 开咖啡馆成为亿万富翁，确切地说，他的财富是 13 亿美元。他 1985 年成立星巴克公司的前身，到今天星巴克的市值是 254 亿美元，二十多年就创造出这种奇迹，而且是在有 300 多年历史的老行业里，不是很令人吃惊吗？

星巴克的商业模式特点首先在于规模，星巴克今天有差不多 13000 家分店，遍及全球。星巴克跟微软、谷歌类似的地方，是都有广大的消费群体。在全球星巴克一周销售 4000 多万杯咖啡饮料，每月销售差不多两亿杯，按每杯 3 美元算，仅咖啡销售就是每月 6 亿美元。这是过去 300 多年无人做到的，过去没有咖啡馆做出这种规模。

星巴克商业模式的第二个特点是不花钱的广告。几乎所有公司品牌都要花大钱做广告，以此来在消费者群体中建立信任和形象，像衣服、食物品牌都是这样。做市场营销研究的人得出的结论是，一般的人在看到一种品牌两三次后才会信任它，才会愿意掏钱买它，所以，广告费的投入极为关键。但是，到目前为止，星巴克没有花过一分钱做广告，可它的品牌却是全球咖啡行业最响的，这是星巴克最大的成功秘诀。正因为它不花钱做广告也能有最好的品牌，它每卖出一杯咖啡的边际成本就很低，赚钱的空间就大了。

为什么星巴克不用花钱做广告就能建立顶尖品牌呢，三方面因素带给星巴克优势。

第一个因素是从一开始，星巴克就只选择在最繁华的市区交叉路口开咖啡店，虽然这些地段租金很高，但非常醒目的位置给星巴克带来最自然的广告效果，过路的人不可能不看到招牌门面，看的次数多了，品牌信任自然就来了。

第二个因素，那就是全球化和全球范围内的人口流动，为星巴克这样的品牌连锁店带来空前的机会。经常在世界各地跑的人，基本都是公事出差，不管到伦敦、米兰、新加坡，还是到里约热内卢、北京，都没有时间、可能也没兴趣去了解当地琳琅满目、花样百出的咖啡馆，更不可能特意去问哪家咖啡馆的咖啡更好、更合自己的口味。因此，如果一看到那里有星巴克，很自然，肯定会去那里，因为他们熟悉星巴克的咖啡单和咖啡口味，一进去就知道要什么。这些人就成了世界各地星巴克的顾客，伦敦、米兰、新加坡，不必对他们做广告，他们已经是星巴克的顾客了。有了星巴克这种规模的全球咖啡馆，传统的咖啡馆日子就不好过了，它们正逐步被淘汰。

另外一个因素是星巴克在纳斯达克上市。1992 年它的股票正式上市交易，也就是说，大家都可以通过买股票成为星巴克股东。许多人认为，向大众发行自己公司的股票只是一个融资事件，如果公司不需要资金，好像就不必上市。实际上，远不是这样，公司股票上市除了融资外，另一个同样重要的效果是巩固公司的品牌、增加公司的知名度。在 1992 年上市之前，星巴克只在美国西海岸有一定的知名度，其他地方的人不知道有这么一个咖啡馆，更不知道它的咖啡如何。但是，在准备上市的过程中，美国大大小小的媒体都在报道星巴克公司、介绍它的咖啡如何好。这样一来，连还没喝过星巴克咖啡的人都好奇了，也想去尝尝，星巴克咖啡一下变成时尚品。股票上市之后，股价一天天上涨，这本身又使星巴克成为新闻的主角，使更多人对星巴克感到好奇。就这样，虽然星巴克没花钱做广告，其效果胜过广告。

（三）新创企业进入市场的方式

1. 企业的法律形式

在做创业准备时，要做的最重要的决策之一是确定企业的法律形式。每种形式都有着很大的区别，在做决策的时候应该仔细权衡。

企业的组成有三种基本的法律形式：①个人独资企业；②合伙制企业；③公司制企业。

目前，个人独资企业在我国仍大量存在。我国对独资企业进行了专门立法，颁布了《中华人民共和国个人独资企业法》。独资企业，也就是个人业主制企业，其与公民个人在主体性和财产关系上并无实质区别，前者只是后者的一种延伸。

合伙制企业在美国包括普通合伙制企业和有限合伙制企业两种。《中华人民共和国合伙企业法》没有关于"有限责任合伙"的概念，而在第二章第六节规定了"特殊的普通合伙企业"，并且规定较为简单，主要是将有限责任合伙的组织形式限定于特殊的专业服务领域内，借鉴了美国立法对有限责任合伙性质的认定，即认定为非独立的企业形式。

《中华人民共和国公司法》仅含有限责任公司和股份有限公司两种。

有限责任公司的灵活性吸引了广大创业者。它兼有合伙企业与股份有限公司的特点，主要表现为：股份有限公司有股东，合伙企业有合伙人，而有限责任公司有成员。不存在股票份额的问题。每个成员都拥有由公司章程指定的企业权益，该章程类似于股份有限公司的章程或合伙企业的证书。成员所承担的责任以出资额为限，因此不承担无限责任。

有限责任公司似乎是风险投资家的首选，除了以上提及的优点之外，它具有较大的灵活性。创业者最好比较各种企业形式并向律师咨询后再做选择。

企业的法律形式各有利弊，通常可从以下方面来比较 3 种基本的企业法律形式：所有权、责任、开业成本、连续性、权益的可转让性、资金要求、管理控制、利润分配和对资金的吸引力等。

除此以外，创业者还必须考虑无形因素。事实上，供应商、现有顾客和潜在顾客对不同类型的企业组织结构有不同的偏爱。例如，相对未盈利的公司，供应商更愿意与盈利的公司做生意。这可能是因为尚未盈利的公司给人有付款拖沓的印象。消费者有时更愿意购买股份有限公司的产品，因为股份有限公司在连续性和所有权上有优势，它们有时被视为更稳定的企业形式。作为顾客，他们很希望公司提供长期经营的保证。

2. 选择企业法律形式时主要考虑的因素

（1）所有权

在独资企业中，所有者是企业的发起人，对企业的经营负完全责任。在合伙企业中，可能存在一些普通合伙人和一些有限合伙人。还有一类是有限责任合伙制企业，这种形式的合伙企业被视为法律实体。在股份有限公司中，所有权通过持股来体现，法律对股东人数没有限制。

（2）所有者责任

责任制度是建立股份有限公司最关键的因素。独资企业的业主和普通合伙人要对企业的所有方面承担责任。由于股份有限公司本身就是一个实体或法人，必须纳税、承担责任，因此它的所有者只承担与其投资额相当的责任。对独资企业和普通合伙企业来说，在追回债务时，债权人可以拿走所有者在企业之外的任何财产。

在合伙企业里，普通合伙人通常平分责任而不管其出资额比例如何，除非协议另有规定。合伙人唯一的保护办法就是对责任投保，并且将其财产记在别人名下。但是，如果政府认为后一种行为损害了债权人的利益，就会加以限制。在普通合伙企业中，可能也存在有限合伙人。这些有限合伙人只对其在合伙企业中的投资额负责。从法律上讲，这部分投资必须在当地法院注册，从而使这种信息公开化。

有限合伙企业在相对较大的律师事务所和会计师事务所中十分流行。有限合伙企业的优点和有限责任公司一样，让合伙人能够在风险承担之外保护个人资产。

在公司制企业中股东的责任以所持股份为限。

（3）开业成本

组织越复杂，创办费用越高。创办费用最低的是独资企业，只需注册企业或商品名称的成本。在合伙企业中，除注册外，还要订立合伙协议。该协议需要法律咨询，而且应当详细传达各合伙人的责任和权利。有限合伙企业可能比普通合伙企业更复杂，因为它必须严格遵守法定的权利要求。

股份有限公司的开业成本主要是法律成本，包括在股份有限公司依法成立前，所有者需要履行许多由法律所规定的程序：注册名称和公司章程；达到一定的要求。因此，对股份有限公司来说，注册费、开办登记费等会相应产生。此外，为达到所有这些法律要求，法律咨询费也是必不可少的。

（4）企业的连续性

新企业最关心的问题之一是，如果创业者之一（或只有一个创业者）死亡或从企业中退出将会出现什么情况。连续性在企业各种形式之间差别相当大。在独资企业里，业主的死亡直接导致企业的结束，因此独资企业不可能永远存在。

合伙企业则要看它是普通合伙企业还是有限合伙企业。在普通合伙企业中，一个合伙人的死亡或退出将结束企业，除非协议另有规定。因此，合伙协议有时含有这样的规定，即允许基于某种机制或预定价值对已故或退出的合伙人权益进行收购。有些合伙协议还规定可以让已故合伙人的某个家庭成员接管成为合伙人并相应分享企业利润。合伙企业所有的人寿保险为合伙企业提供了重要的保障，为其提供了收购已故合伙人权益的基金。

在有限合伙企业中，一个合伙人的死亡或退出对合伙企业没有影响。已故或退出的合伙人可以像公司雇员一样被取代。

股份有限公司在各种企业形式中有最好的连续性。股东的死亡或退出对企业的延续毫无影响。仅仅在非公开上市的股份有限公司中，所有股份由少数人持有，因此股东的死亡可能会出现难以找到股份买者的问题。通常，公司章程规定，一旦出现这种情况，公司或现有的股东买下该部分股份。当然，上市的股份有限公司中不会出现这样的问题。

（5）权益的可转让性

所有者对于企业权益的转让会比较慎重。在一些情况下，创业者总要先对新加入者进行评价，才会把一部分企业股份转让给他。从另一方面来说，能够随时出售权益对所有者来说也是有益的。特别是考虑一个长期的企业规划或战略时，显得尤为重要。

（6）资金需求

筹集资金的机会和能力依企业形式的不同而有很大的区别。

对独资企业来说，资金需求只能靠贷款或创业者个人追加投资来解决。为了从银行借到钱，这类企业的创业者需要有附属担保物。通常，创业者会把自己的房子二次抵押作为资金来源。向外部投资者的任何一次借款都将导致放弃合伙企业的一部分资产净值。无论借款来自何处，还款的责任都在创业者身上，一旦还不了款，就要倒闭和清算企业。因为伴随着这些风险，独资企业不太可能需要大笔资金，这与合伙企业和股份有限公司的情况不同。

合伙企业可以从银行贷款，但需要对合伙协议做些改动。每个合伙人增加投资资金都需要一项新的合伙协议。和独资企业一样，合伙企业的创业者对任何一笔银行贷款都负有偿还责任。

在股份有限公司中，有许多途径可以筹集资金，这比其他法律形式的企业有更多的选择。股份有限公司可以发行有选举权的股票和无选举权的股票。无选举权的股票当然能够保护现有大股东的权利。此外，股份有限公司还可以以公司名义贷款，如前所述，这可以保护创业者个人所承担的责任。

（7）管理控制

在许多新企业中，创业者希望尽可能多地保留对公司的控制权。不同的企业形式在对企业的控制和决策上各有不同。

在独资企业里，创业者在制定企业决策时拥有最大的控制权和灵活性。由于创业者是新企业唯一的所有者，他就对企业所有的决策负责，同时拥有至高无上的权威。

如果合伙协议没有对企业决策权问题进行明确说明，合伙企业容易在控制公司决策上产生问题。因为合伙企业通常是由多数人共同管理的，除非合伙协议另有说明，所以，最为重要的是合伙人之间友好相待，应事先把那些敏感的决策范围写在合伙协议上。

有限公司的日常业务控制权掌握在管理层手中，这些管理者不一定是大股东，但对重要的长期决策的控制权则须由大股东投票决定。这样，控制权就可根据决策的重要性加以区别。

在新企业里，作为大股东的创业者们也有可能会管理企业的日常业务。随着公司规模扩大，管理和控制分离的可能性也变得更大了。

股东将代表他们经营观念的人员推选入董事会，这样可以间接影响企业的经营。这些董事会成员，通过管理高层的任命进而影响企业日常管理。

（8）利润与亏损的分摊

独资企业的业主得到企业所有的利润，同时也对所有损失负无限责任。因此，必须要付给创业者报酬，作为业主维持企业经营的回报。

在合伙企业中，利润与损失的分配取决于合伙协议。按理说应该按合伙人出资的份额比例来分配利润和承担损失，但依协议可有不同规定。与独资企业中的业主一样，合伙人也承担无限责任。普通合伙企业的有限合伙人或有限合伙企业的形成使有限合伙人仅承担有限责任，但也相应减少了他们利润分配的份额。

有限公司通过股利向股东分配利润。通常所分配的并非全部利润，因为部分利润必须留出作为公司未来投资或经营所需的资金。若公司亏损，则不分红。损失将通过留存的利润或其他财务手段来加以弥补。

（9）对资金的吸引

无论在独资企业还是合伙企业中，创业者筹资能力的大小都取决于生意上的成功和创业者个人的能力。这两种企业形式对资金的吸引力很小，其主要原因是投资者必须对企业的债务承担无限责任。这两种企业中，任何一笔较大数目资金的需求都应该经过反复论证。

有限公司因其只负有限责任的特点，最具吸引力。持有股票、债券和分担债务都是只负有限责任筹资的好机会。公司越有吸引力，筹资越容易。

（10）税收特质

各种不同法律形式的企业在税收上的优缺点相差很大，如果创业者对这些问题有任何疑问，应向外部专业机构咨询。以下概括了不同企业形式在税收方面的主要特点。

独资企业与股份有限公司相比有税收上的优点。首先，当利润分配给所有者时不用征双重税。双重税是对股利分配征两次税，一次是作为公司收益，另一次是作为股东收益。

合伙企业在税收上的优缺点与独资企业类似，尤其是在收入分配、红利和资本收益与亏损方面。传统普通合伙企业里的有限合伙人负有限责任（只对其相应投资额负责），但是他们可以按合伙协议里规定的比例分配利润。有限合伙企业所有利润被当作个人收入在合伙人当中分配。

由于有限公司是一个独立的纳税实体，因此它有独资企业和合伙企业所不具备的优点，许多费用均可以减免；其缺点是要对股利分红征收双重税。如果把公司收益以工资形式发给创业者，则可避免二次征税。因此只要能使个人所提供的服务都有回报而且报酬合理，那么红利、奖金、利润提成等都可以是分配公司收益的可行途径。

　　3. 新创企业进入市场的其他方式及其优缺点

　　新创企业进入市场的方式有三种：自创企业（又称自立门户）、购买特许经营权和收购现有企业。前面两部分已经介绍了自创新企业的法律形式及其选择。下面分别讨论除了自创新企业以外的另外两种方式及其优缺点。

　　（1）购买特许经营权

　　创业者借助特许经营方式可以降低破产损失风险，是因为有偿使用已成功创立的品牌、工艺、产品和服务是实现新企业扩充业务的方法之一。

　　特许经营，是提供市场产品或服务的制造商或独立分销商将某一个地区的排他性营销权授予零售商，后者以交纳一定许可费并实行标准化运营程序作为回报的一种安排。特许权提供者称为特许权授予人，特许权购买者称为特许证持有人。特许证持有人通过特许权的购买获得进入某一新市场的机会，其成功的概率往往高于从头开始经营企业的创业者。

　　创业者在新企业创立时遇到的问题主要有产品可信度、管理技能、资金需求的满足、市场知识以及企业运作与结构化控制等，而这些相互关联的风险可以通过特许经营来化解。

　　① 产品接受程度。通常，特许证持有人向那些品牌已被认可的特许权授予人购买特许证，以便于新企业快速成长。例如，任何买下了赛百味特许权的人都可以使用这个享誉全美的名字，并且不必再耗费资源去建立声誉。因为赛百味早已在广告宣传上花费了大量的资金，建立了良好的产品与服务形象。

　　② 经营管理技能。对于特许证持有人而言，另一好处就是特许权授予人在管理上给予的协助。每个特许证持有人都必须参加关于特许经营的全方位培训，其课程包括会计、员工管理、市场营销及生产等。麦当劳要求所有特许证持有人到他们自己的培训学校上课。有时，特许证授予人还要求新特许证持有人与老特许证持有人一起工作或者在自有店铺、实习场地等进行实地培训。特许经营中，多数特许权授予人在经营管理上对新企业给予免费帮助，特许证持有人可随时咨询。通常，规模较大的特许权授予人会设置地方办事处，用以为特许证持有人提供长期服务，同时这也有利于特许证持有人掌握新企业的发展情况。

　　③ 资金需求。创立一个新企业需要大量的时间和金钱。特许经营初期的投资通常用于特许权购买、施工以及设备购买。但是，特许权授予人也为新企业在创立时提供有力的帮助，如选址研究和市场调查，包括交通状况评估、人口统计、商业条件和竞争状况等。有时，特许权授予人甚至向新企业注入一定的初始资金以帮助创业者创立新企业。设施规划、库存控制以及整个特许经营企业潜在的购买力，可以为创业者节约大量资金。另外，特许经营企业通过打广告提高销售量，扩大产品影响力，为新企业节省了大量资金。但是反过来，每一个特许证持有人也为特许经营发展做出贡献，使得在一个地区或全国范围内进行广告宣传来提高企业信誉和企业形象成为可能，而这对单独的一家企业而言几乎是不可能的。

　　④ 市场营销知识。通常情况下，现有特许经营企业会为创业者提供经营经验和

市场知识。市场知识以一份计划的形式交予特许证持有人，其中包括目标客户以及经营策略。当存在市场环境和地域差异时，这一点就更为重要。因为，每一个市场的竞争、媒体效应和消费口味都大相径庭，而特许权授予人能够凭借其长期积累的经验，为创业者提供经验和帮助。大多数特许权授予人持续地监控市场条件，确定最有效的市场战略，并将这些市场新思路和新动向信息以刊物和出版物的形式与特许证持有人分享。

　　⑤ 运营及结构控制。新企业创立时，创业者会碰到这样两个问题：如何进行产品或服务的质量控制以及如何建立有效的管理机制。例如，在食品业，监控各种供应商的产品质量是否达到标准往往由特许权授予人负责，但有时产品或服务恰恰由他们自己专门提供。因此，应该建立产品供应、产品质量及服务的标准化，以帮助创业者确保至关重要的产品质量标准，同时这也有助于确立特许经营企业的一贯形象，从而有利于企业扩大规模。

　　管理机制包括财务管理和人事管理。财务管理包括对成本、库存、现金流的管理；人事管理包括员工雇用或解雇、日程安排、保证一贯性服务的培训等。这些管理标准通常被编撰成册分发给特许证持有人。

　　当然，取得特许经营权对创业者来说并不一定是最好的选择。因此，在投资特许经营以前必须对机会进行彻底的调查。授予人和持有人之间难免存在一定的问题，一些普遍问题最近已引起了相关方面（如政府和商会）的重视。

　　对持有人而言，问题主要集中在授予人可能不提供服务、广告和选址。若授予人不按照合约履行诺言，创业者往往在很多关键问题上得不到帮助。上海某公司多名高层携巨额加盟费集体失踪，公司旗下的连锁店，2 年内在全国发展 278 家加盟店；仅上海就有 116 家交了加盟费，按每家缴纳 12 万元计算，加盟者的损失达 1000 多万元。该连锁店所有的推销资料都是幌子，卖机器才是真正的目的，而特许经营协议中涉及的技术支持和原料供应只是子虚乌有。

　　利用特许经营来扩大企业的规模也有一定的风险和不利之处。有时，特许证持有人很难找到高素质员工，而管理不善，即使具备培训、监控能力，也可能导致企业经营失败，这对整个特许经营系统都将产生负面影响。然而不可避免的是，随着特许证持有人数量的增加，有效管理控制的难度也在加大。

　　特许经营有三种类型：

　　第一种是经销商关系，在汽车制造业最为常见。生产商利用特许经营权销售系列产品，经销商作为生产商的零售点。有时，经销商还得完成生产商分配的定额。当然，同任何特许经营关系一样，经销商也从生产商提供的广告宣传及管理帮助中获益。

　　第二种，也是最普遍的一种类型是提供名称、品牌形象以及经营方式，如麦当劳、赛百味、肯德基及假日酒店等。这类企业名单及相关资料可以通过多种渠道取得。

　　第三种类型是提供各式服务，如猎头公司、税务代理以及房地产经纪人。这些专营企业已经有了自己的名称、信誉和经营方式。有时，如房地产业，特许证持有人事实上早在加入特许经营前就已成立并运营企业。

　　并不是所有的特许经营都适合创业者，所以创业者必须在最后决定之前充分考虑大量的影响因素，通过评估选择最好的，再做出最合适的决定。

（2）收购现有企业

创业者进入市场的另一种方法是收购现有企业。对创业者来说，收购一个现有企业有很多好处，列举如下：

① 现有企业已经树立了形象并备有业绩档案。如果该企业盈利性好，创业者只需在原有客户基础上继续沿用成功策略即可。

② 已建立的客户基础。在收购现有企业的情况下，新客户对产品及服务已经十分了解。

③ 已建立的市场营销架构。购入的企业通常都有现成的分销商和营销架构。对创业者而言，已有的供应商、批发商、零售商和生产商的声誉都是重要的资产。如果这些都已准备就绪，创业者只需集中精力对新企业进行集中改造和扩大业务范围。

④ 低成本。收购可能比其他扩张方式花费更低的成本。

⑤ 已有的员工基础。现有企业的员工是一项宝贵财富。因为，他们深知企业如何运作才有利于保持成功。另外，他们早在易主前就已经同企业的客户、供应商和分销商建立了联系。

⑥ 创造更多的机会。收购企业以后，创业者往往不必再费心去寻找供应商、分销商、雇用新员工、寻找客户，所以创业者可以有更多的时间去评估或拓展、协调现有业务。

虽然现有企业有很多优点，但也有不利之处。创业者必须将收购与其他方式相比较来权衡各自的利弊。

① 微利业绩的风险。多数企业销售异常，只能算勉强合格，甚至没有盈利记录。因此，重估这些记录是非常关键的，需同目标企业重要人员会晤以评估未来潜力。例如，店面设计非常平庸尚可纠正，但是如果地点不好，创业者就只能寻找其他扩张方法了。

② 盲目自信。有时创业者常常会认为自己能够为别人所不能为，这也是为什么在收购之前要进行客观的自我评价的原因。因为即使创业者为新企业带来新思路、提高管理质量，也往往会由于一些其他因素而导致新企业经营失利。

③ 骨干员工流失。通常，企业易主时，骨干员工也会随之离开。对收购企业的创业者来说，这可能是灾难性的，因为企业的价值来自员工的努力，尤其是服务业，我们很难分开服务人员及其所提供的服务。所以，在收购过程中，创业者最好能与全体员工单独交流，让员工确信自己对新企业未来的重要性，并可采取适当激励措施来留住员工。

④ 过高的收购价格。实际收购价可能会因为收购对象已树立的形象、客户基础、分销商及供应商等因素的影响而被高估。如果创业者收购价格过高，投资回报可能令人难以接受。

为了避免负债问题，创业者在收购企业时应量力而为，不妨用现金先购入企业的一小部分，比如20%～30%。对于剩余部分，再用长期有价票据的形式购入，长期有价票据可在一定时间内用目标企业的经营收益偿付。从税赋的角度看，这是一种对双方都更为有利的交易方式。

此外，会计师、律师、银行家、生意伙伴、咨询顾问都可能了解一些好的收购对象，而且具有丰富的收购经验，是交易谈判中的好帮手，谈判中创业者不妨请他们帮忙。

（四）创业融资

1. 创业融资概要

新企业创建过程中最困难的问题之一就是获取资金。创业者需要从债务与股票和内部资金与外部资金的角度来考虑可利用的资金。

（1）债务或股权融资

有两种融资方式需要考虑：债务融资和股权融资。债务融资是一种涉及有息手段的融资方式，通常贷款支付与企业的销售和利润仅有非直接的联系。一般地，债务融资（也称为以资产为基础的融资）需要一些资产（如汽车、房屋、工厂、机器或土地）作为抵押品。

债务融资需要创业者返还所借数量的资金和以利息为表现形式的费用。有时也可能产生额外费用，它将作为能够使用或举借资金的重点而被考虑。如果融资是短期的（不到一年），款项通常被用来提供流动资金以便为存货、应收账款和企业运营提供资金。这种资金通常是从一年中最终的销售和利润中收回。长期借款（持续一年以上）经常被用来购买一些资产，如机器、土地或建筑物等，资产的部分价值（通常是总价值的50%～80%）作为长期贷款的抵押品。特别是当利率较低时，债务融资（相对于股权融资）允许创业者在投资中保持更大的所有权，并且会获得更多的股票上的回报。创业者需要留心债务太多以至于正常的利息支付变得困难，这种情况会抑制企业成长和发展，并最终可能导致破产。

股权融资不需要抵押，它在投资中提供给投资者一种形式上的所有权地位。投资者根据拥有资产的份额而分享投资利润和其他权益。决定使用一种类型的融资而不是另外一种融资方式的关键因素是资金的可获得性、投资的资产和现行的利率。通常，创业者通过使用债务和股票融资相结合的方式满足资金需求。

所有企业都会有一定的股本，因为所有的企业都是被一些人或机构拥有的。尽管所有者有时可能不直接参与投资的日常管理，但是总会有所有者提供的股本资金参与进来。股本参与的数量当然会根据企业的性质和大小而变化。

（2）内部与外部融资

融资可以从内部和外部来源中获得，最常使用的资金是内源资金。内源资金在公司内有几个来源：利润、变卖资产、减少流动资本、延长支付时间、应收账款等。在每一个新企业中，开始的几年常将所有的利润投入到企业中，甚至外部投资者在早期几年里也不期望得到任何回报。所需资金有时也能够通过变卖很少使用的资产来获得。在可能的情况下，只要没有高的通货膨胀率且租用条件有利，资产应该以租用为主。这将会帮助创业者保留现金，这种策略对公司运营的初始阶段十分关键。

短期的内源资金可以通过减少短期资产、库存、现金和其他流动资金项目的方式来获得。

另外一个常见的资金来源是外源资金。外部融资的选择来源可以通过三个基本标准来衡量：可获得资金的时间长度、所涉及的成本、公司控制效力的丧失程度。最好的资金来源是家人和朋友、商业银行、研发有限合作、政府贷款项目和补助、风险投资以及其他途径。

2. 私人、家人与朋友资金

(1) 私人资金

没有任何新建企业开始时不存在创业者的私人投资。这在吸引外部资金上是绝对重要的，特别是从银行、私人投资者和风险投资家那里吸引资金。典型的私人资金来源包括储蓄、人寿保险、房屋或汽车抵押。外部资金提供者觉得如果创业者没有资金投入，他就不会致力于经营该新企业。

创业者所投入的资产占总资产的比率反映了创业者对新企业的贡献水平，但并不一定是投入资金的数量。一个外部投资者希望创业者投入所有可获得的资产，这是他真正相信这一项目的一种表示，并且他将为确保成功而投入全部时间。

(2) 家人和朋友

在创业者之后，家人和朋友是新企业获得资金的通常来源。他们很可能投资，是因为他们与创业者的特殊关系，这就部分克服了非私人投资者遇到的不确定性问题。考虑到大多数新企业所需资金数量较少，家人和朋友为新企业提供的股本资金也较少。像其他资金来源一样，尽管从家人和朋友那里获得资金相对容易，但同样有积极和消极两个方面的影响。

如果以股本融资方式，家庭成员或朋友就会拥有企业的所有权地位，以及这一地位的所有权利和特权。这可能会使他们感到自己对公司的运营有直接的投入，而这些会对雇员、设备、销售和利润产生消极影响（这种情况在我国的家族企业中普遍存在）。但家人和朋友通常并不是制造问题的投资者，事实上在返还投资收益的需求上，他们比其他投资者更有耐心。

为了避免将来出现问题，创业者必须列出投资机会的积极和消极方面乃至风险性质，以便在问题发生后，将对亲人和朋友关系的消极影响降到最低。能够帮助减少出现可能的困境的一种方法是保证经营安排严格的商业化。任何从家人或朋友那里获得的贷款和投资，都应当像对待非私人投资者融资的商业习惯一样对待。任何贷款都应该明确利率、合理的利息和资金的偿还计划。任何未来股息分配的时间都应根据股本投资公开。如果对待家人和朋友同其他投资者一样，潜在的未来冲突就可能会避免。

最后，在接受家人和朋友投资之前，创业者应该仔细考虑它将带来的影响，特别要关注那些可能导致生意失败的困境。每一位家庭成员或朋友愿意对这一企业进行投资是因为他认为这是一项好的投资，而并不是因为他觉得有义务。

【创业案例】

南存辉的创业融资之路

南存辉13岁初中刚毕业，父亲就因伤卧床不起。作为长子，南存辉辍学子承父业。从此，校园里少了一个学子，人们的视野里却多了一个走街串巷的小鞋匠。从13岁到16岁，他每天挑着工具箱早出晚归，修了3年鞋。生活的艰辛塑造了他坚强不屈的性格，更坚定了他的生活信心。天资聪颖的他，没有放弃对社会的观察和思索。

20世纪80年代初，温州掀起一阵低压电器创业潮。1984年南存辉找了几个朋友，四处借钱，在一个破屋子里建起了一个小作坊。4个人没日没夜地干了一个月，做的是最简单的低压电器开关，可谁知赚来的第一笔钱只有35元。3个合作伙伴都沮丧极了，而南存辉却兴奋异常，因为他觉得自己找到了一条通往财富的路子。就从这35元的第一桶金中，他仿佛看到了创业的曙光。1984年7月，他与朋友一起投资5万元，在喧闹的温州柳市镇上因陋就简办起了乐清求精开关厂（后发展为正泰集团），开始了他在电气事业里的艰难跋涉。

1990年开始创办温州正泰电器有限公司时，资金成为首要的制约因素。由于银行贷款难度大、利息重，南存辉选择了在亲戚好友中寻找合作人、吸收新股本的方法融资。他的弟弟南存飞以及亲朋朱信敏、吴炳池、林黎明相继加盟，成为股东。南存辉个人占股60%以上。这种融资，不仅使创业企业渡过了难关，也让投资者分享到了企业成功的巨大价值，是共赢的选择。

到1993年，"正泰"的年销售收入达到5000多万元。初露锋芒的南存辉意识到，"正泰"要想继续做大，必须进行一次脱胎换骨的变革。于是，南存辉充分利用"正泰"这张牌，走联合的资本扩张之路。他先后将当地38家企业纳入"正泰"麾下，于1994年2月组建了低压电器行业第一家企业集团。"正泰"股东一下子增加到数十个，而南存辉个人股权则被稀释至40%左右。

然而他在摸索中逐渐发现，家族企业的一个致命弱点就是无法更多更好地吸纳和利用优秀外来人才，而人才又是企业发展的第一资源。到1998年，几经思考的南存辉突破阻力，毅然决定弱化南氏家族的股权绝对数，对家族控制的集团公司核心层（低压电器主业）进行股份制改造，把家族核心利益让出来，并在集团内推行股权配送制度，将最优良的资本配送给企业最为优秀的人才。就这样，"正泰"的股东由原来的10个增加到现在的100多个，南存辉的股份下降至20%多。家族色彩逐步在淡化，企业却在不断壮大，"正泰"目前已成为拥有资产30亿元、年销售额超过100亿元、年上缴税金逾5亿元的大型企业集团。对此，南存辉坦言："分享不是慷慨，对创业者来说，分享是一种明智。"

3. 商业银行

当有可用抵押品时，商业银行是目前创业者最常使用的短期资金来源。资金提供是以债务融资的方式，需要一些有形资产做保证或抵押品——一些有价值的资产。抵押品可能是商业资产（土地、设备、企业或建筑）、私人资产（创业者的房屋、汽车、土地、股票或证券）或担保人的资产等形式。

（1）分期付款贷款

企业可以凭借其可靠的销售额和利润来获得分期付款贷款。这种短期融资通常用于满足特定时期运营资本的需求，如季节性融资需求等。这种贷款的期限通常是30～40天。

（2）直接商业贷款

直接商业贷款是分期付款贷款的复合形式。通过直接商业贷款，企业可以提前30～90天获得资金。

（3）长期贷款

当需要长期使用资金时，就要使用长期贷款。这些贷款（通常只有实力较强的成熟的公司才能获得）能提供的可用资金可达10年，其债务通常按固定利息和资金计划得以偿付。然而，有时还可以在贷款的第二或第三年开始偿还，第一年仅仅支付利息。

（4）个人贷款

当企业本身没有资产来支持贷款时，创业者可能需要个人贷款。个人贷款通常是必须由创业者的资产、其他人的抵押品或由另一个人作为担保的贷款。通常被抵押的资产包括汽车、房屋、土地或有价证券。

对于创业者来说，如何成功地从银行贷到款是一个很重要的问题。银行在借款时通常是谨慎的，特别是对新建企业，因为他们不想导致不良贷款。

银行借款决策是根据借款的5个C原则做出的：对象（character）、能力（capacity）、资本（capital）、抵押品（collateral）和条件（condition）。对财务状况的审查（平衡表和收入描述）要根据主要利润、信贷比率、存货营业额、应收账款年限、创业者资本投入和对企业的贡献等方面进行。另外，项目未来的市场规模、销售和利润也要被评估。

通过提供一份好的贷款申请能够减少贷款负责人和贷款委员会的关注。然而每家银行的具体贷款申请形式有一定程度的不同，通常的申请形式是一份简单的商业计划，包括内容提要、业务描述、所有者（管理者）概况、创业项目、财务描述、贷款使用数量和偿还计划，这些信息为贷款负责人和贷款委员会提供了机会来洞悉个人和企业的资信，以及企业通过足够的销售和利润偿还贷款和利息的能力。

创业者应当衡量几家可选择的银行，在特定的商业区域中挑选有积极贷款经验的一家，电话预约，然后向贷款负责人展示贷款案例。展示积极的企业形象以及对已有协议的遵守，对于从商业银行获得贷款是十分必要的。

通常来说，只要贷款的现行利率、时间长度、条件和限制令人满意，创业者应该可以贷到其能够偿还的最大数量的贷款。企业拥有充足的现金流，并及时支付利息和本金是十分必要的。

4. 创业投资

创业投资，也叫风险投资，最早诞生于美国。1946年，美国研究与开发创业投资基金的成立,正式拉开了现代创业投资的序幕。尤其到了20世纪80年代,美国创业投资大获发展。著名的苹果电脑公司、微软公司等无一不是借助创业投资起家的。美国80年代起家的许多高技术公司的回报率曾达100%以上,30%以上很常见。当然,大约有20%~30%的创业投资是赔本的。创业投资家必须同时投资许多项目,有些成功,有些失败,得失相抵,使最后的平均回报率达到30%以上。

(1)创业投资的定义及特点

创业投资是指对具有技术上、市场上的高风险但增长潜力大的高技术企业的投资,其实质是指高技术产业化中资金有效使用过程的支持系统,是一种科研、企业和金融有机结合的投资机制。这个支持系统由风险投资公司、风险企业、风险资本和风险技术4个部分组成,其特点为:

① 高风险与高回报并存。

② 既是一种参股性质的权益投资,也是专家投资。

③ 具有退出及再循环特征。

(2)创业投资的投资主体

多种多样的风险资本为风险投资业的迅速崛起和不断发展提供了坚实的后盾。

当前,我国的创业投资主体呈多样化格局,既有外国投资者,也有国内大企业、上市公司、风险投资公司、私募基金、投资管理公司、个人和民营企业等。

① 外国投资者。如爱特信电子技术(北京)有限公司是利用海外风险投资获得成功的典范。爱特信公司成立于1996年8月,依靠的是来自美国的22万美元风险投资,因此它是饮海外风险投资母乳长大的。公司主要致力于中文互联网内容和技术的开发。在不到两年的短时间里,爱特信公司的市场价值增加了几倍,网站每天访问人数达到2万人次,在国内互联网站点中首屈一指。1998年4月公司成功地获得海外二期创业投资的注入,正在疾步前行的爱特信公司,已在美国华尔街上市。

② 国内大企业。例如,大学生创业第一家的清华视美乐公司获得的两期创业投资是由国内大企业上海一百和著名家电企业澳柯玛集团投入的。

③ 上市公司。目前,我国有不少上市公司介入创业投资领域,如张江高科投资于生物制药企业。

④ 风险投资公司。目前,全国的风险资本和风险投资公司增长迅猛,仅安徽就有数十家风险投资公司。安徽创业投资的特点是以财政资金为主流。

⑤ 私募基金。

⑥ 投资管理公司,如清华兴业投资管理公司、北大纵横投资管理公司。

⑦ 富有的个人。天使投资人(angel investor),指既富有雄厚的资金实力,又富有管理经验的个人。他们看准了投资机会后,就用自己的钱,加上丰富的管理经营经验,参与企业从小到大的成长过程。

⑧ 民营企业。

(3)创业投资的主要投资对象

创业投资的主要投资对象是创业企业,具体包括以下三种类型:

1)中小型企业。我国科技型中小企业技术创新基金要求承担创新基金支持项目的企业应具备以下条件：

① 具备独立企业法人资格。

② 主要从事高新技术产品的研制、开发、生产和服务业务。

③ 领导班子有较强的市场开拓能力和较高的经营管理水平，并有持续创新的意识。

④ 职工人数不超过 500 人；具有大专以上学历的科技人员占职工总数的比例不低于 30%，直接从事研究开发的科技人员占职工总数的比例不低于 10%。有良好的经营业绩，资产负债率不超过 70%；每年用于高新技术产品研究开发的经费不低于销售额的 3%。开业不足一年的新办企业不受此款限制。有严格的财务管理制度、健全的财务管理机构和合格的财务管理人员。

2）高科技企业。创业投资主要投资于高科技企业，高科技企业具有两大特点：一是具有创新性；二是属于中小企业。

高科技企业可以分成两大类：一类是以生产高技术为主的企业，这类企业所生产的产品就是创新成果，如教育机构附属的研究所、大企业下属的研究部门、独立的实验室等；另一类是以应用创新成果为主的企业，它们将创新成果实际应用于生产或管理方面，以商品或服务为载体广泛传播创新成果，连续不断地创造出更能提高人们生活品质的商品和服务。这两类企业有着紧密的关系，彼此相互依存，密不可分。

3）高成长企业。高成长企业是指企业销售额和利润额每年增长高于 100%，并且可以连续 3 年以上保持这种高速增长的企业。

典型的创业投资对象——创业企业的特征如下：

① 企业的创始人是懂技术且有经营头脑的科技人员。

② 需要寻找资本的合作伙伴。

③ 创业企业起初大多属于小企业。

④ 成长迅速。

创业企业一旦开发成功并且获得广泛的市场认可，则会高速成长，例如苹果公司、英特尔公司、微软公司等都是高速成长企业的典型。

 【创业案例】

数位红的融资困境

数位红公司成立于 1999 年底，是中国最早的手机游戏开发企业之一。数位红在 2003 年下半年的发展速度是相当快的，但暴露出的问题也相当严重。现金储备量严重不足、人力成本过高、管理型人才缺乏、市场竞争压力过大、办公场地拥挤等都让数位红公司的创始人吴刚喘不过气来。相对于上面的问题，最严重的还是现金流的压力。因为现金的不足，数位红的市场拓展受阻，手机游戏市场份额从历史最高的 12% 下降到 2004 年的不足 2%，海外市场的开拓也基本停滞。

从 2003 年下半年开始，数位红开始接触风险投资，最终与盛大网络达成初步融资协议，并签订了投资框架协议，600 万元人民币现金被划到数位红的账上，而这笔钱也因现金流的压力，很快就用掉了。由于融资要求实在紧迫，盛大的融资条件比较苛刻，

600 万元占数位红 35% 的股份，并且盛大网络包揽了数位红产品的国内独家销售权。这两个条款可以说是致命的，直接导致数位红后来的出售。

融资半年后，条款的问题逐渐暴露出来：35% 股份的出售直接导致盛大在公司重大决策事宜上的一票否决权。后来，数位红希望再次融资，而盛大网络选择继续跟进，这样一来，管理团队创始人的股份就会被摊薄，进而丧失绝对控股地位，盛大将成为数位红最大的股东。同时，由于盛大自身的销售渠道与经验并不丰富，导致独家销售的数位红产品无法投入运营形成现金流。

2004 年 5 月，IDG、EA、3DO 等国际投资机构均希望能够投资数位红，国际投资公司提出了非常优厚、灵活性的融资方案，数位红当时也有强烈的意愿，这也对数位红开拓海外市场大有裨益。但盛大对数位红坚持不肯放手，也就是说盛大不放弃一票否决权，将继续保持增资，不被摊薄。谈判卡住了，最终由于签订的合作协议无疾而终，盛大提出新融资方案全资收购数位红。2004 年，数位红被盛大收购，成为盛大网络全额子公司。

六、成长手册

（一）头脑风暴：进入市场

1）创业项目选择合适的进入市场的方式：

_____

_____

_____

_____

2）创业项目的法律形式、治理方式、现有企业标准和条件等：

_____

_____

_____

_____

_____

（二）讨论：创业资金规划

1）创业规模和所需要的资金数量：

_____

_____

_____

_____

2）学习规划创业项目获得资金的途径：

_____

_____

_____

_____

参 考 文 献

阿托兹顾问有限公司，1997. 成功应聘技巧 [M]. 北京：中国计量出版社.

艾伦·琼斯，2003. 简历制胜 [M]. 江品轩，译. 上海：上海译文出版社.

曹荣瑞，2009. 大学生职业发展与就业指导 [M]. 上海：上海锦绣文章出版社.

曹胜利，雷家骕，2009. 中国大学创新创业教育发展报告 [M]. 沈阳：万卷出版公司.

陈军兰，王艳，2008. 大学生就业指导手册 [M]. 北京：中央文献出版社.

陈龙春，杨敏，2007. 大学生创业基础 [M]. 杭州：浙江大学出版社.

陈梅隽，2005. 找对人生第一份工作 [M]. 北京：现代出版社.

陈敏，2010. 大学生职业生涯发展与管理 [M]. 上海：复旦大学出版社.

陈少华，2008. 我的大学，我做主 [M]. 北京：中国财政经济出版社.

陈社育，2003. 大学生职业心理辅导 [M]. 北京：北京出版社.

陈志武，2009. 24 堂财富课 [M]. 北京：当代中国出版社.

程社明，2007. 你的船你的海 [M]. 北京：新华出版社.

邓旭阳，2004. 大学生心理发展训练 [M]. 北京：北京出版社.

方伟，2008. 大学生职业生涯规划咨询案例教程 [M]. 北京：北京大学出版社.

高建，姜彦福，李习保，等，2006. 全球创业观察中国报告——基于 2005 年数据的分析 [M]. 北京：清华大学出版社.

高桥，葛海燕，2007. 大学生涯与职业规划 [M]. 北京：清华大学出版社.

葛建新，2004. 创业学 [M]. 北京：清华大学出版社.

国际劳工组织北京局，2003. 创办你的企业——创业计划培训册 [M]. 北京：中国劳动社会保障出版社.

国家职业分类大典和职业资格工作委员会，1999. 中华人民共和国职业分类大典 [M]. 北京：中国劳动社会保障出版社.

胡建文，2004. 金饭碗是这样炼成的 [M]. 北京：中国民航出版社.

胡礼祥，2003. 大学生发展启示录 [M]. 杭州：浙江大学出版社.

杰弗里·蒂蒙斯，小斯蒂芬·斯皮内利，2005. 创业学 [M]. 周伟民，吕长春，译. 6 版. 北京：人民邮电出版社.

金树人，2007. 生涯咨询与辅导 [M]. 北京：高等教育出版社.

凯瑟琳·艾伦，2009. 技术创业 [M]. 李政，等译. 北京：机械工业出版社.

库特尼·普莱斯，等，2001. 优质创业 DIY [M]. 姚晓娜，译. 北京：企业管理出版社.

李令彬，2010. 发掘你的竞争力 [M]. 沈阳：万卷出版公司.

李时椿，2008. 创业管理 [M]. 北京：清华大学出版社.

廖泉文，2003. 人力资源管理 [M]. 上海：高等教育出版社.

林嵩，谢作渺，2008. 创业学：原理与实践 [M]. 北京：清华大学出版社.

刘德恩，2008. 就业设计 [M]. 上海：华东师范大学出版社.

刘燕，等，2007. 梦圆和圆梦的地方 [M]. 北京：化学工业出版社.

罗伯特·赫里斯，等，2009. 创业管理 [M]. 蔡莉，等译. 北京：机械工业出版社.

罗尔斯，2001. 你的降落伞是什么颜色的：求职者的圣经 [M]. 何雪，译. 北京：企业管理出版社.

尼克·A. 科克迪勒斯，2001. 向猎头学习 [M]. 张丽宾，廖天亮，陈兵，译. 北京：机械工业出版社.

彭澎，2008. 生涯规划实务 [M]. 北京：清华大学出版社.

彭贤，马恩，2010. 大学生职业生涯规划活动教程 [M]. 北京：清华大学出版社.

上海市教育局，2010. 大学生创业素质通论 [M]. 北京：高等教育出版社.

苏珊·霍奇森，2009. 面试中的 248 个问题及回答技巧 [M]. 张晓林，孙琴，李勤，译. 北京：中国市场出版社.

索桂芝，李宇红，2006. 大学生就业指导实务 [M]. 大连：东北财经大学出版社.

泰伦斯·伊格，2004. 帮你找工作 [M]. 北京：印刷工业出版社.

覃彪喜，2010. 求职，从大一开始 [M]. 武汉：长江文艺出版社.

提摩西·巴特勒，詹姆士·沃德鲁普，2004. 哈佛职业生涯设计 [M]. 赵剑非，译. 北京：中国商业出版社.

万小遥，2003. 求职直通车：求职应聘的方法与技巧 [M]. 北京：中国三峡出版社.

威廉·庞德斯通，2004. 微软的选秀秘密 [M]. 刘俊朝，译. 北京：中信出版社.

吴之仪，2000. 我的生涯手册 [M]. 北京：经济日报出版社.

吴芝仪，2007. 生涯探索与规划 [M]. 嘉义：涛石文化事业有限公司.

许国庆，李国忠，祁金利，2008. 无领到白领 [M]. 北京：中信出版社.

杨毅宏，等，2008. 世界 500 强面试实录 [M]. 北京：机械工业出版社.

于祥成，彭萍，2009. 大学生生涯规划与发展 [M]. 长沙：湖南大学出版社.

张玉利，2008. 创业管理 [M]. 北京：机械工业出版社.

章达友，2005. 职业规划与管理 [M]. 厦门：厦门大学出版社.

赵小青，2002. 你为职业生涯做什么准备 [M]. 上海：上海书店出版社.

珍妮·罗杰斯，2001. 应聘面试 [M]. 辰阳，少鹏，译. 北京：中国社会科学出版社.

郑洪利，2005. 大学生心理素质训练教程 [M]. 上海：上海交通大学出版社.

钟谷兰，杨开，2008. 大学生职业生涯发展与规划 [M]. 上海：华东师范大学出版社.

Earl Meyer, Kathleen Allen, 2007. Entrepreneurship and small business management [M]. 2ed. NewYork: McGraw-Hill Publisher.

Lola Brown, 2004. 轻轻松松做简历 [M]. 北京：清华大学出版社.

Robert D. Lock, 2006. 把握你的职业发展方向 [M]. 钟谷兰，曾垂凯，时勘，等译. 北京：中国轻工业出版社，2006.